O príncipe

FÓSFORO

NICOLAU MAQUIAVEL

O príncipe

E correspondência completa com
F. Vettori e F. Guicciardini

Apresentação, tradução do italiano e notas por
EMANUEL FRANÇA DE BRITO

Posfácio por
FLÁVIA BENEVENUTO

APRESENTAÇÃO

Maquiavel, seu tempo e sua obra

> *Maduro, sim, era o cidadão florentino do Renascimento, que, antes de ir à igreja, dizia à sua esposa: "Pois então, vamos prestar homenagem ao erro popular!".*
>
> Thomas Mann, *Doutor Fausto**

A escolha dos textos que compõem este volume se pauta pela continuidade de pensamento e análise de Nicolau Maquiavel em diferentes momentos de sua vida e obra. Uma vez que *O príncipe* está inserido em tempos de grandes transformações políticas, não apenas em Florença ou naquela Itália fragmentada, mas em toda a Europa, entendemos que localizá-lo historicamente entre a correspondência pessoal do seu autor naquele período é uma boa forma de observar o homem por trás do pensador. Para isso, escolhemos publicá-lo junto à epistolografia com o amigo e político Francesco Vettori, seu principal interlocutor no ano que precede e no que sucede o famoso tratado. Nessa correspondência, muitos são os temas abordados, dos anseios amorosos às limitações econômicas, mas todos acompanhados de constantes análises da conjuntura que antecipam ou retomam assuntos de *O príncipe*.

Mais adiante, já nos últimos anos de vida de Maquiavel, seu principal interlocutor por cartas passa a ser Francesco Guicciardini, também amigo e político com quem o ex-secretário

* Trad. de Herbert Caro. São Paulo: Companhia das Letras, 2024, p. 139.

não economiza em escárnio, confissões ou avaliações sobre uma situação italiana ainda mais precária. Muitos dos temas do tratado são novamente retomados entre os amigos, que observavam de perto as decisões que levariam a península italiana a mais séculos de dominação. Somada a *O príncipe* e à correspondência completa de Maquiavel com esses dois importantes personagens, trazemos como abertura do volume a breve minuta "Devaneios escritos em Perúgia para Soderini", na qual o então secretário apresenta pela primeira vez uma reflexão sobre o par conceitual tão central em sua obra: a fortuna e a virtude.*

O principal objetivo que guiou a organização deste livro foi o de dar vida, calor humano, a um material político-filosófico muito mais lembrado ao longo dos tempos pela frieza de suas análises. Nesta apresentação, buscaremos traçar um breve perfil biográfico de nosso autor, além de mapear os acontecimentos mais importantes daquele fim do século 15 até sua morte. Nosso intuito é conectar questões públicas a questões íntimas que estão, de certa maneira, ligadas à escrita dos textos aqui traduzidos.

ANTES DE 1513

Na passagem do século 15 ao 16, muito mudou no cenário político dos Estados italianos e na vida de um de seus maiores intérpretes daquele período, Nicolau Maquiavel. Naquele momento, encerrou-se o domínio da família que há pelo menos três gerações estava no comando de Florença. Desde Cósimo, o Velho, a seu neto Lorenzo, o Magnífico, os Médici foram hábeis dirigentes muitas vezes lembrados por terem sabido usar

* Cf. principalmente *O príncipe* XXV e *Discursos sobre a primeira década de Tito Lívio* III IX.

o mecenato como um instrumento de poder. E em 1494, ano fatídico para a derrocada deles, Maquiavel tinha 25 anos e pôde acompanhar a entrada do rei francês Carlos VIII na Itália para reivindicar direitos de sucessão sobre a coroa de Nápoles, uma ação que fez desabar toda a estabilidade que há quatro décadas mantinha o equilíbrio entre as principais forças da península, desde o acordo conhecido como Paz de Lodi.

Em Florença, a chegada de Carlos VIII escancarou as portas para o primeiro exílio dos Médici e para uma reforma de viés teocrático sob a autoridade do frei Girólamo Savonarola. Desejoso por reconstruir moralmente o mundo, o frade dominicano profetizava uma punição apocalíptica para a cidade há pelo menos dez anos, e a chegada do rei francês parecia dar início a essa realização. A influência do religioso no campo político iria fomentar uma convulsão social e abalar até mesmo artistas e intelectuais como Sandro Botticelli, Pico della Mirandola e Marsílio Ficino.* Contudo, ainda antes do novo século, em 1498, uma revolta na cidade acabaria por caracterizar Savonarola como uma representação do anticristo,** levando-o à fogueira. Pelo que sabemos, nesse momento o jovem Maquiavel observava tudo a uma distância segura, mas não indiferente.***

Com a execução do frade, a cidade se reorganiza e reforça os conselhos municipais ampliados por Savonarola. Maquiavel é, então, nomeado secretário da Segunda Chancelaria da Re-

* Cf. Marsílio Ficino, "Apologia contra Savonarola". In: Raphael Ebgi (Org.), *Umanisti italiani*. Turim: Einaudi, 2006, pp. 527-31.

** Cf. o afresco de Luca Signorelli na Catedral de Orvieto (1499-1502), pintado a uma curta distância dos fatos, no qual a figura do pregador sob influência diabólica é comumente associada a Savonarola.

*** Em carta de 9 de março de 1498 a um amigo sacerdote, talvez Ricciardo Becchi, Maquiavel reconhece as capacidades de ação política e a grande persuasão de Savonarola, que indubitavelmente incluíam ameaças.

pública e, em seguida, dos Dieci di Balia, conselho responsável pela guerra e pela segurança do Estado. Tal posição o levaria, a partir de 1501, a acompanhar de perto, entre outros movimentos militares na região, as investidas de César Bórgia para a conquista de territórios na Itália central, em especial na Romanha. As ações do duque Valentino provocavam instabilidades em toda a península itálica, e o fato de ser filho do então papa Alexandre VI, Rodrigo Bórgia, contribuía para enfraquecer as reações contra ele. Anos mais tarde, Maquiavel lembraria desse período com especial atenção na composição de *O príncipe*, em que a figura de César Bórgia,* junto à de outros comandantes da história antiga e moderna, será exemplar para muitos dos métodos ali analisados sobre como adquirir Estados.

Em 1502, instaura-se no controle da República o gonfaloneiro Piero Soderini, eleito como governante perpétuo, de quem o secretário acabaria por se tornar um dos mais fiéis colaboradores. A proximidade com a família já havia se estabelecido nos anos anteriores: com o irmão de Piero, Francesco Soderini, cardeal responsável por liderar a missão florentina junto a César Bórgia; e com o sobrinho Giovan Battista, destinatário do primeiro texto desta nossa antologia, os "Devaneios para Soderini". A Giovan Battista é também dedicado o poema contido no capítulo XXV, "Da fortuna", composto em 1506 assim como os "Devaneios". Com Maquiavel já bastante inserido nas questões políticas e militares, é nos dois textos que ele inicia com clareza sua reflexão sobre a fortuna: uma força natural e incontrolável, comparada nos versos "Da fortuna" à potência de um rio transbordante e observada nos "Devaneios" a partir de uma desejada compatibilidade entre o saber agir dos homens — a virtude — e a necessidade do momento. Mas se os versos em

* Cf. principalmente *O príncipe* VII.

tercetos dantescos que caracterizam o "Da fortuna" nos permitem enxergar o pequeno poema na exploração do tópos sobre a mudança da sorte, a minuta do texto a Giovan Battista e que hoje conhecemos como os "Devaneios" apresenta essas observações num texto de gênero mais fluido: uma carta jamais enviada, que disso deriva para a tratadística e ali estabelece uma fonte para o pensamento de maturidade do autor.

De 1506 são também dois textos importantes que Maquiavel escreve partindo da necessidade de se criar um exército próprio para a República: *As razões da ordenança* e *Provisões da ordenança*. Naqueles anos, entre as questões militares que afligiam Florença estava a possibilidade de outra invasão italiana, dessa vez por parte do imperador Maximiliano I, em conflito com Veneza e com o reino francês. E na delegação enviada em 1507 ao Tirol para negociar a posição dos florentinos frente ao Império, estreita-se a amizade de Maquiavel com Francesco Vettori, chefe daquela missão. Vettori, pertencente a uma família bem posicionada no comando de Florença, fora um dos políticos mais ativos e longevos de seu tempo, tendo quase sempre atuado no entorno dos Médici e colaborado de perto com os dois papas que aquela família elegeu. A partir do período tirolês, o elo entre Vettori e Maquiavel se mantém até o fim de suas vidas.

Ainda no meio diplomático, a atuação de Maquiavel se mostra importante em outras duas missões à França nos anos seguintes, além daquelas a outros Estados italianos. A primeira carta de nossa coletânea, de Vettori a Maquiavel, é de 1510, durante a terceira embaixada do secretário na França, sendo em 1511 sua quarta e última missão àquele país. Derivada das observações feitas no período está uma série de escritos que revelam a formação de seu pensamento, entre os quais se destacam o *Retrato das coisas da França*, de 1510, e o *Retrato das coisas da*

Alemanha, finalizado em 1512. Assim, a presença de Maquiavel a serviço da República se dá ininterruptamente por catorze anos, dentro ou fora de seus territórios. Mas essa atuação se encerra com a estabilidade do governo florentino, mais uma vez motivada por questões externas quando o rei francês Luís XII, unido a alguns cardeais, convoca em 1511 um concílio cismático contra os movimentos expansionistas do papa Júlio II. A resposta do pontífice foi estabelecer uma liga militar* contra a França que atingia também Florença, antiga aliada daquele reino. O enfraquecimento do comando de Piero Soderini viria como consequência de sua condução ambígua, que sem defender os interesses da Igreja, também não tomava partido a favor dos franceses. Em seguida, a vitória da Liga Santa se deu com a deposição de Soderini e o restabelecimento da antiga aristocracia dos Médici em Florença, o que havia sido decidido no concílio de Mântua, em setembro de 1512.

ENTRE 1513 E 1515

Com a volta dos Médici, Maquiavel e outros tantos funcionários são afastados da administração pública por terem atuado no governo anterior, condenados a um ano de confinamento dentro dos limites de Florença e impedidos de acessar o Palazzo, sede do governo. No entanto, ao fim do regime de Soderini, uma conjuração havia sido armada por opositores dos novos líderes, de modo que o ex-secretário é preso e torturado por suspeita de cumplicidade. Quem age pela libertação de Maquiavel é Paolo Vettori, irmão de Francesco, e, com ele, Giuliano de' Médici,**

* Junto a Veneza, Ferrara, Espanha e Inglaterra.

** Cf. cartas 2 e 4.

filho do "Magnífico" e um dos artífices da volta da família à cidade. No tempo em que passou encarcerado, Maquiavel havia enviado a Giuliano dois sonetos de súplica, além de outro no ano anterior, nos quais pedia que não se prestasse atenção às acusações de que era vítima. Mas a soltura se dá apenas com a anistia geral concedida pela nova Senhoria de Florença em 12 de março de 1513, um dia depois da eleição do novo papa Leão X, Giovanni de' Médici, irmão de Giuliano.

Após um mês de prisão, Maquiavel se retira para sua residência de Sant'Andrea in Percussina e busca, sem sucesso, voltar aos ambientes de controle administrativo da cidade. Data desse período a maior quantidade de cartas trocadas com seu compadre Francesco Vettori, então embaixador florentino em Roma.* Nelas, Maquiavel pede ao amigo para ser lembrado entre os grandes e, com isso, reintegrado em algum cargo público. Pois, segundo ele próprio, "por não saber falar sobre os assuntos do comércio da seda ou da lã, ou dos lucros e das perdas", ele seria "obrigado a discorrer sobre o Estado", tendo que se "esforçar para ficar quieto ou então falar mesmo sobre isso".** Esse é o período em que Maquiavel se divide entre a leitura de poetas (às vezes citados ou parodiados em suas cartas, como Dante e Petrarca) e a vida simples do campo, em que há tempo para acompanhar os assuntos agrícolas e para jogar cartas ou gamão com os vizinhos.

Apesar da insegurança e relutância de Vettori em acolher as demandas do amigo, Maquiavel insiste por algum tempo no

* A densa correspondência entre os dois começou em março de 1513, mais de dois anos depois da primeira carta enviada por Vettori, e foi até janeiro de 1515, quando este era embaixador florentino em Roma (de 29 de janeiro de 1513 a 15 de maio de 1515). O período compreende 41 das 52 cartas entre os dois hoje conhecidas (28 de Maquiavel e 24 de Vettori). Cf. cartas 2-42.

** Cf. carta 6 [§ 7].

pedido. Mas, já depois de um mês, o tom íntimo e confessional entre os compadres cede lugar a observações mais técnicas, em que a política internacional e seus conflitos assumem o centro das conversas, o que o ex-secretário diz fazer para se "sentir vivo" e por incentivo do amigo.* Assim, vemos desenvolvida nas cartas desse período uma análise em tempo real das dinâmicas entre as principais forças militares na Europa de então, principalmente em relação aos acontecimentos e disputas que se desenrolavam em solo italiano. O estilo técnico da escrita se aproxima daquele que o ex-funcionário da República pôde formar e aprimorar em mais de uma década com a composição de relatórios e notas de viagens. Assim, muitos dos temas abordados nessa correspondência particular acabam por antecipar o texto que ele apresenta ao fim daquele mesmo ano de 1513 ao amigo Vettori, inicialmente pensado para ser oferecido a Giuliano de' Médici: um opúsculo "a respeito dos soberanos", *De principatibus*, ou, como passou a ser conhecido, *O príncipe*.**

Mesmo não tendo uma abordagem típica dos espelhos de príncipes por se propor a mostrar a "verdade efetiva" das questões políticas,*** esse tratado, entre outras coisas, distingue os tipos de domínios existentes, seus modos de manutenção e aquisição, os tipos de exércitos com os quais é possível contar, a imagem de um líder frente a seu povo e as causas que leva-

* Cf. carta 10 [§ 4].

** Cf. carta 21 [§ 21-8]. Ainda que a primeira edição do tratado seja apenas de 1532, a apresentação a Vettori estabelece a data de sua composição em 1513. Sabe-se também que a obra circulou desde cedo de forma manuscrita. E cf. dedicatória de *O príncipe*.

*** Cf. *O príncipe* XV 3. Diferentemente do que costumava ocorrer em obras daquele gênero, preocupadas em mostrar condutas desejáveis no governante, entre as novidades de *O príncipe* está a de mostrar condutas eficientes.

ram a Itália à ruína, culminando numa exortação para que os Médici comandem um levante contra o domínio estrangeiro na península. Nas cartas a Vettori do ano que antecede *O príncipe*, muitos desses mesmos temas são tocados de forma não isolada, numa escrita motivada pelos últimos acontecimentos e pela provocação afetuosa entre os amigos. Contudo, como refere Francesco Bausi,* a epistolografia particular de Maquiavel é de longe o âmbito mais descuidado dos estudos sobre o autor, quase como se não fosse considerado o fato de que "poucas coisas são tão capazes de nos transportar inteiros, cabeça e coração, para outras eras, outros mundos e mentalidades"** como as cartas.

Em algumas das correspondências entre os amigos, vemos que o então ex-secretário Maquiavel parece mais empenhado em supor cenários possíveis para a diplomacia da época do que o embaixador Vettori, já desencantado e exausto com as dinâmicas do poder. Para Vettori, mais do que vencer conflitos, o que importava era a troca de impressões e a manutenção do vínculo intelectual com o amigo, que considerava o mais profundo analista político, "mais sensato do que qualquer outro homem com quem já tenha conversado".*** Já para Maquiavel, estando desempregado, a disposição nas análises poderia mostrar o valor de sua experiência e diminuir a desconfiança sobre ele. Assim, o que é discutido nas cartas chega, em alguns passos, a antecipar ou retomar o que será apresentado em *O príncipe*, denotando uma estreita conexão e continuidade de pensamento nesses es-

* Cf. Francesco Bausi, "Introdução". In: Niccolò Machiavelli, *Lettere*. 3 v. Direção e coordenação de Francesco Bausi. Roma: Salerno, 2022, p. x.

** Sérgio Rodrigues, *Cartas brasileiras*. São Paulo: Companhia das Letras, 2017, p. 8.

*** Cf. carta 9 [§ 24].

critos.* Sobretudo até o fim da correspondência com Vettori no início de 1515, quando o embaixador volta a Florença e Maquiavel parece desistir da insistência por reinserção.

E ainda que possa haver elaborações retóricas nas análises, principalmente por parte de Maquiavel, há com frequência um registro descontraído que permite aos amigos conjecturar, sem um compromisso imediato, sobre os destinos das guerras, das alianças e dos conchavos. E esse é o tom que lhes possibilita discorrer, também livremente e com forte cumplicidade, sobre eventos cômicos ou amargos da vida cotidiana. Seja ao falar de amizades em comum ou desabafando as próprias angústias profissionais e afetivas, tais relatos nos fazem enxergar variadas condutas, numa escrita rica de nuances que às vezes declina para a literária em diálogo com a alta poesia. Tudo isso, muitas vezes, temperado com um vigor erótico que não se deixa atar pelo moralismo simplório, algo não tão óbvio para nós que observamos aquele ambiente cristão à distância.

> Quem visse nossas cartas, prezado compadre, e visse a diversidade de seus assuntos, muito se espantaria, pois em um momento teria a impressão de que somos homens sisudos, completamente voltados a coisas grandes, e que em nosso peito não poderia caber qualquer pensamento que não contivesse em si decoro e grandeza; mas depois, virando a folha, teria a impressão de que somos superficiais, inconstantes, lascivos e voltados a coisas vãs. Esse modo de se comportar, se alguém acha ofensivo, eu acho louvável, porque nós imitamos a natureza, que é diversa; e quem a imita não pode ser repreendido. (pp. 307-8)

* Cf. por exemplo: carta 18 [§ 26] e *O príncipe* XIII 22 a respeito dos exércitos mistos; *O príncipe* XXI 11-7 e cartas 36 e 38 a respeito da neutralidade.

ENTRE 1515 E 1521

Nos anos em que não existem cartas conhecidas entre Maquiavel e Vettori, o ex-secretário se dedicou principalmente à escrita tratadística e literária. Ainda afastado formalmente dos círculos do governo, o autor esteve presente a partir de 1515 nos Orti Oricellari, jardins da família Rucellai em que há décadas se discutia política e cultura. Na geração dele, as leituras preferidas eram as de história antiga, sendo nesse espaço que se consolida seu método de observar autores como Lívio, Políbio e, provavelmente, Heródoto para pensar a contemporaneidade. Ali é gestada sua principal obra em profundidade e extensão, os *Discursos sobre a primeira década de Tito Lívio*, organizada a pedido dos amigos Zanobi Buondelmonti e Cosimo Rucellai e depois dedicada a eles.* Além dessa, são compostas nesse mesmo período anterior a 1521 outros importantes textos como a *Vida de Castruccio Castracani*, biografia literária do personagem do século 14, os poemas "O asno", "Belfagor, o arquidiabo" e uma "Serenata". Também desse período são o diálogo sobre *A arte da guerra*, cujos protagonistas são amigos dos Orti, uma versão da peça latina *Andria*, de Terêncio, e a redação final da comédia *A mandrágora*, encenada pela primeira vez em Florença no carnaval de 1520.

Na cena política, Fernando, o Católico, havia morrido em 1516, sendo sucedido na coroa espanhola por seu neto Carlos I de Habsburgo, o futuro imperador Carlos V. Naquele mesmo ano, o papa Leão X havia destituído o duque de Urbino de seu título, passando-o a seu sobrinho — Lorenzo de' Médici, o jovem — político promissor a quem Maquiavel acaba por dedicar *O prínci-*

* Estima-se, contudo, que trechos dessa obra podem ter sido escritos anos antes, desde 1513. Já na dedicatória a Buondelmonti e Rucellai, Maquiavel diz exprimir o que havia aprendido a partir de uma "longa prática e contínuo aprendizado das coisas do mundo".

pe. Contudo, com a precoce morte do duque Médici com apenas 26 anos em 1519, a família busca reorganizar seu comando e o cardeal Giulio de' Médici volta de Roma a Florença, favorecendo o estabelecimento de um renovado ambiente cultural na cidade. Nesse cenário, após reconquistar superficialmente a confiança dos senhores, Maquiavel é contratado para redigir as *Histórias florentinas*, iniciadas em 1520 sob encomenda do próprio cardeal Médici.

ENTRE 1521 E 1527

Nesse momento de aproximação com os poderosos, Maquiavel chega a recusar duas ofertas de trabalho feitas por seu antigo chefe, Piero Soderini: uma para atuar como chanceler da República de Ragusa (atual Dubrovnik) e outra como secretário do líder mercenário Próspero Colonna. Ao fazê-las, Soderini alude ao fato que tais encargos seriam muito superiores, e não apenas economicamente, à atividade de escrita das histórias. Mas Maquiavel preferiu o alinhamento com os Médici, contando também com uma reputação de literato que já se consolidava.* É quando a experiência do diplomata que antes negociava junto a reis e imperadores volta a ser empregada; desta vez, no entanto, em círculos menos imponentes, como em questões comerciais na vizinha Lucca ou entre frades menores na cidadezinha de Carpi, território pertencente a Módena e governado por seu amigo Francesco Guicciardini. Este, tendo sido um historiador e literato com origem em uma das famílias mais res-

* Nesse período, havia a possibilidade até mesmo de uma encenação de *A mandrágora* em Roma para a audiência do papa; contudo, não é possível ter certeza se tal encenação de fato ocorreu.

peitadas da Florença dos tempos do "Magnífico", ocupou cargos de relevo na Senhoria, principalmente nos tempos do papa Clemente VII, e foi um dos principais artífices da reinserção de Maquiavel nos círculos do poder. É a partir de 1521 que a antiga amizade entre o ex-secretário e o governador se fortalece, com afinidades pessoais no campo literário e político vastamente presentes na correspondência do período.*

Naquele mesmo ano, tem início uma série de batalhas entre Francisco I, rei da França, e o imperador Carlos V, movidas pela reivindicação da coroa francesa sobre o ducado de Milão. O cardeal Médici, contudo, havia estabelecido um acordo com o imperador para tentar dar conta da Reforma Luterana que se difundia na Alemanha. Tal acordo, claro, não fora bem visto pelos antigos aliados franceses que, após a morte de Leão X, acabaram por apoiar, em detrimento dos Médici, a eleição do cardeal Boeyens como Adriano VI, ainda que para um brevíssimo pontificado. Mas o cardeal Giulio de' Médici voltaria a se fortalecer após ser descoberta uma conjuração florentina para matá-lo, cuja consequência foi sua eleição como papa Clemente VII em novembro de 1523. Em seguida, após ocupar a Lombardia em 1524, a França atrai de novo o suporte do papa, que abandona o lado imperial e volta a apoiá-la. Esse seria um dos motivos pelos quais Guicciardini retrata Giulio de' Médici como um homem que, se na juventude demonstrava sinais de vigor para a política, na maturidade se caracterizava por contínuas hesitações, demonstrando ser confuso, ambíguo e incerto.**

* Das 27 cartas conhecidas nessa correspondência, dezessete são de Maquiavel e dez são de Guicciardini, concentrando-se entre os anos de 1521 e 1527. Estima-se, contudo, que outras sete podem ter se extraviado. Cf. Correspondência — Parte 3.

** Cf. Guicciardini, *Storia d'Italia* XVI XII. In: E. Scarno (Org.), *Opere*. Turim: UTET, 1981.

Nesse cenário de instabilidade entre as maiores potências bélicas, Maquiavel concluía a escrita das *Histórias florentinas*. E tal como a mencionada carta a Vettori de 10 de dezembro de 1513 ilustra a gênese de *O príncipe* ao longo daquele ano, um fragmento* de carta a Guicciardini de 30 de agosto de 1524 é capaz de revelar o estado de ânimo do ex-secretário em um dos períodos finais das *Histórias*. Nele, a principal dúvida era sobre o quanto se aprofundar em questões que poderiam ofender a memória de antepassados dos senhores de Florença.

Com a derrota francesa em Pavia frente às forças imperiais no fim de 1524, na qual o rei francês Francisco I acaba capturado, Maquiavel é então designado a organizar uma milícia armada. Mas como o projeto não vai adiante, o literato pode, então, continuar se dedicando, naquele e no ano seguinte, ao polêmico texto do *Diálogo sobre a nossa língua*, à representação de sua nova comédia *Clizia*, peça baseada na *Casina* de Plauto e recheada de autoironia por sua paixão pela cantora Bárbara Salutati, e a uma nova encenação de *A mandrágora*, desta vez em Faença,** cidade então governada por Guicciardini. Entre as questões pessoais e literárias presentes na correspondência dos amigos desse período, a conjuntura política continua a figurar, às vezes lembrando o tom das grandes reflexões trocadas com Vettori anos antes.***

No começo de 1526, o rei francês é libertado pelo imperador, mas não cumpre os pactos estabelecidos com seus algozes, aumentando o clima de guerra. Nessa iminência de novos conflitos entre a França e o papado contra o imperador Carlos V, Ma-

* Cf. carta 51.

** Cf. carta 56 [§ 4], na qual Maquiavel pensa até mesmo numa adaptação de partes da peça para aproximá-las à fala local.

*** Cf. carta 62.

quiavel é nomeado provedor e chanceler da Procuradoria dos muros de Florença, cujo objetivo eram reformas para maior proteção da cidade. Guicciardini, novamente, fora responsável por tal indicação, justificando a atuação do amigo pelos seus escritos na *Arte da guerra*. A guerra, contudo, se aproximava, e pouco antes de as forças espanholas e imperiais ocuparem Milão, uma Liga Santa foi estabelecida na cidade de Cognac entre Roma, França, Florença, Milão e Gênova, o que só iria acirrar os ânimos contrários do Império. Maquiavel é então enviado como chanceler para o acampamento militar da Liga em Milão, onde Guicciardini comandava forças contra as tropas imperiais que assediavam o castelo da cidade para depor Francesco II Sforza. Perdida a batalha, ambos seguiram para Módena a fim de estabelecer a defesa de Florença contra os lansquenetes a serviço de Carlos V, já em direção a Roma.

Já no início de 1527, Maquiavel demonstra ter consciência da tragédia que estava por vir com o avanço das forças imperiais e as dificuldades, por parte do papa, em promover proteções eficientes e em desistir de acordos tardios e ineficazes. Na última das cartas escritas por ele que nos chegou, endereçada a Vettori, Maquiavel, então ao lado de Guicciardini na liderança das defesas, reflete seu desespero por saber que não há mais margem de negociação e que as tropas imperiais estavam por invadir Florença e Roma. Ele dirá: "eu não acreditava que iria ter que enfrentar circunstâncias tão difíceis como essas, em que a paz é necessária e a guerra não pode ser abandonada". Por fim, um epigrama dá o tom da situação: "quem lucra na guerra, como fazem esses soldados, louco seria se louvasse a paz".* O saque de Roma viria em 6 de maio, fazendo com que o papa Clemente VII se refugiasse no Castel Sant'Angelo e fugisse ao

* Cf. cartas 77 [§ 6] e 78 [§ 8].

fim do mesmo ano. Nesse intervalo, Florença declarava — mais uma vez — o fim da Senhoria dos Médici e a restauração da República.

O período das guerras italianas só terá fim décadas depois, em 1559, com o tratado de Cateau-Cambrésis em que, após algumas reviravoltas, será estabelecida a supremacia da Espanha sobre boa parte do território italiano como o reino de Nápoles, Sicília e Sardenha, além do ducado de Milão e parte do território toscano. Maquiavel, contudo, não pôde acompanhar os desdobramentos da fatídica invasão espanhola-imperial por ter morrido em 21 de junho daquele mesmo ano de 1527, sendo sepultado no dia seguinte na Basílica de Santa Cruz, em Florença.

Durante toda uma vida de observador das questões políticas e militares, não faltaram exemplos teóricos e práticos para que Maquiavel pudesse fundamentar seu pensamento filosófico. Ele próprio o assume na dedicatória de *O príncipe*, dizendo aliar "uma longa experiência das coisas modernas junto a uma contínua leitura das antigas". Mas, como afirma Bignotto, a "grande arte [de Maquiavel] foi ter transformado essa frequentação na matéria de base de uma obra que revolucionaria o pensamento político ocidental".*

Conta-se que, poucos dias antes de morrer, o ex-secretário teria relatado à família e aos amigos um sonho com um grupo de pobres maltrapilhos, de quem soube se tratar dos beatificados do paraíso; em seguida, viu um grupo de postura nobre que conversava sobre as repúblicas, no qual reconheceu escritores da antiguidade destinados ao inferno: entre os dois grupos, teria dito preferir a companhia do segundo.

* Cf. Newton Bignotto, *O jovem Maquiavel*. Rio de Janeiro: Bazar do Tempo, 2024, p. 71.

NOTA DE TRADUÇÃO

Os autógrafos dos principais escritos de Maquiavel se perderam no tempo. No entanto, entre 1532 e 1549, suas principais obras já haviam sido impressas editorialmente, primeiro as políticas e depois as literárias. Composto em 1513, como dito, *O príncipe* já circulava em cópias manuscritas, as quais darão o fundamento para as edições até os nossos dias. Para a presente tradução, usamos o texto crítico estabelecido por Giorgio Inglese (2013). Com relação às cartas, a primeira sistematização foi feita por Giuliano de' Ricci (filho de Bartolomea Machiavelli e neto de nosso autor), que as transcreveu e organizou no volume base para as edições sucessivas. Para esta tradução, usamos o texto crítico estabelecido na edição coordenada por Francesco Bausi (2022).

Para a redação das notas, os aparatos de estudo dessas mesmas edições modernas foram as principais fontes, complementados de forma pontual por outras edições e estudos elencados nas referências bibliográficas a seguir. Nessa, destaca-se a edição em que Inglese (1989) se dedica exclusivamente à mesma epistolografia entre Maquiavel e seus amigos Vettori e Guicciardini. A principal preocupação na seleção das informações foi dar conta do caráter histórico-biográfico das personagens e dos fatos citados, assim como os pontos de comunicação com outras obras de caráter histórico, político e literário de Maquiavel. Não se trata aqui, portanto, de notas traduzidas, mas, muitas vezes, simplificações ou reduções da infinidade de informações e detalhes reportados nas edições citadas, redigidas aqui de modo a priorizar informações nem sempre de fácil acesso ao leitor de língua portuguesa.

Sobre as questões linguísticas, no intuito de reproduzir os procedimentos retóricos dos autores, buscamos adequar o estilo do português àquele empregado nas cartas ou no tratado, tanto na sintaxe mais coloquial das cartas ou naquela mais austera e, por vezes, enrijecida dos tratados. Isso explica a amplitude de registro: do mais baixo, quase linguagem de boteco, com um vasto léxico de duplo sentido e carregado de erotismo ou sacanagem entre os amigos; ao mais alto, resquício de uma formalidade típica de ambientes diplomáticos.

AGRADECIMENTOS

No que diz respeito ao vocabulário conceitual do filósofo Maquiavel, devo um agradecimento especial a Flávia Benevenuto, que, além de enriquecer esta edição com um posfácio que aborda tensionamentos entre virtude e fortuna, se dedicou a melhorar a tradução por meio de uma revisão técnica. Sua atenção em conservar uma terminologia já consagrada no campo dos estudos maquiavelianos contribuiu de modo efetivo para que este tradutor pudesse manter muito do repertório de herança humanística dos autores. Qualquer incongruência, no entanto, é de minha exclusiva responsabilidade.

Agradeço às editoras Rita Mattar e Eloah Pina por acolherem — com esforços ilimitados para as ideias mirabolantes — este projeto de tradução e organização pouco ortodoxo. Agradeço aos amigos Bruno Santos Alexandre e Valentina Cantori pela conexão com pessoas e livros indispensáveis para este trabalho. Agradeço a Universidade Federal Fluminense — pública, gratuita e de qualidade — por permitir, no âmbito da investigação nos estudos da tradução, que eu me dedique a atividades como esta, buscando enriquecer não apenas a pesquisa acadêmica feita no Brasil mas a sua difusão extramuros. Este trabalho de organização e tradução vai dedicado a meus alunos e alunas, com quem tenho o privilégio de pensar constantemente a respeito do período histórico, filosófico e literário em que Maquiavel se insere.

Por fim, sou imensamente grato às melhores companhias de sempre, Beatriz e Teresa.

EMANUEL FRANÇA DE BRITO

É professor de língua e literatura italianas na Universidade Federal Fluminense (UFF) e trabalha com a tradução como forma de crítica literária em autores do baixo Medievo e Humanismo italianos (séculos 13 a 16). Entre os principais trabalhos estão os volumes organizados (introdução, tradução e notas) do Convívio *(Penguin-Companhia das Letras, 2019) e do* Inferno, *de Dante Alighieri, em parceria com Maurício Santana Dias e Pedro F. Heise (Companhia das Letras, 2021; Penguin-Companhia das Letras, 2024),* A retórica, *de Brunetto Latini (Editora 34, 2023), e a coletânea* Humanistas italianos, *em parceria com Rodrigo Tadeu Gonçalves (Âyiné, no prelo).*

REFERÊNCIAS BIBLIOGRÁFICAS

Textos fontes para a tradução e as notas

MAQUIAVEL, Nicolau. *Il Principe*. Org. de Giorgio Inglese. Turim: Einaudi, 2013.

______. *Lettere*. 3 v. Direção e coordenação de Francesco Bausi. Roma: Salerno, 2022.

Outros estudos de apoio para os aparatos desta edição*

ARANOVICH, Patrícia Fontoura. "Maquiavel, retórica e política". *Cadernos de Ética e Filosofia Política*, São Paulo, v. 1, n. 24, pp. 62-74, 2014.

ALIGHIERI, Dante. *Opere*. 2 v. Milão: Mondadori, 2011-14.

______. *Commedia*. 3 v. Edição crítica de Giorgio Inglese. Florença: Le Lettere, 2021.

______. *Inferno*. Tradução revista, organização e introdução de Emanuel França de Brito, Maurício Santana Dias e Pedro Falleiros Heise. São Paulo: Penguin-Companhia das Letras, 2024.

ARIOSTO, Ludovico. *Orlando Furioso*. Org. de Cesare Segre. 9. ed. Milão: Mondadori, 2010.

AURÉLIO, Diogo Pires. "Introdução". In: MAQUIAVEL, Nicolau. *O príncipe*. Tradução, introdução e notas de Diogo Pires Aurélio. São Paulo: Editora 34, 2017.

BENEVENUTO, Flávia (Org.). *Republicanismo: 30 anos com o* Maquiavel republicano *de Newton Bignotto*. Belo Horizonte: Projeto República/UFMG, 2021.

BIGNOTTO, Newton. *Maquiavel republicano*. São Paulo: Loyola, 1991.

______. *Origens do republicanismo moderno*. Belo Horizonte: Editora UFMG, 2001.

______. *Maquiavel*. Rio de Janeiro: Zahar, 2003.

______. *O jovem Maquiavel*. Rio de Janeiro: Bazar do Tempo, 2024.

BOCCACCIO, Giovanni. *Decameron*; *Filocolo*; *Ameto*; *Fiammetta*. Org. de E. Bianchi, C. Salinari e Natalino Sapegno. Milão/Nápoles: R. Ricciardi, 1952.

______. *Opere in versi*; *Corbaccio*; *Trattatello in laude di Dante*; *Prose latine*; *Epistole*. Org. de Pier Giorgio Ricci. Milão/Nápoles: R. Ricciardi, 1965.

* Para uma ampla bibliografia sobre Maquiavel e sua obra, publicada no Brasil ou no exterior, cf. Sérgio Cardoso, *Maquiavelianas: lições de política republicana*. São Paulo: Editora 34, 2022, pp. 286-309.

BRAUDEL, Fernand. *O modelo italiano*. Trad. de Franklin de Mattos. São Paulo: Companhia das Letras, 2007.

CARDOSO, Sérgio. *Maquiavelianas: lições de política republicana*. São Paulo: Editora 34, 2022.

CHABOD, Federico. "Appendice". In: MACHIAVELLI, Niccolò. *Il Principe*. Org. de Giorgio Inglese. Turim: Einaudi, 2013, pp. 195-221.

EBGI, Raphael (Org.). *Umanisti italiani*. Turim: Einaudi, 2006.

GARIN, Eugenio. *L'umanesimo italiano*. 7. ed. Roma/Bari: Laterza, 2019.

______. *Machiavelli fra politica e storia*. Turim: Einaudi, 1993.

GUICCIARDINI, Francesco. *Storia d'Italia*. In: SCARNO, E. (Org.). *Opere*. Turim: UTET, 1981.

INGLESE, Giorgio; SASSO, Gennaro (Orgs.). *Enciclopedia machiavelliana*. Roma: Istituto dell'Enciclopedia Italiana, 2014.

MAQUIAVEL, Nicolau. *Discorsi sopra la prima deca di Tito Livio*. Intr. de Gennaro Sasso e notas de Giorgio Inglese. Milão: BUR, 2000.

______. *Lettere a Vettori e Guicciardini*. Org. de Giorgio Inglese. Milão: BUR, 1989.

______. *Tutte le opere*. Org. de Mario Martelli. Florença: Sansoni, 1992.

______. *O príncipe e dez cartas*. 3. ed. Brasília: UnB, 1999.

______. *Opere*. Org. de Corrado Vivanti. 3 v. Turim: Einaudi/Gallimard, 1997-2005.

OVÍDIO, *Metamorfoses*. Trad. de Rodrigo T. Gonçalves. São Paulo: Penguin-Companhia das Letras, 2023.

PERSEUS DIGITAL LIBRARY. Edições de autores antigos, gregos e romanos. Disponível em: <www.perseus.tufts.edu/hopper/>. Acesso em: 20 ago. 2025.

PETRARCA, Francesco. *Trionfi*. Org. de Guido Bezzola. Milão: Fabbri, 2001.

______. *Canzoniere. Rerum vulgarium fragmenta*. Org. de Rosanna Bettarini. Turim: Giulio Einaudi Editore, 2005.

POLIZIANO, Angelo. *Stanze*; *Orfeo*; *Rime*. Org. de Davide Puccini. Milão: Garzanti, 1992.

PULCI, Luigi. *Morgante*. 2 v. Org. de Giuliano Dego. Milão: BUR, 2009-10.

RIDOLFI, Roberto. *Biografia de Nicolau Maquiavel*. São Paulo: Musa, 2003.

RODRIGUES, Sérgio. *Cartas brasileiras*. São Paulo: Companhia das Letras, 2017.

VETTORI, Francesco. *Scritti storici e politici*. Org. de Enrico Niccolini. Bari: Laterza, 1972.

VIRGÍLIO. *Bucólicas*. Trad. de Péricles Eugênio da Silva Ramos. Brasília/São Paulo: UnB/Melhoramentos, 1982.

______. *Eneida*. Trad. de Pedro Falleiros Heise. São Paulo: Penguin-Companhia das Letras, no prelo.

Mapa de parte da Europa em 1500

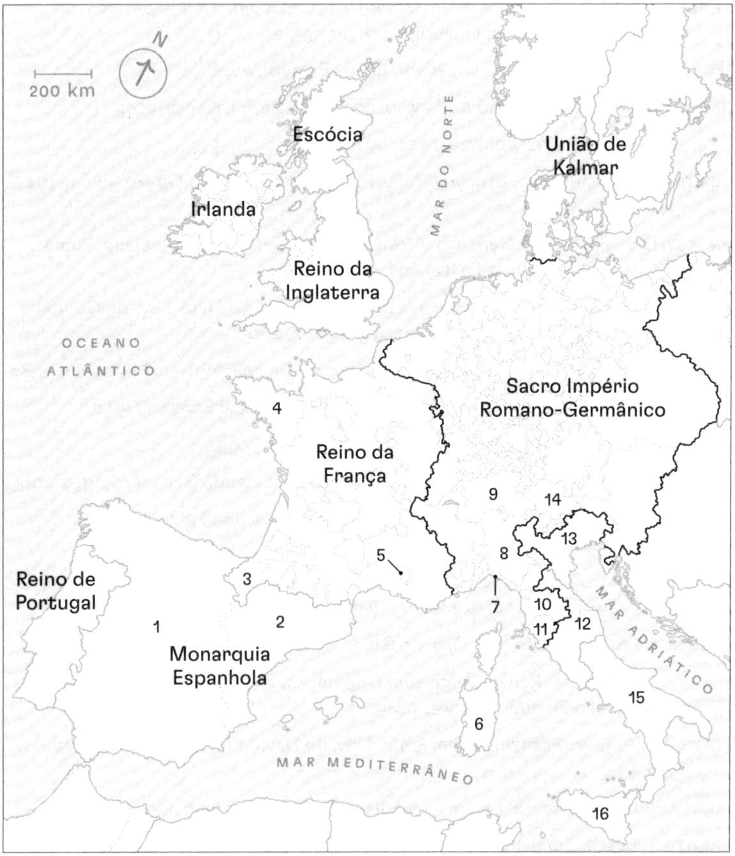

1 Coroa de Castela
2 Coroa de Aragão
3 Reino de Navarra
4 Ducado da Bretanha
5 Avinhão
6 Reino da Sardenha
7 República de Gênova
8 Ducado de Milão
9 Confederação Suíça
10 República de Florença
11 República de Siena
12 Estados Papais
13 República de Veneza
14 Tirol
15 Reino de Nápoles
16 Reino da Sicília

Devaneios escritos em Perúgia
para Soderini[1] 1

Perúgia, 13-21 de setembro de 1506

Recebi uma carta sua velada;[2] mesmo assim, depois de dez pa- 2
lavras, eu a reconheci. Eu realmente acredito na multidão pre- 3
sente em Piombino[3] e, por conhecer você,[4] estou certo de seus
impedimentos e dos de Filippo,[5*] pois sei que um foi ofendido
por uma luz fraca, e o outro, por uma excessiva.[6]
Janeiro não me incomoda,[7] desde que em fevereiro eu possa 4
me dedicar às minhas coisas. Sofro pela ânsia de Filippo e, com 5
apreensão, espero o fim disso tudo.[8] 6
Sua carta foi breve, mas, relendo, eu a tornei longa. Foi útil,
pois me deu a ocasião para o que eu mesmo duvidava fazer e 7
que você pediu que eu não fizesse; e apenas nessa parte eu a vi
sem propósito.[9] Eu teria me admirado com isso se minha sorte 8
não me tivesse mostrado tantas e tão variadas coisas (de modo
que sou obrigado a me admirar pouco ou mesmo confessar não
experimentar admiração) ao ler e viver as ações dos homens
com seus modos de proceder. Conheço você e a bússola com 9

* O autógrafo desta carta está repleto de marginálias com comentários do autor, trazidos aqui como notas de rodapé. Neste trecho, o autor escreve: Quem não sabe se defender abraça quem é bom na esgrima. (N.E.)

que navega; e, mesmo que pudesse ser criticada, o que não pode,
eu não a criticaria, vendo a que portos já o guiou e de que espe-
10 ranças ainda pode nutri-lo. De forma que creio — não pelo seu
exemplo, no qual se vê apenas prudência, mas pelo dos outros
— que nas coisas se deve ver o fim, não o meio,[10*] sendo possí-
vel ver que vários modos de governar conseguem uma mesma
11 coisa, que, atuando de modo diferente, chegam ao mesmo fim.
E o que faltava a esta opinião, as ações desse pontífice e seus
12 resultados completaram.[11] Aníbal e Cipião:[12**] além da discipli-
na militar que em ambos igualmente excedia, um manteve seus
exércitos unidos na Itália com crueldade, perfídia, irreligião, fa-
zendo-se admirado por povos que, para segui-lo, se rebelavam
contra os romanos; o outro, com piedade, fidelidade e religião
teve o mesmo séquito desses povos na Espanha;[13***] e tanto um
13 como o outro tiveram infinitas vitórias. Mas como não é comum
citar os romanos, Lorenzo de' Médici desarmou o povo para
controlar Florença; *messer* Giovanni Bentivogli o armou para
controlar Bolonha;[****] os Vitelli em Castello e o duque de Urbino
em seu Estado desmantelaram as fortalezas para controlar tais
Estados; já o conde Francesco em Milão e muitos outros edifi-
caram-nas em seus Estados para com elas terem segurança.[14] O
imperador Tito acreditava que iria perder seu Estado no dia em
que não beneficiasse alguém;[15] outros acreditavam que iriam
perdê-lo no dia em que agradassem alguém.

* Pois cada um se comporta de acordo com seus anseios.

** Enfim, não aconselhar ninguém, nem aceitar conselhos de ninguém, exceto um de tipo genérico, como o de que cada um deve fazer aquilo que lhe agrada e [...] audácia.

*** Os homens se entediam com o bem e lamentam o mal. As coisas amargas perturbam o paladar e as doces o cansam.

**** Buscar a Fortuna, que é amiga dos jovens, e mudar de acordo com o momento; mas não dá para ter fortalezas e não as ter ao mesmo tempo, não dá para ser cruel e piedoso etc.

Muitos, mensurando* e ponderando todas as coisas, atin- 14
gem seus intentos; este papa, que não possui balança nem régua
em casa, conquistou desarmado e por acaso o que dificilmente
teria conseguido com ordenações e armas. Todos os menciona- 15
dos foram e ainda são vistos, além de infinitos outros que em
matéria similar poderiam ser citados, conquistando reinos, ou
os domando, ou mesmo deles caindo de acordo com os imprevis-
tos;** às vezes, um modo de agir que era louvado na conquista é
criticado na derrota; e, às vezes, derrotado após uma longa pros-
peridade, não se culpa nenhuma coisa em si, mas se dá a culpa ao
céu e à disposição dos fatos. Mas de onde se origina que diferen- 16
tes operações às vezes igualmente ajudam ou atrapalham eu não
sei, mas desejaria saber; e apenas para compreender sua opinião,
terei a presunção de dizer a minha.

Eu acredito que assim como a natureza fez nos homens di- 17
ferentes rostos, ela lhes tenha feito diferentes engenhos[16] e
diferentes anseios. Disso se origina o fato de que cada um se 18
governa de acordo com seu engenho e seus anseios. Mas como, 19
por outro lado, os tempos são diferentes e as ordens das coisas
são muitas, em algumas pessoas as coisas acontecem *ad votum*
(conforme o desejo), sendo esses felizes porque seu modo de
proceder e os tempos se encontram; mas outros, ao contrário,
são infelizes, porque não combinam suas ações com o que o
tempo e a ordem das coisas exigem.[17] Desse modo, pode muito 20
bem acontecer de duas pessoas, agindo de modos diferentes,
terem um mesmo resultado,[18] porque cada uma delas pode agir
de acordo com a sua própria experiência, pois existem tantas

* A comparação do cavalo, da corrosão das fortalezas.

** Quando a Fortuna se cansa, vem a ruína dos homens, das famílias, da cidade. Cada um tem a sua fortuna baseada em seu modo de agir, e todas se cansam; e quando estão cansadas, é necessário conquistá-las de outro modo.

21 ordenações quanto províncias e Estados. Mas como frequente-
mente os tempos e as coisas mudam de forma geral e particular,
e como os homens não mudam seus anseios nem seus modos de
agir, acontece de, em determinado momento, a fortuna ser fa-
22 vorável e, em outro, contrária. Realmente, quem fosse bastante
sábio a ponto de decifrar os tempos e as disposições das coisas,
adaptando-se a isso, teria sempre uma fortuna favorável e evi-
taria a contrária, chegando a ser verdade que o sábio comanda
23 as estrelas e os fatos.[19] Mas como não é possível encontrar es-
ses sábios, pois os homens têm, em primeiro lugar, a vista curta
e, depois, não conseguem controlar sua natureza,[20] acontece
24 que a fortuna muda e comanda os homens, tendo-os sob seu jugo.
Para confirmar essa opinião, quero que me bastem os exemplos
mencionados antes, sobre os quais eu a fundei, de modo que se
sustentem reciprocamente.

25 A crueldade, a perfídia e a irreligião ajudam a formar a re-
putação de um novo dominador na província onde a humanida-
de, a fé e a religião foram por um longo tempo abundantes, do
mesmo modo que a humanidade, a fé e a religião ajudam onde
a crueldade, a perfídia e a irreligião reinaram por muito tempo.
26 Pois, como as coisas amargas perturbam o paladar e as doces o
cansam, os homens se entediam com o bem e lamentam o mal.[21]
27 Essas razões, entre outras, abriram a Itália a Aníbal e a Espanha
a Cipião, de modo que, assim, cada um se deparou com o tempo e
28 com as coisas de acordo com as ordenações de seu proceder. Na-
quele mesmo tempo, alguém como Cipião não teria tido o mes-
mo sucesso na Itália e um como Aníbal não teria tido na Espanha
tal como o que um e outro tiveram em suas províncias.

Correspondência — Parte 1

1

Francesco Vettori a Nicolau Maquiavel
Florença, 3 de agosto de 1510

Spectabili viro Nicolao de Maclavellis secretario florentino 1
apud Christianissimum Regem Franciae

(Ao notável Nicolau Maquiavel, secretário florentino perante o Cristianíssimo rei da França)

Meu querido compadre.[1] Pedi a Ruberto[2] que mande logo você 2
de volta, porque, sem ele, ao menos temos você de novo; por
isso, alegre-se em poder voltar em breve, pois ele concordou, e
Filippo e eu clamamos por você todos os dias. Depois que você 3
partiu, no dia de São João (se entendi bem, pois eu não estava
lá), fiquei continuamente doente e acreditei que passaria desta
para uma melhor: há apenas quinze dias me recuperei e agora
estou bem, mas me inteirando de tantas coisas de uma só vez
que fico até tonto com todas elas; pois, tendo estado mal, eu
não pude compreendê-las gradualmente dia após dia, como fi-
zeram todos. Primeiro, Marco Antonio Colonna, que com 150 4
cavalos e quinhentos soldados a pé foi derrubar Gênova por or-
dem do pontífice, sendo depois conduzido lá para perto onde,
sem esperança, foi forçado a se apoiar na armada dos venezia-
nos que circulava por ali com esse mesmo objetivo, e que jun-
tou alguns cavalos e parte do grupo e deixou o resto nas mãos
dos inimigos. Como muitos, eu tinha Marco Antonio como um 5
homem de grande sabedoria e prudência, além de muito caute-
loso em suas ações; mas agora não consigo me convencer sobre
qual poderoso motivo o teria obrigado a ir com tão pouca gente

pôr em perigo a companhia, sua honra que eu tanto estimava e
mais ainda a vida, pois, se acabasse na mão dos franceses, não
6 creio que o teriam salvado. Deixo que você reflita a respeito e,
no seu retorno, conversaremos.
7 Mas venhamos ao pontífice,[3] de quem não se pode dizer que,
depois de ter assumido essa posição, tenha feito um governo de
louco, e para chegar ao cargo parece ter agido ainda com mais
cautela; mesmo assim, ele assume uma guerra com o rei da
França sem que tenha a seu lado outros que não os venezianos,
meio arruinados e desesperados, começando por atacar o rei
de um modo que a paz não será logo estabelecida, pois primeiro
tomou como ladrão o monsenhor de Aus,[4] a quem o rei demons-
trava muito estimar; em seguida, com palavras e com fatos, fez
com que Gênova se rebelasse, e antes de mandar para lá uma
armada ou outra coisa, proclamou aos quatro ventos que Gêno-
va se levantará, o que não significa senão dizer ao rei: "Presta
atenção ali"; e como não conseguiu da primeira vez, diz ainda
8 querer tentar uma segunda. Investiu contra as propriedades
do duque de Ferrara[5] na Romanha e, por serem mal vigiadas,
tomou posse de parte delas; restavam as fortalezas de Lugo,[6]
que estavam sob bombardeio: talvez seiscentos cavaleiros
franceses tenham saído de Ferrara, e apenas seu grito tenha
feito com que todas as forças do papa se pusessem em fuga e
deixassem a artilharia, de modo que os franceses recuperaram
9 todas as terras que tinham antes tirado de Ferrara. Concluin-
do, eu não entendo esse papa: como é possível que apenas ele
e os venezianos queiram entrar numa guerra contra a França?
10 Giovanni Canacci diz que o papa parece fazer como quem joga
flussi ou *primera*[7] e quer ir até o fim, de modo que o rei fica em
dúvida se segue no jogo, dizendo consigo: "Se ele não tivesse
uma mão tão boa, não levantaria assim a aposta"; mas como é
o rei quem a tem — o que fica claro tão logo começa a se mover

seguro contra Bolonha —, o papa então busca um acordo. Mas 11
eu vou dizer o que penso: gostaria que o rei tomasse Bolonha,
desfrutasse da vitória, expulsasse o papa de Roma, e que assim
parássemos com essa cerimônia toda e seguíssemos depois ao
que ele quer. Agora nos resta ver se o papa tem ao seu lado o 12
imperador e, com ele, a Espanha, como muitos acreditam.[8] Eu 13
posso estar enganado, mas acho que não: acho, sim, que o im-
perador, quando conseguir os acordos que ele imagina do papa,
se voltará contra o rei, porque ele tem a mente, como você sabe,
determinada a mudar;[9] mas seriam tais e tantos os acordos que
o papa ficaria sem dinheiro, e teria certeza de que perderia a
guerra contra o rei; mas caso vencesse, teria a certeza de ter
mais que temer o imperador que agora não exerce o reinado.
A Espanha sem o imperador lhe pareceria fraca; com isso, se 14
a vencesse ela perderia certamente não apenas o Reino,[10] mas
Castela e Aragão, pelo motivo de ele ter ali seu neto.[11]

Compadre, eu considerei lhe falar essas coisas, mas daque- 15
las internas não vou dizer nada, pois Ruberto vai lhe deixar a
§ O amigo[12] está nas mãos do coveiro, como já estava quando 16
você partiu. Nada mais. A você, minhas saudações. 17

Francesco, em Florença no dia 3 de agosto de 1510. 18

2

Nicolau Maquiavel a Francesco Vettori
Florença, 13 de março de 1513

1 *Magnifico viro Francisco Victorio oratori florentino dignissimo apud Summum Pontificem. Rome*

(Ao magnífico Francesco Vettori, digníssimo embaixador florentino perante o Sumo Pontífice. Roma)

2 *Magnifice vir*, como deve ter compreendido pelo seu irmão Pago-
lo,[1] saí da prisão[2] com a cidade em completa alegria.[3] Por obra
3 de vocês, era o que eu esperava, e agradeço por isso. Não vou
repetir a longa história dessa minha desgraça, mas direi apenas
que a má sorte fez de tudo para me provocar tal injúria. Porém,
4 com a graça de Deus, ela passou. Espero não incorrer nela de
novo, seja porque serei mais cauteloso,[4] seja porque os tempos
serão de mais liberdade, e não de tantas suspeitas.

5 Você sabe em que situação se encontra o nosso *messer* Totto:[5]
6 eu o confio a você e a Pagolo de modo amplo. Ele deseja apenas, e
eu também, a cortesia de ser inserido entre os familiares do papa,
inscrito no seu rol, e ter a sua certificação; por isso, lhe suplicamos.

7 Faz, se possível, com que eu permaneça na memória do Nosso Senhor, de modo que use meus serviços se for possível,[6] ele ou alguém dos seus, para qualquer coisa, porque assim creio poder honrar você e ser útil a mim.

8 *Die 13 Marzii 1512.*
(No dia 13 de março de 1512.)[7]

9 De seu Nicolau Maquiavel, em Florença.

3

Francesco Vettori a Nicolau Maquiavel
Roma, 15 de março de 1513

Ao meu compadre querido Nicolau do *messer* Bernardo Ma- 1
chiavelli, em Florença

Meu querido compadre, de oito meses para cá tive as maiores 2
dores que eu poderia ter durante toda a minha vida, e dessas
você ainda não sabe; mesmo assim, nenhuma foi tão grande
quanto a de saber que você tinha sido preso, porque entendi
de imediato que haveria tortura[1] sem motivo ou crime, como
aconteceu. Me dói não ter podido ajudar, como merecia a con- 3
fiança que você tinha em mim, e me deu muita tristeza quando
Totto me enviou o estafeta e eu não pude acudir em nada. Mas 4
eu o fiz tão logo foi eleito o papa, e não lhe pedi outra graça que
não a sua libertação, e fico muito feliz que tenha ocorrido ain-
da antes.[2] Agora, meu compadre, o que tenho a lhe pedir aqui 5
é que você fique sereno com essa perseguição, como já conse-
guiu com as outras que lhe foram feitas;[3] e que você aguarde o
momento de não ficar sempre por baixo, o que vai se dar após
as coisas se acalmarem, pois a fortuna deles[4] supera qualquer
imaginação e discurso. E, assim que você estiver livre para
atravessar todas as fronteiras, se eu continuar aqui, o que não
sei, desejo que venha para cá quando quiser, e fique pelo tempo
que desejar. Eu lhe escreverei quando tiver o ânimo repousado; 6
e se eu tiver que continuar aqui — do que tenho minhas dúvi-

das, pois creio que haverá homens de nível melhor do que o meu que desejarão ocupar este lugar —, aceitarei qualquer decisão.

7 Nosso Filippo[5] chegou hoje, vindo em quatro dias com muita pressa de Poggibonsi, cansado, acabado, em frangalhos, e esta noite não lhe foi possível chegar até o papa porque o *messer* Giovanni Cavalcanti[6] não permitiu.

8 Não tenho mais a dizer senão mandar minhas saudações.

9 Franciscus

Romae, die 15 Martii 1512

(Em Roma, 15 de março de 1512)[7]

4

Nicolau Maquiavel a Francesco Vettori
Florença, 19 de março de 1513

Magnifico viro Francisco Victorio oratori florentino apud 1
Summum Pontificem.
Rome

(Ao magnífico Francesco Vettori, embaixador florentino perante o Sumo Pontífice.
Roma)

Magnífico embaixador, sua carta tão amorosa me fez esquecer 2
todos os afãs passados; e embora eu esteja mais do que seguro
da amizade que você me devota, a carta me foi de muita estima.
Agradeço o quanto posso, e rogo a Deus para que você, em seu fa- 3
vor e serventia, me dê a possibilidade de lhe ser ainda mais grato,
pois posso dizer que tudo aquilo que me resta de vida eu devo ao
magnífico Giuliano[1] e ao seu irmão Pagolo. E quanto a me re- 4
signar com a fortuna, quero que você se tranquilize desses meus
afãs, pois o tenho feito com tanta coragem que me sinto até bem,
mais do que eu poderia imaginar; e se nossos protetores não qui-
serem me deixar por baixo, eu ficarei muito grato e buscarei me
comportar de modo que eles terão ainda mais motivos para ver
isso com bons olhos; e mesmo que não pareça, eu viverei como
aqui cheguei, pois nasci pobre e aprendi a me esforçar antes de
aproveitar. Se você permanecer mais por aí, irei passar um tem- 5
po quando me disser que devo. E para não me alongar demais, 6
minhas saudações a você e a Pagolo, a quem não escrevo por não
saber o que lhe dizer de bom.

Eu comentei sobre Filippo a alguns amigos em comum, que 7
se alegraram em saber que ele chegou aí em segurança. Mas sen- 8

tiram pela pouca estima ou consideração que o *messer* Giovanni
Cavalcanti teve com ele; e, pensando no que poderia ter sido a
origem disso, entenderam que Brancaccino[2] falou ao *messer* Gio-
vanni que Filippo havia sido incumbido pelo irmão de pedir por
Giovanni de Ser Antonio[3] à Santidade do papa, e por isso ele não o
quis receber: eles criticaram muito Giuliano por ter semeado essa
discórdia, quando não era verdade; mas se o fosse, a crítica seria
a Filippo por atitudes desesperadas: por isso, chame sua atenção
9 para que numa próxima vez seja mais cauteloso. E diga a Filippo
que Niccolò degli Agli o calunia por toda a Florença, e não sei qual
a origem disso; sem respeito e sem perdoar nada, lhe dá toda a
10 culpa, de modo que não há quem não se espante. Assim, alerte
Filippo que, caso saiba as causas dessa inimizade, que a sane de
algum modo; ainda ontem me encontrou e tinha em mãos uma
lista com o nome de todos os fofoqueiros de Florença, e me disse
que lhes pagava para que falassem mal de Filippo para se vingar.
11 Eu quis lhe avisar disso para que você o alerte e que ele me escute.

12 Todo o pessoal manda lembranças, começando por Tomaso
del Bene[4] até o nosso Donato;[5] todos os dias vamos à casa de al-
guma moça para recuperar as forças, ontem mesmo fomos ver
passar a procissão na casa de Sandra de Pero;[6] e assim segui-
mos em frente nessas felicidades universais, aproveitando esse
resto da vida que até me parece sonho.

13 *Valete* (Adeus). Em Florença, no dia 19 de março.

Nicolau Maquiavel

5

Francesco Vettori a Nicolau Maquiavel
Roma, 30 de março de 1513

Meu querido compadre, depois de eleito esse novo pontífice, re- 1
cebi de você duas cartas e uma do *messer* Totto, seu irmão, que me
pede o mesmo que você havia pedido na primeira:[1] que eu agisse
para que ele fosse inscrito no rol dos familiares do papa. Eu ha- 2
via conseguido isso com Sua Santidade, mas pelo grande número
de pedidos, nem ele nem infinitos outros foram aprovados pela
Câmara.[2] Os clérigos dizem que dessa maneira os títulos serão
desperdiçados, pois um número tão alto de familiares, a quem
será concedido obter os benefícios eclesiásticos sem pagamen-
to, faz com que não deem retorno.[3] Ainda assim, passada essa 3
confusão inicial, tentarei de novo e farei de tudo para que seja
possível. Tenho certeza, compadre, de que deve estar pensando 4
que eu devo ter até me cansado de tanto me esforçar, encontran-
do-me depois, por sorte, como embaixador diante da eleição de
um papa florentino, e mesmo assim não possua tanta autoridade
para incluir um familiar. Mas confesso que é verdade, e princi- 5
palmente por responsabilidade minha, que não sei agir de modo
insistente para ser útil a mim e a outros. Essa minha embaixada 6
começou a ter infortúnios no início, quando você participou.[4] Já 7
no caminho, sempre suspeitei que o papa Júlio morreria, e eu se-

8 ria roubado e capturado. Aqui cheguei e o encontrei em condi-
ções terminais a ponto de não poder conversar com ele, pois ele
9 não queria. Morreu. Foi eleito o papa Leão, o que, para a cidade
em seu âmbito público e em particular para seus cidadãos, foi
10 uma coisa a se considerar prestigiosa e útil.[5] Contudo, para mim
isso significou despesas, e creio que, quando puder crer que de-
las me refiz, outro alguém ficará nessa posição; assim, eu terei
tido um prejuízo de honra e de quinhentos ducados de capital.
11 Contudo, como você sabe, eu me adapto a tudo, e sempre vou me
esforçar para fazer o bem a qualquer homem, venha o que vier.
E ainda que na juventude eu não tenha aprendido a me esforçar,
velho vou me adaptar ao que puder.

12 Eu sou daqueles que, mesmo se confortando em se resignar
com a fortuna, ainda são melhores persuadindo os outros do
que a si mesmos; porque não me exalto com a fortuna próspera,
mas me endureço na adversa e suspeito de qualquer coisa. E se
eu falasse, acredito que você seria capaz de suspeitar com razão.
13 Com este pontificado, me parece que a cidade ganhou o poder
14 de estar segura por dentro e por fora. Por isso é que fiz tal leitu-
ra da situação; e como eu já lhe disse algumas outras vezes, não
quero mais seguir falando com base em argumentos racionais
porque já me enganei muito; e agora, na eleição de nosso papa
da qual eu falava, mais do que nunca eu via tão poucos que o
elegeriam, cardeal por cardeal, quem por uma coisa e quem por
outra, que me parecia impossível pensar no sucesso de tal elei-
15 ção. Pois ele é jovem, depauperado, com parentes demais e com
um Estado temível[6] nas mãos, de modo que me parecia que o
rei da Espanha iria preferir um papa mais fraco, e o imperador
16 também. Eu acreditava que Júlio havia sido eleito por dinheiro,
mesmo que de origem humilde e com poucos parentes; Siena,
por velhice;[7] enquanto Nápoles[8] naquele momento não foi esco-
lhido por ter parentes demais, ainda que fosse velho.

Mesmo assim, todos esses meus argumentos e raciocínios 17
falharam: o papa foi eleito com a anuência de todos os cardeais,
com a aprovação dos embaixadores de César, da Espanha e de
Veneza,[9] que se alegraram de coração, com satisfação genera-
lizada de todo o povo de Roma, com união e beneplácito dos
Orsini e dos Colonna;[10] passados quatro dias da eleição, para
tornar sua felicidade ainda mais plena, Santa Cruz e São Se-
verino, chefes do concílio, imploram pelo seu perdão.[11] Além
disso, pela carta de Roberto,[12] compreende-se que o Cristianís-
simo ficou extremamente contente, dizendo que, por ter sido
escolhido esse bom papa, trabalharia para que as coisas se pa-
cificassem, e que de sua parte não deixaria de fazer nada. Desse 18
modo, meu caro Nicolau, veja o que faz a boa sorte: para quem
ela falta, como a mim, não é necessário fazer muito; ou nada,
melhor dizendo. Procurei seguir essa regra, mas às vezes, por
outros, sou obrigado a fazer aquilo que, por mim, evitaria. Es- 19
pero que não passe muito tempo até que eu o reveja, penso em
passar esse resto de tempo que tenho na casa de campo, da qual
confesso ter estado um pouco alheio no passado, mas agora
decidi agir de outro modo. E onde quer que eu esteja, no cam- 20
po, em Florença ou aqui, estarei, como sempre estive, à sua
disposição. Sinto não poder lhe oferecer muito, pois não posso 21
nem nunca pensei ter muito ao meu alcance. Pagarei seu cavalo 22
quando voltar, o que de todo modo acredito ser em breve.

Mande lembranças a todos os amigos, principalmente a Gio- 23
vanni Machiavelli[13] e a Donato; sem mais por aqui. A você, mi- 24
nhas saudações.

Franciscus orator. Rome, die 30 Martii 1513. 25
(Francisco embaixador. Roma, 30 de março de 1513.)

6

Nicolau Maquiavel a Francesco Vettori
Florença, 9 de abril de 1513

1 *Magnifico oratori apud Summum Pontificem Francisco Victorio*

(Ao magnífico embaixador perante o Sumo Pontífice, Francesco Vettori)

2 *Magnifice domine orator* (Magnífico senhor embaixador),

> E eu, que em sua cor vi desconforto,
> disse: "Como, se o medo é evidente
> em ti, que sempre a mim és como um porto?".[1]

3 Essa sua carta me assustou mais do que a corda,[2] e sinto por cada
4 opinião que você tenha sobre minha perturbação. Não por minha
causa, que me adaptei a não desejar mais nada com paixão, mas
por sua causa, peço que imite os outros, que com ousadia e astúcia,
mais do que com inteligência e prudência, chegam aonde querem.
E quanto à questão de Totto, me desagrada se desagrada a você.
5 Não penso mais nisso, e se ele não pode entrar para o rol,[3] que se
vire. E digo de uma vez por todas que, das coisas que eu vier a lhe
pedir, que você não se incomode com elas; porque eu, mesmo que
não as alcance, não vou me incomodar de modo algum.
6 Se você se importunou por ter tido que tratar dessas coisas,
por ter visto que muitas vezes os fatos acontecem diferente-
mente do que falamos ou pensamos, você tem razão, porque o
7 mesmo já aconteceu comigo. Ainda assim, se eu pudesse lhe

dizer, não poderia fazê-lo sem encher sua cabeça de fantasias,
pois a fortuna fez com que eu, por não saber falar sobre os as-
suntos do comércio da seda ou da lã, ou dos lucros e das perdas,
sou obrigado a discorrer sobre o Estado, de modo que preciso
me esforçar para ficar quieto ou então falar mesmo sobre isso.
Se eu pudesse me desentocar desses limites,[4] também iria até aí 8
para perguntar se o papa está em casa; mas entre tantas graças,
a minha ficou pelo chão por minha falta de zelo. Vou esperar
por novembro.

Eu percebo que o cardeal Soderini tem bastante trabalho 9
com o pontífice. Gostaria que você me dissesse se acha opor- 10
tuno escrever para ele uma carta em que você me recomende a
sua Santidade, ou se seria melhor você cumprir essa tarefa pes-
soalmente por mim com o cardeal, ou ainda se não se deveria
fazer nem uma coisa nem outra; você vai saber me dizer.

Quanto ao cavalo,[5] você me faz rir por lembrar dele; vai ter 11
que me pagar só quando eu lembrar, e não em outro momento.
O nosso arcebispo a esta hora deve estar morto;[6] que Deus te- 12
nha sua alma e a de todos os seus.

Valete. Em Florença, no dia 9 de abril de 1513. 13

Nicolau Maquiavel, *quondam* (antigo) secretário 14

7

Nicolau Maquiavel a Francesco Vettori
Florença, 16 de abril de 1513

1 *Magnifico viro Francisco Victorio oratori florentino apud Summum Pontificem, patrono et benefactori.*
Rome

(Ao magnífico embaixador florentino perante o Sumo Pontífice Francesco Vettori, meu protetor e benfeitor.
Roma)

2 Magnífico embaixador, ainda que sábado passado eu lhe tenha
escrito e que não tenha mais o que dizer nem escrever, não quis
deixar passar este sábado sem lhe escrever de novo.
3 O pessoal, que você sabe como é, parece bastante perdido,
4 com fogo no rabo, com todas as cabeças fervendo. Tomaso[1] ficou
estranho, grosseiro, irritadiço e avarento, de modo que quando
você voltar vai pensar que se trata de outro homem; e quero lhe
5 contar o que me aconteceu. Ele na semana passada comprou
6 sete libras de vitelo e mandou para casa de Marione.[2] Depois,
pensando ter gastado muito e querendo achar quem dividisse as
despesas, implorava a quem aparecesse por lá que comesse com
ele; assim, movido por compaixão, chamei outros dois e fui até
7 lá. Comemos, e na hora de fazer as contas, ficou catorze soldos
8 para cada um. Eu tinha apenas dez comigo, então ficaram fal-
tando quatro da minha parte; e todos os dias seguintes ele me
cobrou, fazendo questão até ontem de noite na Ponte Vecchio.
9 Não sei se vai parecer para você que ele está errado, mas isso não
é nada comparado às outras coisas que tem feito.
10 Girólamo del Guanto perdeu a mulher, que morreu, e ele fi-
cou uns três ou quatro dias se debatendo como um peixe fora

d'água; em seguida, ele se levantou e agora quer uma nova, e
todo fim de tarde nós ficamos na mureta dos Capponi pen-
sando sobre esse casamento. O conde Orlando caiu de quatro 11
por um rapaz de Ragusa[3] e não aparece mais por aqui. Donato 12
abriu mais uma mercearia "do chifre",[4] onde ficam empoleira-
dos como pombos,[5] ele indo o dia inteiro da velha à nova como
bobo, ora com Vincenzio, ora com Piero, ora com aquele rapaz
dele, ora com aquele outro; isso porque eu nunca soube que ele
tenha deixado o Cacheado. Não sei qual é a origem disso; al- 13
guns acham que é intencional, outros acham que é força do aca- 14
so; de minha parte, não saberia concluir. Filippo di Bastiano[6]
voltou a Florença e sofre terrivelmente por Brancaccino, mas
de modo geral, pois ainda não relatou nenhum detalhe; quando
disser, aviso a você, de modo que possa adverti-lo.

> Por isso se eu às vezes rio ou canto, 15
> o faço porque eu só possuo esse
> caminho pra exalar meu acre pranto.[7]

Se é mesmo verdade que Iácopo Salviati e Matteo Stroz- 16
zi[8] foram demitidos, você será investido de um cargo público;
e como entre os que chegarão não estará Iácopo, eu não vejo
quem possa ficar, e mandá-lo embora daí. Presumo então que
você vai ficar o quanto quiser. A Magnificência a serviço de 17
Giuliano vai chegar aí, e você a encontrará naturalmente in-
clinada a me favorecer: o cardeal de Volterra,[9] ele mesmo; de
modo que eu acredito que, se meu caso for administrado com
certa destreza, poderei ser conduzido a alguma função, se não
em nome de Florença, ao menos em nome de Roma e do pon-
tificado, para o qual eu talvez seja menos suspeito; e tão logo
eu saiba que você foi efetivado aí (e que isso pareça oportuno a
você, pois de outro modo eu não iria), caso seja possível a minha

ida sem incorrer em inconvenientes, eu vou até aí; pois também posso crer que, se a Santidade do Nosso Senhor começasse a me favorecer, eu seria capaz de fazer o bem a mim, sendo útil e honroso a todos os meus amigos.

18 Eu não escrevo isso porque desejo demais as coisas, nem porque quero que você em nome de nossa amizade assuma uma responsabilidade, um incômodo, uma despesa ou um aborrecimento. Mas para que você saiba do meu estado de ânimo e, podendo me ajudar, saiba que todo bem que recebo provém de você e de sua casa, da qual reconheço receber tudo o que me restou.

19 No dia 16 de abril de 1513.

20 Nicolau Maquiavel, em Florença

8

Francesco Vettori a Nicolau Maquiavel
Roma, 19 de abril de 1513

Spectabili viro (Ao notável) Nicolau do *messer* Bernardo Ma- 1
chiavegli, em Florença

Nicolau, querido compadre, em oito dias recebi duas cartas 2
suas[1] e, ainda que eu tenha dito não querer mais devanear nem
argumentar, esses novos incidentes me fizeram mudar de pro-
pósito; contudo, não posso fazer isso desta vez, pois sou apres-
sado por esse mensageiro que está de partida, e deixo para
fazê-lo numa próxima. Apenas lhe direi que, se é verdadeira a 3
trégua entre a França e a Espanha,[2] é necessário concluir que o
rei Católico[3] é um homem dotado de astúcia e prudência — ou
seja, aí tem coisa —, e que aquilo que se repetiu tantas vezes
entrou na cabeça desses príncipes,[4] isto é: Espanha, França e
o imperador intencionam dividir entre si esta mísera Itália. E 4
se alguém que examina com cuidado dissesse não ser possível,
eu não acreditaria, e rapidamente concordaria com quem ava-
lia de modo mais grosseiro, cuja avaliação se viu tantas vezes
acontecendo por aqui.

Se eu não pensasse nos seus assuntos, não pensaria nos 5
meus; e quero que você se convença de que quando eu o vir com
honras e sendo útil, nem prestarei atenção se para mim haverá
também tais benefícios. E refleti comigo mesmo se é bom falar 6
de você ao cardeal de Volterra e decidi que não, porque mes-

mo que ele se empenhe ao máximo e tenha a confiança do papa
(ao menos pelo que parece), ele tem também muitos florentinos
contrários a si; de modo que, se eu levasse a ele seu caso, não
acredito que ele concordaria; também não sei se ele o faria de
7 bom grado, pois você sabe como ele age com cautela. Além dis-
so, não sei como eu poderia ser um mediador adequado entre
vocês, pois ele até me fez algumas boas demonstrações de ami-
zade, mas não como eu esperava; e por ter contribuído com a
salvação de Piero Soderini,[5] parece que conquistei, por um lado,
a hostilidade e, por outro, pouco mérito. Contudo, me basta ter
sido leal à cidade, à amizade que tinha com ele e a mim mesmo.
8 Se eu tiver que parar por aqui, Pagolo estará entre os Oito:[6]
você poderá ter a licença para vir e vamos ver se podemos fazer
algumas maquinações que nos levem a algum lugar; e se não
for possível, não vamos pelo menos deixar de encontrar uma
mocinha que tenho como vizinha e passar um tempo com ela; é
9 o que me parece que temos que fazer, e logo vai ficar claro. Per-
cebo como nossa turma debandou: Filippo voltará de Pistoia
no verão[7] e as coisas ficarão melhores.
10 Diga ao Casa[8] que o Brancaccio voltará até aí, e que depois
eles poderão vir juntos, e com você, para estar aqui por algu-
11 mas semanas; e que lhe mando lembranças. Lembranças tam-
bém a toda a turma, principalmente a Giovanni Machiavelli e a
Donato. Com afeto.

12 Francesco, embaixador em Roma.
No dia 19 de abril de 1513.

9

Francesco Vettori a Nicolau Maquiavel
Roma, 21 de abril de 1513

Spectabili viro Nicolau do *messer* Bernardo Machiavegli. 1
Em Florença

Acordei com calma nesta manhã e logo comecei a pensar que os 2
quatro florins postos como taxa a mim e meus irmãos, e os ou-
tros quatro a Bernardo,[1] eram altos demais considerando quão
baixos são os impostos aplicados às rendas maiores que a minha;
e fico confuso ao examinar a minha condição, pois não faço co-
mércio de nenhum tipo, não tenho entradas além das que me bas-
tam para viver, tenho filhas mulheres que exigem dotes, não tirei
vantagens pessoais trabalhando para o Estado, não demonstro
suntuosidade no vestir e nem em outras coisas aparentes, mas
simplicidade; nem se pode dizer que eu seja avarento, de modo
que por isso eu consiga juntar dinheiro, pois se tenho que pagar
alguém, não espero que venham me cobrar; se compro alguma
coisa, compro sempre mais do que os outros. Poderiam me dizer 3
que isso me foi imposto pela opinião de que Bernardo é rico e sem
filhos, e pelos negócios em que veem meus irmãos envolvidos.
Isso certamente não deveria me prejudicar; mas, muito bem, se 4
assim imaginavam, poderiam dividir os impostos entre todos os
familiares. Eu nunca ofendi ninguém com fatos ou palavras, em 5
público ou em particular, e eu tinha tanta confiança nesses ofi-
ciais que até teria me submetido ao juízo deles em qualquer coisa.

6 E concluo o seguinte: o envolvimento de Pagolo para tirar o gonfaloneiro do palácio com segurança, e o meu para salvá-lo como podia, é o que nos prejudica enormemente;[2] porque todos os amigos daquele Estado querem o mal de Pagolo, e estão errados se a verdade fosse compreendida; e todos os amigos deste Estado querem mal a mim, pois entendem que se Piero Soderini tivesse sido morto ele não poderia mais lhes fazer mal; assim pensando, imaginei que eu haveria de ser maltratado nas taxas e em todo o
7 resto, de modo que me afastei desse pensamento. Eu me atualizei daquela roda-viva de intrigas, acordos e tréguas que se seguiram nesses dias; mas sem conseguir organizar tudo na mente, elaborei dois pressupostos: o primeiro, que os venezianos teriam feito um acordo com a França em se ordenarem para meados de maio com mil lanças, 1,2 mil cavalos rápidos e 10 mil soldados a pé; nesse momento, o rei mandaria para a Itália mil lanças e 10 mil soldados a pé para guerrear com o Estado de Milão, que tomado passaria à França, e os venezianos ficariam com Bréscia, Crema e Bergamo em troca de Cremona e Mântua; o segundo, que a trégua seria estabelecida entre a Espanha e a França por um ano, apenas no lado de lá das montanhas, com promessas para a Espanha de que a Inglaterra e o imperador a ratificariam em dois meses.[3]

8 Estabelecidas e confirmadas a convenção e a trégua, eu queria que nós pudéssemos ir juntos da Ponte Vecchio pela rua dos Bardi até Cestello[4] falando sobre essa fantasia da Espanha, porque vejo quase tudo estabelecido em benefício da França; ou ainda dos venezianos, que acabaram reduzidos aos mesmos
9 termos. E ainda que se possa dizer: "o rei da França perderá ou vencerá nessa investida contra o ducado de Milão; se perder,[5] os venezianos perderão como ele; se vencer, permanece muito poderoso; e não tendo sido observada a fidelidade da outra vez,[6] agora acontecerá o mesmo", sendo também possível responder que, se perder, eles se limitam a defender Pádua e Tre-

viso,[7] como de costume, e acham que vão conseguir; se vencer,
talvez eles atentem para a lealdade; mas se não atentarem, ain-
da assim defenderão Pádua e Treviso dele. Além disso, eles se 10
consomem, e como nós dizemos, morrem de tísica; quem está
acostumado a ser grande não aceita ficar por baixo e acaba se
colocando em perigo para tornar à sua posição. Desse modo, 11
em poucos dias lhes será fácil reconquistar os territórios per-
didos, a honra e a reputação; e com essa febre que eles já têm
há três anos ininterruptos,[8] se encaminham para a morte. E se 12
o rei for tão poderoso a ponto de não atentar para a fidelidade
deles, é de se presumir que terão a companhia do resto da Itália,
e essa miséria comum fará com que a deles seja mais suportável.

Mas tratemos do rei da Espanha, que tomou todo o reino 13
de Nápoles, defendeu Pamplona,[9] demonstrando ser mais fa-
cilmente superior com os franceses do que sem; na Itália, fez
contra eles uma guerra fora da confederação[10] e, na dúvida,
pelo dito, a França não ocuparia o reino de Nápoles e em se-
guida toda a Itália; contudo, depois fez uma trégua que lhe
trouxe apenas desvantagens, e ainda é visto como um homem
experiente e astuto. E como não sabemos bem — pelas raras 14
cartas e notícias incertas que nos chegam — se ele atualmente
está fraco ou fortalecido, pode-se dizer que: se está fortaleci-
do, ele não atua de forma muito racional neste jogo por deixar
que o inimigo cresça, quando pode enfraquecê-lo e lhe impor as
condições; se está fraco e não pode manter a guerra, e tanto a
Inglaterra como o imperador não estão cumprindo os acordos,
deveria estabelecer uma paz para todos os efeitos e dar-lhe o
Estado de Milão — o qual, pelo exército que ali se posiciona,
pode-se dizer que está já em suas mãos —, o que a França acei-
taria de bom grado, sem que fosse necessário um acordo com
os venezianos, nem mandar à Lombardia um exército que ame-
drontasse o resto da Itália e nem que lhe desse despesas, dando

15 sua palavra de que não seguiria mais adiante. Mas, dessa forma, conduz[11] um exército para a Itália, toma o Estado[12] pela força, torna-se insolente pela vitória, não tem obrigações com ele, lembra-se das ofensas, de que não lhe prestou lealdade, de que acabará a trégua e de que poderá atacá-lo de frente, se vingar, privá-lo do reino de Nápoles e depois de Castela.

16 Alguém dirá: nessa guerra, o rei da Espanha adquiriu o rei-
no de Navarra, a coisa que mais desejava, e dali observa toda a
Espanha.[13] Antes, temia continuamente que os franceses mesmo
com a aliança investissem facilmente contra ele, mas agora são
os franceses que devem temer um ataque dele contra a França
por seu bel-prazer; e considerando que ele não é tão potente para
poder reinar às custas de um exército na França e outro na Itá-
lia, quis com essa trégua liberar-se da guerra doméstica, e tudo
aquilo que precisava gastar em duas partes o fará em uma, de
17 modo que o seu exército na Itália ficará fortalecido. Além disso,
o duque de Milão, os suíços e o papa com os seus aliados, consi-
derados os perigos que correm se a França vencer na Lombardia,
todos ajudarão seu exército com dinheiro e soldados, de modo
que a França ficará envergonhada; nesse ínterim, ele terá conso-
lidado o reino de Navarra chegando depois a algum acordo.

18 Se o rei Católico visse assim, eu confesso que não o admiraria mais pela prudência que lhe atribuí até agora,[14] porque ele pode muito bem ter compreendido pela experiência do ano passado que o seu exército não está apto a uma batalha campal com os franceses,[15] principalmente por esses terem pagado por um grande contingente de soldados alemães como fizeram; pode ainda saber que o Estado de Milão foi devastado, saqueado, queimado e depredado pelos suíços e pelo exército dele; pode presumir que os homens ali estão descontentes e desejam mudanças; e pode acreditar que naquele Estado há pouquíssimo dinheiro pelos motivos ditos antes, o mesmo pouco que o duque não é capaz de conseguir por ser

jovem, e o Estado, novo e fraco.[16] Os suíços não irão se mexer se 19
não receberem dinheiro. O papa e outros coligados, compreen- 20
dendo essa trégua, mas não sabendo o motivo pelo qual foi feita,
ficarão em alerta e pouco confiantes em sua Majestade,[17] buscan-
do um acordo com a França o mais rápido possível. Os venezianos 21
irão por sua vez derrotar aquele Estado;[18] as boas fortalezas fica-
rão com a França; Gênova está descontente, de modo que se pode
estimar que tão logo a França se volte para a Itália, ao primeiro
sinal de que o exército espanhol está de partida, todas as terras da
Lombardia vão se rebelar e o novo duque, fugir. E não é possível 22
pressupor que o imperador vá conter os venezianos, pois ele deu
tantos sinais evidentes de si que não apenas o rei da Espanha, tido
como sagaz, mas qualquer um poderia entender claramente aqui-
lo que sua Majestade[19] pode fazer. Por isso, meu compadre, aqui 23
deve haver algo escondido e que não se entende; eu fiquei mais de
duas horas na cama para além do meu hábito para refletir sobre o
que poderia ser e não cheguei a nenhuma conclusão segura. Le- 24
vantei-me e escrevi, para que me diga, quando você tiver alguma
ideia, o que a Espanha imagina com essa trégua; e eu aprovarei o
seu juízo, pois, sendo sincero e sem adulação, nessas coisas eu o
vejo como mais sensato do que qualquer outro homem com quem
eu já tenha conversado; e a você as minhas saudações. Não passei 25
a limpo esta carta para não estender o trabalho, e sei que você lê
tão bem que será capaz de compreendê-la.

Franciscus Victorius orator Rome. 26
Die 21 Aprilis 1513
(Francesco Vettori, embaixador em Roma.
No dia 21 de abril de 1513)

10

Nicolau Maquiavel a Francesco Vettori
Florença, 29 de abril de 1513

1 [...] *ori Francesco Victori* [...] *liciter compatri et benefac-*
tori. Roma

([...] Francesco Vettori [...] compadre e benfeitor. Roma)

2 *Magnifice orator mihi plurimum honorande etc.* (Magnífico em-
baixador, com minhas mais altas honras etc.), você queria sa-
ber na carta do dia 21 minha opinião sobre o que levou a Espa-
nha a estabelecer essa trégua com a França, não enxergando
no interior disso o interesse dela sob nenhum aspecto, de modo
que, julgando por um lado o rei da Espanha como sábio, mas
de outro enxergando seu erro, você é forçado a acreditar que
haja por baixo algo de grandioso, que por ora nem você nem
3 ninguém entende. Certamente o que você diz não poderia ser
mais minucioso nem mais prudente; e eu não acredito que al-
4 guma coisa mais possa ser dita sobre essa matéria. Mesmo as-
sim, para me sentir vivo e para lhe obedecer, direi o que me vem
5 à mente. Me parece que essa sua suspeita é majoritariamente
fundamentada na prudência da Espanha; e a isso eu respon-
do que não posso negar que o rei seja sábio; mesmo assim, a
6 mim ele pareceu mais astuto e afortunado do que sábio. Não
vou recapitular todas as outras coisas que você traz, me atenho
apenas a essa última investida feita na Itália contra a França,[1]
antes que a Inglaterra tivesse se mostrado claramente,[2] quan-
do me pareceu e parece, ainda que tenha tido o êxito contrário,

que poria em perigo sem necessidade todos os seus Estados, o
que sempre foi uma opção temerária para qualquer um.[3] Digo 7
"sem necessidade" porque ele tinha visto pelos sinais do ano an-
terior, depois de tantas injúrias que o papa havia feito à França,
o ataque aos seus aliados,[4] o início da rebelião em Gênova,[5] e
após tantas provocações que ele próprio havia feito à França,
o envio de suas gentes com as da Igreja em prejuízo de seus
protegidos;[6] mas sendo vitoriosa a França, tendo dado fuga ao
papa, além de espoliado e destruído seus exércitos,[7] podendo
expulsá-lo de Roma tal como a Espanha de Nápoles,[8] mesmo
assim ele não quis saber, mas apenas se concentrar no acordo:
logo, a Espanha não podia temer a França. E não chega a ser 8
sábia a razão que se alegava em sua defesa, isto é, de que ele
fazia isso para conservar seu domínio sobre o Reino,[9] vendo
que o rei da França não nos dirigia a atenção por estar cansado
e com muita cautela, a qual estava por manter, porque o papa
não deveria ainda querer que Nápoles voltasse à França, e que
a França deveria ainda manter o respeito ao papa e o temor da
união das outras potências: e isso deveria sempre mantê-lo na
linha de trás.

E a quem dissesse que o rei da Espanha suspeitava que (caso 9
ele não se unisse ao papa para combater a França) o papa, por
desdém, se uniria à França para combatê-lo — sendo o papa
um homem colérico e endiabrado como era e, por isso, obriga-
do a tomar tal partido —, eu responderia que a França sempre
tenderia mais rapidamente a um acordo naqueles tempos com a
Espanha do que com o papa, isso considerando que ele poderia
chegar a um acordo com um ou com outro. Seja porque a vitória
era mais certeira e não precisaria levar exércitos, seja porque
a França naquele momento se sentia enormemente ofendida
pelo papa,[10] e não pela Espanha. E para se vingar daquela ofen-
sa e satisfazer o concílio cismático, iria sempre abandonar o

papa. Desse modo, me parece que naqueles tempos o rei da Es-
panha poderia ter sido o mediador de uma paz duradoura ou o
10 artífice de um acordo seguro para si. Mesmo assim, ele deixou
para trás todas essas opções e escolheu a guerra, com a qual
arriscava perder em um dia todos os seus Estados; como arris-
cou quando perdeu Ravenna, que imediatamente após a nova
derrota ordenou a ida de Consalvo[11] a Nápoles, pois para ele era
como se tivesse perdido tal Reino, e o Estado de Castela estava
por um triz;[12] e também não deveria acreditar que os suíços o
vingariam e garantiriam a sua segurança, lhe devolvendo a re-
11 putação perdida, como aconteceu.[13] De tal modo que, se você
considerar todas as manobras, verá na Espanha astúcia e boa
sorte, mais do que saber ou prudência; e como ele agora se vê
em um erro enorme e similar, pode-se presumir que ele faça ou-
tros mil desse tipo; e não vou crer que sob essa decisão tomada
por ele agora possa existir outra além do que se vê, porque eu
não julgo se um vinho é bom apenas pela origem, nem quero
12 que uma autoridade sem razão me convença nessas coisas. Por
isso, concluo que ele pode ter errado, ainda que você esteja cor-
reto, e que pode ter compreendido mal a situação e concluído
de forma pior.

13 Mas deixemos essa parte, suponhamos que ele seja efetiva-
mente prudente e falemos dessa decisão como sendo a de um
14 sábio. Me parece que ao querer estabelecer tal pressuposto, e
encontrar corretamente a verdade do conteúdo, é necessário
saber se essa trégua foi feita depois da morte do pontífice e da
ascensão do novo[14] ou antes, porque talvez faça alguma diferen-
ça; mas como eu não sei, vou pressupor que tenha sido feita an-
15 tes. Se eu lhe perguntasse então o que você gostaria que o rei da
Espanha tivesse feito se encontrando nos termos em que se en-
contrava, você me responderia o que me escreveu, isto é: que ele
teria estabelecido uma paz completa com o rei da França, teria

lhe devolvido a Lombardia, para se vincular a ele e para lhe tirar
as razões de conduzir exércitos para a Itália, e assim colocar-se
em segurança. Eu respondo que, observando bem, deve-se notar 16
que a Espanha fez tal investida contra a França[15] pela esperan-
ça que tinha de vencê-la, atribuindo ao papa, à Inglaterra e ao
imperador mais firmeza do que realmente pôde constatar: por-
que pensou em tirar do papa uma grande quantidade de dinheiro,
acreditou que o imperador faria um grande ataque à Borgonha[16]
e que o rei da Inglaterra, sendo jovem,[17] rico e certamente an-
sioso por glória, viria com força tão logo tivesse embarcado: a
ponto de que a França, a Itália e seu país aceitariam as condi-
ções impostas por ele. Dessas coisas ele não conseguiu nenhuma, 17
porque do papa tirou dinheiro só no começo e com dificuldade,
porém no fim ele não *solum* (apenas) não lhe dava mais, mas todo
dia tentava derrubá-lo e tecia acordos contra ele; do imperador
não conseguiu nada além das frequentes missões do monsenhor
de Gurk,[18] calúnias e desdém; da Inglaterra, conseguiu gente fra-
ca e incompatível com a sua, de modo que se não fosse a conquis-
ta de Navarra, feita antes que a França estivesse em campanha,
ambos os exércitos teriam saído desonrados, ainda que esses não
tenham levado nada além de vergonha, pois um jamais saiu das
marcas de Fuenterrabia,[19] e o outro se retirou em Pamplona e a
defendeu com dificuldade. Desse modo, com a Espanha exausta 18
no meio dessa confusão de amigos, dos quais não podia esperar
muito, mas apenas temer o perigo todos os dias, uma vez que to-
dos os outros mantinham todos os dias relações de acordo com
a França — e vendo, do outro lado, a França sustentando os gas-
tos, em acordo com venezianos e com esperança nos suíços —,
ela julgou melhor se prevenir com o rei da maneira como podia
do que ficar no meio de tanta incerteza e confusão, com gastos
que não poderia manter: e eu entendi de imediato que quem está
na Espanha relata[20] não haver ali dinheiro e nem modo de con-

segui-lo, e que o seu exército era *solum* de convocados, os quais
19 começavam também a não obedecê-lo. Acredito que seu projeto
com essa trégua tenha sido: ou mostrar aos coligados o erro de-
les, deixando-os mais prontos para a guerra por terem prometi-
do a ratificação etc.; ou afastar de seu quintal a guerra, as enor-
mes despesas e o perigo; porque se em pouco tempo Pamplona
20 chegasse a uma vitória, ele perderia Castela de qualquer jeito. E
em relação à Itália, a Espanha mais do que racionalmente pode-
ria se apoiar sobre as suas gentes; mas eu já não acredito que se
apoie nos suíços, no papa ou no imperador mais do que o neces-
sário, ou que considere que aqui "o comer ensina a beber",[21] a ele
21 e a outros italianos. E acredito que não tenha feito um acordo
mais rígido com a França para lhe ceder o ducado de Milão etc.,
seja por não ter encontrado um entendimento com ele,[22] *etiam*
(seja) por não ter considerado uma decisão útil: e eu suspeito que
a França não o faria por não confiar na Espanha ou em suas ar-
mas, pois imaginaria que isso se daria não para pactuarem entre
si, mas para estragar os pactos com os outros.

22 Quanto ao rei da Espanha, não enxergo para ele, por ora,
qualquer utilidade na paz, porque a França de todo modo perma-
neceria poderosa na Itália, ainda mais se entrasse na Lombardia.
23 E se para adquiri-la lhe tivessem bastado as armas espanholas,
para mantê-la seriam necessárias as suas, e em grande quantida-
de, as quais poderiam levantar as mesmas suspeitas aos italianos
e à Espanha, ou seja, que as entregariam a quem viesse adquirir
a Lombardia pela força; fidelidade e confiança hoje não estão
24 sendo consideradas.[23] Assim, por esse motivo, a Espanha, de um
lado, não enxergava segurança e, do outro, enxergava essa per-
da, porque ou fazia a paz com a França mediante o consenso dos
25 confederados, ou não. Querendo fazê-la mediante o consenso,
ele a considerava impossível, por não poder estabelecer um acor-
26 do entre papa, França, venezianos e imperador. Tendo então que

estabelecê-la contra o consenso, enxergava uma perda evidente,
porque assim se aproximaria de um rei, tornando-o potente; e
sempre que ele pudesse, se lembraria mais das velhas ofensas do
que dos novos favores,[24] e o rei da Espanha brigaria com todos os
potentes italianos e de fora, porque, tendo sido apenas ele o ins-
tigador de todos contra a França, e tendo-os depois deixado, fa-
ria uma ofensa enorme e exagerada. Logo, dessa paz feita como 27
você gostaria ele veria surgir a grandeza do rei como certeira,
certeiro o desprezo dos confederados contra ele, e dúbia a fideli-
dade da França, sobre a qual deveria repousar. Porque tendo dei-
xado a França potente e os outros em desprezo, precisaria estar
ao lado dela; e os homens sábios não se entregam jamais, senão
pela necessidade, à decisão alheia. Desse modo, concluo que foi 28
uma decisão mais segura estabelecer a trégua, porque com essa
ele demonstra aos coligados os erros deles; faz com que não pos-
sam reclamar, dando-lhes tempo para retificá-la; afasta a guerra
de seu quintal; coloca em disputa e desmantela de novo os assun-
tos da Itália ali onde ele vê que há ainda assunto para desagregar
e osso para roer, esperando, como eu disse antes, que o comer
ensine todos a beber. O rei da Espanha tem motivos para acredi- 29
tar que a grandeza dos venezianos e da França na Itália incomo-
da o papa, o imperador e os suíços; e se isso não for o suficiente
para contê-los na ocupação da Lombardia, ele julga que serão
muitos a seu lado a impedir que sigam adiante, acreditando que
por isso o papa o pegará no colo, pois presume que o papa não
pode se aliar com os venezianos nem com seus apoiadores, de-
vido à situação da Romanha.[25] Assim, com essa trégua, ele não 30
tem como confiar na França e vê sua vitória como dúbia, não
precisando suspeitar da ruptura entre os confederados, pois o
imperador e a Inglaterra a ratificarão, ou não: se a ratificam,
eles pensarão como essa trégua deverá beneficiar a todos; se
não a ratificam, deverão se preparar mais para a guerra, e com

as outras forças que não as que no ano passado deveriam ter
atacado a França;[26] nos dois casos, a Espanha alcança seus ob-
31 jetivos. Digo de novo, portanto, que as finalidades da Espanha
eram estas: obrigar o imperador e a Inglaterra a guerrearem
para valer; ou, com outros meios que não as armas, como a re-
putação deles, aquietar as coisas para sua vantagem; mas como
ele via o perigo nas duas decisões — seguir com a guerra ou
estabelecer a paz —, escolheu um caminho do meio,[27] do qual
poderia surgir uma guerra ou a paz.

32 Se você reparou nas decisões e nos procedimentos do rei Ca-
33 tólico, vai se espantar menos com essa trégua. Esse rei, como
você sabe, de uma pequena e frágil fortuna chegou à atual gran-
deza, tendo sempre que lidar com Estados novos[28] e súditos
dúbios:[29] e um dos modos para se manterem os Estados novos,
de forma que os ânimos dúbios se consolidem na fidelidade
ou se mantenham incertos e indecisos sobre o que fazer, é dar
grandes esperanças sobre si mesmo, mantendo os homens ani-
mados ao pensarem sobre o destino das decisões e das novas
34 investidas. O rei já se deparou com tal necessidade e lidou bem
com ela;[30] disso derivam os ataques na África, a divisão do rei-
no de Nápoles,[31] além de várias outras coisas; e sem olhar para
os fins, porque seus fins não são tanto uma conquista ou uma
vitória, mas sua boa reputação com os povos, além de man-
35 tê-los ocupados com a multiplicidade de tarefas. Por isso, ele
sempre foi um animado fornecedor de princípios, aos quais ele
depois fornece os fins que a sorte lhe impõe ou que a necessida-
de ensina; e até aqui ele não pôde reclamar nem da sorte nem do
36 ânimo. Provo essa minha opinião pela divisão que ele fez com
a França do reino de Nápoles, a qual ele deveria acreditar ser a
origem da guerra entre ele e a França, sem saber do fim a mil
milhas de distância nem acreditar que o derrotaria na Apúlia,
na Calábria e em Garigliano;[32] e lhe bastou começar para que

aumentasse sua reputação, tendo esperança de seguir adiante,
com fortuna ou com habilidade; enquanto viver, irá sempre de
esforço em esforço sem considerar, por outro lado, os fins.

Eu discorri sobre todas as coisas ditas antes pressupondo que 37
ele pensava em Júlio vivo; mas quando viesse a saber da morte de
um e da eleição do outro, creio que teria feito o mesmo; porque
se ele não podia confiar em Júlio, sendo este instável, colérico,
louco e mesquinho, o rei, sendo sábio, não poderia ter outro tipo
de extraordinária esperança. E se a Espanha tem prudência, não 38
tem que recuperar os acordos estabelecidos *in minoribus* (um
grau abaixo), porque ele[33] naquele momento obedecia, agora co-
manda; e fazia o jogo alheio, agora faz o seu; fazia a guerra pelo
outro, agora faz a paz; e a Espanha deve acreditar que a Santi-
dade do Nosso Senhor não quer misturar *inter* (entre) cristãos
nem seu dinheiro, nem suas armas *nisi coactus* (senão coagido), e
acredito que todos terão cautela antes de forçar isso.

Eu sei que esta carta vai lhe parecer não ter pé nem cabeça 39
e nem ser do gosto que você imaginava; me desculpe por estar
alheio a todas essas práticas, como testemunha o fato de es-
tar restrito à minha casa de campo e longe de qualquer olhar
humano, e por não saber das coisas que acontecem em volta,
de modo que tenho que discorrer no escuro e fundamentando
tudo nas informações que você me deu. Por isso peço que me 40
desculpe; lembranças a todos por aí, em especial a Pagolo, con-
siderando que ainda ele não tenha ido embora.

Florentia, die 29 Aprilis 1513. 41
(Florença, no dia 29 de abril de 1513.)

Compater (compadre) Nicolau Maquiavel

11

Nicolau Maquiavel a Francesco Vettori
Florença, 20 de junho de 1513

1 *Magnifico oratori Francisco Victorio apud Summum Pontificem*

(Ao magnífico embaixador Francesco Vettori perante o Sumo Pontífice)

2 Magnífico *oratore*, eu lhe escrevi há algumas semanas em res-
posta às suas afirmações sobre a trégua entre a França e a Espa-
nha; depois disso, não recebi mais cartas suas nem lhe escrevi,
pois entendi que você voltaria logo e deixei para conversarmos
3 pessoalmente. Mas entendendo agora que a ideia do seu retor-
no se esfriou, e que você provavelmente deve ficar aí mais uns
dias,[1] me pareceu justo ir visitá-lo mais uma vez com esta carta
e examinar com ela todas as coisas que eu examinaria se você
4 estivesse aqui. E *tamen* (mesmo) que eu aqui precise exagerar
um pouco para me dissociar dos segredos e dos assuntos, não
acredito que qualquer opinião minha ao ser dita possa me pre-
judicar, ou a você por ouvi-la de mim.

5 Você viu o que por ora aconteceu com a investida da França
na Itália, contrária a tudo que se acreditava, ou melhor, a tudo
que mais se temia;[2] que esse evento possa figurar *intra* (entre)
as grandes felicidades que a Santidade do papa e sua magnífica
6 Casa[3] tiveram. E como eu acredito que o dever de um homem
prudente seja a qualquer tempo pensar no que pode ser prejudi-
cial e prever as coisas ainda distantes,[4] favorecendo o bem e se
opondo ao mal o mais rápido possível, me coloquei no lugar do

papa e examinei minuciosamente tudo aquilo que agora poderia me pôr medo, pensando nas medidas que eu tomaria; assim, vou lhe relatar me remetendo às afirmações dos que podem fazer isso melhor do que eu por entenderem as coisas mais a fundo.

Se eu fosse o pontífice, eu confiaria plenamente na fortu- 7
na até que fosse estabelecido um acordo em que as armas fos-
sem baixadas por completo ou em sua maioria. E também não 8
confiaria nos espanhóis, considerando que eles teriam menos
cautela com a Itália do que têm agora; nem nos suíços, consi-
derando que eles não teriam cautela com a França, com a Espa-
nha ou com qualquer outro que seja muito potente na Itália. Por 9
outro lado, eu não temeria a França enquanto eles estiverem
para lá das montanhas ou quando voltarem à Lombardia, pelo
que creio. E pensando na situação atual, eu temeria mais um 10
novo acordo, assim como uma nova guerra. Quanto à guerra, 11
que me faria voltar aos anseios nos quais estávamos há poucos
dias, não há agora outro temor a menos que a França consiga
uma grande vitória sobre os ingleses; quanto ao acordo, seria
de se temer que a França fizesse um com a Inglaterra ou com
a Espanha sem mim.[5] E pensando sobre a facilidade ou não do 12
acordo com a Inglaterra, assim como com a Espanha, eu julgo
que se aquele com a Inglaterra for difícil, este com a Espanha
seria possível e racional; e se não ficarmos de olho nisso, tenho
muito medo de que ele atinja inesperadamente outros agentes,
como atingiu a trégua entre eles.[6]

As razões que me movem são estas: Eu sempre acreditei e 13 14
ainda acredito que a Espanha queria e ainda quer ver o rei da
França fora da Itália, mas desde que o pudesse expulsar por
suas armas e sua própria reputação; e nunca acreditei e nem
acredito que aquela vitória que os suíços tiveram com a Fran-
ça no ano passado lhes tivesse um sabor completamente bom.
Essa minha opinião tem fundamentos racionais, pois o papa 15

e os suíços ficaram poderosos demais na Itália; e baseado em
algumas informações, entendi que a Espanha também se res-
sente do papa, pois entende que ele deu autoridade demais aos
suíços, e creio que isso está entre as razões que a levaram à tré-
16 gua com a França. Agora, se aquela vitória num primeiro mo-
mento lhe desagradou, acredito que esta segunda que os suíços
tiveram lhe agrade ainda menos: porque ele vê que está sozinho
na Itália; vê que aqui os suíços têm uma grande reputação; vê
aqui um papa jovem, rico e que deseja a glória com justos mo-
tivos, sem querer dar de si um exemplo menor do que deram
seus antecessores; além de ver esse papa com irmãos e sobri-
17 nhos sem Estados. Por isso, ele[7] deve com razão temê-lo, pois,
nessa aliança com os suíços, ele não pode garantir o que é seu;
e também não vê muitos obstáculos se o papa decidir por fazer
18 isso. E ele não pode ter ação mais segura do que estabelecer
um acordo com a França, em que facilmente ganharia Navarra
e deixaria com a França um Estado difícil de se manter pela
proximidade com os suíços; e tiraria dos suíços a passagem que
lhes possibilita entrar na Itália com facilidade e a comodidade
que o papa tem de poder contar com eles. Tal acordo, pelo fato
de a França se encontrar nos termos em que se encontra, não
deveria ser recusado, mas desejado pelo rei da França.

19 Portanto, se eu fosse o pontífice, julgando que isso poderia
acontecer, eu atuaria para impedi-lo ou para tomar a frente; e me
parece que as coisas estão de um modo que a paz entre França,
20 Espanha, papa e venezianos poderia ser estabelecida. Eu não in-
cluo os suíços, o imperador e nem a Inglaterra, pois julgo que a
Inglaterra se deixará guiar pela Espanha; e não vejo como o im-
perador poderia estar de acordo com os venezianos;[8] ou como a
França poderia concordar com os suíços;[9] por isso, deixo esses
de lado e me atenho àqueles com quem o acordo pode ser mais
21 aceitável. Tenho a impressão de que tal acordo traria vantagens

a todos os quatro: pois aos venezianos deveria bastar usufruir de
Verona, Vicenza, Pádua e Treviso; ao rei da França, da Lombar-
dia; ao papa, do que é seu; à Espanha, do reino de Nápoles. E seu 22
desfecho poderia trazer injúria *solum* a um duque postiço[10] de Mi-
lão, aos suíços e ao imperador, os quais ficariam colados à Fran-
ça;[11] e esta, para se defender deles, precisaria manter a armadura
sempre vestida, o que deixaria todos os outros tranquilos em re-
lação a ela e protegendo-se entre si. Portanto, eu vejo nesse acor- 23
do uma grande segurança e facilidade, porque entre eles haveria
um medo comum dos tudescos[12] que seria como uma goma que os
manteria grudados, e não haveria razão para querelas entre eles,
senão com os venezianos, mas que teriam paciência.

Mas, olhando por outro lado, eu não enxergo nenhuma se- 24
gurança real, porque sou da opinião, e não acredito estar en-
ganado, de que depois que o rei da França estiver morto,[13] seu
sucessor pensará na investida contra a Lombardia, e esse será
sempre o motivo para que os outros mantenham as armas em-
punhadas, sem falar do fato de que a Espanha não agirá bem
com eles de um modo ou de outro. E se a primeira vitória dos
suíços os levou a uma trégua, essa segunda os levará à paz; e
não estimo as práticas que ele mantém,[14] as coisas que diz e
nem as promessas que faz, de modo que a paz que estabelecer,
quando quer que a faça, será muito perigosa se for feita sem a
participação de outros.

Valete. Florentie, die 20 Iunii 1513. 25

(Adeus. Em Florença, no dia 20 de junho de 1513.)

Nicolau Maquiavel

12

Francesco Vettori a Nicolau Maquiavel
Roma, 27 de junho de 1513

1 Francesco Vettori a Nicolau Maquiavel

2 Querido compadre, não respondi à sua carta recebida há cerca
de um mês porque semana após semana eu esperava voltar e,
assim, ao meu retorno desejava falar com você sobre aquela e
3 sobre muitas outras coisas. Ainda estou nessa situação de in-
certeza, e você vai ver que eu não me enganei desde o que lhe
4 escrevi no início da eleição deste papa.[1] Eu me lembrei de você
muitas vezes, sobre quando falamos de um amigo nosso;[2] você
me aconselhava a não confiar nele e ficar o mais longe possível,
5 o que talvez já fosse meu propósito fazer. Mesmo assim, como
você sabe e pôde experimentar por si mesmo, é difícil mudar
de natureza; a mim seria impossível fazer mal a quem quer que
fosse, aconteça o que acontecer.

6 Eu ficarei por aqui o quanto o papa quiser; e quando ele
7 desejar, vou embora com uma alegria ainda maior. E até que
Iácopo tivesse dito que queria ir embora,[3] não passou uma se-
8 mana sem que eu tenha pedido dispensa ao papa. Agora que
ele disse não querer ficar (com menos não se vai embora), foi
me tirada a possibilidade de continuar pedindo, de modo que

permaneço sem tarefa alguma; e ficamos esperando o que fa-
zer, Brancacci e eu, como eu fazia em Trento,[4] e sinto muito
apenas por você não estar aqui, porque esse bom momento
não nos poderia ser tirado por ninguém. E vença quem tiver 9
que vencer, franceses ou suíços. E se isso não for suficiente,
que venha o Turco[5] com toda a Ásia e se cumpram de uma vez
todas as profecias,[6] porque para dizer a verdade, eu gostaria
que acontecesse logo o que deve acontecer; e além daquilo
tudo que vi, eu veria mais com alegria.

Mas para voltar à sua carta anterior,[7] e depois a esta nova, 10
eu confesso que naquela você acertou em cheio e eu me enganei,
porque eu me convencia de que a Espanha não teria feito uma
trégua com tanta facilidade, mas que haveria algo por trás; o
que não era verdade, como a experiência mostrou e conforme
você dizia. Foi por isso que eu gostei de sua carta naquele mo- 11
mento e gosto muito mais agora, e a aprovo. Reconheço ain- 12
da que você discorreu muito bem nessa última, e aprovaria em
tudo a sua opinião se eu não estimasse tanto os suíços como
estimo; estes que, nessa última batalha, conquistaram tanto
da minha consideração que não sei qual exército poderia fazer
frente a eles. Reconheço ser verdade o que você diz, isto é, que 13
o acordo entre Espanha e França agora será mais fácil. Porque
com a sede incrível que a França tem da Lombardia, e o enorme
temor da Espanha de perder o Reino, junto à compreensão de
ambos de que os suíços ficaram poderosos demais e às suspei-
tas do tamanho do papa unido a eles, não haverá acordo que
eles não estabeleçam entre si. Mas quando você envolve o papa, 14
França, Espanha e venezianos, primeiro vemos um papa inse-
guro por ter que confiar na França e deixar os suíços; depois,
estes indignados com o papa, o qual acreditavam ligado a si,
mas se deixando nas mãos da França; e o rei da França — sem
se importar com a fidelidade, como costumam fazer os france-

ses — a pensar nisso como um meio para adquirir não apenas
15 a Lombardia, mas toda a Itália. Mas suponhamos que não haja
por que desconfiar da fidelidade: você não acharia necessário
16 remover o duque daquele Estado? Este último não precisaria de
exércitos, e tão logo os suíços ficassem sabendo, desceriam e o
17 defenderiam de qualquer um. Acrescento que não julgo assim
tão simples, ainda que siga o acordo da França, o da Espanha
e o da Inglaterra, nem me convenço de que a Espanha possa
dispor disso.[8] E os venezianos não seguiriam o acordo do im-
perador tão rapidamente, pois ele está lá entre aqueles montes,
sem temer por sua segurança, sempre ameaçando os outros e
18 pouco mantendo seus acordos. E se você agora me perguntasse
"O que você gostaria que o papa fizesse?", eu responderia "Tudo
19 ao contrário do que está fazendo". Porque ele não para de gas-
tar. Mas eu não gostaria que parasse de jogar dinheiro fora em
todas as frentes e em todas as ações; gostaria que mantivesse
os suíços bem contentes pelos fatos, e os outros pelas palavras,
pois eu gostaria que ele usasse muito bons termos e muito boas
palavras com todos o quanto fosse possível. Se eu suspeitasse
de um possível acordo entre França e Espanha, iria me esfor-
çar para rompê-lo; enfim, não gostaria de intervir em acordo
20 nenhum que não fosse de modo geral. E não acredito que seria
muito difícil, pois, dado que a França não pode se contentar
sem a Lombardia, o que creio correto, seria possível estabele-
cer que o rei desse uma renda aos suíços, o que se pode imagi-
nar pelo fato de que estes começaram a tirar proveitos daquele
Estado, e que então aqueles não ficariam tranquilos em não ter
uma parte.[9] E eles não vão acreditar que a França, sendo tão
grande, não irá nos observar, mesmo que diga o contrário, pois
foram tomados de tanto ânimo e confiam tanto em suas for-
ças que irão estimar serem capazes de vencer qualquer tipo de
homem ou príncipe. Há experiências concretas disso, de modo

que eu não aconselharia nunca ao papa que fizesse um acordo sem eles.

Mas meu compadre querido, nós estamos imaginando coi- 21
sas sobre os cristãos e deixamos de lado o Turco, o qual — enquanto esses príncipes tecem acordos — será quem fará coisas
que agora poucos imaginam. Ele é certamente um homem de 22
guerra e comandante por excelência. Vemos que ele tem como finalidade reinar, tem a fortuna a seu favor, soldados sempre prontos ao combate,[10] possui muito dinheiro, vastos territórios, sem obstáculo algum, possui aliança com o Tártaro,[11] de modo que eu não me surpreenderia se em pouco mais de um ano ele não desse uma grande pancada na Itália e fizesse com que esse bando de padres saísse da frente. Prefiro não dizer mais nada, por enquanto.

Tenho a esperança de que em menos de quinze dias nós po- 23
deremos conversar pessoalmente sobre essa e muitas outras coisas; e como estaremos ambos desocupados, vamos enjoar de tanto conversar.

Francesco Vettori *oratore* em Roma. 24
No dia 27 de junho de 1513

13

Francesco Vettori a Nicolau Maquiavel
Roma, 12 de julho de 1513

1 *Spectabili viro* Nicolau do *messer* Bernardo Machiavegli. Em Florença

2 Meu querido compadre, como eu havia escrito,[1] frequentemente tenho a impressão de que as coisas não se dão de modo racional, e por isso julgo supérfluo falar a respeito, expor as razões ou debater; no entanto, para quem já tem uma determinada conduta aos quarenta anos[2] fica difícil evitar, atribuindo costumes a uns e razões e pensamentos a outros. Por todas as causas, mas principalmente por essa, gostaria de estar com você e ver se seríamos capazes de reorganizar este mundo — e, se não o mundo, ao menos esta nossa parte aqui —, mas isso parece tão difícil de organizar no imaginário que quando viéssemos aos fatos seria, talvez, impossível.

3 Nós temos que pensar que cada um desses nossos príncipes
tem um objetivo, e como nos é impossível saber seus segredos,
é necessário que os avaliemos pelas palavras, pelas demonstra-
4 ções e um pouco pelo que imaginamos. Começando pelo papa,
diremos que seu objetivo é manter a Igreja com a mesma repu-
tação de quando a encontrou, sem querer que ela diminua o Es-
tado — como se já não estivesse dando aos seus aquilo que a
diminui, ou seja, a Giuliano e a Lorenzo,[3] aos quais pensa, de
5 todo modo, favorecer com Estados. Eu faço tal juízo (de que ele

quer manter a Igreja em seus Estados e proeminência) a partir
das palavras que escutei dele próprio, e também a partir do que
elas demonstram; porque tendo Júlio ocupado Parma e Piacen-
za sem um título justo, e o duque de Milão as tendo recuperado
quando o pontificado estava vacante, tão logo eleito o papa ele
não pensou em outra coisa senão em recuperá-las de novo;[4] mas,
como eu disse algumas vezes, eu achava que ele deveria dá-las
como perdidas. Eu considerava fazer uma boa análise da situa-
ção, pois essas terras tinham sido ocupadas com a sede vacante
e, por isso, a vergonha não era dele, mas dele seria a vergonha de
recuperá-las e depois ter que restituí-las, pela força ou por acor-
dos, o que necessariamente iria acontecer. E eu dizia ao papa: 6
"Ou a trégua entre a Espanha e a França vale simplesmente para
lá das montanhas, como nós entendemos, ou é um acordo e uma
convenção sobre todas as coisas. Se for uma convenção, não 7
pode se dar de outro modo senão com a França reavendo o du-
cado de Milão; e se a Espanha permitiu isso sem a vossa parti-
cipação, é necessário que tenha lhe aprovado ficar com Parma
e Piacenza; por isso, pensando nos franceses, ou pela força ou
pela amizade devereis cedê-las, porque a Espanha irá desejar
dessa forma. Se for uma trégua simples, quando os franceses 8
vierem, os espanhóis vão querer defender Milão, e eles irão se
opor. Ao se oporem, perderão ou vencerão: se vencerem, vão 9
querer de volta essas terras a todo custo e vão ficar insatisfeitos
convosco, dizendo que, quando o duque estava sufocado, puses-
tes o pé em sua garganta e quisestes de volta essas terras, dimi-
nuindo-o frente aos povos; se perderem, o rei[5] irá querê-las de
volta. Se as devolverdes por um acordo, será uma vergonha; se 10
as quiserdes defender, entrareis em guerra com a França, que
poderá crer que não tendes poder para resistir".

Ele ouvia essas considerações e seguia, contudo, em seu pro- 11
pósito. O fato de querer dar Estados aos parentes já era visto em 12

papas passados, como Calisto, Pio, Sisto, Inocêncio, Alexandre
e Júlio;[6] e quem não o fez foi apenas por não ter tido a possibi-
13 lidade. Além disso, vê-se que esses seus parentes se preocupam
pouco com Florença, o que é sinal de que sonham com Estados
mais estáveis e nos quais não tenham que se preocupar continua-
14 mente em distrair os homens.[7] Não quero entrar nas considera-
ções sobre quais Estados ele tem em mente porque é possível que
mude o seu propósito com relação a isso conforme a ocasião.

15 Depois do papa, observemos o imperador, o qual, ainda que
nunca tenha demonstrado possuir uma grande força, foi mes-
mo assim tido em alta consideração por todos os príncipes, de
modo que eu preciso, neste caso, baixar minha cabeça à opi-
16 nião alheia. Direi, portanto, que o imaginário e o objetivo dele
foram penar, entrando de guerra em guerra, para hoje estar de
acordo com este e amanhã com aquele outro,[8] favorecendo e
depois desfavorecendo o concílio,[9] a ponto de ele, por algum
caminho que ainda não determinou, chegar ao seu propósito
de possuir Roma e tudo o que a Igreja possui, como verdadeiro
17 e legítimo imperador.[10] Isso é o que eu julgo a partir de suas pa-
lavras, pronunciadas em minha presença[11] e de outros; também
a partir de seus atos, pois é possível ver quantas vezes instigou
o rei da França nesse sentido; e por ter no início favorecido o
concílio para depois, suspeitando de que a França seria capaz
de eleger um papa a seu modo, mudar de ideia e se aproximar
18 do papa Júlio. Por isso, me parece que sobre esse seu intento
seja possível dar um juízo quase definitivo.

19 Eu acredito que poucos se enganem a respeito de qual in-
tento tem o rei da Espanha, porque ele pensa em se manter no
governo de Castela, pensa em garantir que o reino de Nápoles
não lhe possa ser tirado; e como ambas as coisas não podem ser
feitas sem dinheiro, faz de tudo para ser tanto estimado quanto
temido na Itália, de modo que possa tirar dinheiro de todos os

potentados daqui para fazer valer esse seu projeto. Digo ainda 20
que o intento que levou a Inglaterra a fazer uma guerra com
a França foi o temor de que ela se tornasse grande demais; e
como havia sido ofendida uma vez, queria subjugá-la a ponto
de nunca mais ter que temê-la, e até de separar a Normandia se
fosse possível. Os suíços, os quais eu estimo acima de todos os 21
reis, têm seu intento de poder vir à Itália com seus propósitos,
de modo que o duque de Milão esteja ao lado deles e lhes ga-
ranta uma boa renda, não como vizinhos que precisam temer;
tão logo serão eles que deverão ser temidos pelos vizinhos; e a
fama e a glória muito os demovem. Não vou me alongar em de- 22
monstrar as razões que me levam a acreditar que Espanha, In-
glaterra e Suíça têm as intenções que afirmo acima, pois é tão
evidente que seria supérfluo falar a respeito. Veneza, Ferrara, 23
Mântua, Florença, Siena, Lucca: todas têm seus intentos bem
conhecidos, isto é, manter o que possuem e reconquistar o que
perderam; mas, na prática, podem fazer muito pouco.

Agora, meu compadre, estando postas todas essas coisas, 24
eu gostaria que você me desenhasse um tratado de paz.[12] E sei
bem que se cada um desses príncipes quisesse se manter estável
sobre o que indiquei antes, apenas Deus seria capaz de estabe-
lecer um acordo entre eles. Mas se alguém fosse capaz de ceder 25
um pouco nisso, e outro alguém naquilo, talvez fosse possível
encontrar um jeito; como não vejo solução, peço o seu parecer.
E como você pode supor o intento desses príncipes de outra for- 26
ma em relação a mim, faço questão de que diga a sua opinião; se
for difícil responder de uma vez, pode ser em duas ou três, pois
sempre receberei suas cartas com prazer e com elas passarei o
tempo. Porque você pode concluir que minha maior ocupação
é não fazer nada, pois me cansei da leitura, já que, desde que
estou aqui, li todos os livros de um livreiro muito bem equipado,
que me emprestou um de cada vez.

27 Normalmente, há pouco trabalho para um embaixador aqui
neste momento, quando antes tínhamos que dialogar com mui-
tos cardeais; agora não é mais necessário, porque o papa se faz
28 entender quando tem algo a te dizer. Além disso, houve tantos
embaixadores aqui, e ainda há, que a mim, sendo o mais jovem,
resta ficar observando aquilo que fazem;[13] e normalmente, você
sabe, eu fujo das cerimônias o quanto posso.

29 Giuliano encontrou muito belas senhoras e a um preço não
30 tão alto. Não quero convidar você para vir aqui nestes tempos
de ar pestífero, mas no dia de Todos os Santos, se eu cá estiver,
31 quero que venha de todo modo para ficar por dois meses. Está
por aqui o amigo Giovanni Folchi,[14] mas tem tantas ocupações
32 que eu raramente o vejo. O Casa se tornou tão apegado ao di-
nheiro que nunca se dignou a responder às, talvez, quatro car-
tas que lhe escrevi, nas quais não lhe perguntava nada que pu-
desse diminuí-lo em utilidade ou honra. Tenho minhas dúvidas
se ele saiu daqui insatisfeito comigo, mas peça-lhe desculpas
por mim, pois naquele período havia tanta gente aqui, numa
casa não tão grande, que ele não pôde ter todas as comodida-
33 des, o que me incomodou até a alma. Saudações minhas ao Do-
nato mercador mais do que a todos os outros; e mesmo que ele
não quisesse me fazer aqueles favores que eu lhe pedi antes da
minha partida, haverá tempo para fazê-los quando eu estiver
de volta.

34 Isso é tudo. Minhas saudações a você.

35 *Franciscus Victorius orator. Die 12 Iulii 1513.*
(Francesco Vettori, embaixador. No dia 12 de julho de 1513.)

14

Francesco Vettori a Nicolau Maquiavel
Roma, 5 de agosto de 1513

Domino (Ao senhor) Nicolau do *messer* Bernardo Machiavelli, 1
em Florença

Se eu conservasse uma cópia das cartas que escrevo, meu que- 2
rido compadre, tão logo houvesse recebido a que você me man-
dou teria corrido a olhar tal reprodução e teria me surpreendido
com a minha falta de memória, pois deixei de escrever a coisa
principal; mas me lembro de ter concentrado a mente no inten-
to de todos esses príncipes cristãos que penam e de ter atribuí-
do à França o mesmo que você,[1] demonstrando as razões sobre
as numerosas vezes que pôde ocupar a Itália a seu bel-prazer
e não o fez. De onde se deduz que, ou por má fortuna dela, ou 3
por pouca diligência minha, ou pela falta de cabeça, acredito
não lhe ter escrito sobre isso. Mas nós estamos de acordo que
a sua finalidade é reaver a Lombardia e depois depor as armas.
Na verdade, o que você escreve é tão bem ordenado e tão pru- 4
dente quanto possível; e o acordo que você sugere me agrada
enormemente, pois acredito que poderia se estabelecer entre
o papa, a França e a Espanha, sem excluir os venezianos. Mas 5
vejo uma grande dificuldade para a Inglaterra, sem poder acre-
ditar que um rei jovem, corajoso e rico tenha feito uma investi-
da tão grande, conduzido tanta gente para o lado de cá do mar,
gastado em soldados e em uma frota de navios uma quantidade

tão grande de dinheiro[2] para depois, pela persuasão do papa e
6 da Espanha, se retirar envergonhado com uma renda. E se ele
não se retirasse, eu acredito que a Espanha lhe faria entender
de verdade que o tinha como inimigo, no que então ele iria acre-
7 ditar. Mas não acredito que a Espanha esteja para fazer isso,
pois tendo ocorrido tantas graves inimizades entre Espanha e
França, o Católico não vai querer nunca se separar completa-
mente da Inglaterra por não poder confiar na França; nem irá
confiar que a potência e a autoridade do papa sejam tantos a
ponto de defendê-la da potência da França, podendo piorar se
ele começasse a suspeitar que o papa está de olho no Reino e
estimando uma investida com a ajuda da França.

8 Considerando bem essa matéria, não vejo quem seria ca-
paz de fazer com que os ingleses se retirassem — os quais pos-
suem modos de permanecer em campo de batalha este ano, o
seguinte e o outro ainda — senão os suíços, e acredito que eles
estariam por se descobrir a favor da França toda vez que ela
quisesse deixar a Lombardia; porque não lhes convém destruir
completamente o reino da França, do qual tiraram muito pro-
9 veito e ainda podem tirar. E quando o papa, a França, a Espa-
nha e os suíços estivessem em um acordo, a Espanha viria a se
descobrir por outro lado contra a Inglaterra, porque apenas os
suíços lhe bastariam; e estando ainda na companhia dos suíços,
lhes pareceria estarem mais seguros que a França e mais ainda
que o papa, pois pareceria que os suíços precisariam ser o freio,
10 entre eles, de quem quisesse sabotar os termos do acordo. Já
os venezianos, se recuperassem Brescia e Bergamo, ficariam
mais do que contentes; ao imperador restaria Verona e, sozi-
11 nho e sem ter onde se lançar, precisaria ter paciência. O duque
de Milão recuperaria todas as suas cidades, incluindo Parma
e Piacenza; da mesma forma o duque de Ferrara; e não seria
necessário temer os suíços, que teriam de um lado os franceses

e, do outro, toda a Itália e os espanhóis que cá estão, sendo o rei Católico forçado a manter sempre um bom número deles por causa da vulnerabilidade das populações do Reino. Não é de se 12
duvidar daquilo que o Casa me escreve, que você suspeita que os suíços poderiam se unir com os outros tudescos, porque — ignoremos a inimizade entre eles e deixemos de lado as ofensas que fizeram à Casa de Áustria[3] — eles têm cabeça para perceber a grandeza do imperador e nunca deixarão que ele cresça ainda mais; nem é de se pensar que estabeleceriam colônias, pois não estão em tão grande número, como você sabe, a ponto de poderem fazê-lo: a eles basta saquear, receber uma renda em dinheiro e voltar para casa.

E se você me dissesse "Seria possível mudar de imperador, 13
e os suíços aprenderiam às custas alheias a se conduzirem melhor", eu confessaria que sim; mas as coisas do mundo são pouco estáveis, e eu gostaria de pensar em uma paz de alguns anos que pudesse ser duradoura. Me diga agora aquilo que eu 14
penso, que a França não está para deixar Milão: a isso eu respondo que os ingleses não estão para deixá-la descansar, assim como os suíços também não estão, e a Espanha continuará a agir por debaixo dos panos; nem o papa, que atuará no bem que conseguir, terá modo de remediar. Em conclusão, se o rei 15
Cristianíssimo estivesse feliz em deixar a Lombardia eu veria toda a Itália em paz; e quando da morte do rei Católico, o Reino passaria a um dos filhos do rei Frederico,[4] fazendo com que a Itália voltasse ao começo de tudo.[5] De outro modo, não consigo imaginar outra solução em que França e Itália não sofram em demasia. Temo que Deus queira castigar a nós, meros cristãos. 16
Enquanto esses nossos príncipes estão todos irritados uns com os outros, sem encontrar uma concordância, que esse novo comandante Turco não venha para cima de nós por terra e por mar, fazendo com que esses padres abandonem a cerimônia e

os outros homens, o ócio. Melhor mesmo é que isso aconteça logo, pois você não pode calcular o desprazer que tenho em me adaptar às frescuras desses padres; não falo do papa, o qual, se não fosse padre, seria um grande príncipe.[6]

17 Eu não quero dizer mais nada a você nesta carta além das
minhas saudações, pedindo que me escreva; qualquer histori-
18 nha que vier eu vou gostar. Deus ajude.

Franciscus Victorius orator Rome.
Die 5 Augusti 1513
(Francesco Vettori, embaixador em Roma.
No dia 5 de agosto de 1513)

15

Nicolau Maquiavel a Francesco Vettori
S. Andrea in Percussina, 10 de agosto de 1513

Magnifico oratori apud Summum Pontificem Francisco Vic- 1
tori patrono suo

(Ao magnífico embaixador perante o Sumo Pontífice Francesco Vet-
tori, meu protetor)

Senhor embaixador, você não quer que o pobre rei da França 2
recupere a Lombardia, mas eu gostaria que sim. Suspeito que 3
o seu não querer e o meu querer tenham o mesmo fundamento
em uma afeição ou predileção natural que o faça dizer não e a
mim dizer sim. Você justifica o não, demonstrando haver mais 4
dificuldades para se estabelecer a paz se o rei voltar à Lombar-
dia; eu demonstro, para justificar o meu sim, não ser essa a ver-
dade, completando que a paz estabelecida pelo modo como eu
aponto é mais segura e mais estável.

Vindo de novo aos detalhes para responder à sua carta do 5
dia 5, digo que concordo com você sobre o fato de que deverá
ser muito estranho para a Inglaterra ter ido à França com tan-
tos aparatos e depois ter que se retirar; por isso essa retirada
deve ter se fundamentado em algum impedimento. Eu julga- 6
va que teria sido impedimento suficiente o fato de a Espanha
e o papa a terem freado; e julgava e ainda julgo que — como
a Inglaterra via, de um lado, a difícil investida e, do outro, a
vontade desses dois — seria fácil dissuadi-la. E se ela ficasse
insatisfeita, isso poderia ser útil; pois o rei da França ficaria
ainda mais fraco entre ingleses e suíços como inimigos ou

suspeitos, não podendo pensar em ocupar o território alheio
7 e, ao contrário, tendo que pensar em conservar o seu. O rei da
Espanha, nesse caso, teria sua intenção satisfeita, porque eu
creio que além de assegurar os seus Estados ele tenha pensado
em como os seus exércitos poderiam cantar de galo na Itália;
e assim fariam, porque a França — sem poder enviar grandes
tropas para a Lombardia, por causa da suspeição da Inglaterra
e da inimizade dos tudescos — precisaria se valer das forças
8 espanholas de todo modo. E não vejo como os suíços seriam
os únicos a poder forçar os ingleses a ceder, pois não acredi-
to que pudessem e nem que quisessem servir à França senão
como assalariados; porque sendo pobres e não tendo fronteiras
com a Inglaterra, a França tem que pagá-los, e bem; porque ela
pode pagar lansquenete e tirar o mesmo proveito; e a Inglater-
9 ra teria o mesmo medo. E se você me dissesse que a Inglaterra
pode fazer com que os suíços ataquem a França na Borgonha,[1]
respondo que esse é um modo que atinge mais a França; e que-
rendo que a Inglaterra ceda, é necessário encontrar um modo
10 de atingi-la. E eu não quero que a Espanha e o papa apontem as
armas contra ela, mas que de um lado a abandonem e, de outro,
lhe mostrem que a causa pela qual faziam guerra contra a Fran-
ça era para defender a Igreja. E agora que há a intenção de pa-
11 rar de atacá-la, que lhe mostrem que não querem atacá-la. Eu
acreditaria fortemente que sem um apoio mais sólido ela iria
se retirar, tendo já conquistado muito, como eu disse muitas
vezes, e achando suspeita a investida da França; e a Inglaterra
deve pensar que, se há uma batalha e a perde (o que poderia
12 acontecer), poderia assim perder o reino como a França. E se
você me disser: "Ele mandará muito dinheiro aos tudescos e
fará com que a França seja atacada por outro lado", responde-
rei com a opinião que sempre houve, ou seja, que irá querer, por
soberba e por glória, gastar seu dinheiro com a sua gente: de-

pois, aquilo que havia mandado ao imperador seria desperdiça-
do, e os suíços iriam querer ainda mais. E ainda acredito que o 13
entendimento entre Espanha e França pode facilmente surgir,
porque à Espanha não convém destruir o rei da França por esse
caminho, e esta viu isso como sábio, pois no meio de seu maior
risco aquela abaixou as armas; e a França confiaria nela ainda
mais se visse como resultado de sua ação a sua recolocação na
Lombardia. Os novos benefícios costumam fazer esquecer as
velhas injúrias.[2] Por outro lado, a Espanha não haveria de te- 14
mer um rei velho, cansado, adoentado, posto entre os ingleses
e os suíços, um suspeito e o outro inimigo. Nem precisaria que
apenas a autoridade do papa o defendesse, porque lhe bastaria
continuar alimentando essa inimizade. Por isso, querendo le- 15
var essa paz pela direção que eu havia escrito, não vejo maiores
dificuldades com relação à direção que você havia escrito. Pelo
contrário, se há vantagem, eu a vejo na minha. Por outro lado, 16
não vendo na sua opinião nenhuma garantia, vejo algumas na
minha, mas apenas aquelas possíveis nestes tempos.

Quem quiser observar se um acordo de paz será duradouro 17
e seguro deve, entre outras coisas, examinar quem permanece
descontente com ele, e o que pode surgir a partir desse descon-
tentamento. Considerando, portanto, a paz que você propõe, 18
percebo que a Inglaterra, a França e o imperador permanece-
riam descontentes, pois ninguém realizaria seus objetivos. Na 19
minha, permaneceriam descontentes a Inglaterra, os suíços e o
imperador, pelas mesmas razões. Os descontentamentos da sua 20
podem facilmente causar a ruína da Itália e da Espanha, pois,
logo depois de estabelecida, mesmo que a França a tenha apro-
vado e a Inglaterra não a tenha rejeitado, ambas irão mudar de
novo seus objetivos e expectativas; e onde a França desejava
voltar à Itália e a outra desejava domar a França, direcionarão
suas forças à vingança contra a Itália e contra a Espanha. E

a prudência exige que se estabeleça um segundo acordo entre
eles, no qual não terão nenhuma dificuldade para fazer o que
desejam, quando a França poderá dar o primeiro passo para
que o imperador no dia seguinte, com o apoio da Inglaterra e
da França, avance sobre Castela,[3] entre na Itália com seu pro-
pósito e faça com que entre também a França: assim, de uma
só vez, essas três coisas juntas podem se desequilibrar e estra-
21 gar tudo. Nem as armas espanholas e suíças, nem o dinheiro
do papa bastam para conter essa cheia,[4] porque os outros três
22 teriam dinheiro e armas demais. É razoável que a Espanha veja
esses perigos e que os queira evitar de todo modo, pois a França
não tem motivo nenhum para apreciar esse acordo de paz; pelo
contrário, tem uma grande oportunidade para atacá-lo, o que
ela não deixaria de fazer de modo algum. Por isso, se a Espa-
nha aguçou o olhar para prever as coisas ainda distantes,[5] não
o deve consentir ou praticar, arriscando ser um tratado de paz
23 que suscitaria uma guerra ainda maior e mais perigosa. Mas
em uma paz como escrevi, em que permanecessem desconten-
tes Inglaterra, imperador e suíços, não poderiam esses descon-
tentes — unidos ou sozinhos — atacar os outros aliados com
facilidade; porque a França, fosse do lado de cá como do lado
de lá das montanhas, permaneceria como uma barreira e faria
tal oposição com o apoio dos outros, que permaneceriam segu-
ros em sua aliança. Desse modo, os outros não se arriscariam a
fazer nenhuma investida por verem a dificuldade disso; e não
haveria mais nada que provocasse a desconfiança dos aliados
um com o outro por terem, como escrevi outras vezes, cada um
deles a sua intenção satisfeita, e os inimigos potentes e perigo-
sos acorrentados na mesma causa.

24 Ainda é possível ver na paz que você propõe outro grave
perigo para a Itália, que é: toda vez que Milão for deixada a
um duque fraco,[6] a Lombardia não será dele, mas dos suíços. E

mesmo admitindo-se que aqueles três descontentes da sua paz
não se movimentem, tenho a impressão de que essa proximida-
de dos suíços seja muito relevante e mereça ser mais bem con-
siderada, o que não está sendo feito por você. E não acredito, 25
como você diz, que não estejam por se movimentar porque têm
consideração pela França, pois teriam o resto da Itália contra
eles, e porque lhes bastaria saquear tudo e ir embora: primeiro
porque a França, como eu disse antes, vai desejar se vingar; e
tendo recebido injúrias de toda a Itália, fará questão de vê-la
cair mais do que o contrário, principalmente, dando-lhes di-
nheiro e acendendo esse fogo por debaixo dos panos. Quanto 26
à união dos outros italianos, você me faz rir: primeiro porque
nunca haverá união verdadeira que possa fazer um bem verda-
deiro (mesmo se os cabeças estivessem unidos, não bastaria),
também porque não há, entre espanhóis e outros, exército que
valha alguma coisa,[7] e pelo fato de os soldados serem poucos,
não há como serem suficientes; segundo, porque os troncos
não estão unidos às cabeças,[8] e tão logo aquela nação,[9] por um
evento qualquer que ocorra, mova um passo,[10] haverá disputa[11]
para se submeter a eles.

Quanto ao fato de lhes bastar saquear tudo e ir embora, digo 27
que você não descansa e nem oferece conforto para que outros
descansem em opiniões semelhantes. Por isso, peço que você
considere as coisas dos homens, como ser crível, mas também
como os Estados, principalmente as repúblicas, se fortalecem.
Assim você poderá ver como primeiro os homens querem poder
defender a si mesmos e não serem dominados por outros; dis-
so, depois, partem para ofender e para querer dominar os ou-
tros. Em primeiro lugar, aos suíços bastou se defenderem dos 28
duques da Áustria,[12] e tal defesa começou por fazer com que
fossem admirados no quintal deles; em seguida, bastou que se
defendessem do duque Carlos[13] para que essa fama fosse para

além de suas fronteiras; depois, lhes bastou receber pagamen-
tos de outros[14] para manterem seus jovens prontos para a guer-
29 ra e receberem honras por isso. Isso lhes deu ainda mais fama,
lhes tornou ainda mais audazes por terem examinado e conhe-
cido mais territórios e mais homens, além de lhes ter posto no
ânimo um espírito ambicioso e uma vontade de querer guerrear
30 por conta própria. E Pellegrino Lorini[15] já me disse que, quan-
do se encontrava com Beumonte[16] em Pisa, frequentemente fa-
lavam da virtude de tal milícia, que parecia a dos romanos, e
por qual motivo ela não podia fazer um dia como os romanos.[17]
Eles se vangloriavam de terem dado à França todas as vitórias
que tinham até aqueles dias, e não sabiam por que eles não po-
31 deriam um dia combater por conta própria. Agora chegou tal
oportunidade e eles a agarraram, pois entraram na Lombardia
em nome de restituir o duque[18] e de fato agora eles é que são o
duque. Na primeira oportunidade, eles se assenhoram de tudo,
eliminando a linhagem ducal e toda a nobreza daquele Estado;
na segunda, percorrem toda a Itália por seu próprio interesse,
32 produzindo o mesmo efeito. Por isso, concluo que não lhes bas-
taria saquear e voltar para casa, mas que há de se temer espan-
tosamente seu comportamento.

33 Eu sei que contrários a essa minha opinião há os defeitos
naturais dos homens: em primeiro lugar, querer viver um dia de
cada vez; em segundo, acreditar que não pode acontecer aquilo
que ainda não aconteceu;[19] por fim, manter sempre a mesma
34 opinião a respeito de alguém. Por isso, não haverá ninguém que
aconselhe que seja possível tirar os suíços da Lombardia para
reintegrar os franceses, pois não vão querer correr os perigos
que agora se correria na tentativa de fazer isso, nem acredita-
riam nos males futuros sem acreditar que poderão confiar na
35 França. Meu compadre, esse rio tudesco é tão largo que preci-
36 sa de margens largas para contê-lo. Se a França nunca tivesse

vindo à Itália, e se você não fosse claro sobre a insolência, a
avidez e a extorsão dos franceses, que são o que te separa de
tal deliberação, você já teria corrido à França pedindo que
viessem à Lombardia; porque é necessário remediar agora essa
cheia, antes que fixem raízes[20] nesse Estado e que comecem a
degustar a doçura da dominação. E se eles se enraízam, a Itália 37
fica à mercê, pois todos os descontentes os beneficiarão e lhes
servirão de escada para sua grandeza e para a ruína dos outros;
eu tenho medo deles sozinhos, não deles e do imperador, como
lhe contou o Casa, ainda que a união deles seja uma coisa sim-
ples. Porque do mesmo modo como o imperador consentiu que
invadissem a Lombardia e se tornassem senhores de Milão (o
que não parecia razoável de nenhuma maneira pelas mesmas
razões que você me escreve), eles poderiam consentir, apesar
dessas razões, que ele fizesse algum progresso na Itália.

Senhor embaixador, eu escrevo mais para lhe contentar 38
do que por saber bem o que digo. Por isso lhe peço que na sua
próxima carta me conte como caminha este mundo, o que nele
se faz, o que se espera, o que se teme, caso você queira que eu
mantenha o compromisso sobre esses graves assuntos; do con-
trário, você vai se deparar com o testamento de um asno,[21] ou
uma daquelas coisas que escrevo ao Brancaccino.[22]

Minhas lembranças a você. Em 10 de agosto de 1513. 39

Nicolau Maquiavel, na casa de campo[23] 40

16

Francesco Vettori a Nicolau Maquiavel
Roma, 20 de agosto de 1513

1 *Spectabili viro* Nicolau do *messer* Bernardo Machiavelli

2 Meu querido compadre, ainda que todo e qualquer assunto que
você me escreva sempre me traga deleite, seja grave ou jocoso,
para lhe satisfazer eu começarei a responder pela última parte
da sua carta, em que você me pede notícias deste mundo, sobre
aquilo que se anda fazendo, se espera ou se teme. Eu lhe direi
como as coisas andam atualmente, mesmo que você consiga
compreender tudo em San Casciano,[1] se for lá de vez em quan-
3 do agora que está na casa de campo. Vou lhe dizer tudo o que
sei sobre o que se anda fazendo; mas sobre o que se espera ou
se teme eu vou deixar de lado, pois eu espero e temo algumas
coisas, Filippo outras, e assim acredito que fazem também os
príncipes, de modo que não é possível dar um juízo definitivo.
4 Comecemos pelo papa, dizendo o que ele anda fazendo e
5 realizando. A sua missão é não se envolver em guerras, mas se
colocar como mediador para compor e acalmar as que se ori-
ginaram entre os príncipes, e isso é o que ele tem feito desde
que foi eleito até agora. E se a França houvesse tido a intenção
de fazer com palavras o que tem feito com fatos, o papa, mais
do que outra coisa, teria seguido adiante com as excomunhões
6 contra quem o quisesse atacar. Mas a França mandou para cá

alguns benefícios para a questão;[2] por outro lado, nunca pro-
curou a resolução, nem disse querer renunciar ao concílio de
Pisa e se aproximar do de Latrão;[3] de modo que, todas as vezes
em que o papa quis falar dele, todos os cardeais e todos esses
embaixadores reclamaram dizendo que, enquanto o rei for cis-
mático, não é conveniente que se discuta nada em seu favor, e
que aqueles que tomaram a defesa da Igreja merecem ser ajuda-
dos, querendo dar o exemplo para que numa outra vez, caso se
apresente a necessidade, alguém a queira defender. O papa não 7
pôde responder a isso e agora a única coisa que faz é solicitar a
esse embaixador que cá está que tal resultado seja obtido, pois
assim conseguiria ajudar que esse reino[4] não ficasse de pernas
pro ar. Ele trabalhou e ainda trabalha para que os venezianos 8
estabeleçam uma trégua com o imperador, para que as armas
sejam baixadas na Itália e para que o duque de Milão — estan-
do agora a salvo dos franceses e não temendo os venezianos
pela trégua — possa deixar que os espanhóis retornem ao Rei-
no.[5] Mas ele ainda não conseguiu isso e não criou nenhuma liga
ou acordo secreto, e com os suíços tão poderosos, continua a
lhes pagar 20 mil ducados por ano como fazia o papa Júlio.

O rei da Espanha, após a trégua estabelecida com a França, 9
por um lado teve medo de que a França voltasse poderosa à Itá-
lia; por outro, de que a Inglaterra e os suíços fizessem progres-
so na França; e os tendo abandonado num momento impor-
tante, não poderia estar em segurança em relação a eles. Por 10
isso, não tirou os espanhóis[6] da Lombardia quando o exército
francês chegava e sempre disse querer romper a trégua com a
França, pois essa não iria durar porque a França foi a primeira
a quebrá-la.[7] E se as coisas vão mal para os franceses, é possí-
vel que haja algum movimento para reconquistar a confiança,
principalmente com a Inglaterra. O rei da França tem contra 11
si um exército de 40 mil ingleses que assediam Thérouanne e

ele não possui meios de socorrê-la,[8] pois não tem no total um
terço das pessoas que os ingleses têm. Ele não quer confiar um
12 reino à fortuna e confia no tempo. Do outro lado, agora no dia
vinte deste mês seguem com 20 mil para o ataque em direção
a Borgonha ou em direção a Lion. Eles possuem uma grande
13 artilharia e mil cavalos do imperador. A França negocia um
acordo com eles prometendo as fortalezas de Milão, mas eles
não querem ouvir nada; se conforma em deixá-los saquear os
campos e em defender as cidades, pois não há homens para lhes
14 opor. O dinheiro com que se pagam vem do imperador, que o
recebeu este ano da Inglaterra por um acordo que fizeram:[9] 135
mil ducados, para derrubar a França.

15 A Inglaterra não economiza recursos nem esforços; o rei em
pessoa vai a Thérouanne e dirige toda a sua força para destruir
16 a França. Os suíços decapitaram talvez catorze do lado francês,
e talvez outros trinta tenham fugido, cujas casas foram quei-
madas e cujos bens confiscados. Vê-se que da mesma forma
17 como pilharam a Itália agora querem pilhar a França. Obtive-
18 ram uma renda de 60 mil ducados de Milão e 20 mil do papa.[10] O
imperador faz como de costume, passando de guerra em guerra,
de negociação em negociação; atualmente, quer reconquistar a
19 Borgonha e manda seus homens contra a França. Queria ainda
tomar Pádua, onde, como você sabe, estiveram por alguns dias
em campo o bispo de Gurk e o vice-rei;[11] dada a dificuldade, não
tiveram sucesso e se retiraram, e talvez paguem caro por isso.
20 21 Eles contam com se manter por um tempo em Vicenza. O impe-
rador negocia, ainda assim, um acordo com a França e com os
venezianos; como eu digo, ele tem por hábito iniciar uma guer-
22 ra e depois negociar um tratado de amizade com o inimigo. O
duque de Milão, se tem alguma coisa na cabeça, talvez perceba
ser como os nossos reis de festas, que sabem que no fim da noi-
te precisam voltar a ser os homens que eram antes; mesmo as-

sim, ele se deixa levar pela sua fortuna a sobressaltos e espera sempre pelo que os outros vão fazer. Ele agora acha que o papa 23
irá lhe devolver Parma e Piacenza; o duque de Ferrara pensa em reconquistar Reggio do papa; os florentinos, Pietrasanta dos luqueses.[12] Todos se ocupam com essas coisas, negociam e fazem castelinhos no ar. Isso é tudo o que sei; e se algo está 24
faltando, que o seu engenho supra, pois eu tenho certeza de que você me solicitou essas coisas não porque não sabia, mas para poder conferir com o que sabe.

Depois disso, compadre, quero lhe responder à primeira 25
parte da carta, na qual você demonstra suspeitar de que uma afeição ou predileção natural nos leve, a você ou a mim, ao engano. A isso eu lhe respondo que não tenho nenhuma afeição à 26
parte contrária à França, nem nenhuma predileção que me demova; e você sabe que antes que se falasse do concílio de Pisa eu sempre torci para a parte francesa, pois acreditava que com ela a Itália tivesse mais a ganhar, e a nossa cidade pudesse estar mais tranquila. E sempre tive isso diante de qualquer outra coisa, porque sou um homem sereno com os meus prazeres, com as minhas cogitações; e entre os prazeres que me concedo, o de ver que a nossa cidade está bem é o maior de todos. Amo de 27
modo geral todos os homens dela, suas leis, os costumes, os muros, as casas, as ruas, as igrejas, a parte rural, e por isso não posso ter maior desprazer do que pensar que ela venha a se afligir, ou que essas coisas que citei se arruínem. Por isso, vendo 28
depois como nos conduzimos naquele assunto do concílio, e quanto os franceses partiram insatisfeitos, comecei a suspeitar de que a vitória deles poderia ser a nossa ruína, e que poderiam pensar em nos tratar como uma Brescia qualquer; e o monsenhor de Foix,[13] jovem e cruel, me dava ainda mais medo, e por isso mudei de opinião. Contudo, todas as vezes em que nós con- 29
versávamos em favor deles, eu reconhecia e encorajava isso,

porque assim me parecia que estaríamos seguros daquele peri-
30 go. Depois, as coisas aconteceram como você já sabe. Eu pode-
ria lhe mostrar uma coisa que escrevi ao papa Leão poucos dias
após ele ter sido eleito, na qual eu concluía que a maior segu-
rança para a Itália, e com a paz mais garantida, seria deixar a
França retomar o Estado de Milão, o que eu encorajava que ele
31 fizesse. Assim, minha opinião não está fundamentada em pre-
dileções e nem acredito que a sua esteja, porque sempre vi você
agir sem teimosia, reconhecendo o peso da fortuna e o valor
32 dos argumentos alheios. E se você me disser: "Se você tinha
uma opinião há quatro meses, por que mudou?", eu lhe direi que
naquele momento eu não havia visto os suíços defendendo
aquele Estado[14] a qualquer custo, não havia visto a Inglaterra
se movimentando contra a França com tamanhos exércitos e
tamanhos gastos como fez em seguida, assim como muitas ou-
33 tras coisas que aconteceram depois. Não me parecia então que
a Itália fosse se estabilizar numa boa situação, mas também
não via tanto mal assim naquela escolha. Dessa forma, mesmo
que você agora não acredite que com a minha proposta de paz
se possam resolver todas essas nossas coisas, acho que pode ao
menos estabilizá-las um pouco.

34 E vindo aos seus argumentos, você diz acreditar que a In-
glaterra deveria ceder à autoridade do papa e da Espanha tão
logo lhe mostrassem estarem dispostas a tanto. Eu concor-
daria com isso se a guerra que ela faz contra a França fosse
apoiada por algum deles. Mas como ela a faz sozinho, por que
você acha que a autoridade deles teria o poder de demovê-lo
35 de tal investida? Um príncipe que faz uma guerra pode ser le-
vado a desistir dela por dois motivos: primeiro, quando seus
companheiros o abandonam; segundo, quando não apenas o
36 deixam, mas se colocam contrários e favoráveis ao inimigo. A
Inglaterra não tem por companheiros nesta guerra a Espanha

e o papa, mas o imperador e os suíços; por isso, se os suíços os
abandonassem, sua investida ficaria difícil, e por isso poderia
bater em retirada; e se não só o deixassem, mas se pusessem
contrários, ele seria forçado a se refugiar na ilha. A França da- 37
ria outro destino aos suíços e aos lansquenetes, porque, além
de ter soldados, roubaria os companheiros do inimigo. Eu não 38
reconheço, porém, que ele possa ter tantos alemães quanto
você acredita, porque o imperador o proíbe, de modo que os se-
nhores da Alemanha,[15] tal como os territórios francos, evitam
que seus homens se juntem àqueles. E mesmo que seja verdade 39
— considerando as tantas suspeitas e fatos em relação à França
— que quis gastar, como você acredita, não pôde juntar mais
do que 10 mil soldados, com pouquíssimos alemães entre eles, e
todos do País Baixo, que não possuem as mesmas ordenações
e nem as mesmas forças que os lansquenetes. E pode crer que 40
esse jovem rei, acreditando atuar em guerras justas, não vai
conseguir se retirar dessa investida apenas com palavras. Ele
foi tomado por tanto ânimo que, por esses dias, quando veio
de Calais para se juntar com seu exército em Thérouanne, ten-
do a companhia de apenas 8 mil soldados e 1,5 mil cavalos,[16]
passou a só três milhas do exército francês — que estava em
10 mil soldados e 1,5 mil lanças — e mandou convidá-los à ba-
talha. Eles recusaram, pois, como você sabe, fazer uma guerra
no quintal de casa é algo relevante: qualquer pequeno movi-
mento te faz perder o ânimo e te humilha, como a experiência
demonstra todos os dias. E mesmo que, como você diz, uma 41
batalha pudesse pôr o seu reino em perigo, ele estima que, com
ela, seria capaz de conquistar o que é da França; e ainda que
esteja enganado, ele continua obstinado com isso, não aceita
pagamento como perdão e se mantém soberbo querendo gastar
o seu por si mesmo, porque [...] e depois desses oferece para dar
mais aos suíços. E também não me parece que a Espanha possa 42

confiar de nenhum modo na França, ficando apenas com o di-
zer: "Eu os fiz conquistar benefícios, e com isso as injúrias pas-
sadas devem ser esquecidas"; porque se ele pudesse conquistar
benefícios sem atacar outros, eu concordaria com você, pois
teria amigos dos dois lados, mas ao recolocá-lo na Lombardia,
atacaria a Inglaterra, os suíços e o imperador, de modo que não
43 vejo como poderia ter alguma segurança. E mesmo que a Fran-
ça não o atacasse, não se importaria se ele[17] fosse atacado por
outro, pois gostaria de vê-lo enfraquecido para poder recon-
quistar Nápoles — pois, acredite, ela sente por tê-la perdido
— e não acharia ruim se ainda perdesse o controle em Castela.

44 Sou da mesma opinião que você: quem quer ver se um acordo
de paz é duradouro ou estável deve examinar, entre as primeiras
coisas, quem fica insatisfeito com ele, considerando qual a con-
45 sequência da insatisfação. A mim parece que, no acordo que eu
projetava, poderiam ficar menos pessoas descontentes do que
naquele que você pensava, sem precisar mexer tanto; porque
ainda que a Inglaterra não tivesse atingido inteiramente seu
objetivo, pelo menos o teria em parte. E, a um jovem que tanto
estima a glória na primeira expedição, teria parecido grandio-
so se dissessem que ele obrigou a França a ceder a Lombardia,
46 a qual pareciam ter em tanta consideração quanto Paris. Por
isso eu me convenço de que ele nunca poderia ter chegado a
um acordo com a França contra a Itália; porque, além de não
estar insatisfeito (mesmo que estivesse), não seria conveniente
para ele que está lá no fim do mundo; e porque ele sabe bem que
uma união com a França não faria senão fortalecê-la, e ele não
teria voz. E quando bem quisesse, ele não seria tolerado como
aliado pela inimizade natural entre as duas nações. Vimos no
ano passado como não podia estar ao lado dos espanhóis, com
47 quem não tem tanta inimizade. E disso seria possível deduzir
como se comportariam com os franceses.

Portanto, com essa minha proposta de paz, apenas o rei da 48
França e o imperador ficam descontentes: o rei, além de velho,
está doente e humilhado pela fortuna adversa; o imperador,
instável, sem dinheiro e com pouca reputação. E ainda que 49
tenha esse sonho sobre o poder temporal da Igreja, não seria
tão fácil para ele conseguir sem ter o que muito temer, mesmo
que a França o quisesse ajudar; o que nos leva a pensar que o
imperador gastou tanto que precisaria de muitos esforços para
prover o dinheiro de que precisa para tal investida. Em segui- 50
da, haveria os suíços, os espanhóis e esses outros italianos, os
quais, embora algumas vezes tenham feito uma demonstração
ruim, ainda podem fazê-la boa; porque essas coisas não são es-
táveis, e nós vimos os franceses na Itália, tão audazes e invictos
(tirando essa última derrota)[18] fugirem sem combater, e agora
temem os ingleses, que não combatem há vinte e cinco anos,[19]
enquanto eles próprios estão há vinte anos com as armas em pu-
nho.[20] Estão agora [...] Ferrara, Mântua, Bartolomeo d'Alviano, 51
esses dos Colonna e [..., mesmo sem] dinheiro, esses italianos
não devem ser completamente tidos como ferros retorcidos.
[...] considerar demais as coisas dos suíços, [...] o ducado de Mi-
lão, aceitando que lhes teriam entregado [...] que [...] nunca será,
por isso seria contida a inundação. Mas [...] vendo os franceses 52
tão malcuidados, tão maltratados pelo povo, mesmo [...] que na
maior grandeza que alcançaram, foram expulsos daquele Esta-
do por 20 mil suíços sem dinheiro. Eu sou daqueles que temem 53
enormemente os suíços, mas não considero que podem se tor-
nar como os romanos, como foi dito com Pellegrino;[21] porque,
se você ler bem na *Política*[22] e nas repúblicas que existiram, não
vai encontrar nada sobre uma república dividida como aquela
poder se expandir. Tenho a impressão de que foram vistos ne-
les os exemplos de quem poderia facilmente tomar então toda
a Lombardia e não o fez, pois dizem que não lhes convém; pois

como você vê, aqueles que eles conquistaram até agora se tor-
54 naram companheiros, e não súditos. E eles não querem mais
companheiros para não terem que dividir os tributos em mais
partes; não lhes convém ter súditos, pois não concordariam a
respeito de como governá-los,[23] e além disso os teriam como
55 despesa, preferindo receber uma renda em troca. E vê-se que
começou ainda uma desunião entre eles, como descrevi antes.
56 Contudo, meu compadre, não é por esse meu ponto de vista que
eu não tenho muito medo deles, porque as coisas não me vêm
de acordo com a razão, mas porque já não consigo ver saída
caso o tempo não resolva. E muitas vezes acontece de uma re-
pública quando pequena ser unida, mas depois de crescida já
não ser mais a mesma.

57 Para concluir, tudo aquilo que lhe escrevo, eu o faço apenas
para que você tenha motivo para me escrever, e sinto não poder
falar pessoalmente, como desejo. E não tenho mais a dizer se-
não as minhas saudações a você.

58 No dia 20 de agosto de 1513.

Franciscus Victorius orator
(Francesco Vettori, embaixador)

17

Nicolau Maquiavel a Francesco Vettori
Florença, 25 de agosto de 1513

Magnifico oratori florentino Francisco Victorio apud Summum Pontificem 1

(Ao magnífico embaixador florentino Francesco Vettori, perante o Sumo Pontífice)

Magnífico embaixador, por eu saber o quanto você ama o nos- 2
so amigo Donato del Corno, e ele também o sabe, resolvemos juntos lhe dar um pouco de trabalho, para ver se por meio do senhor Giuliano seria possível contemplá-lo nesse embolsamento[1] que deve ser feito para o escrutínio. Você sabe como 3
o senhor Giuliano foi favorável a que Donato fosse habilitado para estar entre os admitidos à escolha, o que foi feito *quodammodo* (com uma certa) admiração de todos; isso certamente se deve à grande afeição que Giuliano lhe tem ou por seu grande mérito. Sobre tal mérito, eu sei de algo,[2] em que houve sorte, o que se dá pela proximidade entre Donato e Sua Senhoria e cuja causa você e todo mundo pode lembrar. Como não acon- 4
tece nada enquanto não se estabeleça que ele seja embolsado e depois visto,[3] nos parece que agora seja o momento de buscar que Donato seja embolsado, pois os embolsadores estão por inserir os nomes. Por isso, Donato escreve a Sua Senhoria o ane- 5
xo em que simplesmente o lembra de seu caso, e pede de você a voz: nós pedimos que você entregue de bom grado e em mãos esta carta anexa a Sua Senhoria, e que depois insista que ele escreva e explique a um ou dois dos embolsadores que insiram

6 Donato de qualquer jeito. Eu digo dois para que fique clara a
sua vontade, mas como quer que você o faça, é necessário que
a carta recomende expressamente que ele assim o quer; porque
você sabe que tipo de gente desconfiada eles são, e se a carta
não for insistente, vamos nos perder em réplicas, de modo que
7 Donato sairia com vergonha e prejuízo. E como Donato confia
no *messer* Francesco Pepi,[4] pode pedir que seja ele um dos dois
a quem escreverá. E mande as cartas a Donato, de modo que
8 ele as use quando convier. Se eu não soubesse o quanto você é
solícito e afeiçoado aos amigos, eu não pediria isso com tanta
9 facilidade, assim como Donato. Que baste então ele dizer que
10 reconhecerá grandemente esse benefício vindo de você. Fico à
sua disposição.

11 Em 25 de agosto de 1513.

12 Nicolau Maquiavel, em Florença

18

Nicolau Maquiavel a Francesco Vettori
Florença, 26 de agosto de 1513

Magnifico viro Francisco Victorio oratori Romae apud Sum- 1
mum Pontificem

(Ao magnífico Francesco Vettori, embaixador em Roma perante o Sumo Pontífice)

Senhor embaixador, aquela sua carta do dia 20 me deixou atô- 2
nito, porque sua ordem, as múltiplas razões e todas as suas
características me intrigaram, de modo que no início eu fiquei
perdido e confuso. E se ao relê-la eu não houvesse me tranqui-
lizado um pouco, lhe responderia com certo destempero, mu-
dando de assunto. Mas ao me acostumar com ela, me aconte- 3
ceu como à raposa quando viu o leão:[1] na primeira vez, quase
morreu de medo; na segunda, parou para olhar por trás de um
arbusto; na terceira, falou com ele. Assim, perdendo o medo ao
me acostumar com ela, responderei.

Quanto ao estado das coisas no mundo, eu tiro a conclusão 4
de que nós somos governados por um grupo de príncipes que
têm, por natureza ou por acidente, tais características: temos
um papa sábio, e por isso sério e cauteloso;[2] um imperador ins-
tável e volúvel; um rei da França desdenhoso e medroso; um rei
da Espanha tacanho e ávido;[3] um rei da Inglaterra rico, feroz e
desejoso de glória; suíços bestiais, vitoriosos e insolentes; nós
da Itália, pobres, ambiciosos e vis;[4] os outros reis, não os conhe-
ço. Desse modo, considerando tais características e as coisas 5
que acontecem atualmente, eu acredito no Frade que dizia *Pax,*

pax et non erit pax (Paz, paz, mas não haverá paz),[5] reconhecen-
6 do que qualquer paz é difícil: a que você propõe ou a minha. E
se você insistir que na minha há mais dificuldade, eu fico feliz.
Mas quero que você escute com paciência onde eu suspeito que
você se engana e onde estou certo de que se engana.

7 Em primeiro lugar, suspeito que você veja muito cedo esse
rei da França como um nada, e esse rei da Inglaterra como uma
8 grande coisa. Não me parece razoável a França não ter mais que
10 mil soldados, pois podem tirar muito mais de seu país quando
não tiverem tudescos; e se não forem treinados como os tudescos,
9 serão treinados como os ingleses. O que me faz acreditar nisso
é que mesmo eu vendo o rei da Inglaterra tão furioso, com tan-
to exército e com tanta vontade de desembatatar[6] (como dizem
os seneses), ele ainda não tomou Thérouanne — um castelo do
tamanho de Empoli — no primeiro ataque, e em tempos em que
as pessoas agem com muita fúria: apenas isso me basta para não
temer tanto a Inglaterra[7] e não estimar assim tão pouco a França.
10 E eu acho que esse avançar tão lento da França é uma escolha, e
não medo. Porque no fim, caso a Inglaterra não coloque os pés
naquele Estado com o início do inverno, será necessário que ela
11 volte para a ilha ou fique na França em perigo. Sinto que tais lu-
gares são pantanosos e sem uma árvore sequer, de modo que já
devem partir em muitos; e por isso eu acreditava que não seria
tão difícil para o papa e para a Espanha dar um jeito na Inglaterra.
12 Junto a isso, a França não ter escolhido renunciar ao concílio me
faz manter a opinião de antes, pois, se estivesse aflita por uma má
escolha, precisaria de todos e gostaria de estar bem com todos.

13 Em relação ao dinheiro que a Inglaterra mandou aos suíços,
eu acredito; mas me surpreende que tenha sido pelas mãos do
imperador, porque eu pensava que ele iria querer gastar com os
seus, e não com os suíços. Mas não consigo compreender como
esse imperador pode ser assim tão pouco sensato, ou o resto

da Alemanha tão descuidado, a ponto de deixar que os suíços
conquistem tanta reputação. E quando eu vejo o que já se deu, 14
tremo ao julgar que isso aconteceu contra todo tipo de juízo
que o homem poderia fazer. Também não sei como pôde acon- 15
tecer de os suíços terem conquistado o castelo de Milão e não
terem tido a vontade de ficar com ele. Porque me parece que
ao mantê-lo eles teriam também as suas intenções realizadas,
devendo mais optar por isso do que ir conquistar a Borgonha
para o imperador. Assim, eu acredito que você se engana por 16
completo, no caso dos suíços, sobre temê-los mais ou menos;
porque considero que eles devem ser muitíssimo temidos. O 17
Casa sabe, como muitos dos meus amigos com quem costumo
falar sobre essas coisas, como eu estimava pouco os venezia-
nos *etiam* (mesmo) em sua maior grandeza, porque sempre me
pareceu mais um grande milagre eles terem conquistado aque-
le império e o terem mantido do que o contrário.[8] Mas a ruína
deles[9] foi muito honrável, porque aquilo que o rei da França fez,
o duque Valentino também faria, ou qualquer outro capitão es-
timado que tivesse surgido na Itália e tivesse comandado 15 mil
pessoas. O que me espantava era o modo deles de agir, sem ca- 18
pitães ou soldados próprios; agora, essas razões que neles não
me davam medo me fazem temer os suíços. Não sei o que Aris- 19
tóteles diz das repúblicas divididas, mas penso bem sobre o que
razoavelmente poderia ser, o que é e o que foi; isso me faz lem-
brar ter lido que os lucumos dominavam da Itália aos Alpes, até
que foram expulsos da Lombardia pelos gálicos.[10] Se os etólios 20
e os aqueus não fizeram progresso, isso se deve mais aos tem-
pos do que a eles, porque tiveram sempre em cima de si um rei
da Macedônia muito poderoso que não os deixou sair da toca;
e, após esse, os romanos;[11] de tal modo, foi mais a força alheia
do que a organização deles que não lhes permitiu expandir.
Agora eles[12] não querem fazer súditos porque não enxergam 21

vantagem nisso. Dizem isso agora porque não o enxergam ago-
ra; mas, como eu havia dito na outra carta, as coisas evoluem
gradativamente, e com frequência os homens se põem a fazer
por obrigação o que não desejavam, e os povos têm por hábito
22 fazer as coisas lentamente. Considerando as coisas como estão,
eles já têm como tributários na Itália um ducado de Milão e um
papa. Já contam com tais tributos entre as suas entradas e não
abrem mais mão deles; e quando algum vier a faltar, chamarão
isso de rebelião e irão às vias de fato com os piques; vencendo a
disputa, vão querer garantir a vitória e para isso vão colocar al-
gumas rédeas a mais naqueles que tiverem domado, o que pouco
a pouco será tudo.

23 Você não deve confiar naquelas armas das quais, para você, a
Itália poderia um dia tirar proveito, porque isso é impossível; em
primeiro lugar, com relação a elas mesmas, em que haveria mui-
tas cabeças desunidas e sem a possibilidade de que a elas pudes-
sem ser dadas cabeças que as mantivessem unidas; em segundo
24 lugar, com relação aos suíços. Você vai conseguir entender isso,
porque os melhores exércitos que existem são aqueles em que
quem está armado é a população, de modo que a esse não se pode
25 opor senão algum similar a ele.[13] Lembre-se dos exércitos men-
cionados, você vai encontrar romanos, lacedemônios, etólios,
aqueus, enxames de além-montes, e vai encontrar aqueles que
conquistaram grandes coisas armando suas populações, como
Nino aos assírios, Ciro aos persas, Alexandre aos macedônios.
26 Como exemplo de quem fez grandes conquistas com exércitos
coletivos[14] encontro apenas Aníbal[15] e Pirro,[16] o que deriva de
uma extraordinária virtude dos cabeças, a qual era de tamanha
reputação que imbuía nesses exércitos mistos o mesmo espírito
27 e a mesma ordem que se encontram nas populações. E se você
considerar as perdas e as vitórias da França vai ver que venceu
enquanto precisou combater contra italianos e espanhóis, que

foram exércitos similares aos seus. Mas quando precisou com-
bater contra populações armadas, que são os suíços e os ingleses,
perdeu; e corre o risco de perder de novo. Essa queda da França 28
sempre foi prevista pelos homens de entendimento, que a con-
sideravam pelo fato de ela não possuir soldados próprios e por
ter desarmado suas populações; tal coisa se deu contrariamente
a toda ação e todo instinto de quem foi considerado prudente e
grande. Mas esse não foi um erro dos reis passados,[17] e sim do rei 29
Luís,[18] e dele até aqui. Assim, não se pode confiar nas armas ita-
lianas que não sejam simples como as deles[19] ou, quando mistas,
que formem um corpo unitário como o deles.

Com relação às divisões e desuniões que você menciona, 30
não pense que isso faz efeito contra eles enquanto suas leis são
respeitadas; e essas ainda o serão por um bom tempo. Porque
lá[20] não pode haver nem surgir cabeças que tenham tronco, e
cabeças sem tronco desaparecem rápido e fazem pouco efeito.
E entre os mortos por eles deve haver alguns magistrados ou 31
outros que de modo extraordinário quiseram favorecer as par-
tes francesas, tendo sido descobertos e mortos. Eles possuem
crimes não mais importantes do que quando nós mandamos
enforcar alguns ladrões. Não acredito que eles possam cons- 32
truir um império como os romanos, mas acredito que podem
se transformar nos árbitros da Itália, seja pela proximidade ou
pela desordem e pelas nossas más condições. Eu gostaria de re-
mediar isso; e se a França não basta, não vejo outro remédio e
vou começar a chorar aqui com você a nossa ruína e servidão; a
qual, se não for hoje ou amanhã, será ainda em nossos dias. E a
Itália deve isso ao papa Júlio[21] e àqueles que não nos oferecem
remédio,[22] se é que agora será possível remediar.

Saudações. Dia 26 de agosto de 1513, em Florença. 33

Nicolau Maquiavel

19

N. Maquiavel a Francesco Vettori,
Florença, agosto-setembro de 1513[?]

1 Não quero deixar de lhe mandar notícias sobre os modos de agir
do magnífico Lorenzo, que até agora foram tais que encheram
de boas esperanças esta cidade, e parece que todos começaram
a reconhecer nele a feliz memória de seu avô:[1] porque Sua Mag-
nificência é solícito às questões, liberal e grato[2] na audiência,
calmo e profundo nas respostas; seu modo de conversar é de
um tipo que se diferencia dos outros a ponto de não revelar so-
berba, nem se mistura a ponto de uma demasiada familiaridade
danificar sua reputação. Ele mantém esse estilo com os jovens
de seu nível, o que não os afasta de si e nem lhes permite fazer
2 alguma insolência juvenil. Em suma, ele se faz mais amar e res-
peitar do que temer,[3] o que, por ser tão difícil de se colocar em
prática, mais é nele louvável.

3 As regras de sua casa são a tal ponto regradas que até nisso
se vê muita magnificência e liberalidade; mesmo assim, ele não
se afasta dos hábitos de vida adequados a um cidadão, de tal
modo que em todos os seus comportamentos públicos ou pri-
vados não se veem coisas que ofendam ou que sejam repreensí-
4 veis; e com isso todos parecem contentes. E ainda que eu saiba
que você vai poder concluir isso mesmo por muitos outros, quis

escrever, porque com o meu testemunho você poderá ter aquele prazer que todos nós temos e que continuamente observamos; assim, quando você tiver a ocasião, poderá referir de minha parte à Santidade do Nosso Senhor.

20

Francesco Vettori a Nicolau Maquiavel
Roma, 23 de novembro de 1513

1 *Spectabili viro* Nicolau do *messer* Bernardo Machiavelli.
Em Florença

2 Meu querido compadre, eu usei com você o cálamo com tanta
sobriedade, como diz Cristofano Sernigi,[1] que não prestei aten-
3 ção a onde eu estava. Me lembro, contudo, que a última que re-
cebi de você começava com a fábula do leão e da raposa; e a pro-
curei um pouco entre as minhas cartas e, como não a encontrei,
4 resolvi parar de procurar. Na verdade, eu ainda não a respondi
porque tive dúvidas se iria acontecer com você e comigo o que
aconteceu às vezes comigo e com o Panzano,[2] que começamos
a jogar com cartas velhas e tristes, mandando alguém procurar
por novas; mas quando esse voltou com elas, faltou dinheiro
5 a um de nós dois. Pois nós falávamos em imaginar um possí-
vel acordo entre os príncipes e eles continuavam a jogar, mas
duvido que, enquanto consumimos cartas para imaginá-los, o
6 dinheiro tenha faltado a algum deles. Depois que paramos de
escrever, algo aconteceu:[3] ainda que a festa não tenha acabado,
ela parece um pouco parada; mas acredito que seja melhor não
falar dela até que esteja concluída.

7 Nesta carta, pensei em lhe escrever como anda a minha
vida em Roma, e me parece conveniente lhe contar, como pri-
meira coisa, onde moro, porque me mudei e não estou mais

perto de tantas cortesãs como estava no verão. Minha resi- 8
dência se chama San Michele in Borgo e é muito próxima do
Palácio e da Praça de San Pietro, mas está num lugar um pou-
co solitário, pois fica perto da colina chamada pelos antigos
de Gianícolo. A casa é muito boa e possui diversos cômodos, 9
mas pequenos, e é direcionada ao vento transmontano, de
modo que possui uma ventilação perfeita. A partir dela, en- 10
tra-se numa igreja, que, por eu ser religioso, como você sabe,
me é muito oportuna; é verdade que essa igreja é usada mais
como passeio do que outra coisa, porque ali não são nunca
celebradas missas ou qualquer outro rito divino mais do que
uma vez ao ano. Da igreja, entra-se numa horta que costu- 11
mava estar limpa e bonita, mas agora está em mau estado na
maior parte, mesmo sendo cuidada continuamente. Dela, é 12
possível subir pela colina do Gianícolo, para onde se vai por
estradinhas e vinhedos agradáveis sem ser visto por ninguém.
Ali, segundo os antigos, ficavam as hortas de Nero, das quais
vemos os vestígios.[4] Nessa casa, estou com nove serviçais e, 13
além deles, com Brancaccio, um capelão, um escrivão,[5] sete
cavalos, gastando generosamente todo o salário que recebo.
Logo que cheguei aqui, comecei querendo viver de modo far- 14
to e refinado, convidando forasteiros, oferecendo três ou qua-
tro refeições, comendo na prataria e coisas do tipo. Depois,
me dei conta de que gastava muito e que isso não me valia de
nada, de modo que concluí ser melhor não convidar ninguém
e viver com um estilo mais ordinário. Devolvi a prataria para 15
quem me havia emprestado, para que eu não tivesse que con-
servá-la, e porque as pessoas frequentemente me pediam para
falar com o Nosso Senhor pedindo algo: eu o fazia, mas elas
não eram atendidas, de modo que decidi me liberar dessa ta-
refa e não incomodar e nem sobrecarregar ninguém, e assim
não daria trabalho a mim mesmo.

16 Neste período, me levanto de manhã por volta das dezes-
seis horas,[6] me visto e vou até o Palácio; mas não em todas as
17 manhãs, apenas a cada dois ou três dias. Lá, troco umas vin-
te palavras com o papa, umas dez com o cardeal De' Médici,[7]
umas seis com o magnífico Giuliano; e se não posso falar di-
retamente com ele, falo com Piero Ardinghelli[8] e depois com
algum embaixador que estiver por aquelas salas; assim, com-
18 preendo algumas poucas coisas, ainda que passageiras. Depois
disso, volto para casa, exceto quando almoço com o cardeal
De' Médici. De volta, almoço com os meus e, de vez em quan-
do, com um forasteiro ou dois que aparecem, tipo o *ser* Sano[9] e
aquele *ser* Tommaso[10] que estava em Trento, Giovanni Rucellai
19 ou Giovan Girolami.[11] Após comer, eu até jogo quando tenho
com quem; não tendo, passeio pela igreja e pela horta; depois,
cavalgo um pouco nos arredores de Roma quando o tempo está
20 bom e de noite volto para casa. Encomendei muitas histórias,
principalmente dos romanos, como Lívio com o epítome de Lú-
cio Floro, Salústio, Plutarco, Appiano Alessandrino, Cornélio
Tácito, Suetônio, Lamprídio e Esparciano, além de outros que
escrevem sobre imperadores, Herodiano, Amiano Marcelino
e Procópio, e com eles passo meu tempo. Penso sobre os im-
peradores que esta mísera Roma, que já fez o mundo tremer,
precisou suportar; e não surpreende ter tido que suportar mais
21 dois pontífices da qualidade que foram esses passados.[12] A cada
quatro dias, escrevo uma carta aos Dez Senhores[13] dizendo al-
guma novidade requentada e que não lhes acrescenta em nada,
mas não tenho mais o que escrever e você entende quais são os
motivos.[14] Em seguida, vou dormir após ter jantado e trocado
algumas novidades com o Brancaccio e com o *messer* Giambat-
22 tista Nasi,[15] que vem aqui com frequência. Nos fins de semana,
23 vou à missa; não faço como você, que às vezes deixa passar. Se
você me perguntar se tenho alguma cortesã, digo que no princí-

pio, quando cheguei, eu tinha, como escrevi; depois, com medo
dos ares do verão, me segurei. Contudo, tinha por hábito uma,
de modo que ela ainda vem de vez em quando por si só; ela é
muito notável na beleza e de agradável conversa. Tenho tam- 24
bém neste lugar, mesmo que solitário, uma vizinha de quem
você poderia gostar; e mesmo que ela seja de família nobre, faz
algumas coisinhas.

Meu querido Nicolau, é a essa vida que eu te convido. Se 25
você vier, ficarei muito feliz e depois voltaremos para aí jun-
tos.[16] Aqui você vai se preocupar apenas em passear observan- 26
do; depois, voltar para casa, conversar e rir. Não quero que
você acredite que eu tenho uma vida de embaixador, porque eu
sempre quis ser livre. Às vezes uso roupas longas, às vezes cur- 27
tas, cavalgo sozinho, com os criados a pé ou, de vez em quando,
a cavalo. Não vou nunca à casa dos cardeais, pois não tenho
quem visitar senão o Médici e, às vezes, o Bibbiena,[17] quando
está bem de saúde. E que digam o que quiserem: se eu não os es- 28
tiver satisfazendo, que me convoquem de volta. Porque eu que-
ro, no fim das contas, voltar após um ano, mantendo o meu ca-
pital depois de vender as vestes e os cavalos, sem ter que perder
o meu dinheiro com isso, se possível. E quero que você acredite 29
em uma coisa, que digo sem adulação: ainda que aqui eu tenha
trabalhado pouco, a quantidade de pessoas é grande, de modo
que torna inevitável a convivência com muitos homens; mesmo
assim, poucos me dão satisfação, e não encontrei ninguém com
melhor juízo que o seu. *Sed fatis trahimur*[18] (Mas somos arrasta- 30
dos pelos fatos): quando falo por um tempo com alguns, quan-
do leio as cartas deles, fico admirado comigo mesmo como foi
possível que tenham conquistado alguma posição, que não são
senão cerimônias, mentiras e fábulas; e poucos são os que con-
seguem sair do que é ordinário. Bernardo da Bibbiena, que ago- 31
ra é cardeal, tem, na verdade, um nobre engenho, é um homem

sagaz e inteligente, tendo passado seus dias com grande esfor-
ço; contudo, agora está doente, e já se passam três meses assim,
32 e eu não sei se ele voltará a ser como antes. Com frequência,
nos esforçamos para descansar, sem conseguir: mas ficamos
33 alegres, aconteça o que acontecer. Lembre-se de que eu estou à
sua disposição, e que mando lembranças a Filippo e Giovanni
Machiavelli,[19] a Donato, ao *messer* Ciaio.[20]
34 Sem mais. Cristo o proteja.

35 *Franciscus Victorius orator, die 23 Novembris 1513. Rome*
(Embaixador Francesco Vettori, no dia 23 de novembro de
1513. Roma)

21

Nicolau Maquiavel a Francesco Vettori
Florença, 10 de dezembro de 1513

Magnifico oratori florentino Francisco Victorio apud Sum- 1
mum Pontificem, patrono et benefactori suo.
Romae

(Ao magnífico embaixador florentino perante o Sumo Pontífice Francesco Vettori, meu protetor e benfeitor.
Roma)

Magnífico embaixador, "não se podem atrasar graças divinas": 2
digo isso porque me parecia não que eu tivesse perdido, mas
que tivesse me afastado de sua simpatia, já que você ficou mui-
to tempo sem me escrever, e eu não tinha certeza sobre a ori-
gem dessa causa. Eu não dava nenhuma importância às que me 3
vinham em mente, senão quando eu desconfiava que você ha-
via deixado de me escrever porque poderiam ter lhe dito que eu
não era um bom guardião de suas cartas, enquanto eu sabia que,
tirando Filippo e Pagolo, ninguém mais as tinha visto. Recupe- 4
rei minha confiança com a sua última do dia 23 passado, com
a qual fico contentíssimo por ver o modo ordenado e calmo
como você exercita esse ofício público; e eu o encorajo a seguir
assim, porque quem deixa de lado suas próprias comodidades
pelas comodidades dos outros não apenas perde as suas como
não ganha o reconhecimento pelas dos outros.[1] E uma vez que 5
a fortuna quer tomar conta de tudo, é necessário deixar que
ela o faça, ficar quieto, não brigar e esperar pelo tempo que a
permita fazer algo aos homens. Só então será bom que você se
esforce e cuide de mais coisas, e que eu saia aqui do mato e diga:
"Eis-me aqui!". Mas se for para lhe responder com uma dádiva 6

à altura, não posso, portanto, contar nesta minha carta senão
como é a minha vida. E se você julgar que seja digna de trocar
com a sua, ficarei contente em permutar.

7 Eu permaneço na casa de campo e, depois daqueles meus
últimos acontecimentos,[2] não fiquei vinte dias em Florença
8 somando tudo. Até aqui, passarinhei em busca de sabiás com
as minhas próprias mãos: me levantava antes do raiar do sol,
preparava as armadilhas com visco, saía com uma trouxa delas
nas costas a ponto de parecer o Geta voltando do porto com
os livros de Anfitrião;[3] pegava ao menos dois, no máximo seis
9 sabiás.[4] Assim passei todo novembro. Depois, ainda que vil e
estranho, esse passatempo acabou, para minha tristeza, e tal
10 como é a minha vida lhe direi.[5] Eu me levanto de manhã com o
sol e vou até um dos meus bosques onde mando cortar lenha; lá
fico por duas horas a rever o trabalho do dia anterior e a passar
o tempo com os cortadores, que têm sempre alguma desgraça
sobre suas cabeças, com eles ou com pessoas próximas. A res-
peito desse bosque, eu teria para contar umas mil coisas boas
que me aconteceram, com Frosino da Panzano e com outros
11 que queriam essas lenhas. Frosino, em especial, mandou buscar
alguns maços sem me dizer nada, e no momento de pagar quis
descontar dez liras que dizia ter a receber de mim há quatro
anos por ter me vencido na trinca na casa do Antonio Guicciar-
12 dini.[6] Eu comecei a fazer o diabo: acusei de ladrão o transpor-
tador que tinha ido buscar; *tandem* (por fim), Giovanni Machia-
13 velli entrou no meio e nos pôs de acordo. Battista Guicciardini,
Filippo Ginori, Tommaso del Bene[7] e alguns outros cidadãos,
cada um me encomendou um maço quando entrou o vento frio;
eu os prometi a todos e mandei um a Tommaso, o qual chegou
em Florença com a metade do tamanho, porque ele, a mulher,
as empregadas e os filhos bateram tanto para acomodá-lo[8] que
pareciam o Gaburra quando às quintas-feiras, com seus rapa-

zes, bate num boi.[9] Assim, vendo quem é que ganhava, disse aos 14
outros que eu não tinha mais lenha, e todos se armaram contra
mim, especialmente o Battista, que incluiu essa entre as outras
desgraças de Prato.[10]

Saindo do bosque, vou a uma fonte, e dali passo ao lugar 15
das minhas armadilhas de passarinho. Levo comigo um livro, 16
Dante ou Petrarca,[11] ou um desses poetas menores como Tibulo,
Ovídio e similares.[12] Leio suas paixões amorosas e seus amores
lembrando dos meus, e desfruto um bocado desses pensamen-
tos.[13] Me dirijo depois à estrada para a hospedaria, falo com 17
os que passam, pergunto sobre novidades de seus povoados,
compreendo várias coisas e percebo vários gostos e diversos
anseios nos homens. Enquanto isso, chega a hora do almo-
ço, quando como com meu grupo aqueles alimentos que este
pobre campo agrícola e pequeno patrimônio permite.[14] Após 18
comer, volto à hospedaria: normalmente estão lá o hospedei-
ro, um açougueiro, um moageiro e dois forneiros; com eles eu
me degrado a dia inteiro jogando trinca e gamão,[15] de onde se
originam milhares de brigas e infinitas ofensas com palavras
injuriosas; na maioria das vezes, apostamos um quatrim, com
nossos gritos que são ouvidos até San Casciano. Assim, metido 19
nessa piolhagem, tiro um pouco do mofo da mente e me liberto
da maldade dessa minha sorte, que me deixa contente por me
pisar tanto só para ver se ela, quem sabe, não se envergonha.

No fim do dia, volto para casa e entro no meu escritório;[16] já 20
na entrada, me liberto daquela veste cotidiana cheia de lama e
de lodo e ponho roupas reais e curiais. Vestido adequadamente,
entro nas cortes antigas dos homens antigos,[17] onde, receben-
do deles com amor, me nutro daquele que é o meu *solum* (úni-
co) alimento, para o qual nasci; onde eu não me envergonho
de falar com eles e perguntar sobre a razão de suas ações; eles,
por sua humanidade, me respondem, e eu não sinto nenhuma

inquietude por quatro horas, esqueço de toda angústia, não
temo a pobreza, a morte não me perturba:[18] me transfiro com-
21 pletamente neles. E como Dante diz que "pra entender, não há
conhecimento sem memória",[19] eu anotei coisas que armazenei
conversando com eles e compus um opúsculo *De principatibus*
(*Sobre os príncipes*), em que me aprofundo o quanto posso na
reflexão sobre esse tema, discutindo o que é um principado,
de que tipos são, como são conquistados, como são mantidos
22 e por que se perdem. E se você já gostou de algum dos meus
devaneios, pode ser que goste deste. Deveria ser acolhido por
um príncipe, sobretudo por um príncipe novo,[20] e por isso eu
23 o mando à Magnificência de Giuliano.[21] Filippo Casavecchia o
viu; ele poderá mensurar para você a coisa em suas partes e em
si, além das conversas que tivemos, mesmo que eu ainda o este-
ja ampliando e corrigindo.

24 Você gostaria, magnífico embaixador, que eu deixasse esta
25 vida e fosse aproveitar a sua com você. Eu farei isso certamen-
te, mas aquilo que me absorve agora são algumas das minhas
coisas que terei cumpridas em seis semanas. E o que me provo-
ca incertezas é a presença dos Soderini, com os quais eu, indo
26 até aí, serei obrigado a estar e conversar. Assim, duvido que ao
meu retorno eu poderia entrar em casa, pois teria, sim, que ir
para o Bargello;[22] porque mesmo que este Estado tenha funda-
ções sólidas e boa estabilidade, ele *tamen* (ainda) é novo, e por
isso receoso, de modo que não faltam os espertos que, para se
mostrar como Pagolo Bertini,[23] chamariam alguns para jantar
27 e deixariam a conta pra mim.[24] Eu lhe peço que me liberte desse
medo e eu, de todo modo, irei para encontrá-lo depois do tem-
po mencionado.

28 Eu conversei com Filippo sobre esse meu opúsculo, se eu o
deveria ou não entregar; e se fosse para entregá-lo, se eu de-
29 veria levá-lo ou mandá-lo até você. Não entregá-lo me traz o

temor de que não será jamais lido por Giuliano, e que esse Ar-
dinghelli ficaria com as honras do meu último esforço. A ne- 30
cessidade que me impeliu a fazê-lo me leva a entregá-lo, porque
estou extenuado e não posso continuar assim por muito tempo
sem que me torne desprezível pela minha pobreza. Além disso,
gostaria que esses senhores Médici começassem a fazer uso de
meu trabalho, mesmo que comecem apenas me fazendo rolar
um rochedo.[25] E se depois eu não os ganhasse, eu sentiria muito. 31
Por isso, quando esse texto for lido, será possível ver que nos
quinze anos em que estive no estudo da arte do Estado eu não
cochilei e nem brinquei, e todo mundo deveria agradecer pelo
serviço de alguém cheio de experiências às custas de outros.[26]
Ninguém deveria desconfiar da minha lealdade, porque, a ten- 32
do sempre praticado,[27] eu não devo agora aprender a corrompê-
-la; pois quem foi leal e bom por 45 anos, que são os que tenho,
não deve conseguir mudar de natureza; e a minha pobreza é
testemunha de minha lealdade e bondade.[28] Desejo, portanto, 33
que você me escreva aquilo que pensa sobre essa matéria, e a
você mando minhas saudações.

Sis felix. Die X Decembris 1513. 34
(Seja feliz. No dia 10 de dezembro de 1513.)

Nicolau Maquiavel, em Florença 35

O príncipe
(*De principatibus*)

Nicolaus Maclavellus Magnifico Laurentio Medici salutem (Nicolau Maquiavel saúda o Magnífico Lorenzo de' Médici)[1]

Acontece, no mais das vezes, de aqueles que desejam conquistar 1
a graça de um príncipe irem-lhe ao encontro com coisas às quais,
dentre as que possuem, têm mais estima, ou mesmo com aquelas
que avaliam dar-lhe mais satisfação; donde se vê serem presen-
teados com cavalos, armas, tecidos em ouro, pedras preciosas
e ornamentos similares dignos de sua grandeza. Desejando eu, 2
portanto, oferecer-me diante de Vossa Magnificência com um
pouco do testemunho da minha servidão frente a ela, não en-
contrei entre os meus pertences algo que eu tenha de mais pre-
cioso ou que tanto estime quanto o conhecimento das ações dos
grandes homens, adquirido por mim por uma longa experiência
das coisas modernas junto a uma contínua leitura das antigas; as
quais, tendo eu com grande zelo avaliado e examinado e agora
em um pequeno volume resumido, envio à Vossa Magnificência.
E ainda que eu julgue esta obra ser indigna dessa presença, muito 3
acredito *tamen* (contudo) que será aceita devido à sua benevolên-
cia, considerando que de mim não pode haver doação maior do
que oferecer a faculdade de poder compreender em breve tempo
tudo aquilo que eu em tantos anos[2] e com tantos desconfortos e
perigos conheci e compreendi. Esta obra não foi por mim orna- 4

mentada nem recheada com amplas cláusulas, ou com palavras
pomposas e magníficas, ou com quaisquer outras seduções e
ornamentos supérfluos com os quais muitos costumam descre-
ver e ornamentar suas coisas; porque eu não quis que nada mais
a honre ou a torne grata que não a vastidão da matéria e a serie-
5 dade do assunto. Nem quero que seja considerado presunção se
um homem de baixa e ínfima condição se arrisca a examinar e
propor regras aos governos dos príncipes; porque, assim como
aqueles que desenham o relevo dos territórios se colocam numa
posição baixa na planície para analisar a natureza dos montes
e dos lugares altos, e para analisar a dos lugares baixos se colo-
cam no alto sobre os montes, para reconhecer bem a natureza
dos povos é necessário ser príncipe, e para reconhecer bem a do
príncipe é necessário ser do povo.

6 Tome, então, Vossa Magnificência esta pequena oferenda
com o mesmo ânimo com que eu a envio; e se for zelosamente
considerada e lida, reconhecerá dentro dela um enorme desejo
meu de que atinja aquela grandeza que a fortuna e suas outras
7 qualidades lhe prometem. E se Vossa Magnificência, do cume
de sua alteza, às vezes voltar os olhos a estes lugares baixos,
verá o quanto eu desmerecidamente suporto uma grande e con-
tínua maldade da fortuna.

Nicolai Maclavelli De Principatibus Ad Magnificum Laurentium Medicem

(*Sobre os príncipes*,[3] de Nicolau Maquiavel ao Magnífico Lorenzo de' Médici)

I

Quot sint genera principatuum et quibus modis acquirantur
(Quais os gêneros de principados e de que modo são adquiridos)

Todos os Estados — isto é, todos os domínios que tiveram e 1
têm império sobre os homens — foram e são repúblicas ou
principados. Os principados são hereditários, quando a estirpe 2
de seu senhor domina há muito tempo, ou são novos. Os novos 3
ou são de todo novos, como foi Milão para Francesco Sforza,[1]
ou são como membros incorporados ao Estado hereditário do
príncipe que o adquire, como é o reino de Nápoles[2] para o rei
da Espanha. Esses domínios assim adquiridos ou estão habi- 4
tuados a viver sob um príncipe ou a ser livres; e são adquiridos
com armas alheias ou com as próprias, ou por fortuna ou por
virtude.[3]

II

De principatibus hereditariis
(Dos principados hereditários)

1 Não tratarei das repúblicas, porque delas já tratei longamente
2 em outro momento.[1] Tecendo os fios[2] antes indicados, vou me
dedicar apenas aos principados e examinarei como esses po-
dem ser governados e mantidos.

3 Digo, portanto, que os Estados hereditários[3] adaptados à es-
tirpe do príncipe são menos difíceis de se manter do que os novos,
pois basta não preterir os métodos dos ancestrais e depois con-
temporizar os imprevistos; desse modo, se o príncipe tiver habi-
lidades ordinárias, sempre permanecerá em sua posição, a menos
que dela seja privado por alguma força extraordinária e excessiva;
e, se for privado, a recupera tão logo o usurpador sofra um revés.

4 Temos na Itália, por exemplo, o caso do duque de Ferrara, que
resistiu aos assaltos dos venezianos em 1484 e aos do papa Júlio
5 em 1510 apenas pelo fato de ser antigo naquele domínio.[4] Pois um
príncipe herdeiro tem menos motivos e menos necessidade de
ofensivas, e disso deriva ser mais amado. E se vícios incomuns
não o fazem ser odiado,[5] é razoável que ele seja naturalmente
6 benquisto pelos súditos. Pela antiguidade e pela continuidade do
domínio, apagam-se a memória e os motivos das inovações, pois
uma mudança sempre fundamenta a edificação de outra.

III

De principatibus mixtis
(Dos principados mistos)

No principado novo residem dificuldades. Em primeiro lugar, 1
se não é de todo novo, mas como membro[1] — que de modo geral
pode ser chamado de misto —, suas variações surgem de imediato a partir de uma dificuldade natural presente em todos os principados novos. Ou seja, os homens mudam facilmente de senhor,[2] acreditando que estão melhorando. Essa crença os leva a pegar em armas contra o governante do momento, e nisso eles se enganam, percebendo então pela experiência que pio-
raram. Tal coisa decorre de outra necessidade natural e ordiná- 2
ria que impõe ofensivas contra aqueles de quem te tornaste um novo príncipe; ofensivas com gente de armas e com uma infini-
dade de outras injúrias inerentes a uma nova conquista. Assim, 3
todos aqueles que ofendeste ao ocupar o principado agora são teus inimigos, e não podes ter como aliados os que te apoiaram por não poderes agradá-los da forma como pretendiam; e nem podes usar contra eles remédios fortes por teres vínculos com eles. Porque, ainda que se possuam exércitos muito fortes, é sempre necessária a simpatia dos habitantes para se entrar
num território. Foi por essas razões que Luís XII,[3] rei da Fran- 4
ça, ocupou rapidamente Milão e rapidamente a perdeu; e para

que a perdesse da primeira vez bastaram apenas as forças de
Ludovico, pois as gentes que lhe tinham aberto as portas, en-
contrando-se enganadas em suas expectativas e no bem futuro
que pressupunham, não puderam suportar os incômodos do
5 novo príncipe. É também verdade que, conquistados pela se-
gunda vez, os países rebelados são perdidos com maior dificul-
dade. Isso porque o senhor, aproveitando a ocasião da rebelião,
é menos cauteloso em se assegurar na punição dos culpados,
em desmascarar as suspeitas e em se proteger nos pontos mais
6 fracos. Assim, se para que a França perdesse Milão na primeira
vez bastou que o duque Ludovico fizesse um alarde nas fron-
teiras,[4] para que perdesse na segunda foi necessário ter todo
o mundo[5] contra, além de ter seus exércitos aniquilados e ex-
7 pulsos da Itália, consequência das razões antes descritas. No
entanto, ela a perdeu uma primeira e uma segunda vez. As cau-
sas gerais da primeira foram expostas. Resta agora falar sobre
a segunda e ver que remédios ela tinha, assim como sobre as
que pode ter quem se encontra na mesma situação, de forma a
melhor manter a conquista do que a França conseguiu.

8 Digo, portanto, que esses Estados — que adquiridos se
unem a um Estado antigo — ou são da mesma região e língua,
9 ou não. Quando o são, é muito fácil mantê-los, principalmen-
te quando não estão habituados a viver livres. Para possuí-los
com segurança, basta manter extinta a linhagem do príncipe
que os dominava, pois de resto, mantidas as antigas condições
e não havendo desconformidade de costumes, os habitantes
vivem tranquilamente. Foi o que se viu na Borgonha, na Bre-
tanha, na Gasconha e na Normandia, há muito unidas à Fran-
ça;[6] e embora haja alguma diversidade linguística, os costumes
10 são semelhantes e podem ser facilmente conciliados. Quem os
conquista, querendo mantê-los, deve tomar duas precauções:
primeiro, que a estirpe do príncipe anterior se extinga; depois,

não alterar leis ou impostos; assim, em muito pouco tempo, o
principado antigo se torna um só corpo com os novos.

Mas quando se adquirem Estados em uma região com lín- 11
gua, costumes e ordenamentos diferentes, aqui surgem as difi-
culdades e é necessário ter muita fortuna e muito engenho para
mantê-los. Um dos melhores e mais eficazes remédios seria o 12
de quem os conquistou ir lá residir; isso tornaria a posse mais
segura e duradoura. Foi o que fez o Turco na Grécia:[7] pois, mes-
mo com todas as outras ordens adotadas para manter aquele
Estado, se ele não tivesse ido lá residir não teria sido possível
mantê-lo. Lá estando, é possível ver surgirem as desordens, 13
que rapidamente podem ser remediadas; lá não estando, es-
sas são conhecidas apenas quando já cresceram e não há mais
remédio. Além disso, a província não pode ser espoliada pelos
funcionários, os súditos ficarão satisfeitos em poder recorrer
facilmente ao príncipe, donde terão mais motivos para amá-lo
se quiserem se comportar bem e para temê-lo se quiserem se
comportar de outra forma. Quem entre os estrangeiros quiser
atacar esse Estado terá mais cautela; portanto, lá residindo,
fica mais difícil perdê-lo.

Outro bom remédio[8] é mandar colônias para um ou dois lu- 14
gares que sejam como ramos daquele Estado; é necessário fazer
isso ou manter ali muitas gentes de armas e infantarias. Não se 15
gasta muito com colônias, e com pouca ou nenhuma despesa o
príncipe as estabelece e as mantém, prejudicando apenas aque-
les de quem tira seus campos e casas, que são uma parte mínima
do Estado, para dá-los aos novos habitantes. Quem ele prejudi- 16
ca, por permanecerem dispersos e pobres, nunca pode atingi-lo;
todos os outros que permanecem sem sofrer danos devem, por
um lado, manter a calma e, por outro, ficar com medo de errar,
receando que lhes aconteça o mesmo que aconteceu aos que fo-
ram espoliados. Concluo que essas colônias não são caras, são 17

mais fiéis, causam poucos danos, e os prejudicados, como disse,
18 não podem provocar o mal, estando pobres e dispersos. A esse
respeito, deve-se notar que os homens devem ser tratados com
afeição ou serem eliminados,[9] pois eles tendem a se vingar de
ofensas leves, e assim não poderão se vingar das graves. Desse
modo, uma ofensa praticada deve ser feita de maneira a não se
19 temer a vingança.[10] Mas, se em vez de colônias for posta gente
de armas, gasta-se muito mais, tendo-se que consumir na guar-
nição todas as receitas do Estado, e, assim, a conquista se trans-
forma em perda. Isso produz muito mais danos, prejudicando
todo o Estado, ainda mais com o exército se deslocando de um
local para outro. Todos sentem tal desconforto e todos se trans-
formam em inimigos; e são inimigos que podem provocar o mal,
20 pois mesmo vencidos eles permanecem em casa. Sob todos os
aspectos, essa guarda é inútil, enquanto as colônias são úteis.

21 Quem se estabelece em uma província diferente, como foi
dito, deve ainda tornar-se o cabeça e defensor dos vizinhos
menos potentes, esforçar-se por enfraquecer os potentes e
evitar que por acaso entre ali um estrangeiro potente como ele
próprio. Dessa forma, sempre será posto lá por aqueles que, ou
por demasiada ambição ou por medo, estão descontentes na
região; como já aconteceu aos etólios, que puseram os roma-
nos na Grécia[11] e depois, em todas as outras regiões em que en-
22 traram, estes foram convocados pelos locais.[12] Está na ordem
das coisas que, tão logo um estrangeiro potente entre numa
província, todos os que ali são menos poderosos se juntam a
ele, movidos pela inveja que sentem contra quem antes exer-
ceu poder sobre eles. De fato, ele conquista esses menos poten-
tes sem nenhum esforço, porque imediatamente todos juntos
fazem de boa vontade um bloco com o poder que os conquis-
23 tou. Mas o conquistador deve se preocupar apenas para que
não adquiram muita força e muita autoridade, assim consegui-

rá facilmente com as suas forças e os favores dos conquistados rebaixar os potentes para continuar a ser o árbitro absoluto naquela província. Quem não respeitar bem essas etapas perderá o que conquistou e, enquanto o mantiver, encontrará infinitas dificuldades e incômodos.

Os romanos observaram bem essas etapas nas províncias 24
conquistadas: estabeleceram colônias; se conciliaram com os menos potentes sem aumentar sua potência sobre eles; enfraqueceram os poderosos e impediram que os estrangeiros
conquistassem reputação. E que me baste o exemplo do ter- 25
ritório da Grécia: os aqueus e os etólios[13] foram preservados por eles, o reino dos macedônios foi rebaixado[14] e Antíoco[15] foi expulso; nunca os méritos dos aqueus e dos etólios fizeram com que lhes fosse permitido galgar alguma posição; nem os argumentos de Filipe[16] os induziram a se aliarem sem que o rebaixassem; nem o poder de Antíoco os levou a consentir que
este mantivesse qualquer posição naquele território. Pois os 26
romanos fizeram, nesses casos, o que todos os príncipes sábios devem fazer: considerar não apenas as desordens presentes, mas também as futuras, de modo a combatê-las com todos os artifícios. Pois, prevendo-as à distância, é possível remediá-las facilmente, mas esperando que cheguem perto, o remédio vem tarde demais a uma doença que se torna incurá-
vel. É como os médicos dizem sobre a tísica, que no início a 27
doença é fácil de ser tratada e difícil de ser identificada; mas com o passar do tempo, não tendo sido inicialmente identificada ou tratada, torna-se fácil de identificar e difícil de tratar.
Assim acontece nos assuntos de Estado: diagnosticando-se à 28
distância — o que só é dado a um prudente —, os males que ali surgem são rapidamente curados; mas quando, por não terem sido identificados, foi permitido que aumentassem a ponto de todos os identificarem, não há mais remédio.

29 Por isso os romanos, vendo de longe os inconvenientes,
sempre os remediaram; e nunca os deixaram seguir adiante
para evitar uma guerra, pois sabem que uma guerra não se evi-
ta, mas se adia em benefício alheio. Eles queriam lutar contra
Filipe e Antíoco na Grécia[17] para não ter que fazer isso na Itá-
lia. Poderiam ter evitado ambas as guerras, mas não quiseram.
30 Nunca apreciaram o que os sábios de nosso tempo têm conti-
nuamente na ponta da língua — que vale aproveitar a vantagem
do tempo[18] — e preferiram confiar na sua própria capacidade e
prudência, pois o tempo arrasta tudo e pode trazer consigo o
bem em forma de mal e o mal em forma de bem.
31 Mas voltemos à França e vejamos se pôs em prática algu-
mas das coisas mencionadas. Falarei de Luís, não de Carlos,
ou seja, daquele que, por ter mantido a Itália mais tempo em
sua posse, melhor demonstrou seus progressos: é possível ver
como ele fez o contrário do que se deve para manter um Es-
32 tado em província alheia. O rei Luís foi posto na Itália pela
ambição dos venezianos,[19] que pretendiam ganhar metade da
33 Lombardia com sua chegada. Não quero criticar a decisão to-
mada pelo rei, pois querendo se apossar da Itália e não tendo
aliados nesse território, onde na verdade todas as portas ha-
viam se fechado pelo método de agir do rei Carlos, ele teve
que aceitar as alianças disponíveis; e teria se saído bem em
sua decisão caso não tivesse cometido nenhum erro em ou-
34 tras manobras. Tendo o rei, então, conquistado a Lombardia,
recuperou imediatamente a reputação perdida por Carlos:[20]
Gênova se rendeu;[21] os florentinos se aliaram; o marquês de
Mântua, o duque de Ferrara, o Bentivogli,[22] a soberana de
Forlì, os senhores de Faenza, de Rimini, de Pesaro, de Came-
rino, de Piombino,[23] os luqueses, os pisanos, os sienenses, to-
35 dos foram ao seu encontro como amigos. E assim os venezia-
nos puderam entender a temeridade da iniciativa, pois, para

conquistar duas terras da Lombardia, haviam feito do rei da
França o rei de dois terços da Itália.[24]

Percebe-se, então, com quanta facilidade o rei poderia ter 36
mantido sua reputação na Itália se tivesse observado as regras
acima e assegurado a defesa de todos os seus amigos, que, sen-
do numerosos e fracos — alguns com medo da Igreja, outros
dos venezianos —, sempre precisaram ficar a seu lado; com a
ajuda deles, seria fácil se defender de quem continuava gran-
de.[25] Mas tão logo chegou em Milão, ele fez exatamente o con- 37
trário, ajudando o papa Alexandre[26] a ocupar a Romanha. Ele
não percebeu que se enfraquecia com essa decisão, afastando
os amigos e aqueles que haviam se lançado a seus pés, e fortale-
cia a Igreja, acrescentando ao poder espiritual — que já dá ao
papa tanta autoridade — mais poder temporal.[27] Com esse pri- 38
meiro erro, foi obrigado a continuar: até que, para pôr fim às
ambições de Alexandre e para que este não se tornasse senhor
da Toscana, foi obrigado a vir para a Itália.[28]

Não lhe bastou ter fortalecido a Igreja e ter perdido os 39
amigos, pois por querer o reino de Nápoles, acabou por divi-
di-lo com o rei da Espanha.[29] E se antes tinha sido o árbitro da
Itália, ele depois instituiu a seu lado um companheiro só para
que os ambiciosos e os descontentes tivessem a quem recor-
rer. E se poderia ter deixado naquele reino um rei tributário,
ele o retirou para instalar alguém que pudesse expulsá-lo. É 40
realmente muito natural e ordinário o desejo de conquista,[30]
e sempre que puderem e o fizerem, os homens serão elogia-
dos e não criticados; mas quando não podem e querem fazê-
-lo de todas as maneiras, aqui residem o erro e a crítica. Se, 41
portanto, a França pudesse atacar o reino de Nápoles com as
suas forças, deveria fazê-lo; se não pudesse, não deveria tê-lo
dividido; e se a divisão tivesse sido feita com os venezianos
da Lombardia até poderia ser desculpável, pois com eles pôs

os pés na Itália; mas não havendo tal necessidade, merece ser criticada, e não desculpada.

42 Luís, portanto, cometeu cinco erros: eliminou os menos potentes; fortaleceu na Itália o comando de um potente; introduziu um estrangeiro muito potente; não veio a residir ali;
43 não estabeleceu colônias. Erros que poderiam não o ter prejudicado enquanto vivo se ele não tivesse cometido o sexto, o de
44 tomar dos venezianos suas conquistas.[31] Porque, se ele não tivesse fortalecido a Igreja e introduzido a Espanha na Itália, teria sido razoável e necessário rebaixá-los. Mas, tendo tomado tais decisões, ele nunca deveria ter permitido sua ruína. Sendo Veneza uma república potente, sempre iria dissuadir os outros de atacar a Lombardia; sim, porque os venezianos não o permitiriam sem que fossem o seu senhor; sim, porque os outros não iriam querer tirá-la da França para dá-la a eles e nem teriam coragem de se contrapor a ambas.

45 E se alguém dissesse que o rei Luís cedeu a Romanha a Alexandre e cedeu o Reino à Espanha para evitar uma guerra,[32] eu responderia com as razões já expostas: que nunca se deve deixar que se crie desordem para evitar uma guerra; isso porque a guerra é inevitável, porém adiável em desvantagem própria.
46 E se alguém ainda apresentasse como motivo para a investida a palavra que o rei havia dado ao papa, pela resolução de seu casamento[33] e pelo chapéu de Rouen,[34] eu responderia com o que direi adiante[35] sobre a palavra dos príncipes e como deve ser observada.

47 O rei Luís perdeu, então, a Lombardia por não ter observado nenhuma das regras respeitadas por outros que conquistaram territórios e quiseram mantê-los; não há milagre algum
48 nisso, tudo muito racional e normal. Falei sobre esses assuntos em Nantes[36] com Rouen, quando o Valentino — como era popularmente chamado César Bórgia,[37] filho do papa Alexandre

— ocupava a Romanha. Quando Rouen me disse que os italia-
nos não entendiam de guerra, eu lhe respondi que os franceses
não entendiam de política; se entendessem, não teriam deixa-
do que a Igreja crescesse tanto. Pela experiência, foi possível 49
ver que o crescimento desta e da Espanha na Itália foi causada
pela França, cuja ruína foi causada por elas. Disso se pode tirar 50
uma regra geral que nunca ou raramente falha: quem é causa de
que outro se torne potente, se arruína, pois tal poder se cons-
trói com sua perspicácia ou força, e ambas são suspeitas para
quem se tornou potente.

IV

Cur Darii regnum, quod Alexander occupaverat, a successoribus suis post Alexandri mortem non defecit
(Por qual razão o reino de Dario, que foi ocupado por Alexandre, não se rebelou contra seus sucessores após a morte de Alexandre)

1 Consideradas as dificuldades para se manter um Estado recém-
-ocupado, alguns poderiam se espantar com o modo pelo qual Ale-
xandre Magno se tornou em poucos anos senhor da Ásia e mor-
reu tão logo a ocupou, donde pareceria razoável que todo aquele
Estado se rebelasse. Mesmo assim, os sucessores[1] de Alexandre o
mantiveram e não encontraram outra dificuldade senão a deriva-
2 da de suas próprias ambições. Respondo lembrando como os prin-
cipados dos quais se tem memória são governados de dois modos
diversos: ou por um príncipe, sendo servos todos os outros, que
por sua graça e concessão o ajudam como ministros a governar o
reino; ou por um príncipe e barões, que mantêm seus títulos não
3 pela graça do senhor, mas pela antiguidade de suas estirpes. Esses
barões têm Estados e súditos próprios, que o reconhecem como
4 senhores e lhes têm natural devoção. Os Estados governados por
um príncipe e seus servos lhe conferem maior autoridade, pois em
toda a província não há quem não reconheça nele o verdadeiro su-
perior; e se obedecem a qualquer outro, o fazem por serem minis-
tros e oficiais, sem lhe ter um apreço particular.

5 Os exemplos desses dois tipos de governo são, nos nossos
6 tempos, o Turco e o rei da França. Toda a monarquia do Turco

é governada por um só senhor; os outros são seus servos; divi-
dindo o reino em sanjacos,[2] ele envia para lá vários adminis-
tradores e os altera e varia conforme lhe agrada. Mas o rei da 7
França está no meio de uma envelhecida multidão de senhores
feudais em seu Estado, reconhecidos e amados por seus res-
pectivos súditos e que possuem privilégios hereditários que o
rei não pode retirar sem correr riscos. Quem considera, por- 8
tanto, os dois Estados terá dificuldade em adquirir o Estado
do Turco; mas, uma vez derrotado, terá grande facilidade em
mantê-lo. Por outro lado, encontrará sob alguns aspectos mais 9
facilidade para ocupar o reino da França, mas grande dificul-
dade em mantê-lo.

As razões da dificuldade para se ocupar o reino do Turco 10
são que os principais dignitários daquele reino não podem con-
vocar uma invasão, nem esperar que a rebelião daqueles que o
rodeiam facilite a investida, o que depende das razões expos-
tas antes. Pois, como são todos seus servos e subordinados, são
mais difíceis de corromper; e mesmo que fossem corrompidos,
pouco de útil se poderia esperar com isso, já que não poderiam
arrastar a população consigo pelos motivos já determinados.
Por isso, é necessário a quem ataca o Turco considerar que o 11
encontrará completamente unido, e que é melhor confiar mais
nas próprias forças do que nas desordens alheias. Mas se ele 12
fosse vencido e derrotado em campo aberto de modo a ser im-
pedido de refazer exércitos, não haveria nada a se temer senão
a estirpe do príncipe. E se essa for eliminada, não haverá mais
ninguém a ser temido, porque os outros não possuem a con-
fiança dos povos. E assim como o vencedor não podia contar
com eles antes da vitória, depois dela não deve temê-los.

Acontece o contrário nos reinos governados como o da Fran- 13
ça; pode-se neles entrar com facilidade ganhando algum aristo-
crata do reino, pois sempre há os descontentes que desejam ino-

14 var. Esses, pelos motivos mencionados, podem abrir o caminho
para o Estado e facilitar a vitória; haverá infinitas dificuldades
para que esta siga mantida, seja com aqueles que ajudaram, seja
15 com os derrotados. Também não basta eliminar a estirpe do
príncipe, porque permanecem os outros senhores que se fazem
líderes das novas mudanças; e, não conseguindo agradá-los nem
eliminá-los, perde-se o Estado na primeira ocasião.

16 Agora, considerando a natureza do governo de Dario,[3] ve-
mos ser semelhante à do reino do Turco; por isso, foi necessário
a Alexandre atacá-lo por completo e tirar-lhe a possibilidade de
17 ir a campo. Após a vitória em que Dario foi morto, o Estado per-
maneceu assegurado a Alexandre pelas razões já indicadas. E
se os seus sucessores tivessem ficado unidos, poderiam ter des-
frutado sem dificuldade daquele reino, pois lá não houve outros
18 tumultos além daqueles que eles próprios suscitaram. Mas é im-
possível dominar os Estados organizados como o da França com
19 tanta tranquilidade. Por isso, surgiram as frequentes rebeliões
da Espanha, da França e da Grécia[4] na época dos romanos, devi-
do aos muitos principados existentes nesses Estados; enquanto
durou a memória deles, os romanos sempre permaneceram in-
20 certos de sua posse. Mas, apagada a memória com a potência
e diuturnidade do império, eles se tornaram confiantes de suas
posses. E mesmo os que vieram depois, lutando entre si, conse-
guiram levar consigo parte daquelas províncias pela autorida-
de que dentro delas exerciam; essas não reconheciam senão os
romanos por terem sido eliminadas as estirpes dos seus antigos
21 senhores. Consideradas, portanto, todas essas coisas, ninguém
deve se surpreender com a facilidade que Alexandre teve para
manter o Estado da Ásia, nem com as dificuldades que muitos ti-
veram para conservar suas aquisições, como Pirro[5] e outros: isso
não derivou da pouca ou da grande virtude do vencedor, mas da
diferença de situação.

V

Quomodo administrandae sunt civitates vel pr[ovinciae] qu[ae] antequam occuparentur suis legibus vivebant (De que modo se devem administrar as cidades e províncias as quais, antes de serem ocupadas, viviam com suas próprias leis)

Quando os Estados adquiridos conforme mencionado estão 1
habituados a viver com suas leis e em liberdade, existem três
modos de mantê-los: o primeiro é destruí-los; o segundo é ir 2
morar lá pessoalmente; o terceiro é deixar que vivam com suas
leis, cobrando um tributo e criando dentro deles um Estado
oligárquico que os mantenha como amigos. Pois, tendo sido o 3
Estado criado por um príncipe, ele sabe que não pode sobrevi-
ver sem sua amizade e potência, devendo fazer de tudo para de-
fendê-lo; e, querendo preservar uma cidade habituada a viver
livremente, é mais fácil mantê-la através de seus cidadãos do
que de qualquer outra forma.

In exemplis há os espartanos e os romanos. Os espartanos 4
dominaram Atenas[1] e Tebas,[2] criando ali um Estado de poucos,
tamen (embora) as tenham depois perdido. Os romanos, para 5
manterem Cápua, Cartago e Numância, as destruíram e não as
perderam; quiseram manter a Grécia[3] de modo semelhante ao
dos espartanos, tornando-a livre e deixando-a com suas pró-
prias leis, mas não tiveram sucesso; por isso foram obrigados a
destruir muitas cidades daquela região para mantê-la. Porque, 6
de fato, não há maneira segura de possuí-las, exceto pela des-

truição. E quem se torna dono de uma cidade acostumada a ser
livre e não a destrói, que espere ser destruído por ela: porque,
na rebelião, ela sempre tem refúgio na palavra liberdade[4] e em
suas antigas ordenações, das quais nunca se esquece, nem com
7 o passar do tempo ou com benefícios recebidos. Independen-
temente do que for feito ou decidido, se não estiverem dividi-
dos e dispersos, os habitantes não esquecerão tal palavra nem
tais ordenações e prontamente recorrerão a elas em qualquer
eventualidade: como fez Pisa[5] cem anos depois de ter sido pos-
8 ta em servidão pelos florentinos. Mas se cidades ou províncias
estiverem habituadas a viver sob um príncipe e sua linhagem
for eliminada — sendo, por um lado, habituados a obedecer e,
por outro, não tendo mais o velho príncipe, sem chegar a um
acordo para eleger um novo dentre os seus e sem saber viver
livres —, acabam demorando a pegar em armas e outro pode
conquistá-las com mais facilidade e delas se apoderar.[6]

9 Nas repúblicas, porém, há mais vida, mais ódio, mais desejo
de vingança: não deixam e nem podem deixar para trás a me-
mória da antiga liberdade; assim, o caminho mais seguro é des-
truí-las[7] ou nelas residir.

VI

De principatibus novis qui armis propriis et virtute acquiruntur
(Dos principados novos que com armas próprias e virtude são adquiridos)

Que ninguém se admire se, na minha exposição, eu trouxer gran- 1
des exemplos sobre principados de todo novos, assim como de
príncipe e de Estado. Pois, como os homens sempre caminham 2
pelas vias abertas por outros e procedem em suas ações com
imitações — não sendo possível manter completamente os ca-
minhos dos outros nem se achegar à virtude daqueles que se
imitam — um homem prudente deve sempre entrar pelas vias
abertas pelos grandes e imitar os mais excelentes: de modo que,
se a sua virtude não os alcança, que pelo menos remeta ao seu
odor; e façam como sábios arqueiros que, considerando muito 3
afastado o local que pretendem atingir, e sabendo até onde vai a
força de seu arco, colocam a mira muito mais alta do que o local
destinado: não para alcançar tal altura com sua flecha, mas para
poder com a ajuda de tão alta mira chegar a seu objetivo.

Digo, portanto, que nos principados de todo novos, onde 4
há um novo príncipe, haverá mais ou menos dificuldade para
mantê-los a depender de quem o adquire ser mais ou menos
virtuoso. E uma vez que o efeito de se transformar de cidadão 5
privado em príncipe pressupõe virtude ou fortuna, parece que
uma ou outra dessas duas coisas pode mitigar em parte muitas

das dificuldades; no entanto, aquele que se apoiou menos na
6 fortuna se manteve por mais. Gera, ainda, alguma facilidade se
o príncipe é obrigado, por não ter outros Estados, a residir lá
pessoalmente.

7 Mas, para chegar àqueles que se tornaram príncipes por vir-
tude própria, e não por fortuna, digo que os mais excelentes
8 são Moisés, Ciro, Rômulo, Teseu e outros semelhantes.[1] E em-
bora não devamos tratar de Moisés por ele ter sido um mero
executor das coisas que lhe foram ordenadas[2] por Deus, ele
também deve ser admirado *solum* por aquela graça que o fazia
9 digno de falar com Deus. Mas, se considerados Ciro e outros
que adquiriram ou fundaram reinos, acharemos todos maravi-
lhosos; e, se consideradas suas ações e ordens específicas, não
parecerão discrepantes das de Moisés, que teve tão grande pre-
10 ceptor. Examinando suas ações e vidas, pode-se ver que eles
não tiveram da fortuna outra coisa senão a ocasião, o que lhes
deu material para poderem introduzir ali a forma que achas-
sem adequada: sem a ocasião, a virtude de seu ânimo teria se
apagado; e sem a virtude, a ocasião teria se dado em vão.

11 Foi, então, necessário, que Moisés encontrasse no Egito[3] o
povo de Israel escravizado e oprimido pelos egípcios, para que
eles, a fim de escapar da escravidão, se dispusessem a segui-lo.
12 Foi preciso que Rômulo não encontrasse lugar em Alba e fosse
exposto desde o nascimento a querer se tornar rei de Roma e
13 fundador daquela pátria.[4] Foi necessário que Ciro encontrasse
os persas descontentes com o império dos medos e encontrasse
14 os medos frágeis e afeminados pela longa paz.[5] Teseu[6] não po-
deria demonstrar sua virtude se não encontrasse os atenienses
15 dispersos. Essas ocasiões, portanto, tornaram esses homens
afortunados,[7] e suas excelentes virtudes fizeram com que cada
ocasião ficasse conhecida; donde suas pátrias foram enobreci-
das e se tornaram muito afortunadas.

Aqueles que se tornam príncipes por caminhos virtuosos 16
semelhantes aos mencionados adquirem o principado com
dificuldade, mas o mantêm com facilidade; e as dificuldades
que enfrentam para adquirir o principado nascem em parte
das novas ordenações e modos que são forçados a introduzir
para fundar seu Estado e sua segurança. E deve-se considerar 17
que não há nada mais difícil de se negociar, nem mais duvi-
doso de se conseguir, nem mais perigoso de pôr em ato,[8] do
que liderar o início de novas ordenações. Porque o iniciador 18
tem como inimigos todos aqueles que se beneficiam das ve-
lhas ordenações e tem como fracos defensores todos os que se
beneficiariam das novas ordenações; essa fraqueza se dá em
parte pelo medo dos adversários, que têm as leis a seu lado, e
em parte pela incredulidade dos homens, que não acreditam
verdadeiramente em coisas novas, a menos que delas tenham
uma experiência consolidada. Disso se origina que toda vez 19
que os inimigos têm a oportunidade de atacar, o fazem fervo-
rosamente; e os outros se defendem frouxamente. Com estes
últimos, corre-se um grande risco.

É necessário, portanto, se quisermos observar bem esta 20
parte, examinar se esses inovadores se mantêm sozinhos ou
se dependem de outros; isto é, se para realizar sua obra preci-
sam solicitar ou podem usar a força. No primeiro caso, sempre 21
acontecem coisas ruins e eles não conseguem nada. Mas, quan-
do dependem apenas de si mesmos e podem usar a força, ra-
ramente correm grandes riscos; origina-se daqui o fato de que
todos os profetas armados venceram e os desarmados caíram.
Porque, além das coisas ditas, a natureza da população é mutá- 22
vel,[9] e é fácil persuadi-los de uma coisa, mas é difícil detê-los
nessa persuasão. Portanto, é necessário manter-se organizado
de forma que, quando já não acreditam, seja possível fazê-los
acreditar pela força.[10] Moisés, Ciro, Teseu e Rômulo não teriam 23

sido por muito tempo capazes de fazer cumprir suas leis fundamentais se estivessem desarmados, como aconteceu em nossos
tempos com o frei Girólamo Savonarola,[11] que se arruinou por
suas novas ordenações[12] assim que as pessoas começaram a não
acreditar mais nele: e ele não possuía os meios para manter os
24 crentes consigo nem para fazer os incrédulos acreditarem. Por
isso, esses encontram muitas dificuldades para seguir em frente com todos os perigos do percurso, sendo conveniente que os
25 superem com suas virtudes. Mas uma vez superados e tão logo
iniciada a reverência, tendo eliminado os que invejaram suas
qualidades, permanecem potentes, seguros, honrados e felizes.

26 A tão elevados exemplos quero acrescentar um menor, mas
que tem sua conformidade com os anteriores e quero que me
27 baste por todos os semelhantes: é o de Hierão de Siracusa. De
cidadão privado, ele se tornou príncipe de Siracusa e não teve
da fortuna senão a ocasião: pois, estando os siracusanos oprimidos, elegeram-no como seu capitão, a partir de onde mere-
28 ceu ser feito príncipe.[13] E foi de tanta virtude, *etiam* (também)
quando era um cidadão privado, que quem dele escreveu disse
quod nihil illi deerat ad regnandum praeter regnum (nada lhe fal-
29 tava para reinar, exceto o reino). Ele eliminou a velha milícia e
organizou uma nova; abandonou velhas amizades e fez novas;
e tão logo confiou em soldados que fossem seus, apoiou nessa
confiança a fundação para edificar cada feito, de modo que fez
muito esforço para adquirir e pouco para manter.

VII

De principatibus novis qui alienis armis et fortuna acquiruntur
(Dos principados novos que se adquirem com armas e fortuna alheias)

Aqueles que somente por fortuna passam de cidadãos priva- 1
dos a príncipes o fazem com pouco esforço, mas apenas com
muito se mantêm. Não têm dificuldades no percurso ao poder,
pois voam para tal posição; mas todas as dificuldades surgem
quando ali são estabelecidos. Isso se dá quando alguém rece- 2
be um Estado por dinheiro ou por graça de um doador, como
aconteceu com muitos na Grécia nas cidades da Jônia e do He-
lesponto,[1] onde foram feitos príncipes por Dario para que as
governassem para sua segurança e glória; como aconteceu de
se tornarem também imperadores os que, de cidadãos privados,
chegaram ao império corrompendo os soldados.

Esses se sustentam apenas graças à vontade e à fortuna de 3
quem lhes concedeu o Estado, que são duas coisas muitíssimo
volúveis e instáveis. E não sabem e nem podem manter a posi-
ção: não sabem porque se não se é alguém de grande engenho e
virtude, não é razoável que, tendo se ocupado sempre de ques-
tões privadas, saiba comandar; não podem porque não têm
forças que se mantenham amigas e fiéis. Mas os Estados que 4
brotam de repente, como todas as outras coisas da natureza
que nascem e crescem com velocidade, não são capazes de fin-

car raízes e ramificações satisfatórias a se evitar que o primei-
ro tempo adverso as elimine;[2] a menos que aqueles tais que —
como dito — se tornaram príncipes repentinamente possuam
tanta virtude que saibam de imediato conservar o que a fortuna
lhes pôs no colo e façam posteriormente as fundações que ou-
tros fizeram antes de se tornarem príncipes.

5 A respeito de ambos os modos mencionados, sobre o se
tornar príncipe por virtude ou por fortuna, quero trazer dois
exemplos dos nossos dias: Francesco Sforza e César Bórgia.
6 Francesco, com os meios exigidos pela situação e com sua
grande virtude, passou de cidadão privado a duque de Milão; e
o que havia conquistado com mil afãs manteve com pouco es-
7 forço.[3] Do outro lado, César Bórgia — chamado pelo povo de
duque Valentino — conquistou o Estado pela fortuna do pai e
por essa o perdeu, ainda que tenha usado todos os artifícios dos
homens prudentes e virtuosos para fincar suas raízes naqueles
Estados que as armas e a fortuna alheias lhe haviam concedi-
8 do.[4] Pois, como se disse antes, quem não constrói as fundações
em primeiro lugar pode, com muita habilidade, fazê-las depois,
apesar das dificuldades para o arquiteto e dos perigos para o
9 edifício. Se forem, portanto, considerados todos os progressos
implementados pelo duque, é possível ver que ele fez grandes
fundações a sua futura potência, sobre as quais não julgo su-
pérfluo discorrer, pois não saberia que preceitos melhores dar
a um novo príncipe que o exemplo de suas ações.[5] E se suas or-
dens não o beneficiaram, não foi por culpa dele, mas por uma
extraordinária e extrema maldade da fortuna.

10 Alexandre VI, ao querer tornar poderoso seu filho duque,
11 encontrou muitas dificuldades presentes e futuras. Em pri-
meiro lugar, ele não via como torná-lo senhor de nenhum Es-
tado que não fosse do Estado da Igreja. E sabia que o duque
de Milão[6] e os venezianos não lhe permitiriam que usurpasse

algum da Igreja, pois Faenza e Rimini já estavam sob a pro-
teção dos venezianos. Ele também via as armas da Itália, em 12
especial aqueles de que poderia se servir, nas mãos de quem
deveria temer sua grandeza — e, por isso, não eram confiáveis
— como os Orsini, os Colonna[7] e seus seguidores. Foi, portan- 13
to, necessário que se abalasse o equilíbrio e se desordenassem
os Estados da Itália, de modo que pudesse assenhorear-se com
segurança de parte deles. Isso foi fácil para ele, pois encontrou 14
os venezianos, movidos por outras razões,[8] decididos a fazer
com que os franceses voltassem à Itália: e ele não apenas não
impediu este regresso como o facilitou ao dissolver o primeiro
casamento do rei Luís.[9]

O rei entrou, então, na Itália com a ajuda dos venezianos e 15
o consentimento de Alexandre: tão logo chegou a Milão, dele
o papa obteve gente[10] para a investida na Romanha, que lhe foi
permitida devido à reputação do rei. Depois de o duque ter ad- 16
quirido, então, a Romanha e derrotado a família Colonna,[11] ele
tentou mantê-la e seguir adiante, mas duas coisas o impediam:
uma foram as suas armas, que não lhe pareciam fiéis; outra, a
vontade da França. Ele temia que as armas de Orsini, das quais
tinha se valido, lhe viessem a faltar, e, assim, não apenas o im-
pedissem de prosseguir na aquisição, mas lhe tirassem o que já
tinha adquirido; e que o rei se comportasse de modo semelhan-
te. Recebeu, então, dos Orsini uma confirmação de infidelida- 17
de quando, depois de ter sido expulso de Faenza, atacou Bolo-
nha e os viu avançar sem entusiasmo em tal ataque. Sobre o rei,
compreendeu suas intenções quando, após tomar o ducado de
Urbino, atacou a Toscana, e o rei o fez desistir de tal investida.

Desse modo, o duque decidiu não depender mais das armas 18
e da fortuna alheias, enfraquecendo antes de tudo os partidá-
rios dos Orsini e dos Colonna em Roma. E fez com que todos
os gentis-homens que os apoiavam passassem para o seu lado,

dando-lhes altos pagamentos e honrando-os, de acordo com as
suas qualidades, com cargos de comando e de governo. Assim,
em poucos meses, a afeição àquelas facções se apagou e se dire-
19 cionou ao duque. Em seguida, esperou a ocasião para eliminar
os chefes dos Orsini depois de ter dispersado os partidários
dos Colonna: e tal ocasião se apresentou e ele não a deixou pas-
20 sar. Como os Orsini perceberam um tanto tarde que o poder
do duque e da Igreja seria para eles a ruína, convocaram uma
assembleia em Magione, nos arredores de Perúgia. A partir daí
se originaram a rebelião de Urbino, os tumultos na Romanha e
os infinitos perigos para o duque, todos superados por ele com
21 a ajuda dos franceses. Após ter recuperado a reputação, sem
confiar na França ou em outras forças externas por não que-
rer arriscar, recorreu ao engano: soube dissimular tão bem seu
caráter que os próprios Orsini se reconciliaram com ele graças
à intermediação do senhor Paulo — ao qual o duque não dei-
xou de conceder benefícios como garantia, dando-lhe dinhei-
ro, roupas e cavalos —, tanto que, por ingenuidade, acabaram
caindo em suas mãos em Sinigaglia.

22 Tendo matado os chefes e obrigado os partidários a se tor-
narem seus amigos, o duque lançou fundações muito boas para
seu poder. Possuía toda a Romanha com o ducado de Urbino,
parecendo-lhe, sobretudo, ter conquistado por completo a ami-
zade dos povos locais, que começavam a desfrutar de bem-
23 -estar. E uma vez que esse aspecto merece ser ilustrado para
24 ser imitado por outros, não quero deixá-lo passar. Depois de
conquistada a Romanha — tendo-a encontrado sob domínio de
senhores impotentes que haviam espoliado seus súditos em vez
de governá-los, dando-lhes mais motivos de desunião que de
união, a ponto de a província estar repleta de latrocínios, in-
trigas e toda sorte de despropósitos —, considerou necessário
dar-lhe um bom governo para torná-la pacífica e obediente ao

braço régio. Por isso, pôs no cargo o *messer* Rimiro de Orco,[12]
homem ágil e cruel a quem conferiu plenos poderes. Em pouco 25
tempo, ele a pacificou e a unificou, adquirindo grande reputa-
ção. Em seguida, o duque julgou não ser necessária autorida- 26
de tão excessiva, pois temia que se tornasse alvo de ódio, e por
isso constituiu ali um tribunal civil com um excelente presiden-
te, situado no centro da província e no qual cada cidade tinha
seu advogado. E por saber que os excessos do passado haviam 27
gerado certo ódio contra si, para acalmar os ânimos daquele
povo e ganhá-lo completamente, quis demonstrar que, se hou-
ve crueldades, não tinham sido geradas por ele, mas sim pela
natureza violenta de seu ministro. E aproveitando a ocasião, 28
certa manhã em Cesena fez com que este fosse posto em praça
pública cortado em dois, ao lado de um cepo de madeira e de
um cutelo ensanguentado: a ferocidade do espetáculo deixou a
população satisfeita e assustada ao mesmo tempo.

Mas voltemos ao ponto de onde partimos. Digo que ao du- 29
que — que se via muito potente e parcialmente a salvo dos pe-
rigos que se apresentavam por ter se armado como queria e por
ter eliminado em grande parte as armas vizinhas que poderiam
prejudicá-lo — restava, querendo ele fazer outras aquisições,
cautela com relação ao rei da França: ele sabia que o rei, que
tardiamente havia se dado conta de seu erro, não lhe permitiria
continuar. Assim, começou a buscar novos amigos e a vacilar 30
com os franceses quando esses vieram em direção ao reino de
Nápoles contra os espanhóis que sitiavam Gaeta. Seu intento
era se proteger deles, o que certamente teria conseguido se Ale-
xandre tivesse permanecido vivo. Esses foram seus modos de 31
lidar com as situações que se apresentavam.

Quanto às futuras, a primeira coisa que temia era que o su- 32
cessor da Igreja não fosse seu aliado e que buscasse lhe tirar o
que Alexandre havia lhe dado. Isso ele pensou em evitar de qua- 33

tro modos: primeiro, eliminar todos os herdeiros dos senhores que ele havia espoliado, tirando do novo papa essa ocasião; segundo, conquistar todos os gentis-homens de Roma, como já foi dito, para com ela manter o papa sob controle; terceiro, trazer para seu lado ao máximo possível o Colégio de Cardeais; quarto, obter todo o império possível antes da morte do papa, a ponto de ser capaz de resistir por si só a um primeiro ataque.
34 Dessas quatro coisas, ele havia alcançado três quando Alexandre morreu e estava a ponto de alcançar a quarta, pois: matou tantos dos senhores espoliados quanto conseguiu,[13] e muito poucos se salvaram; conseguiu ganhar os gentis-homens romanos; obteve grande influência no Colégio;[14] e quanto às novas aquisições, tinha planejado tornar-se senhor da Toscana, já possuindo Perúgia e Piombino, além de ter posto Pisa sob sua
35 proteção. E, tão logo não precisasse mais temer a França — o que estava por acontecer, pois os franceses já haviam sido espoliados do reino de Nápoles pelos espanhóis, de modo que os dois lados foram forçados a comprar sua amizade —, ele ata-
36 caria Pisa. Depois disso, Luca e Siena cederiam de imediato, em parte pela inveja dos florentinos, em parte por medo; e os
37 florentinos não teriam mais remédio. Se ele tivesse conseguido, o que teria se dado no mesmo ano em que Alexandre morreu, teria garantido tanta força e tanta reputação que por si mesmo teria sido capaz de se manter, e não teria dependido da fortuna e das forças alheias, mas apenas de sua potência e de sua virtude.

38 Mas Alexandre morreu cinco anos depois de ele ter começado a desembainhar a espada,[15] deixando-o apenas com o Estado da Romanha consolidado e com todos os outros ainda em suspenso, entre dois exércitos inimigos muito potentes,[16] além
39 de doente e em risco de morte. Mesmo assim, havia no duque tanta ferocidade e tanta virtude, e ele sabia tão bem como os

homens devem ser ganhados ou destruídos, sendo tão sólidas suas fundações, que em muito pouco tempo ele havia entendido que, se não tivesse tido aqueles exércitos em cima dele ou se estivesse em boa saúde, teria resistido a qualquer dificuldade.

Estava claro que suas fundações eram boas, pois a Romanha 40
o esperou por mais de um mês;[17] e ele conseguiu ficar em segu-
rança em Roma, embora moribundo; e ainda que os Baglioni,
Vitelli e Orsini tenham ido a Roma, não encontraram apoio
contra ele; e se ele não pôde eleger o papa que queria, ao menos 41
fez com que não fosse eleito quem ele não queria.[18] Mas se es-
tivesse saudável quando Alexandre morreu, todas as coisas lhe
teriam sido mais fáceis. Ele mesmo me disse, nos dias em que
Júlio II foi eleito,[19] que havia pensado no que poderia acontecer
com a morte do pai e que havia encontrado remédio para tudo,
mas que nunca pensara que, morrendo seu pai, ele também es-
tivesse por morrer.

Tendo eu, portanto, elencado todas as ações do duque, não 42
saberia repreendê-lo: pelo contrário, como já disse, acho opor-
tuno mostrá-lo como modelo de imitação a todos aqueles que
graças à fortuna e a armas alheias chegaram ao império. Por-
que ele, tendo um grande ânimo e grandes intenções, não po-
deria se comportar de outra maneira, e apenas a breve vida de
Alexandre[20] e a sua doença impediram a realização de seus pla-
nos. Quem, portanto, julga necessário no seu novo principado 43
proteger-se dos inimigos, ganhar amigos, vencer pela força
ou pela fraude, tornar-se amado e temido pelo povo, seguido e
respeitado pelos soldados, eliminar os que podem ou devem te
ofender, renovar com novos modos as antigas ordens, ser seve-
ro e grato, magnânimo e liberal, eliminar a milícia infiel, criar
novas, manter a amizade de reis e príncipes para que ajudem
com cortesia ou ataquem com cautela, não poderá encontrar
exemplos mais frescos do que nas ações dele.

44 Só pode haver crítica sobre a eleição do papa Júlio, na qual
45 o duque fez a escolha errada. Porque, como eu disse, mesmo
não podendo fazer um papa a seu modo, ele poderia ter impe-
dido tal eleição; não deveria nunca ter consentido o papado
aos cardeais que havia ofendido ou que, quando papa, tivessem
que temê-lo, pois os homens ofendem por medo ou por ódio.
46 Os que ele havia ofendido eram, em particular, o de San Pietro
ad Vincula, Colonna, San Giorgio e Ascanio.[21] Se papas, todos
os outros haveriam de temê-lo, com exceção de Rouen[22] e dos
cardeais espanhóis: estes, por laços e obrigações; aquele, pela
47 potência de ter consigo o reino da França. Por isso, o duque
antes de tudo precisava ter feito a eleição de um papa espanhol;
e caso não pudesse, deveria consentir a Rouen, e não a San Pie-
48 tro ad Vincula. E quem acredita que novos benefícios fazem
com que grandes personagens esqueçam as velhas injúrias en-
49 gana-se.[23] O duque errou, portanto, nessa escolha, o que foi a
causa de sua última ruína.

VIII

De his qui per scelera ad principatum pervenere
(Daqueles que por crimes chegaram a principados)

Mas, como de cidadão privado é possível se tornar príncipe 1
ainda por dois caminhos, o que não se pode atribuir completa-
mente à fortuna ou à virtude, não quero deixar de abordar isso,
ainda que de um seja possível tratar mais amplamente no que
diz respeito às repúblicas.[1] Esses se dão quando ou por um ca- 2
minho criminoso e nefando se chega a um principado, ou quan-
do um cidadão privado com o favor de seus concidadãos se tor-
na príncipe da sua pátria. O primeiro modo será mostrado com 3
dois exemplos — um antigo e outro moderno — sem entrar, por
outro lado, nos méritos dessa parte, pois eu acredito que basta-
ria imitá-los a quem julgar necessário.

O siciliano Agátocles,[2] de fortuna não só privada mas ín- 4
fima e desprezível, tornou-se rei de Siracusa. Filho de oleiro, 5
teve uma vida criminosa em todas as idades; no entanto, seguiu
seus crimes com tanta virtude de ânimo e de corpo que, entran-
do na milícia, percorreu sua hierarquia até se tornar pretor de
Siracusa. Posicionado no cargo e decidido a se tornar príncipe 6
e se manter pela violência, sem dever favores a ninguém pelo
que lhe havia sido concedido de modo pactual — chegando a
um acordo com o cartaginês Amílcar, que guerreava na Sicília

com seus exércitos —, reuniu certa manhã o povo e o Senado
de Siracusa como se tivesse que deliberar sobre coisas perti-
7 nentes à república. A um comando preestabelecido, fez com
que seus soldados matassem todos os senadores e os cidadãos
mais ricos; em seguida, ocupou e manteve o principado daque-
8 la cidade sem qualquer oposição civil. E ainda que tenha sido
duas vezes derrotado *et demum* (e finalmente) sitiado pelos car-
tagineses, não só conseguiu defender a cidade como, ao deixar
parte de sua gente na defesa do assédio, atacou com a outra
parte a África, libertando em pouco tempo Siracusa do cerco e
deixando os cartagineses em gravíssima condição. Assim, eles
precisaram estabelecer um acordo, contentando-se em reto-
mar a África e em deixar a Agátocles a Sicília.

9 Quem quisesse considerar as ações e a vida de Agátocles
não veria nada ou veria muito pouco que pudesse ser atribuído
à fortuna, uma vez que — como dito antes — não pela ajuda
de outros, mas pela hierarquia da milícia, conquistada com mil
desconfortos e perigos, ele chegou ao principado, o qual soube
10 manter com tantos feitos perigosos e de animosidade. Por ou-
tro lado, não se pode chamar exatamente de virtude matar seus
cidadãos, trair os amigos, não ter fé, piedade ou religião; esses
modos podem fazer com que se conquiste poder, mas não gló-
11 ria.[3] Assim, se considerarmos a virtude de Agátocles ao entrar e
sair de situações perigosas e sua grandeza de ânimo para supor-
tar e superar adversidades, não vemos por que ele deveria ser
visto como inferior a qualquer outro líder de valor; no entanto,
sua bestial crueldade e falta de humanidade, assim como seus
infinitos crimes, não lhe consentem ser celebrado entre os ho-
12 mens mais excelentes. Não se pode, portanto, atribuir à fortuna
ou à virtude aquilo que ele conquistou sem nenhum dos dois.

13 Em nossos tempos, durante o reinado de Alexandre VI, Live-
rotto de Fermo[4] ainda muito pequeno perdeu o pai e foi criado

por um tio materno chamado Giovanni Fogliani; nos primeiros
anos de sua juventude, foi mandado a militar sob o comando de
Paulo Vitelli[5] para que, adestrado naquela disciplina, chegasse
a um alto grau da hierarquia na milícia. Após a morte de Paulo, 14
serviu sob Vitellozzo, seu irmão, e em muito pouco tempo, gra-
ças a seu engenho e ao vigor de seu corpo e espírito, tornou-se o
primeiro homem de sua milícia. Mas parecendo-lhe servil estar 15
sob o comando alheio, pensou em ocupar Fermo com a ajuda
de alguns cidadãos de lá que preferiam a servidão à liberdade
da sua pátria,[6] e com o consentimento de Vitellozzo. Escreveu 16
então a Giovanni Fogliani dizendo que, por ter estado por um
longo tempo fora de casa, queria voltar para ver o tio e a cidade,
inspecionando de alguma forma o seu patrimônio. Ele sempre
havia se esforçado apenas no intuito de conquistar honra; as-
sim, para que seus concidadãos vissem como não tinha passado
seu tempo em vão, ele quis chegar com honrarias, acompanha-
do por cem cavalos montados por seus amigos e servos. Pediu
ao tio que ordenasse, então, que os habitantes de Fermo o aco-
lhessem com honras, o que honraria não apenas a si mesmo,
mas também ao tio que o havia formado.

Giovanni, desse modo, não deixou de fazer nada em favor 17
do sobrinho: fez com que fosse recebido com honras pelos ha-
bitantes de Fermo e que se hospedasse em sua casa. Ali, pas-
sados alguns dias dedicados a organizar em segredo o que era
necessário para sua futura crueldade, Liverotto organizou um
banquete muito solene para o qual convidou Giovanni Foglia-
ni e todos os principais homens de Fermo. Tão logo consu- 18
midas as comidas e todas as diversões habituais a banquetes
desse porte, Liverotto conduziu com malícia a conversa para
temas sérios, falando da grandeza do papa Alexandre e de seu
filho César, assim como de seus feitos. Diante da resposta de
Giovanni e de outros a tais colocações, ele imediatamente se

levantou, dizendo que tal conversa seria apropriada a um lugar
mais reservado, e retirou-se para uma sala aonde Giovanni e
19 todos os outros cidadãos o seguiram. Mal se sentaram, alguns
soldados saíram de esconderijos na sala e mataram Giovanni
20 e todos os outros. Depois do massacre, Liverotto montou em
seu cavalo, percorreu a cidade e sitiou os membros do supremo
magistrado no palácio, tanto que esses foram obrigados a obe-
decê-lo por medo, constituindo um governo do qual ele se fez
príncipe. Tendo matado todos os descontentes que pudessem
prejudicá-lo, fortaleceu seu poder com novas ordenações civis
e militares; assim, um ano após ter ocupado o principado, não
só se assegurou da cidade de Fermo, mas acabou sendo consi-
21 derado temível por todos os seus vizinhos. Tal como Agátocles,
teria sido difícil destituí-lo do poder se ele não tivesse se dei-
xado enganar por César Bórgia, quando em Sinigaglia, como
já disse antes,[7] César capturou os Orsini e os Vitelli. Ali, Li-
verotto também foi capturado um ano após o parricídio, e foi
estrangulado junto com Vitellozzo, que havia sido seu mestre
nas virtudes e nos crimes.

22 Alguém poderia se perguntar por qual razão Agátocles e ou-
tros semelhantes, mesmo depois de infinitas traições e cruel-
dades, conseguiram viver longamente com segurança em suas
pátrias e se defender dos inimigos externos sem que seus con-
cidadãos jamais conspirassem contra — uma vez que muitos
outros com a mesma crueldade não conseguiram *etiam* (nem
mesmo) manter o Estado em tempos pacíficos, sem falar nos
23 períodos incertos de guerra. Acredito que isso seja causado
24 por crueldades mal ou bem utilizadas. Bem utilizadas — caso
seja lícito falar bem sobre o mal[8] — podem ser chamadas as
cometidas de uma só vez[9] pela necessidade de segurança, sobre
as quais depois não há insistência, sendo elas convertidas em
25 maiores vantagens possíveis aos súditos. Mal utilizadas são as

que, ainda que sejam poucas no início, com o passar do tem-
po aumentam em vez de cessarem. Quem se atém ao primeiro 26
modo pode, justificando-se em Deus e nos homens, conseguir
manter seu Estado, como aconteceu com Agátocles; aos outros
é impossível se manter. Por isso, deve-se notar que, ao ocupar 27
um Estado, o invasor deve estudar todas as ofensas que pre-
cisará fazer, e fazê-las todas de uma vez só para não ter que
renová-las todos os dias; assim, sem repeti-las, ele poderá tran-
quilizar seus súditos e ganhá-los ao lhes fazer o bem. Quem faz 28
do outro jeito, por covardia ou por má orientação, tem sempre
que manter a faca na mão; e nunca pode contar com seus súdi-
tos, que nunca confiam nele pelas injúrias recentes e contínuas.
Por isso, as injúrias devem ser feitas em conjunto, de modo que, 29
sendo menos saboreadas, ofendam menos; já os benefícios de-
vem ser feitos aos poucos, para que sejam mais bem saborea-
dos. Um príncipe deve sobretudo conviver com seus súditos de 30
modo que nenhum imprevisto para o mal ou para o bem o faça
variar; pois, se tempos adversos impuserem necessidades, não
terás tempo para fazer o mal, e o bem que fizeres não te bene-
ficiará por não ser considerado espontâneo, de modo que não
receberás nenhuma gratidão por ele.[10]

IX

De principatu civili

(Do principado civil)

1 Passando então à outra parte,[1] quando um cidadão privado,
não por maldade ou outra violência intolerável, mas com o fer-
vor de outros concidadãos, torna-se príncipe de sua pátria — o
que pode ser chamado de principado civil,[2] e para conquistá-
-lo não é necessária toda a virtude ou toda a fortuna, mas sim
astúcia favorecida pela fortuna —, digo que se ascende a tal
2 principado com o apoio do povo ou dos grandes. Porque em
todas as cidades se encontram esses dois humores[3] diferentes,
e a partir disso se origina que o povo não deseja ser comanda-
do nem oprimido pelos grandes, enquanto os grandes desejam
comandar e oprimir o povo;[4] desses dois aspectos divergentes
se originam nas cidades um destes três efeitos: principado, li-
3 berdade ou licença.[5] O principado é estabelecido pelo povo ou
pelos grandes, de acordo com a ocasião que uma ou outra parte
encontra. Pois, quando os grandes se dão conta de que não po-
dem oprimir o povo, começam a aumentar a reputação de um
deles e o fazem príncipe para, sob sua proteção, dar vazão ao
seu apetite; já o povo, quando se dá conta de que não pode fa-
zer frente aos grandes, aumenta a reputação de alguém e o faz
príncipe para ser defendido por sua autoridade.

Aquele que chega ao principado com a ajuda dos grandes 4
se mantém com maior dificuldade do que aquele que se torna
príncipe com a ajuda do povo, pois desse modo se encontra ro-
deado por muitos que se consideram seus iguais, e por isso não
consegue nem comandá-los nem manobrá-los à sua maneira.
Mas quem chega ao principado com o favor popular se encon- 5
tra sozinho, e tem ao seu redor pouquíssimos ou ninguém que
não esteja pronto para obedecê-lo. Além disso, não é possível 6
agradar aos grandes agindo com honestidade e sem cometer
injustiça a outros; mas sim ao povo, porque o objetivo do povo
é mais honesto do que o dos grandes, pois estes querem oprimir,
e aquele não quer ser oprimido. *Praeterea* (além disso), quan- 7
do inimigo do povo, um príncipe nunca está seguro, pois este é
muito numeroso;[6] mas pode se manter protegido dos grandes,
que são poucos. O pior que um príncipe pode esperar do povo 8
que lhe é hostil é ser abandonado, mas de inimigos grandes ele
pode esperar ser não apenas abandonado, mas *etiam* (também)
atacado. Pois tendo maior visão e astúcia, eles sempre se ante-
cipam para se salvar e buscar a gratidão de quem esperam que
seja o vencedor.[7] O príncipe precisa ainda viver sempre com o 9
mesmo povo, e pode muito bem fazer com que seja sem os gran-
des, podendo a cada dia criar e descriar, aumentar e diminuir a
reputação desses, de acordo com sua vontade.[8]

Para melhor esclarecer essa parte, digo que os poderosos 10
devem ser considerados em duas categorias principais: ou pro-
cedem de modo a depender completamente da fortuna do prín-
cipe, ou não. Aqueles que dependem e não agem como predado- 11
res devem ser honrados e amados. Aqueles que não dependem 12
devem ser analisados em dois modos: ou quando o fazem por
pusilanimidade e natural ausência de ânimo, caso em que deves
te servir ao máximo de bons conselheiros para que te honres
disso na prosperidade e não tenhas que temê-los na adversida-

13 de; ou quando não dependem por desejo ambicioso, o que é um
sinal de que eles pensam mais sobre si mesmos do que sobre
ti. Desses, o príncipe deve se proteger e temer como se fossem
inimigos declarados, pois na adversidade eles sempre contri-
buirão para arruiná-lo.

14 Portanto, quem se torna príncipe mediante o apoio do povo
deve permanecer aliado a ele; o que será fácil, visto que este
15 não pede nada além de não ser oprimido. Mas quem, contra
o povo, se torna um príncipe com o apoio dos grandes, deve
antes de qualquer outra coisa tentar conquistar o povo; o que
16 será fácil se os tomar sob sua proteção. E tal como os homens
ficam mais agradecidos quando recebem o bem de alguém de
quem esperavam o mal, o povo se sujeita mais ao seu benfeitor
e imediatamente se torna seu apoiador, mais até do que se o
príncipe tivesse sido conduzido ao principado com seu apoio.
17 O príncipe pode conquistar o povo de várias maneiras, mas
como essas mudam de acordo com a situação, não é possível
18 indicar uma regra fixa, e serão deixadas de lado. Em conclu-
são, direi apenas que um príncipe deve ter o povo como ami-
19 go;[9] caso contrário, não terá remédio na adversidade. Nábis,[10]
príncipe dos espartanos, resistiu ao cerco imposto por toda a
Grécia e por um glorioso exército romano, defendendo sua pá-
tria e seu Estado; bastou-lhe apenas, no momento do perigo,
proteger-se de poucos; mas, se o povo fosse seu inimigo, isso
não teria sido suficiente.

20 E que ninguém contraste essa minha opinião com aquele
provérbio desgastado segundo o qual quem constrói sobre o
povo constrói sobre lama; pois isso é verdade quando um ci-
dadão privado se estabelece sobre o povo e se convence de que
este virá libertá-lo quando for oprimido por inimigos ou por
21 magistrados. Nesse caso, ele pode ser enganado com frequên-
cia, como em Roma os Gracos,[11] e em Florença *messer* Giorgio

Scali.[12] Mas, estabelecendo-se sobre o povo, se um príncipe for 22
capaz de comandar, se for um homem de coragem que não fra-
queje diante das adversidades, que não falte a outros cuidados,
mantenha animado o povo com seu ânimo e suas ordens, ele
nunca se verá enganado pelo povo e verá que construiu sobre
boas fundações.

Esses principados costumam periclitar quando estão para 23
passar de uma ordem civil à absoluta. Porque esses príncipes 24
comandam ou por si mesmos ou por meio de magistrados; neste
último caso, sua situação é mais frágil e mais perigosa, pois de-
pendem completamente da vontade daqueles cidadãos que são
propostos como magistrados, que, especialmente em tempos
adversos, podem lhes tirar o controle do Estado com grande
facilidade, abandonando-os ou agindo contra eles. E em meio 25
a tais perigos, o príncipe não tem mais tempo para retomar a
autoridade absoluta, pois os cidadãos e súditos, acostumados
a receber ordens dos magistrados, não estão dispostos, nessa
condição, a obedecer às suas. Haverá sempre, em tempos duvi- 26
dosos, dificuldade sobre em quem se pode confiar, pois um prín-
cipe como esse não pode se fundamentar no que vê em tempos
calmos, quando os cidadãos precisam do Estado. Em tal situa-
ção todos vêm correndo, todos prometem e cada um quer mor-
rer por ele, já que a morte está distante. Mas em tempos adver-
sos, quando o Estado precisa de cidadãos, encontra poucos. E 27
essa experiência é ainda mais perigosa porque só pode ser feita
uma vez, e por isso um príncipe sábio deve encontrar uma for-
ma para que os seus cidadãos, sempre e em todas as situações,
precisem do Estado e dele; assim, sempre lhe serão fiéis.

X

Quomodo omnium principatuum vires perpendi debeant (De que modo devem ser consideradas as forças de todos os principados)

1 Ao examinar as características dos principados, faz-se neces-
sária outra consideração: isto é, se um príncipe tem um Estado
tão poderoso a ponto de reger-se por si mesmo, ou se precisa ser
2 sempre defendido por outros quando necessário. E para melhor
esclarecer esta parte, acredito que uns conseguem se reger por
si mesmos, por abundância de homens ou de dinheiro, quando
formam um exército farto para travar uma batalha contra quem
3 quer que venha atacá-los. Julgo que quem sempre precisa de aju-
da são os que não conseguem enfrentar o inimigo em campo aber-
to e são obrigados a se refugiar dentro dos muros das cidadelas
4 para defendê-las. Já foi falado sobre o primeiro caso, e ainda fala-
5 remos mais adiante quando for preciso. Sobre o segundo, não se
pode dizer nada além de uma advertência aos príncipes, para que
fortifiquem e abasteçam a própria terra, sem que se preocupem
6 com os arredores. Quem tiver fortificado bem sua terra, compor-
tando-se nas relações com outros governos e súditos da maneira
como foi dito antes[1] e ainda o será mais adiante, será sempre ata-
cado com grande cautela; pois os homens são inimigos de missões
em que enxergam dificuldades, e não parece fácil atacar alguém
que tem uma terra vigorosa e não é odiado pelo povo.

As cidades da Alemanha são muito livres, têm poucas terras 7
povoadas ao redor e obedecem ao imperador quando querem,
sem que temam nem a ele nem a qualquer outro potente nas
redondezas, pois são de tal modo fortificadas que qualquer um
vê sua conquista como exaustiva e difícil. Porque todas têm 8
fossos e muros adequados, além de artilharia suficiente, man-
tendo sempre nos armazéns públicos o que beber, o que comer
e o que queimar para um ano. Além disso, para manter a plebe 9
alimentada sem perder do erário, as comunas podem sempre
ocupá-la por um ano naquelas atividades que constituem a es-
pinha dorsal da vida da cidade e das indústrias, cujos produtos
alimentam a plebe. Eles também mantêm os exercícios milita-
res com boa reputação e, a esse respeito, tomam muitas orde-
nações para conservá-los.

Um príncipe, portanto, que possui uma cidade bem ordena- 10
da e não se faz odiar não pode ser atacado; e mesmo que alguém
o atacasse, iria embora envergonhado. Pois as coisas do mundo
são tão inconstantes que é impossível que alguém aguente fir-
me um ano inteiro ocioso com seus exércitos em campo. E se 11
alguém objetasse que o povo não terá paciência se tiver posses
fora dos muros e as vir queimar, de modo que o longo assédio
e o benefício próprio o façam esquecer o amor pelo príncipe,
eu responderia que um príncipe prudente e cheio de ânimo
irá sempre superar todas essas dificuldades, despertando nos
súditos ora a esperança de que o mal não durará muito, ora o
temor da crueldade do inimigo, ora eliminando com perícia
aqueles que lhe parecerem muito petulantes. Além disso, o ini- 12
migo deve obviamente incendiar e destruir os territórios tão
logo chegue, nos tempos em que os ânimos dos homens estão
ainda quentes e inflamados para a defesa. Assim, o príncipe
não deverá ter dúvidas, porque depois de alguns dias, quando
os ânimos esfriarem, o dano já terá sido feito, os males já te-

13 rão sido acolhidos e não haverá mais remédio. Nesse momento, eles se unem ainda mais ao seu príncipe, parecendo que este tem uma obrigação com eles pelas casas queimadas e posses arruinadas para sua defesa: a natureza dos homens é tal que se sentem obrigados pelo bem que lhe fazem e pelo bem que
14 recebem. Assim, se tudo for bem considerado, não será difícil a um príncipe prudente manter firme, antes e depois do cerco, o ânimo dos seus cidadãos, desde que não lhes falte o necessário para viver e se defender.

XI

De principatibus ecclesiasticis
(Dos principados eclesiásticos)

Nos resta agora somente examinar os principados eclesiás- 1
ticos, com relação aos quais todas as dificuldades se colocam
antes de serem possuídos. Eles são adquiridos pela virtude ou
pela fortuna, mas podem ser mantidos sem uma ou outra por
serem apoiados em ordens antigas da religião, que se revelam
de tal potência e eficácia que mantêm os príncipes eclesiásticos
no Estado independentemente da forma como procedem e vi-
vem. Apenas eles possuem Estados que não defendem e súditos 2
que não governam;[1] e os Estados, mesmo indefesos, não lhes 3
são tirados, e os súditos, mesmo sem serem governados, não
se importam e não pensam em se separar dos seus principios,
e nem podem. Somente esses principados, portanto, estão se- 4
guros e felizes; mas como são regidos por razões superiores, as
quais a mente humana não alcança, me abstenho de tratar dis-
so; pois, tendo sido elevados e mantidos por Deus, discorrer a
respeito seria uma ação presunçosa e temerária. No entanto, se
alguém me perguntasse por que a Igreja, como poder temporal, 5
alcançou tal grandeza — uma vez que antes de Alexandre os
potentados italianos, e não *solum* aqueles que se definiam como
potentados, mas também todos os barões e senhores, mesmo

os menores, tinham pouca estima pelo poder temporal da Igre-
ja, mas agora um rei da França treme diante dela por ela os ter
expulsado da Itália e arruinado os venezianos —, eu diria que
não me parece supérfluo trazer em boa parte tal coisa à memó-
ria, ainda que seja conhecida.
6 Antes que Carlos, rei da França, chegasse à Itália,[2] ela es-
tava sob o império do papa, dos venezianos, do rei de Nápoles,
7 do duque de Milão e dos florentinos. Esses potentados tinham
duas preocupações principais: uma, que nenhum forasteiro en-
trasse na Itália com armas; outra, que nenhum deles aumentas-
8 se seu Estado. Os observados com mais atenção eram o papa e
os venezianos: para manter os venezianos à distância, era ne-
cessária a união de todos os outros, como aconteceu na defesa
de Ferrara;[3] e para manter o pontífice cabisbaixo, bastava re-
correr aos feudatários de Roma que, divididos nas duas facções
dos Orsini e dos Colonna, estavam sempre em constante con-
flito entre si: como estavam com armas em punho bem diante
dos olhos do papa, mantinham o pontificado fraco e instável.
9 E ainda que às vezes surgisse um papa vigoroso, como Sisto,[4]
nem mesmo a fortuna ou o saber puderam desvinculá-lo des-
10 sas dificuldades. E a causa disso era a brevidade de sua vida,[5]
porque, em média, um papa durava dez anos, podendo rebaixar
com dificuldade uma das duas facções. E se *verbi gratia* (por
exemplo) um papa conseguisse rebaixar os Colonna, surgia ou-
tro, inimigo dos Orsini,[6] que os faria ressurgir sem que tivesse
11 tempo de eliminar os Orsini. Isso fazia com que o poder tempo-
ral do papa fosse pouco estimado na Itália.
12 Depois surgiu Alexandre VI,[7] aquele que, mais do que qual-
quer outro pontífice que já houve, mostrou até que ponto um
papa conseguia se impor com dinheiro e exércitos. Instrumenta-
lizando o duque Valentino — e com a chegada dos franceses —,
ele fez tudo o que relatei quando discorri sobre as ações do du-

que.[8] E embora a sua intenção não tivesse sido engrandecer a 13
Igreja, mas o duque, o que ele fez voltou como engrandecimento
à Igreja, que após a sua morte e a do duque foi herdeira dos seus
esforços.

Veio então o papa Júlio[9] e encontrou uma Igreja grande por 14
possuir a Romanha e por ter aniquilado os barões de Roma,
cujas facções se dissolveram com os golpes dados por Ale-
xandre. Além disso, ele encontrou o caminho aberto para um
novo modo de acumular dinheiro,[10] jamais praticado antes de
Alexandre. Tais coisas Júlio não *solum* seguiu, mas intensificou, 15
pois ele se dedicou a conquistar Bolonha, a eliminar os vene-
zianos e a expulsar os franceses da Itália. Ele teve sucesso em
todas elas, e com ainda mais mérito por tê-las realizado para
engrandecer a Igreja, e não um homem privado. Ele manteve 16
ainda os partidos dos Orsini e dos Colonna nas condições em
que encontrou. E mesmo que houvesse entre eles chefes para 17
promover perturbações, outras duas coisas os mantinham quie-
tos: uma, a grandeza da Igreja que os assustava; outra, o fato
de não terem cardeais, o que foi origem de tumultos entre eles.
Esses grupos nunca ficarão quietos quando tiverem cardeais a
seu lado, porque esses cardeais os alimentam, em Roma ou fora
dela, obrigando os barões a defendê-los. Assim, da ambição dos
prelados surgem as discórdias e os tumultos entre os barões.

A santidade do papa Leão encontrou, portanto, esse pontifi- 18
cado muito potente, o qual se espera que, se aqueles o tornaram
grande com armas, este o torne, com a sua bondade e outras
infinitas virtudes, ainda maior e digno de veneração.

XII

Quod sunt genera militiae et de mercennariis militibus (De quantos gêneros são os exércitos e os soldados mercenários)

1 Tendo discorrido em detalhes sobre todas as qualidades daque-
les principados, dos quais no início me propus a falar, e tendo
considerado em alguma medida as causas de seu bem ou mal-
-estar, além de ter mostrado os modos com os quais muitos bus-
caram adquiri-los e mantê-los, me resta agora discorrer sobre
os ataques em geral e sobre as defesas de que cada um dos men-
cionados pode precisar.
2 Nós dissemos antes[1] como é necessário a um príncipe ter
3 boas fundações, do contrário irá necessariamente à ruína. E
as principais fundações que qualquer Estado pode ter, sejam
esses novos, velhos ou mistos, são boas leis e boas armas.[2] Mas
como não podem existir boas leis sem boas armas, e onde há
boas armas deve haver boas leis, deixarei aqui de tratar de leis
4 e falarei de armas.[3] Digo, portanto, que as armas com as quais
um príncipe defende seu Estado ou são próprias, ou são merce-
5 nárias, ou são auxiliares ou são mistas.[4] As mercenárias e auxi-
liares são inúteis e perigosas.[5] Se alguém tem seu Estado alicer-
çado sobre armas mercenárias, nunca estará firme nem seguro,
pois essas são desunidas, ambiciosas, indisciplinadas e infiéis;
vigorosos entre amigos e vis entre inimigos; sem temor a Deus

ou fidelidade aos homens;[6] adia-se a ruína apenas adiando-se o
ataque; são elas que saqueiam durante a paz, tal como inimigos
na guerra. A razão disso[7] é que eles não têm outro amor e ne- 6
nhum outro motivo que os mantenha no campo de batalha além
de um pouco de pagamento, o que não é suficiente para que
queiram morrer por ti. Adoram ser teus soldados até que en- 7
tres em guerra; mas assim que a guerra começa, fogem ou vão
embora. Eu não precisaria me esforçar muito para convencer 8
alguém disso, já que hoje a ruína da Itália não é causada senão
pelo fato de ter sido confiada completamente durante muitos
anos a armas mercenárias. Pelas mãos de alguns, eles até fize- 9
ram certo progresso e pareciam vigorosos combatendo entre
si; mas tão logo o forasteiro chegou, revelaram quem eram, de
modo que o rei Carlos da França foi capaz de dominar a Itália
com um pedaço de giz.[8] E quem dizia que a causa disso estava
nos nossos pecados falava a verdade; mas não eram aqueles em
que ele[9] acreditava, e sim os que descrevi; e como eram pecados
de príncipes, eles mesmos sofreram as penas.[10]

Quero demonstrar melhor a ineficácia dessas armas. Os ca- 10
pitães mercenários, nesse sentido, ou são homens excelentes
ou não. Se o são, tu não podes confiar neles, porque sempre
desejarão a própria grandeza; seja oprimindo a ti, que é seu pa-
trão, ou oprimindo outros para além das tuas intenções. Mas
se o capitão não for virtuoso, ele te leva naturalmente à ruína.
E se alguém respondesse que qualquer pessoa com armas em 11
punho, sejam mercenárias ou não, faria o mesmo, eu replicaria
como as armas devem ser manobradas por um príncipe ou por
uma república. O príncipe deve ir pessoalmente exercer as fun-
ções de capitão,[11] já a república deve mandar os seus cidadãos;
mas se ela mandar alguém que não se revele um homem valente,
deve substituí-lo; e, quando o for, deve impedir com leis que ele
passe dos limites. Pela experiência, é possível ver que somente 12

os príncipes e as repúblicas devidamente armadas fazem gran-
des progressos, enquanto as armas mercenárias não produzem
nada além de danos; e é mais difícil que uma república dotada
de armas próprias se submeta à obediência de um dos seus ci-
dadãos do que uma com armas estrangeiras.[12]
13 Roma e Esparta estiveram por muitos séculos armadas e li-
14 vres.[13] Os suíços estão muito armados e muito livres.[14] De exér-
citos mercenários antigos são *in exemplis* os cartagineses, os
quais foram dizimados por seus soldados mercenários tão logo
terminada a primeira guerra com os romanos, ainda que os
cartagineses tivessem como capitães seus próprios cidadãos.[15]
15 Após a morte de Epaminondas, Filipe da Macedônia[16] foi posto
pelos tebanos como capitão de suas gentes, e tirou a liberdade
deles depois da vitória.

16 Os milaneses, após a morte do duque Filippo, recrutaram
Francesco Sforza contra os venezianos; este, tendo derrotado
seus inimigos em Caravaggio,[17] juntou-se a eles para oprimir os
17 milaneses, seus patrões. O Sforza pai,[18] após ter sido contratado
pela rainha Giovanna de Nápoles, deixou-a subitamente desar-
mada, de modo que ela, para não perder o reino, foi obrigada
18 a atirar-se no colo do rei de Aragão.[19] Se venezianos e floren-
tinos no passado aumentaram seu império com essas armas, e
seus capitães não se tornaram, por outro lado, príncipes, mas
os defenderam, eu respondo dizendo que nesse caso os floren-
tinos foram favorecidos pela sorte; pois, dos capitães virtuosos
que poderiam temer, alguns não venceram, alguns encontra-
ram oposição e alguns voltaram suas ambições para outro lugar.
19 Quem não venceu foi Giovanni Aucut,[20] cuja lealdade não pôde
ser apurada justamente por não ter vencido. Mas todos admi-
tirão que, se tivesse vencido, teria os florentinos à sua mercê.
20 Sforza teve sempre contrárias as tropas de Braccio,[21] de modo
21 que ambos se controlavam entre si. Francesco voltou suas am-

bições para a Lombardia; Braccio, contra a Igreja e o reino de
Nápoles. Mas passemos ao que aconteceu recentemente. Os flo- 22
rentinos nomearam Paulo Vitelli[22] como seu capitão, um homem
muito virtuoso que originalmente de cidadão privado alcançou
uma enorme reputação. Se tivesse ocupado Pisa, ninguém nega-
ria que teria sido necessário aos florentinos continuar com ele,
porque se tivesse ido para o lado inimigo não teria sido possível
remediar. Mas se o tivessem mantido, teriam que obedecê-lo.

Sobre os venezianos, considerando como progrediram, será 23
possível ver que tiveram segurança e glória enquanto guerrea-
ram eles próprios — o que se deu antes de terem voltado seus
negócios à terra —, quando atuaram de forma muito virtuosa
com os gentis-homens e com a plebe armada. Mas assim que co-
meçaram a combater em terra, perderam essa virtude e segui-
ram os costumes de outras guerras da Itália.[23] No início de sua 24
expansão em terra, por não terem muito Estado e por possuírem
grande reputação, não tinham muito o que temer de seus capi-
tães. Mas tão logo se expandiram, o que se deu sob o comando de 25
Carmignola,[24] tiveram uma primeira amostra desse erro. Por ve-
rem-no como de muita virtude, tendo derrotado sob seu governo
o duque de Milão, e por conhecerem, por outro lado, sua falta
de entusiasmo na guerra, julgaram não mais poder vencer com
ele porque ele não queria, nem poderiam dispensá-lo para não
perder o que haviam adquirido. Desse modo, foram obrigados,
por segurança, a matá-lo. Tiveram então outros capitães, como 26
Bartolomeu de Bergamo,[25] Roberto da San Severino,[26] o conde
de Pitigliano[27] e outros, com os quais o risco era de perder, e não
de ganhar. Foi como aconteceu em seguida na Batalha de Vailà,
onde, num único dia, perderam o que haviam adquirido com tan-
to esforço durante oitocentos anos.[28] Pois dessas armas se origi-
nam somente as lentas, tardas[29] e frágeis aquisições, assim como
as súbitas e assustadoras perdas.

27 E como eu trouxe esses exemplos sobre a Itália, que por mui-
tos anos foi conduzida com armas mercenárias, agora quero
discorrer mais de longe, de modo que ao se ver sua origem e
28 corrigi-las seja possível reorganizá-los. Deve-se, assim, lembrar
como nos últimos tempos o Império começou a ser repudiado na
Itália[30] e como o papa adquiriu mais poder temporal, o que di-
vidiu a Itália em vários Estados. Com isso, muitas das grandes
cidades pegaram em armas contra seus nobres — que até então
as dominavam, auxiliados pelo imperador —, o que a Igreja fa-
vorecia para aumentar sua reputação no âmbito temporal; em
29 muitos outros lugares, cidadãos tornavam-se príncipes. Desse
modo, tendo a Itália ido parar quase inteiramente nas mãos da
Igreja e de algumas repúblicas,[31] e não sendo os padres e os cida-
dãos habituados a manejar armas, começaram ambos a recrutar
30 forasteiros. O primeiro que trouxe reputação a esse tipo de tro-
pa foi Alberico de Conio,[32] da Romanha. De sua escola vieram,
entre outros, Braccio e Sforza, que em sua época foram árbitros
31 da Itália. Depois deles vieram todos os outros que até os nossos
tempos governaram essas armas: e o efeito dessa virtude é que
a Itália foi agredida por Carlos, destruída por Luís, violentada
por Fernando e insultada pelos suíços.[33]

32 A ordenação seguida por eles foi, primeiro, para elevar sua
própria reputação, rebaixar a das infantarias: fizeram isso por-
que não tinham um Estado e viviam de indústria, e pouca in-
fantaria não lhes daria muita reputação, enquanto ao mesmo
tempo não poderiam dar de comer a muitos. Assim, se reduzi-
ram à cavalaria, pois mesmo em números modestos podiam ser
alimentados e honrados; e a coisa chegou a um ponto em que
um exército de 20 mil soldados tinha menos de 2 mil na infan-
33 taria.[34] Os capitães se organizaram de tal modo a livrar a si e a
seus soldados do medo e do cansaço, não se matando em bata-
lhas, mas tomando prisioneiros sem obrigação de resgate. Não

atacavam as terras à noite e, quando em defesa, não faziam incursões ao acampamento dos sitiantes. Não faziam cercas ou valas ao redor dos acampamentos. Não lutavam no inverno.
Todas essas coisas eram permitidas em suas ordens militares e 34
criadas por eles para evitar, como dito, o cansaço e os perigos: a ponto de conduzir a Itália à escravidão e ao vitupério.

XIII

De militibus auxiliariis, mixtis et propriis
(Sobre as milícias auxiliares, mistas e próprias)

1 As armas auxiliares, que são igualmente inúteis, são aquelas
quando tu chamas um potente a vir em tua defesa com as suas
armas, como fez em tempos recentes o papa Júlio.[1] Depois de
ver na investida contra Ferrara as tristes provas fornecidas
por suas armas mercenárias, apelou para as auxiliares e fez
um acordo com Fernando,[2] rei da Espanha, que viria ajudá-
2 -lo com sua gente e exércitos. Essas armas podem ser boas e
úteis para si mesmas, mas quase sempre são prejudiciais para
quem as chama; pois se perdem, tu sofres uma derrota, mas se
3 vencem, tu permaneces como prisioneiro delas. E ainda que a
história antiga esteja repleta desses exemplos, eu não quero
deixar de usar o recente de Júlio II, cuja decisão não poderia ter
sido menos racional por querer jogar Ferrara nas mãos de um
4 forasteiro.[3] Mas a sua boa fortuna deu origem a uma terceira
coisa, de modo que não o fizesse sofrer as consequências de sua
escolha equivocada:[4] como suas auxiliares foram derrotadas
em Ravenna,[5] e como os suíços se levantaram[6] e empurraram
os vencedores para além da sua posição e de outros, acabou por
não permanecer refém dos inimigos, que fugiram, nem de suas
5 auxiliares, pois venceu com outras armas que não as deles. Os

florentinos, completamente desarmados, conduziram[7] 10 mil
franceses até Pisa para tomá-la; e essa decisão foi a mais peri-
gosa de todos os tempos de investida. O imperador de Constan- 6
tinopla,[8] para se opor aos seus vizinhos, fez com que entrassem
na Grécia 10 mil turcos que, terminada a guerra, não quiseram
ir embora, o que foi o início da servidão da Grécia aos infiéis.

Portanto, quem quiser ser incapaz de vencer, que se valha 7
dessas armas, pois são muito mais perigosas que as mercená-
rias.[9] Porque naquelas, a conjuração vem pronta: estão todos 8
unidos, todos voltados para a obediência alheia; mas para te
atacar as mercenárias, mesmo depois de uma vitória, precisam
de melhor ocasião e mais tempo, tanto porque não constituem
um corpo único, como porque foram escolhidas e pagas por ti.
E aquela terceira pessoa que colocaste no comando não pode
ter imediatamente autoridade suficiente para te ofender. Em 9
suma, com as mercenárias é mais perigosa a ignávia; com as
auxiliares, a virtude. Um príncipe sábio, portanto, sempre evi- 10
ta usar essas armas, optando pelas próprias. E prefere perder
com os seus do que vencer com os dos outros, julgando como
não verdadeira a vitória que se conquista com armas alheias.

Nunca hesitarei em citar César Bórgia e as suas ações.[10] Esse 11
duque entrou na Romanha com armas auxiliares, conduzindo
gentes francesas, e com elas conquistou Ímola e Forlì. Mas,
não tendo certeza de sua lealdade, recorreu às mercenárias,
vendo nelas menos perigo, e contratou os Orsini e os Vitelli.[11]
Ao pô-las à prova, descobriu serem também essas dúbias, des-
leais e perigosas, de modo que as eliminou e optou pelas suas
próprias.[12] E é possível ver facilmente a diferença que existe 12
entre esses tipos de armas, considerando-se quanto variou a re-
putação do duque entre quando ele tinha somente os franceses,
quando tinha os Orsini e os Vitelli, e quando permaneceu só
com seus soldados e dependente apenas de si mesmo. Sua repu-

tação aumentou continuamente e atingiu o ápice quando todos
viram que ele era inteiramente dono de suas armas.
13 Eu não queria me distanciar dos recentes exemplos italia-
nos, mas *tamen* (ainda assim) não quero deixar de mencionar
14 Hierão de Siracusa,[13] alguém de quem já falei acima. Esse ho-
mem, como disse, posto pelos siracusanos à frente dos exérci-
tos, compreendeu subitamente que aquela milícia mercenária
não lhe poderia ser útil pelo fato de os comandantes serem
como nossos italianos. Vendo que não poderia mantê-los nem
deixá-los, mandou cortá-los todos em pedaços. Em seguida, lu-
tou com suas próprias armas, e não com as de outros.
15 Quero ainda trazer à memória uma figura[14] do Velho Tes-
16 tamento feita a esse respeito. Quando Davi se ofereceu a Saul
para lutar contra Golias,[15] o filisteu desafiante, Saul, para lhe
dar ânimo, o muniu com suas armas. Mas, quando as vestiu,
Davi as recusou dizendo que com elas não poderia dar o melhor
de si, e que então preferia enfrentar o inimigo com a sua funda
17 e a sua faca. Enfim, as armas de outros ou caem de ti, ou pesam,
ou te apertam.
18 Carlos VII,[16] pai do rei Luís XI, tendo com a sua fortuna e a
sua virtude libertado a França dos ingleses, reconheceu a ne-
cessidade de se armar com armas próprias e ordenou em seu
19 reino tropas de cavalaria e de infantaria. Mas em seguida seu
filho, o rei Luís, desistiu da infantaria e começou a pagar pe-
los suíços. Agora,[17] é possível ver que esse erro seguido de ou-
20 tros é a causa dos riscos daquele reino. Por ter dado reputação
aos suíços, enfraqueceu todas as suas armas. Pois, ao eliminar
completamente a infantaria, tornou a cavalaria dependente da
virtude alheia: agora, estando acostumada a combater ao lado
21 dos suíços, não acredita poder vencer sem eles. A consequência
disso é que os franceses não são páreo para os suíços e já não
22 ousam ir contra ninguém sem os suíços. Os exércitos da Fran-

ça, portanto, se tornaram mistos,[18] em parte mercenários e em
parte próprios, e essas armas unidas são muito melhores do
que as apenas auxiliares ou apenas mercenárias, mas muito in-
feriores às próprias. E que baste esse exemplo, porque o reino 23
da França seria insuperável se a ordem introduzida por Carlos
tivesse sido aumentada ou ao menos mantida. Mas a falta de
prudência dos homens os faz começar coisas que têm um gosto
bom, mas que escondem um veneno por dentro, como eu disse
acima sobre as febres tísicas.[19] Portanto, não é verdadeiramen- 24
te sábio quem, na posição do principado, não percebe os males
quando surgem. Mas isso é concedido a poucos. E se quisésse- 25
mos considerar a causa principal da ruína do Império Romano,
diríamos estar no fato de ter começado a contratar os godos:[20]
a partir disso, estes começaram a esgarçar as forças do império,
cuja virtude perdida se transferia a eles.

Concluo, então, afirmando que, sem ter armas próprias, 26
nenhum principado está seguro; pelo contrário, fica comple-
tamente sujeito à fortuna e sem a virtude capaz de defendê-lo
fielmente nas adversidades. Os sábios sempre tiveram a com-
preensão e a conclusão de *quod nihil sit tam infirmum aut ins-
tabile quam fama potentiae non sua vi nixa* (que nada será mais
enfermo e instável do que a fama de uma potência que não se
baseia em suas próprias forças).[21] E as armas próprias são aque- 27
las compostas pelos teus súditos, pelos teus cidadãos ou pelos
teus dependentes. Todas as outras são mercenárias ou auxilia-
res. E será fácil conhecer os modos de ordenar as próprias se
examinarmos as deliberações adotadas nos quatro exemplos
por mim mencionados;[22] e se observarmos como Filipe,[23] pai
de Alexandre Magno, e como muitas repúblicas e príncipes se
armaram e se ordenaram. A essas ordenações eu me reporto
por completo.

XIV

Quod principem deceat circa militiam

(O que cabe ao príncipe em relação à milícia)

1 Um príncipe não deve, portanto, ter outro objetivo, outro pen-
samento ou qualquer outra arte em mente que não a guerra,
com seus ordenamentos e disciplina; pois apenas essa arte é a
que compete a quem comanda, e possui tanta virtude que não
apenas mantém os que nasceram príncipes, mas muitas vezes
faz com que um cidadão de fortuna privada suba a esse pos-
2 to. Por outro lado, vemos que quando os príncipes pensaram
mais em frivolidades do que em armas, perderam seu Estado.
E a primeira razão que te faz perdê-lo é negligenciar essa arte,
3 e a causa que te faz adquiri-lo é ser nela um especialista. Fran-
cesco Sforza, pelas armas, de cidadão privado tornou-se duque
de Milão. Seus filhos, por terem fugido das dificuldades das ar-
4 mas, de duques tornaram-se cidadãos privados.[1] Porque, entre
as más consequências, estar desarmado te torna desprezível, e
essa é uma infâmia da qual um príncipe deve se precaver, como
5 explicarei mais adiante.[2] Entre os armados e os desarmados
não há proporção alguma, e não é coerente que os armados
obedeçam voluntariamente aos desarmados, ou que os desar-
mados estejam seguros entre comandados armados; pois, ha-
vendo desprezo em um e suspeita no outro, não é possível que

procedam bem conjuntamente. Um príncipe que não entende 6
de milícia — além de infelicidades já mencionadas — não po-
derá ser estimado por seus soldados e nem neles confiar.
Ele não deve, portanto, nunca deixar de pensar no exercício 7
da guerra; e durante a paz deve se exercitar ainda mais do que
na guerra, de dois modos: um, com ações; outro, com a mente.
Quanto às ações, além de manter bem ordenados e exercitados 8
os seus homens, deve sempre praticar a caça:[3] com ela, pode
acostumar o corpo às adversidades, além de aprender a nature-
za dos lugares, ver onde surgem as montanhas, onde se abrem
os vales, como se estendem as planícies, a natureza dos rios e
dos pântanos, sempre com muita atenção. Esse conhecimento 9
é útil em dois modos: primeiro porque se aprende a conhecer
sua região e se pode melhor compreender suas defesas natu-
rais; depois, tendo conhecimento e prática desses locais, po-
de-se compreender com facilidade qualquer outro lugar que se
necessita observar. Isso porque as colinas, os vales, as planícies,
os rios e os pântanos que se encontram *verbi gratia* na Toscana
têm alguma semelhança com aqueles de outras províncias, de
tal modo que o conhecimento de um território facilita o conhe-
cimento de outros. E o príncipe a quem falta essa habilidade 10
é carente da primeira qualidade necessária a um capitão, pois
essa te ensina a perseguir o inimigo, tomar os acampamentos,
conduzir os exércitos, a preparar os campos de batalha, asse-
diar as terras tirando vantagem.

Filopemen,[4] príncipe dos aqueus, entre outros louvores 11
que recebeu dos escritores esteve o de que em tempos de paz
não pensava senão nos modos da guerra; e quando estava no
campo com os amigos, muitas vezes parava e discutia com eles:
"Se os inimigos estivessem naquela colina e nós estivéssemos 12
aqui com o nosso exército, quem de nós estaria em vantagem?
Como poderíamos ir, conservando a ordem, de encontro a eles?

Se quiséssemos nos retirar, como deveríamos fazer? Se eles re-
13 cuassem, como poderíamos persegui-los?". E lhes submetia todos os casos que podem acontecer a um exército: compreendia as opiniões deles, expunha a sua, confirmava com argumentos; de tal modo que por essas contínuas reflexões nunca lhe acontecia, comandando os exércitos, que não fosse capaz de remediar acontecimentos inesperados.

14 Com relação ao exercício da mente, um príncipe deve ler histórias e nelas analisar as ações de homens excelentes, ver como se governam nas guerras e examinar as razões das suas vitórias e derrotas para poder evitá-las ou imitá-las. Sobretudo, deve fazer como fizeram alguns homens excelentes no passado, que já imitavam quem antes deles havia sido louvado e glorificado, tendo sempre seus feitos e ações ao alcance dos olhos: como se diz que Alexandre imitava Aquiles; César, Alexandre; Cipião,
15 Ciro.[5] E quem quer que leia a vida de Ciro escrita por Xenofonte reconhece depois na vida de Cipião[6] o quanto essa imitação contribuiu para a sua glória e o quanto em termos de castidade, afabilidade, humanidade e liberalidade Cipião se adequava às coisas que foram escritas sobre Ciro por Xenofonte.[7]

16 Um príncipe sábio deve observar as maneiras semelhantes a essas. E nunca permanecer ocioso em tempos de paz, mas se apropriar delas com habilidade para utilizá-las na adversidade, de modo que quando a fortuna mudar[8] o encontrará preparado para resistir.

XV

De his resbus quibus homines et praesertim principes laudantur aut vituperantur

(Das coisas pelas quais os homens e especialmente os príncipes são louvados ou vituperados)

Resta agora observar como devem ser os modos e governos 1
de um príncipe com relação aos súditos e aos amigos. E como 2
sei que muitos já escreveram sobre isso, duvido, escrevendo
eu também, que eu não seja tido como presunçoso, principal-
mente porque ao tratar dessa matéria eu me afasto das ordens
dos outros. Mas sendo a minha intenção escrever algo que seja 3
útil a quem a compreende, me pareceu mais conveniente ir di-
retamente à verdade efetiva da coisa que à sua imaginação. E 4
muitos imaginaram repúblicas e principados que nunca foram
vistos ou conhecidos no mundo real. Pois é tão distante o modo 5
como se vive daquele como se deveria viver que quem evita o
que se faz e prefere o que se deveria fazer aprende mais rapida-
mente a se arruinar do que a se preservar; porque um homem
que quer sempre atuar como bom, entre tantos que não são
bons, acaba se arruinando.[1] Desse modo, é necessário que um 6
príncipe que queira se manter aprenda a poder não ser bom e a
usar isso ou não de acordo com a necessidade.

Deixando de lado as coisas imaginadas sobre os príncipes 7
e tratando das coisas verdadeiras, digo que todos os homens
— quando outras pessoas falam deles, e *maxime* (principalmen-

te) os príncipes por serem colocados acima dos outros — são
julgados por certas qualidades que lhes trazem censura ou lou-
8 vor. Isso quer dizer que alguns são tidos como liberais; outros,
como mesquinhos (usando um termo toscano, pois "avarento"
em nossa língua[2] é também aquele que tem avidez de bens por
meio do roubo, enquanto chamamos de mesquinho quem se
abstém de usar suas coisas); outros, como doadores; outros,
como rapaces; outros, como cruéis; outros, como piedosos;
9 um, falso; outro, fiel; um, afeminado e pusilânime; outro, fe-
roz e animoso; um, humano; outro, soberbo; um, lascivo; ou-
tro, casto; um, íntegro; outro, astuto; um, rígido; outro, dócil;
um, denso; outro, superficial; um, religioso; outro, incrédulo,
10 e assim por diante. Sei que todos irão admitir que seria uma
coisa muito louvável se um príncipe possuísse todas as quali-
11 dades elencadas, as tidas como boas. Mas como não é possível
tê-las todas nem integralmente observá-las devido às condi-
ções humanas, que não o permitem, é necessário ser prudente
a ponto de saber evitar a infâmia daqueles vícios que o fariam
perder o Estado; e resguardar-se até daqueles que não o fariam,
se possível. Mas, não conseguindo, pode-se abandonar a eles
12 sem muita cautela. *Et etiam* (E também) não evite incorrer na
infâmia daqueles vícios sem os quais dificilmente poderia sal-
var o Estado, porque, se tudo isso for bem considerado, haverá
coisas que poderão parecer virtude, e segui-las o levará à ruína;
enquanto outras parecerão vícios, e segui-las poderá originar
segurança e bem-estar.

XVI

De liberalitate et parsimonia
(Da liberalidade e da parcimônia)

Retomando, então, as primeiras qualidades mencionadas, digo 1
que seria bom ser considerado liberal. Porém, a liberalidade
usada de modo indiscreto prejudica. Mas, se usada virtuosa- 2
mente e como se deve, não chamará a atenção e não te trará a
infâmia de seu contrário. Assim, quem quer sustentar a fama
de liberal não deve renunciar a nenhum tipo de suntuosidade;
mas um príncipe desse tipo irá consumir em obras assim todas
as suas capacidades e será forçado por fim, se quiser manter a 3
fama de generoso, a sobrecarregar o povo de impostos além da
conta e ser opressivo,[1] fazendo todas as coisas possíveis para
conseguir dinheiro. Isso começará a torná-lo odioso frente aos
súditos, ou pouco estimado por todos ao ter se tornado pobre.
Desse modo, por ter ofendido muitos e favorecido poucos com 4
sua liberalidade, começará a sentir até as menores dificulda-
des e a arriscar seu poder ao menor perigo; percebendo isso e
querendo voltar atrás, cairá de imediato na infâmia de ser mes-
quinho. Um príncipe, portanto, não podendo usar a virtude da 5
liberalidade sem prejudicar a si mesmo por chamar a atenção,
não deve, se for uma pessoa prudente, se preocupar com a fama
de mesquinho. Porque com o tempo será tido cada vez mais

como liberal quando virem que as entradas lhe são suficientes
com a sua parcimônia, podendo se defender de quem lhe faz
guerra e podendo realizar empreendimentos sem sobrecarre-
6 gar a população. Desse modo, acaba por ser liberal com todos
aqueles de quem não tira, que são inúmeros, e mesquinho com
todos aqueles para quem não dá, que são poucos.

7 Nos nossos tempos, não vimos realizar grandes coisas se-
não aqueles que foram considerados mesquinhos; já os outros
8 foram aniquilados. O papa Júlio II, tão logo se serviu da fama
de liberal para alcançar o papado, não pensou depois em man-
9 tê-la para conseguir sustentar uma guerra.[2] O atual rei da Fran-
ça[3] fez diversas guerras sem impor um tributo a mais aos seus
solum porque controlou as despesas supérfluas com sua longa
10 parcimônia. O atual rei da Espanha,[4] se fosse tido como liberal,
11 não teria feito ou vencido tantos empreendimentos.[5] Portanto,
um príncipe não deve se preocupar muito — para não ter que
roubar dos súditos, para poder se defender, para não se tornar
pobre e desprezível, para não ser forçado a se tornar rapace —
se acabar com a fama de mesquinho, porque esse é um daqueles
vícios que o fazem reinar.

12 E se alguém dissesse: César chegou ao poder pela sua libera-
lidade,[6] e muitos outros, por serem considerados liberais, che-
garam a posições muito altas; eu responderia: Ou já és prínci-
13 pe ou estás se tornando um. No primeiro caso, a liberalidade é
prejudicial; no segundo, é preciso ser e ser considerado liberal;
e César era um dos que queriam chegar ao comando em Roma;
mas se depois de chegar lá ele tivesse sobrevivido e não tivesse
moderado tais gastos, teria destruído esse império.

14 E se alguém replicasse: Muitos foram os príncipes que rea-
lizaram grandes feitos com seus exércitos e, ao mesmo tempo,
foram considerados muito liberais; eu responderia: Ou o prín-
cipe gasta o que é seu e de seus súditos, ou gasta o de outros.

No primeiro caso, deve ser econômico; no segundo, não deve 15
renunciar à liberalidade. Aquele príncipe que sai por aí com 16
exércitos, que se nutre de pilhagem, saques e extorsões, apoderando-se do que é de outros, a este é necessária liberalidade:
do contrário, não seria seguido pelos soldados. Tu podes ser 17
um generoso doador daquilo que não é teu ou de teus súditos, como Ciro, César e Alexandre: porque gastar o que é alheio não te tira reputação, mas te dá; é nocivo apenas se gastas o
que é teu. Não há nada que se consuma tanto a si mesmo quan- 18
to a liberalidade, pois enquanto a usas, tu perdes a faculdade de usá-la e te tornas pobre e desprezível ou, para evitar a po-
breza, rapace e odioso. Entre todas as coisas que um prínci- 19
pe deve evitar está ser desprezado e odiado,[7] e a liberalidade
te conduz a ambas as coisas. Portanto, é mais sábio manter a 20
fama de mesquinho, que traz calúnia sem ódio, que desejar a fama de generoso e acabar incorrendo na fama de rapace, que traz calúnia com ódio.

XVII

De crudelitate et pietate; et an sit melius amari quam timeri, vel e contra

(Da crueldade e piedade; e se é melhor ser mais amado do que temido ou mais temido do que amado)

1 Seguindo com as outras qualidades já indicadas, digo que todo
príncipe deve desejar ser tido como piedoso, e não cruel: con-
2 tudo, deve ter cuidado para não usar mal essa piedade. Césa-
re Bórgia era tido como cruel;[1] contudo, sua crueldade havia
reorganizado, unificado, pacificado e tornado fiel a Romanha.
3 Se isso for bem considerado, será possível ver que ele foi mais
piedoso que o povo florentino, que para evitar a fama de cruel
4 deixou que Pistoia fosse destruída.[2] Um príncipe, portanto,
não deve se preocupar com a infâmia de cruel para manter
seus súditos unidos e fiéis, porque com pouquíssimas punições
exemplares será mais piedoso do que aqueles que por piedade
demais deixam que as desordens continuem, das quais se ori-
ginam assassinatos ou roubos: porque essas costumam preju-
dicar uma coletividade inteira, e tais execuções impostas pelo
5 príncipe prejudicam um particular. Entre todos os príncipes,
ao novo é impossível evitar a fama de cruel, pois os Estados no-
6 vos estão repletos de perigos. E Virgílio diz pela boca de Dido:
*Res dura et regni novitas me talia cogunt moliri et late fines cus-
tode tueri* (A dura circunstância e o novo reino me obrigam a
tomar tais medidas/ toda a extensão do território defendendo

com guardas).[3] Contudo, ele deve ser cauteloso no que acredita 7
e em como se movimenta, não deve ter medo por si só e deve
proceder de modo temperado, com prudência e humanidade
para que o excesso de confiança não o deixe imprudente, e nem
a desconfiança o deixe intolerável.

Disso se origina uma discussão sobre se é melhor ser amado 8
do que temido, ou o contrário.[4] A isso se responde que seria de- 9
sejável ser ambos; mas, como é difícil somar as duas coisas, é
muito mais seguro ser temido do que amado quando for neces-
sário renunciar a uma delas.[5] Porque pode-se dizer dos homens, 10
em geral, que são ingratos, volúveis, simuladores e dissimu-
ladores, temerosos dos perigos, ávidos de ganhos.[6] Enquanto
recebem o bem, eles são teus, te oferecem o sangue, os seus
bens, a vida e os filhos — como eu disse antes —,[7] desde que
não demonstres precisar. Mas quando o demonstras, se voltam
contra ti; e o príncipe que confiou completamente nas palavras
alheias, na ausência de outras precauções, encontra a ruína.[8]
Porque as amizades conquistadas com um valor material, e não 11
com a grandeza e a nobreza do ânimo, são pagas mas não tidas;[9]
e chegado o prazo, não podem mais ser usadas. E os homens
têm menos receio de prejudicar alguém que se faz amar do que
alguém que se faz temer, pois o amor é mantido por um vínculo
de obrigação que, sendo maus os homens, pode ser rompido em
qualquer situação que lhes convier. Mas o temor é mantido por
um medo de ser punido que nunca te abandona.

O príncipe deve, contudo, fazer-se temer de modo que, mes- 12
mo que não conquiste o amor, evite o ódio. Porque ele pode
muito bem ser ao mesmo tempo temido e não odiado. Isso irá 13
sempre acontecer enquanto ele se abstiver dos bens de seus ci-
dadãos e de seus súditos, bem como de suas mulheres; e mesmo
que ele precise agir contra a estirpe de alguém, que o faça quan-
do houver justificativa conveniente e causa manifesta; mas deve 14

principalmente se abster dos bens alheios,[10] pois os homens
esquecem mais rapidamente a morte do pai do que a perda do
patrimônio: além do mais, nunca faltam motivos para tirar os
bens alheios, e aquele que começa a viver do roubo sempre en-
contra motivos para confiscar o que é dos outros, enquanto os
para atacar alguma estirpe são mais raros e passageiros.
15 Mas quando o príncipe tem seus exércitos e tem que gover-
nar uma multidão de soldados, ele então não precisa se preocu-
par com a fama de cruel; porque sem tal fama nunca foi possível
manter exércitos unidos nem dispostos a qualquer operação.
16 Entre as admiráveis ações de Aníbal[11] se conta a de que, tendo
um enorme exército misturado com homens de infinitas raças,
conduziu lutas em terras estrangeiras sem que nunca surgisse
entre eles qualquer dissenso, nem contra o príncipe, tanto na
17 boa como na má fortuna. Isso não pôde se dar senão pela sua
crueldade inumana, que, junto à sua virtude infinita, o fez ser
18 considerado por seus soldados como venerável e terrível. Sem
ela, para tal efeito suas outras virtudes não teriam sido sufi-
cientes: e os escritores, um pouco impensadamente nesse pon-
to, por um lado admiram essa sua ação e por outro condenam a
principal razão dela.
19 A verdade de que outras virtudes não teriam sido suficien-
tes pode ser vista em Cipião,[12] de raros talentos não apenas em
seu tempo, mas em toda a memória dos fatos ocorridos, cujos
exércitos se rebelaram na Espanha.[13] Isso não se deveu senão à
sua piedade excessiva, que havia permitido mais licença do que
20 era conveniente à disciplina militar. Tal coisa lhe foi repreendi-
da por Fábio Máximo[14] no Senado, sendo por este chamado de
21 corruptor da milícia romana. Tendo sido os habitantes de Locri
assediados por um oficial de Cipião, não houve punição ou vin-
gança para a insolência do oficial devido àquela sua natureza
indulgente; a tal ponto que, quando alguém quis defendê-lo no

Senado, disse que havia muitos homens mais dispostos a não errar do que a corrigir os seus erros.[15] Tal natureza teria com 22
o tempo desonrado a fama e a glória de Cipião se ele tivesse continuado com ela no império; mas, vivendo sob o governo do Senado, essa sua qualidade danosa não *solum* foi ignorada, mas lhe trouxe a glória.

Concluo, portanto, voltando ao tema sobre ser temido ou 23
amado, que por os homens amarem segundo suas próprias vontades e temerem segundo a vontade do príncipe, um príncipe sábio deve se fundar sobre o que é seu, e não sobre o que é de outros; ele apenas precisa se esforçar para não ser odiado, como foi dito.

XVIII

Quomodo fides a principibus sit servanda

(De que modo os príncipes precisam manter a palavra)

1 O quanto é louvável que um príncipe mantenha sua palavra e
viva de maneira íntegra, e não com astúcia, isso é compreendi-
do por qualquer um. No entanto, é possível ver pela experiência
dos nossos tempos alguns príncipes de grandes realizações que
levaram pouco em conta a palavra dada e, com astúcia, soube-
ram confundir a cabeça dos homens, e que, por fim, prevalece-
ram sobre aqueles que se fundaram em sua sinceridade.

2 Deve-se, portanto, saber que existem duas formas de comba-
3 ter: uma, com as leis; outra, com a força.[1] A primeira é própria do
4 homem; a segunda, dos animais. Mas como a primeira muitas ve-
zes não é suficiente, é necessário recorrer à segunda; por isso, um
príncipe precisa saber se valer do seu lado animal e do seu lado ho-
5 mem. Essa parte foi ensinada alegoricamente aos príncipes pelos
antigos escritores, que escrevem como Aquiles, e muitos outros
príncipes antigos como ele, foram nutridos pelo centauro Quíron,
6 para que os ensinasse em sua disciplina.[2] Isso não quer dizer senão
ter como preceptor alguém meio animal e meio homem, e saber
usar ambas as naturezas; porque uma não é durável sem a outra.

7 Sendo necessário que o príncipe saiba usar seu lado animal,
deve adotar os modos da raposa e do leão, porque o leão não é ca-

paz de se defender das armadilhas, e a raposa não é capaz de se
defender dos lobos; ele precisa então ser raposa para reconhecer
as armadilhas e leão para assustar os lobos.[3] Quem se comporta
apenas como leão não compreende isso.[4] Portanto, um senhor 8
prudente não deve manter a palavra dada quando tal promessa
se volta contra ele e quando já não existem mais as razões que o
levaram a ela.[5] Se os homens fossem todos bons, esse preceito 9
não seria bom, mas como são todos ruins[6] e não mantêm a pala-
vra contigo, tu *etiam* (do mesmo modo) não a deves manter com
eles; e nunca faltaram a um príncipe as legítimas razões para
camuflar essa inobservância. Seria possível dar infinitos exem- 10
plos atuais disso, mostrando quantas pazes, quantas promessas
foram tornadas nulas e sem efeito pelas deslealdades dos prínci-
pes; e teve mais sucesso quem soube melhor atuar como raposa.
Mas é necessário saber camuflar essa natureza, sendo um bom 11
simulador e dissimulador; e os homens são tão tolos e obedecem
tanto às necessidades presentes que aquele que engana sempre
irá encontrar quem se deixe enganar.[7]

Não quero me omitir sobre um exemplo recente. Alexandre VI 12
nunca fez outra coisa, nunca pensou em outra coisa que não fos-
se enganar os homens,[8] e sempre encontrou situação para poder
fazê-lo. Nunca houve outro homem que prometesse com tanta
eficácia, que afirmasse com juramentos tão solenes coisas que
depois deixasse de observar; no entanto, sempre tinha sucesso
nos enganos *ad votum*, pois conhecia bem essa face do mundo.

Não é necessário, portanto, que um príncipe possua todas as 13
qualidades mencionadas, mas é necessário que pareça possuí-
-las; ouso dizer até que, as tendo e as observando sempre, são
danosas, mas parecer tê-las é útil; para que tu pareças piedoso,
confiável, humano, íntegro, religioso, e sê-lo, mas que também
estejas com a mente preparada para não os ser e que possas
mudar, sabendo ser o contrário. É de se compreender que um 14

príncipe, e *maxime* um novo príncipe, não possa observar todas
as coisas pelas quais os homens são considerados bons, sendo
com frequência necessário, para manter o Estado, agir contra
a lealdade, contra a caridade, contra a humanidade, contra a
15 religião. Por isso, ele deve ter um ânimo disposto a se adaptar
ao que os ventos da fortuna e as variações das situações lhe exi-
gem; e como disse acima, não se afastar do bem quando possí-
vel, mas saber entrar no mal quando necessário.

16 Um príncipe deve, portanto, ter grande atenção para que
nunca lhe saiam da boca considerações que não estejam reple-
tas dessas cinco qualidades; e que pareça, quando o escutarem
e o virem, que seja todo piedade, todo lealdade, todo integrida-
de, todo humanidade, todo religião: e não há nada mais neces-
17 sário à sua aparência do que essa última qualidade. Os homens
em geral julgam mais com os olhos do que com as mãos, por-
que todos conseguem ver, mas poucos conseguem sentir: todos
veem aquilo que pareces, mas poucos sentem aquilo que és, e
esses poucos não ousam se opor à opinião dos muitos que têm
a majestade do Estado a seu lado; e nas ações de todos os ho-
mens, *maxime* o príncipe, onde não há um júri ao qual reclamar,
olha-se para o resultado.[9]

18 Que o príncipe, então, aja de modo a conquistar e a manter o
Estado: os meios sempre serão julgados honrosos e louvados por
todos. Porque o vulgo sempre se atém às aparências[10] e ao efeito
em si; e no mundo não há senão vulgo, e os poucos não encon-
19 tram lugar quando os muitos têm onde se apoiar. Certo príncipe
dos tempos atuais,[11] o qual não fica bem nomear, não prega nun-
ca algo diferente de paz e lealdade, mas é um grande inimigo de
ambas; e tanto uma quanto a outra, se ele as tivesse praticado,
muitas vezes teriam eliminado sua reputação e seu Estado.

XIX

De contemptu et odio fugiendo
(De como evitar o desprezo e o ódio)

Contudo, como já falei das mais importantes qualidades de que 1
antes fiz menção,[1] quero discorrer brevemente sobre as outras a
partir desta regra geral: que o príncipe procure — como antes já
foi parcialmente dito[2] — evitar as coisas que o tornam odioso e
desprezível; sempre que conseguir evitar isso, terá realizado suas
tarefas e não encontrará nenhum perigo em outras infâmias.[3] 2
Como eu disse, o que o torna odioso é sobretudo ser rapace e usur-
pador dos bens e das mulheres dos súditos, coisas das quais deve
se abster. A maioria dos homens vive contente se o príncipe não 3
lhes tira os bens ou a honra; e o que resta a combater são as ambi-
ções de poucos, o que se pode refrear de muitos modos e com fa-
cilidade. O que o torna desprezível é ser considerado inconstante, 4
superficial, afeminado, pusilânime, indeciso, coisas das quais ele
deve desviar como de um recife,[4] esforçando-se em seu engenho
para que em suas ações sejam reconhecidas a grandeza, o ânimo, a
seriedade e a fortaleza; e nos assuntos privados dos súditos, deve
exigir que a sua sentença seja irrevogável. Mantendo essa opinião,
ninguém pensará em enganá-lo ou passá-lo para trás.

O príncipe que oferece essa impressão de si mesmo é muito 5
reputado; e é muito difícil conspirar contra ou atacar quem é

reputado, desde que seja sabido que ele é tido como excelente
6 e respeitado pelo povo. Pois um príncipe deve ter dois receios:
um de dentro, em relação a seus súditos; e outro de fora, em re-
7 lação aos potentados externos. Destes ele se defende com boas
armas e bons amigos, pois sempre terá bons amigos se tiver
8 boas armas. Os movimentos internos sempre estarão calmos
quando estiverem calmos os movimentos de fora, a menos que
não tenham sido perturbados por uma conspiração; e mesmo
que as de fora estejam em movimento, se suas ordenações e sua
vida foram como indiquei, desde que não esmoreça,[5] será ca-
paz de suportar qualquer ataque, tal como eu disse ter feito o
espartano Nábis.[6]

9 Mas, com relação aos súditos, quando fora não houver mo-
vimentos, deve haver apreensão sobre conspirações secretas;[7]
do que o príncipe fica bastante seguro se evita ser odiado ou
desprezado, mantendo o povo satisfeito; o que é indispensável,
10 como foi dito longamente.[8] Um dos remédios mais poderosos
que um príncipe tem contra as conspirações é não ser odiado
pelo universal; porque quem conspira pensa sempre em satis-
fazer o povo com a morte do príncipe, mas quando percebe que
11 ofenderia o povo, não se encoraja a tomar tal decisão. Porque
as dificuldades que os conspiradores precisam enfrentar são
infinitas, e a experiência mostra que houve muitas conspira-
12 ções, mas poucas com bom resultado. Porque quem conspira
não pode agir sozinho, nem pode estar acompanhado senão da-
queles que acredita estarem descontentes; mas tão logo tiveres
revelado teu ânimo a um descontente, estarás lhe oferecendo
ocasião de se beneficiar, pois ao denunciá-lo ele pode esperar
todo tipo de vantagem. A tal ponto que, vendo o benefício se-
guro de uma parte e vendo de outra as incertezas e os perigos,
se ele mantiver a lealdade: ou será um amigo excepcional a ti
13 ou um inimigo obstinado do príncipe. E para simplificar a coisa

em poucas palavras, digo que do lado do conspirador há apenas medo, apreensão e uma suspeita de punição que o atormenta; mas do lado do príncipe há a majestade do principado, as leis,
a defesa dos aliados e do Estado. Tanto que, somando a isso 14
tudo a boa vontade popular, é impossível que alguém seja temerário a ponto de conspirar, pois enquanto ordinariamente um conspirador precisa temer antecipadamente a realização de um mal, nesse caso deve temer também depois do crime se tiver o povo por inimigo, sem poder esperar qualquer escapa-
tória. Seria possível dar infinitos exemplos desse caso, mas me 15
contento com um ocorrido recentemente, no tempo dos nossos
pais. O *messere* Annibale Bentivogli,[9] que era príncipe de Bolo- 16
nha e avô do atual Annibale,[10] foi morto pelos Canneschi, que conspiraram contra ele, de modo que na família restou apenas seu filho Giovanni[11] ainda nas fraldas; imediatamente após tal assassinato, o povo de Bolonha se levantou e matou todos os
Canneschi. Isso aconteceu devido à afeição popular que a casa 17
dos Bentivogli tinha naquele tempo. E essa foi tanta que, não restando em Bolonha mais ninguém deles que pudesse, após a morte de Annibale, reger o Estado, e existindo indícios de que em Florença havia um homem[12] nascido dos Bentivogli, considerado até então filho de um ferreiro, os bolonheses foram até ele em Florença e lhe deram o governo da cidade, que por ele foi governada até o momento em que o senhor *messer* Giovanni atingisse a idade compatível com o governo.[13]

Concluo, portanto, dizendo que um príncipe não deve levar 18
muito em conta as conspirações quando tem o apoio do povo, mas deve temer tudo e todos quando o povo o odeia e o tem
como inimigo. Os Estados bem ordenados e os príncipes sá- 19
bios se preocuparam muito em não exasperar os grandes e em manter o povo contente e satisfeito, pois essa é uma das tarefas principais do príncipe.

20 Entre os reinos bem ordenados e governados em nosso tem-
po está o da França, no qual se encontram infinitas boas insti-
tuições das quais dependem a liberdade e a segurança do reino;
21 dessas, a primeira é o Parlamento e a sua autoridade.[14] Quem or-
denou o reino, por conhecer a ambição e a insolência dos poten-
tes, julgou ser necessário um potente que os corrigisse; por outro
lado, por conhecer o ódio do universal contra os grandes causa-
do pelo medo, quis lhes assegurar alguns privilégios. Não quis,
no entanto, que essa fosse uma tarefa particular do rei, evitan-
do que a responsabilidade com os grandes recaísse sobre ele ao
favorecer os populares, e do mesmo modo com os populares ao
22 favorecer os grandes. Por isso, constituiu um juiz independente
para que sem a responsabilidade do rei suplantasse os grandes
em benefício dos menores. Tal ordenação não poderia ter sido
melhor e mais prudente, garantindo uma enorme eficácia na se-
23 gurança do rei e do reino. Outra coisa notável pode ser deduzida
disso: os príncipes devem fazer com que outros se responsabili-
zem por coisas desagradáveis, enquanto reserva as outras para
24 si mesmo.[15] Novamente concluo que um príncipe deve se preocu-
par com os grandes, mas não se fazer odiar pelo povo.

25 Talvez possa parecer a muitos, considerando a vida e a mor-
te de imperadores romanos, que eles fossem exemplos contrá-
rios a essa minha opinião, pois seria possível ver que alguns ti-
veram uma vida digna e demonstraram grande virtude de
ânimo, *tamen* (mas ainda assim) perderam o império ou foram
26 mortos por seus homens em conspirações. Por querer respon-
der a essas objeções, vou discorrer sobre as qualidades de al-
guns imperadores, mostrando as causas pelas quais suas ruínas
não foram diferentes daquilo que apresentei; em paralelo, res-
saltarei as coisas que podem ser destacadas para quem se inte-
27 ressa pelas ações daquele tempo. Bastará tomar como exemplo
todos aqueles imperadores que sucederam o império de Marco,

o filósofo, até Maximino, que foram: Marco Aurélio, seu filho
Cômodo, Pertinax, Juliano, Severo, seu filho Antonino Caraca-
la, Macrino, Heliogábalo, Alexandre Severo e Maximino.[16] De- 28
ve-se primeiramente notar que, enquanto nos outros principa-
dos é necessário enfrentar a ambição dos grandes e a insolência
da população, os imperadores romanos tinham uma terceira
dificuldade com a qual lidar: a crueldade e ganância dos solda-
dos. Tal coisa era tão complicada que foi a causa da ruína de 29
muitos, pois era difícil satisfazer os soldados e a população,
uma vez que a população amava a tranquilidade e por isso ama-
va o governante calmo, enquanto os soldados amavam o gover-
nante de ânimo militar e de caráter cruel, insolente e rapace.
Para esses, tais coisas deveriam ser exercitadas às custas da
população para que tivessem o pagamento aumentado e des-
sem vazão à sua ganância e crueldade. Isso fez com que aqueles 30
imperadores que não tinham uma boa reputação por suas qua-
lidades naturais ou adquiridas, e com elas refreassem os dois
lados, acabassem mal. A maioria dos imperadores, *maxime* os 31
que chegavam ao principado como homens novos, consideran-
do a dificuldade desses dois humores distintos,[17] acabava privi-
legiando os soldados, levando pouco em consideração a insa-
tisfação do povo. Era uma decisão necessária, pois, como os 32
governantes não podem deixar de ser odiados por alguém, de-
vem se esforçar em primeiro lugar para não serem odiados pelo
universal; mas quando isso não é possível, devem evitar com
todas as forças o ódio da parte mais potente. Por isso, os impe- 33
radores que, por serem novos, precisavam de um apoio extraor-
dinário aderiam à vontade dos soldados, e não à da população.
Mas isso se revelava útil apenas quando o governante conse-
guia se manter reputado entre eles.

Por causa disso, aconteceu que Marco, Pertinax e Alexan- 34
dre, sendo de hábitos simples, amantes da justiça, inimigos da

crueldade, humanos e benevolentes, todos — com exceção de
35 Marco — tiveram um triste fim. Apenas Marco viveu e mor-
reu sendo muito honrado, pois chegou ao império por *iure he-
reditario* (direito hereditário) e não precisou que isso lhe fosse
reconhecido nem pelos soldados nem pela população.[18] Além
disso, sendo dotado de muitas virtudes que o tornavam digno
de veneração, sempre manteve — enquanto viveu — as duas
ordens sob controle e dentro de seus termos, não sendo nunca
36 odiado ou desprezado. Mas Pertinax — feito imperador con-
tra a vontade dos soldados, que, acostumados a viver de modo
licencioso sob o comando de Cômodo, não puderam tolerar a
vida honesta que aquele queria lhes impor — caiu logo no iní-
cio de sua administração pelo ódio que conquistou, somado ao
37 desprezo que teve por ser velho. Aqui se deve notar que o ódio
se adquire tanto pelas boas como pelas más ações; por isso —
como eu disse acima — se um príncipe quiser manter o Estado,
38 muitas vezes é forçado a não ser bom. Porque, quando aqueles
universais — povos, soldados ou grandes que sejam — que tu
julgas necessário controlar para que te mantenhas estão cor-
rompidos, precisas responder ao seu apetite para satisfazê-los;
assim as boas ações serão tuas inimigas.

39 Passemos a Alexandre, que foi dotado de tantas bondades
que entre outros louvores que lhe foram atribuídos está o de que,
nos seus catorze anos de poder, ninguém foi morto por ele sem o
devido processo; contudo, sendo considerado um homem afemi-
nado e que se deixava governar pela mãe, caiu em desprezo, de
modo que o exército conspirou contra ele e o matou.

40 Observando agora em sentido oposto as qualidades de Cô-
modo, de Severo, de Antonino Caracala e Maximino, é possível
vê-los como extremamente cruéis e rapaces; os quais, para sa-
tisfazer aos soldados, não hesitaram frente a qualquer tipo de
41 injúria que pudesse ser cometida contra o povo. E todos, com

exceção de Severo, tiveram um fim cruel; porque ele foi de tanta habilidade que mantinha os soldados como amigos, embora cometesse injúrias contra a população, o que sempre lhe permitiu reinar com tranquilidade. Tais habilidades o tornaram tão admirável aos olhos dos soldados e da população que esta ficou *quodammodo* (de certo modo) atônita e assustada, enquanto aqueles ficaram reverentes e satisfeitos. E como as suas ações 42
foram grandes e notáveis para um príncipe novo, quero mostrar brevemente o quanto ele soube usar a índole do leão e da raposa, cujas naturezas eu disse acima[19] ser necessário a um príncipe saber imitar.

Sabendo ele da covardia do imperador Juliano, convenceu 43
seu exército — do qual era capitão na Eslavônia[20] — de que era melhor ir a Roma para vingar a morte de Pertinax, que havia sido morto por soldados pretorianos. Com esse pretexto, sem 44
mostrar que aspirava ao império, conduziu o exército para Roma e chegou na Itália antes que soubessem de sua partida. Chegando em Roma, foi eleito imperador por um Senado ater- 45
rorizado, que decidiu também pela morte de Juliano. Depois 46
desse começo e querendo se assenhorear de todo o Estado, restavam dois desafios a Severo: um na Ásia, onde Nigro, chefe dos exércitos orientais, havia se proclamado imperador; e outro no Ocidente, onde estava Albino, que também aspirava ao império. Como julgava perigoso se declarar inimigo de ambos, 47
decidiu atacar Nigro e enganar Albino: escreveu-lhe que, por ter sido eleito imperador pelo Senado, queria dividir com ele aquela honra; deu-lhe o título de César e, por resolução do Senado, associou-o ao colega. Albino considerou todas essas coisas verdadeiras. Mas, depois de Severo ter derrotado e matado 48
Nigro, pacificando as coisas no Oriente, regressou a Roma e queixou-se ao Senado pelo fato de Albino, não muito grato pelos benefícios obtidos, ter tentado matá-lo por traição. Por isso

seria necessário que ele punisse a sua ingratidão; ele então foi
49 encontrá-lo na França e lhe tirou o Estado e a vida. Portanto,
quem examinar minuciosamente as suas ações irá perceber que
ele era um leão muito feroz e uma raposa muito astuta; verá
que era temido e reverenciado por todos e que não era odia-
do pelos exércitos; e não ficará surpreso ao notar que ele, um
príncipe novo, foi capaz de tamanho império, pois sua enorme
reputação sempre o protegeu do ódio que a população poderia
ter concebido por causa de seus estragos.

50 Seu filho Antonino foi também um homem com excelen-
tes qualidades que o tornavam admirável aos olhos da popu-
lação e apreciado pelos soldados, pois era um homem militar,
muito resistente ao cansaço, avesso às comidas refinadas e
a qualquer outro luxo; coisas que o faziam amado por todos
51 os exércitos. Contudo, sua ferocidade e sua crueldade foram
tamanhas e sem precedentes — por ter, depois de infinitas si-
tuações particulares, matado grande parte do povo romano
e todo o povo de Alexandria — que ele se tornou muito odia-
do por todos e começou a ser temido, *etiam* (até mesmo) por
aqueles que estavam ao seu redor; assim, foi morto por um
52 centurião no meio de seu exército.[21] A respeito disso, deve-se
notar que esse tipo de morte, ocasionada por um ânimo obs-
tinado,[22] não pode ser evitado pelos príncipes, porque qual-
quer um que não tenha medo de morrer pode agredi-lo; mas o
príncipe, porém, não precisa temer muito tal morte, porque é
53 muito rara. Ele deve apenas evitar fazer uma grande ofensa a
quem está a seu serviço pessoal ou que esteja por perto por es-
tar a serviço do principado — como fez Antonino, que matou
covardemente um irmão daquele centurião e o ameaçou todos
os dias, *tamen* (embora) o mantivesse como guarda-costas. Foi
uma escolha imprudente e capaz de arruiná-lo, como de fato
aconteceu.

Venhamos a Comôdo, a quem teria sido muito fácil manter 54
o império por tê-lo recebido como direito de herança por ser fi-
lho de Marco Aurélio. Teria lhe bastado seguir os passos do pai
para satisfazer os soldados e a população. Mas sendo de âni- 55
mo cruel e bestial, para poder exercer a sua rapacidade sobre
o povo decidiu ganhar os exércitos, permitindo-lhes abusos;
por outro lado, não se preocupando com sua dignidade, mui-
tas vezes ia às arenas para lutar com gladiadores, fazendo tam-
bém outras coisas abjetas e indignas da majestade imperial, o
que acabou por torná-lo desprezível aos olhos dos soldados. E 56
sendo odiado por uns e desprezado por outros, foi morto pelas
mãos dos conspiradores.[23]

Nos resta falar das qualidades de Maximino. Ele foi um ho- 57
mem muito belicoso e seus exércitos, incomodados pela moleza
de Alexandre — sobre o qual discorri antes —, mataram-no e
elegeram Maximino ao império; mas ele não foi mantido por
muito tempo, pois duas coisas o fizeram ser odiado e despre-
zado. Uma, ser de origem baixa e já ter sido pastor de ovelhas 58
na Trácia, o que era sabido por todos e o rebaixava perante
qualquer um. Outra, por no início de seu principado ter adia- 59
do a ida a Roma para tomar posse do trono imperial, passando
uma imagem muito cruel de si mesmo por seus prefeitos terem
feito grandes crueldades em Roma e em outros lugares do Im-
pério. Tanto que indignou todo o mundo pela sua estirpe vil e 60
pelo ódio e medo que sua ferocidade inspirava; assim, primei-
ro se rebelaram na África, depois o Senado com todo o povo
de Roma; e toda a Itália conspirou contra ele. A isso se some
seu próprio exército que, sitiando Aquileia e encontrando di-
ficuldade para tomá-la, exausto de sua crueldade e com menos
medo por ver os numerosos inimigos que tinha, o matou.

Não quero discorrer sobre Heliogábalo, nem sobre Macri- 61
no, nem sobre Juliano, que por serem completamente despre-

zíveis foram imediatamente mortos, e irei à conclusão desta
discussão: digo que os príncipes dos nossos tempos têm menos
essa dificuldade de agradar aos seus soldados para além do de-
sejável em seus governos. Porque embora eles devam ser tidos
em alguma consideração, isso é rapidamente resolvido porque
nenhum dos príncipes atuais possui exércitos que estejam li-
gados há muito tempo aos seus governos[24] e administrações
das várias províncias, como aconteceu com os exércitos do
62 Império Romano.[25] Por isso, se naquele tempo era mais neces-
sário agradar aos soldados que à população porque os solda-
dos podiam mais que a população, agora é mais necessário a
todos os príncipes, com exceção do Turco e do Sultão, agradar
mais à população do que aos soldados, pois a população pode
63 mais do que eles. Abro uma exceção para o Turco[26] porque ele
continuamente mantém ao seu redor 12 mil soldados e 15 mil
cavaleiros,[27] dos quais dependem a segurança e a fortaleza de
seu reino; e é necessário que, deixando de lado todas as ou-
64 tras preocupações, tal senhor os mantenha como amigos. Da
mesma forma o reino do Sultão,[28] que está totalmente na mão
dos soldados, sendo necessário que ele também, sem se preo-
65 cupar com a população, os mantenha como aliados. Deve-se
perceber que o Estado do Sultão é diferente de todos os outros
principados por ser semelhante ao poder do pontífice cristão,
o qual não pode ser chamado nem de principado hereditário
nem de principado novo, pois não são os filhos do velho prín-
cipe os herdeiros que permanecem como senhores, mas aquele
66 que for eleito a tal posto por quem possui autoridade. Sendo
uma ordenação antiga, não pode ser chamada de principado
novo, pois ali não há nenhuma das dificuldades encontradas
nos novos; pois, ainda que o príncipe seja novo, as ordenações
desse Estado são velhas e preparadas para recebê-lo como se
ele fosse um senhor hereditário.

Mas voltemos ao nosso assunto. Digo que quem refletir so- 67
bre o que foi escrito verá que o ódio ou o desprezo causou a ruí-
na dos imperadores mencionados acima e perceberá também
que alguns deles se comportaram de um modo e outros de modo
oposto, mas que, independentemente disso, alguns terminaram
bem e outros mal. Pois, para Pertinax e Alexandre, por serem 68
príncipes novos, foi inútil e prejudicial querer imitar Marco,
que era príncipe por direito hereditário; e da mesma forma, Ca-
racala, Cômodo e Maximino foram prejudicados porque quise-
ram imitar Severo e porque não tinham tanta virtude que lhes
permitisse seguir seus passos. Portanto, um príncipe novo em 69
um principado novo não pode imitar as ações de Marco, mas
nem sequer é necessário que siga as de Severo; no entanto, ele
deveria imitar de Severo as habilidades necessárias para fundar
o seu Estado, e de Marco as necessárias para manter gloriosa-
mente o Estado que já estiver estabilizado e firme.

XX

An arces et multa alia, quae quotidie a principibus fiunt, utilia an inutilia sint

(Se as fortalezas e muitas outras coisas que cotidianamente são feitas pelos príncipes são úteis ou inúteis)

1 Alguns príncipes, para manter seguros o seu Estado, desarma-
ram seus súditos; outros mantiveram divididas as terras a eles
2 sujeitas. Alguns alimentaram inimizades contra si mesmos;
outros se empenharam em conquistar aqueles de quem sus-
3 peitavam no início de seu Estado. Alguns construíram forta-
4 lezas; outros as arrasaram e destruíram.[1] E mesmo que sobre
essas coisas não seja possível emitir um juízo completo se não
entrarmos nos detalhes dos Estados onde foram tomadas tais
decisões, ainda assim eu falarei daquele modo mais geral que o
assunto por si mesmo aceita.

5 Nunca aconteceu de um príncipe novo ter desarmado seus
súditos: pelo contrário, sempre os armou quando os encontrou
desarmados; pois nesse momento tais armas passam a ser tuas,
tornando fiéis aqueles que tens sob suspeita e mantendo fiéis os
que já o eram, de modo que os súditos se transformam em com-
6 batentes. E como não é possível armar todos os súditos, quando
aqueles que tu armas se beneficiam podes agir com mais segu-
rança com relação aos outros; os primeiros reconhecem a dife-
rença de procedimento e ficam gratos; os outros te desculpam,
entendendo ser necessário privilegiar os armados por estarem

sujeitos a maiores perigos e a maiores obrigações. Mas quando 7
os desarmas, tu começas a ofendê-los, pois demonstra ter neles
desconfiança por vileza ou infidelidade deles, e ambas as coisas
geram ódio contra ti; e como não podes ficar desarmado, será
necessário que recorras à milícia mercenária, que tem aquelas
características já mencionadas;[2] e mesmo que esta seja muito
boa, não pode ser assim tão grande a ponto de te defender de
inimigos potentes e de súditos suspeitos. Por isso, como eu ha- 8
via dito, um príncipe novo em um principado novo sempre fez
a ordenação das armas, e a história está repleta de exemplos
assim. Mas quando um príncipe adquire um novo Estado que, 9
como membro, se junta ao seu antigo, é necessário desarmá-lo,
exceto quando aqueles que o conquistaram estiveram do teu
lado; mas também esses, com o tempo e com as oportunidades,
será necessário que tu os tornes mansos e afeminados, organi-
zando-os de modo tal que as armas de todo o Estado estejam
apenas nas mãos de teus próprios soldados, aqueles que no Es-
tado antigo já estavam do teu lado.

Nossos antigos, justamente os considerados sábios, costu- 10
mavam dizer que era necessário controlar Pistoia com as fac-
ções e Pisa com as fortalezas.[3] Por isso, alimentavam as dife-
renças em algumas cidades subjugadas, de modo a possuí-las
mais facilmente. Isso pode ter sido eficaz naquele tempo em 11
que a Itália estava de certo modo equilibrada, mas não creio
que hoje se possa ter isso como preceito,[4] porque não acredi-
to que as divisões tenham feito bem em momento algum; pelo
contrário, é inevitável, quando o inimigo se aproxima, que as
cidades divididas caiam imediatamente, pois a parte mais fra-
ca sempre irá se aliar às forças externas e a outra não consegui-
rá aguentar. Os venezianos, movidos pelas razões menciona- 12
das, acredito, alimentavam os partidos guelfos e gibelinos[5] nas
cidades que dominavam; e ainda que não deixassem nunca que

derramassem sangue, alimentavam discordâncias entre eles de
modo que, mantendo-se ocupados os cidadãos com suas dife-
13 renças, não se unissem contra eles. Isso, como se viu, não se
voltou em benefício deles; pois, com a derrota em Vailà,[6] um
14 dos lados tomou coragem e tomou deles todo o Estado. Tais
condutas, portanto, são indícios da fraqueza do príncipe, por-
que em um principado forte tais divisões nunca serão permi-
tidas. São úteis apenas em tempos de paz, sendo possível com
elas manobrar mais facilmente os súditos; mas com a guerra tal
ordenamento mostra sua falácia.

15 Sem dúvida, os príncipes se tornam grandes quando supe-
ram as dificuldades e as oposições que lhes são feitas; por isso
a fortuna, *maxime* quando quer tornar grande um principado
novo, o qual tem mais necessidade de ganhar reputação do que
um hereditário, cria inimigos e faz com que os enfrente para
que tenha motivo para superar tais dificuldades e — graças às
16 escadas que os seus inimigos lhe põem — subir mais alto. Por
isso, muitos julgam que um príncipe sábio deve, quando houver
ocasião, se alimentar com astúcia de qualquer inimizade para
que quando for eliminada ele esteja maior.

17 Os príncipes, *et praesertim* (especialmente) os novos, encon-
traram mais fidelidade e mais utilidade nos homens que no iní-
cio de seu Estado consideravam suspeitos do que naqueles que
18 no início julgavam de confiança. Pandolfo Petrucci,[7] coman-
dante de Siena, conduzia seu Estado mais com aqueles de quem
19 suspeitava do que com os outros. Mas não se pode falar disso
como regra geral porque varia de acordo com a situação; direi
apenas que tais homens que no início de um principado foram
inimigos têm qualidades que precisam de apoio para se manter,
o que o príncipe sempre pode dar com grande facilidade para ga-
nhá-los. Desse modo, eles são obrigados a servi-lo com lealdade,
pois sabem que precisam apagar com ações a opinião contrária

que as pessoas tinham deles. Assim, o príncipe tem sempre mais 20
vantagem com esses do que com aqueles que, por servirem com
demasiada confiança, descuidam de seus assuntos.

E como a matéria exige, não quero deixar de lembrar aos 21
príncipes que conquistaram recentemente um Estado graças
ao favor interno de seus cidadãos que considerem bem qual foi
a razão que os levou a favorecê-lo. Se não foi por afeição natu- 22
ral a seu respeito, mas apenas porque não estavam contentes
no governo anterior, tal amizade será mantida com muito es-
forço e dificuldade, pois será impossível conseguir contentá-
-los. E observando bem a causa disso — com os exemplos que 23
podemos extrair dos antigos e dos modernos —, eles verão ser
muito mais fácil ganhar a amizade daqueles homens que esta-
vam contentes com o Estado anterior[8] e, portanto, seus inimi-
gos, que a daqueles que por não estarem contentes lhe deram
seu apoio e ajudaram a ocupá-lo.

Para poder manter seus Estados com mais segurança, tem 24
sido um hábito dos príncipes construir fortalezas que sirvam
como rédea e freio para aqueles que desejam agir contra eles e
que sirvam de refúgio seguro contra uma revolta repentina. Eu 25
louvo esse método, pois são usados *ab antiquo* (há muito tem-
po). Contudo, nos nossos tempos, constatou-se que *messer* Nic-
colò Vitelli,[9] para preservar o seu Estado, desmantelou duas
fortalezas na cidade de Castello; Guido Ubaldo,[10] duque de Ur-
bino, regressando aos seus domínios, de onde Césare Bórgia o
havia expulsado, destruiu *funditus* (desde as fundações) todas
as fortalezas daquela província, julgando que sem elas seria
mais difícil perder novamente aquele Estado; os Bentivogli,[11]
voltando a Bolonha, adotaram métodos semelhantes. As forta- 26
lezas, portanto, são úteis ou não dependendo dos tempos; e se,
por um lado, te beneficiam, por outro, te prejudicam.[12] Pode-se 27
então resumir essa parte de tal modo: o príncipe que tem mais

medo da população que dos forasteiros deve fazer fortalezas;
mas aquele que tem mais medo dos forasteiros que da popula-
28 ção deve deixá-la de lado.[13] O castelo de Milão — construído
por Francesco Sforza — provocou e provocará mais dano à sua
estirpe do que qualquer outro inconveniente naquele Estado.[14]
29 Por isso, a melhor fortaleza que existe é não ser odiado pelo
povo;[15] porque ainda que tu tenhas fortalezas e o povo te odeie,
elas não te salvam; porque nunca faltam à população armada e
30 revoltosa forasteiros que a socorram. Nos nossos tempos, não
parece ter sido do proveito de nenhum príncipe senão para a
condessa de Forlì,[16] quando foi morto o conde Girólamo seu
marido. Porque pôde fugir do ímpeto popular para uma delas,
esperar o socorro de Milão e recuperar o Estado, quando as
condições ainda permitiam que o forasteiro não pudesse socor-
31 rer o povo. Mas depois pouco lhe valeram as fortalezas quan-
do César Bórgia a atacou e o povo, seu inimigo, se aliou ao
32 estrangeiro. Portanto, naquela época e antes, teria sido mais
seguro para ela não ser odiada pelo povo do que ter as fortale-
33 zas. Considerando, portanto, tudo isso, eu louvarei tanto quem
constrói fortalezas como quem não as constrói, mas criticarei
todos aqueles que, contando com fortalezas, considerarem ir-
relevante ser odiado pela população.

XXI

Quod principem deceat ut egregius habeatur
(O que um príncipe deve fazer para ser notável)

Nada traz tanta estima a um príncipe quanto suas grandes 1
ações que dão de si exemplos raros.[1] Nós temos em nosso 2
tempo Fernando de Aragão, atual rei da Espanha;[2] ele pode
ser chamado de príncipe novo porque, de rei fraco, tornou-se
por fama e por glória o mais importante rei dos cristãos. E se
consideradas as suas ações, vê-se que foram todas grandes e
algumas extraordinárias. No início de seu reinado, ele atacou 3
Granada,[3] e tal investida foi a fundação de seu Estado. Em pri- 4
meiro lugar, fez sem ser incomodado e sem a preocupação de
ser impedido;[4] manteve ali ocupados os ânimos dos barões de
Castela, que, pensando na guerra, não pensavam nas mudanças
internas; enquanto isso, ele adquiria reputação e império sobre
os barões, que não percebiam isso. Conseguiu munir exérci-
tos com dinheiro da Igreja e do povo, fazendo uma base para
sua milícia com aquela guerra, a que depois lhe trouxe honra.
Além disso, para poder realizar ações ainda maiores, servin- 5
do-se sempre da religião, adotou uma crueldade devota, expul-
sando e espoliando os marranos do seu reino:[5] não pode haver
exemplo mais mesquinho nem mais notável. Sob esse mesmo 6
pretexto, atacou a África,[6] fez uma investida contra a Itália[7] e

7 mais recentemente atacou a França.[8] Assim, sempre realizou e
planejou grandes feitos que sempre mantiveram os ânimos de
seus súditos em suspense e cheios de admiração, ocupados em
8 ver o resultado de tais feitos. Outras ações surgiram a partir
das primeiras, o que não deu tempo aos homens, entre uma e
outra, para agir tranquilamente contra ele.

9 Também é muito benéfico para um príncipe proporcionar
exemplos raros de si mesmo para o governo das coisas internas
— como o que se conta sobre *messer* Bernabò de Milão.[9] Quando
houver uma ocasião de alguém que na vida civil realizou ações
extraordinárias, para o bem ou para o mal, o príncipe deve en-
contrar um modo de premiá-lo ou puni-lo do qual se fale muito.
10 Acima de tudo, ele deve se esforçar em todas as suas ações para
proporcionar uma imagem de si como um homem grandioso e
de excelente engenho.

11 Um príncipe também é estimado quando se mostra como
verdadeiro amigo ou verdadeiro inimigo, isto é, quando sem
qualquer receio se declara abertamente a favor de alguém e
12 contra outro. Tal escolha será sempre mais útil do que perma-
necer neutro;[10] pois, se dois potentes, teus vizinhos, saem no
braço, eles são do tipo que tu deves temer ou não o vencedor.
13 Em ambos os casos, será sempre mais útil que te declares e fa-
ças uma boa guerra; porque, no primeiro caso, se tu não te de-
claras, serás sempre alvo de quem vence, com o prazer e a satis-
fação de quem foi vencido; e não haverá razão ou coisa alguma
que te defenda, e nem quem te socorra. Porque quem vence não
quer amigos suspeitos e que não o ajudem nas adversidades; e
quem perde não te socorre por não teres ajudado com as armas
em punho e compartilhado da sua fortuna.

14 Antíoco foi para a Grécia a pedido dos etólios para expulsar
os romanos.[11] Ele enviou embaixadores aos aqueus, que eram
amigos dos romanos, para convencê-los a permanecerem neu-

tros; do outro lado, os romanos tentavam persuadi-los a pe-
gar em armas por eles. A matéria foi deliberada pelo concílio 15
dos aqueus, momento em que a delegação de Antíoco insistia
para que permanecessem neutros. Mas o embaixador romano[12]
respondeu: "*Quod autem isti dicunt, non interponendi vos bello,
nihil magis alienum rebus vestris est: sine gratia, sine dignitate
praemium victoris eritis*" ("Isso que eles pedem, que não vos en-
volvais na guerra, nada é mais remoto do vosso interesse: sem
dignidade e sem mérito, sereis o prêmio do vencedor"). E sem- 16
pre vai acontecer de aqueles que não são teus aliados pedirem
que tu sejas neutro, e aqueles que são teus amigos pedirem que
te declares com as armas. E os príncipes indecisos, para evitar 17
tais perigos, na maioria das vezes seguem o caminho da neutra-
lidade e na maioria das vezes se arruínam.

Mas quando o príncipe decide vigorosamente em favor de 18
uma das partes, se aquele a quem tu aderiste vence, mesmo que
seja um potente e tu permaneças à sua mercê, ele tem obrigações
em relação a ti e está selada a amizade; e os homens nunca seriam
tão desonestos e com tamanha mostra de ingratidão a ponto de
te oprimir. Além disso, as vitórias não são nunca tão completas
que o vencedor não precise demonstrar um pouco de cautela,
maxime com a justiça. Mas se aquele a quem aderiste perde, és 19
socorrido por ele e ele irá te ajudar enquanto puder, tornando-se
companheiro de uma fortuna que pode se reapresentar.

No segundo caso, quando os que lutam entre si são do tipo 20
que tu não deves temer o vencedor, a prudência do auxílio é ain-
da mais necessária, pois tu lutas pela ruína de um com o auxí-
lio de quem deveria salvá-lo, se fosse sábio. Se vence, fica à tua
mercê, e é impossível que não vença com a tua ajuda. Deve-se 21
aqui notar que um príncipe deve estar atento a nunca acom-
panhar um mais potente para atacar outros, apenas quando a
necessidade exige, como acima foi dito. Pois, ao vencer, vira

refém dele; e os príncipes devem evitar o quanto possível estar
22 à mercê de outros. Os venezianos acompanharam os franceses
contra o duque de Milão,[13] mas poderiam ter evitado tal com-
23 panhia; disso resultou sua ruína. Mas quando isso não pode ser
evitado, como aconteceu com os florentinos[14] quando o papa e
a Espanha atacaram com seus exércitos a Lombardia, o prín-
24 cipe deve então aderir pelas razões mencionadas. Mas que
nenhum Estado acredite poder escolher sempre o lado mais
seguro; deve pensar antes em ter que tomar decisões sempre
duvidosas. Porque, na ordem das coisas, todas as vezes em que
se quer evitar um inconveniente acaba-se por encontrar outro;
mas a prudência consiste em saber reconhecer a qualidade dos
inconvenientes e escolher o menos pior como bom.[15]

25 Um príncipe deve ainda se mostrar amante da virtude,[16]
dando abrigo aos virtuosos e honrando os que são exímios em
26 uma arte. Além disso, deve estimular em seus cidadãos a pos-
sibilidade de exercerem tranquilamente suas atividades, no co-
mércio, na agricultura e em qualquer outra atividade humana;
e que esse não tema melhorar suas posses por medo de que lhe
sejam tiradas, e aquele não tema abrir uma venda por medo dos
27 impostos. Mas deve oferecer incentivos a quem quiser fazer
tais coisas e a quem quiser de algum modo enriquecer sua ci-
28 dade ou seu Estado. Além disso, nos momentos apropriados do
ano, deve manter o povo ocupado com festas e espetáculos; e
como todas as cidades são divididas em guildas ou em circuns-
crições, deve considerar a coletividade, participar de suas reu-
niões de vez em quando, proporcionar uma visão humanitária
e generosa de si mesmo, mantendo sempre firme, contudo, a
majestade de sua dignidade — porque isso não deve nunca fal-
tar em circunstância alguma.

XXII

De his quos a secretis principes habent

(Sobre o que os príncipes têm consigo para assuntos reservados)

Não é de pouca importância para um príncipe a escolha dos 1
ministros, que são bons ou não de acordo com a prudência do
príncipe. E a primeira coisa que se faz para conjecturar a ca- 2
beça de um senhor é observar os homens que ele tem em volta;
quando eles são capazes e leais, ele sempre pode ser julgado sá-
bio, porque soube reconhecê-los como capazes e sabe manter
sua lealdade; mas quando não o são, é possível fazer um mau
juízo dele, porque o primeiro erro que comete é justamente
essa escolha.

Não havia ninguém que conhecesse o *messer* Antonio de Ve- 3
nafro[1] como ministro de Pandolfo Petrucci, príncipe de Siena,
que não julgasse Pandolfo um homem muito valoroso por tê-
-lo como seu ministro. Existem três categorias de inteligência[2] 4
— uma que entende por si só, outra que compreende o que os
outros entendem e uma terceira que não entende nem por si
nem pelos outros —; a primeira é a melhor, a segunda é boa e a
terceira, inútil; assim, estava claro que, se Pandolfo não estava
no primeiro nível, estava ao menos no segundo. Porque, toda 5
vez que alguém tem o juízo de distinguir entre o bem e o mal
que outro faz e diz, embora não o haja concebido por si só, re-

conhece as boas e más ações de um ministro, exaltando umas e
corrigindo outras; e o ministro não pode esperar enganá-lo e se
6 comportar bem. Porém, para que um príncipe reconheça o mi-
nistro, há um modo que nunca falha: quando tu vês que um mi-
nistro pensa mais em si mesmo do que em ti, e que busca tirar
proveito de todas as suas ações, quem assim age nunca será um
7 bom ministro, nunca poderás confiar nele. Porque aquele que
tem nas mãos o Estado não deve nunca pensar em si, mas sem-
pre no príncipe, e não deve ter nunca em mente coisas que não
sejam do interesse dele; por outro lado, para mantê-lo sob con-
trole, o príncipe deve sempre pensar no ministro, honrando-o,
enriquecendo-o, conquistando a sua gratidão ao lhe atribuir
encargos de responsabilidade para que assim perceba que não
pode se manter sem a proteção do príncipe e para que as mui-
tas honras não o façam desejar outras honras, a grande riqueza
não o faça desejar mais riqueza, e os muitos encargos o façam
8 temer as perdas. Quando então os ministros com relação ao
príncipe e o príncipe com relação aos ministros se estabelecem
dessa forma, podem confiar uns nos outros; do contrário, o fim
será sempre danoso para um ou para outro.

XXIII

Quomodo adulatores sint fugiendi
(De que modo os aduladores devem ser evitados)

Não quero deixar de lado um ponto importante sobre um erro 1
do qual os príncipes se defendem com dificuldade, a menos que
não sejam muito sábios e não façam boas escolhas. Trata-se 2
dos aduladores, dos quais as cortes estão cheias; isso se dá por-
que os homens sentem prazer em suas experiências pessoais a
ponto de se enganarem por elas e dificilmente conseguirem se
defender de tal praga. E, querendo se defender, haverá o ris- 3
co de serem vistos com desprezo, porque não há outro modo
de se defender da adulação do que fazer com que as pessoas
entendam que elas não te ofendem se te dizem a verdade; por
outro lado, se alguém te disser a verdade faltará com a reverên-
cia. Por isso, um príncipe prudente deve seguir um terceiro ca- 4
minho, escolhendo para seu Estado homens sábios, e apenas a
esses eleitos dar permissão para que lhe digam a verdade, e so-
mente a respeito das coisas que ele pergunta, não de outras. No
entanto, deve perguntar sobre tudo e ouvir as opiniões, para
em seguida deliberar consigo mesmo, a seu modo; assim, deve 5
agir com esses conselhos e com cada um dos conselheiros de
modo que todos entendam que quanto mais livremente falarem,
mais livremente serão aceitos. Para além disso, não deve que-

rer ouvir ninguém, buscar o que foi decidido e ser obstinado em
6 suas deliberações. Quem faz de modo diferente ou é arruinado
pelos aduladores ou oscila demais pela diversidade de opiniões,
o que gera pouca estima a seu respeito.

7 Sobre isso, quero trazer um exemplo atual. Padre Luca,[1] que
esteve a serviço do atual imperador Maximiliano,[2] falando de
sua majestade, disse como ele não se aconselhava com pessoa
8 alguma e nunca fazia nada do que havia decidido. Isso porque
teve uma conduta oposta ao que já foi dito. O imperador é um
homem reservado, não comunica suas intenções e não recolhe
opiniões; mas quando começa a pô-las em ato, as pessoas co-
meçam a vê-las e entendê-las, o que faz com que sejam contes-
tadas por aqueles que o rodeiam; e ele, por ser fraco, volta atrás.
A consequência disso é que aquilo que ele faz num dia destrói
no outro, e não é nunca possível entender o que ele quer ou o
que tem a intenção de fazer, significando que não é possível se
fundar em suas deliberações.

9 Um príncipe, portanto, deve sempre se aconselhar, mas
quando quiser, e não quando os outros querem. Deve até de-
sencorajar as pessoas de darem-lhe conselhos sobre qualquer
assunto quando não forem pedidos; mas deve, sim, ser um fre-
quente questionador e, em seguida, sobre o que questionou, ser
um ouvinte paciente da verdade, a ponto de se irritar quando
10 perceber que alguém por receio não lhe disse tudo. Muitos
estimam que alguns príncipes que passam de si a imagem de
prudentes devem essa reputação não à sua natureza, mas aos
bons conselheiros que têm ao seu redor; mas certamente se en-
11 ganam. Uma regra geral que nunca falha: um príncipe que não
for sábio por si mesmo não pode ser bem aconselhado, a me-
nos que, por sorte, possa confiar em apenas um homem muito
12 prudente que o conduza em tudo. Isso até poderia ser possível,
mas duraria pouco, pois tal homem que governa em pouco tem-

po lhe tiraria o Estado. Porém, ao se aconselhar com mais de 13
um, um príncipe que não for sábio não terá nunca conselhos
concordantes e não saberá concordá-los por si mesmo. Sobre
os conselheiros, cada um pensará em seus próprios bens, e ele
não saberá nem corrigi-los e nem decifrá-los. E não poderá ser
diferente, pois os homens sempre se revelarão maus se não fo-
rem transformados em bons por uma necessidade que o faça.
Por isso, conclui-se que, independentemente de quem venham, 14
os bons conselhos devem ter origem na prudência do príncipe,
e não a prudência do príncipe nos bons conselhos.

XXIV

Cur Italiae principes regnum amiserunt

(Por qual motivo os príncipes da Itália perderam seus Estados)

1 As coisas descritas acima, se observadas prudentemente, fa-
zem com que um príncipe novo pareça antigo, tornando sua
permanência mais segura e mais estável no Estado do que se
2 ele ali estivesse por uma antiga estirpe. Porque um príncipe
novo é muito mais observado em suas ações do que um here-
ditário: e quando essas lhe são reconhecidas como virtuosas,
conquistam muito mais os homens e muito mais os vinculam
3 do que a antiguidade de sangue. Porque os homens são muito
mais envolvidos pelas coisas atuais do que pelas passadas, e
quando encontram o bem nas atuais, delas desfrutam e não
buscam outras coisas;[1] pelo contrário, assumirão toda a defe-
4 sa do príncipe desde que ele não prejudique a si mesmo. Dessa
forma, ele terá uma glória duplicada, por ter iniciado um prin-
cipado e por tê-lo ornado e fortificado com boas leis, com boas
armas e com bons exemplos; da mesma forma que aquele que,
nascendo príncipe, terá uma vergonha duplicada por tê-lo per-
dido com sua pouca prudência.

5 Se considerarmos aqueles senhores que na Itália perderam
o Estado em nossos tempos, como o rei de Nápoles,[2] o duque
de Milão[3] e outros, será possível ver neles, antes de tudo, um

defeito comum com relação às armas, pelos motivos sobre os
quais longamente se discorreu acima. Depois disso, será pos-
sível ver aqueles que tiveram o povo como inimigo ou que, se
o tiveram como amigo, não souberam se proteger dos grandes.
Porque, sem esses defeitos, não se perdem os Estados que te- 6
nham o vigor de manter um exército em campo. Filipe da Ma- 7
cedônia[4] — não o pai de Alexandre, mas o que foi derrotado por
Tito Quinto — não possuía um Estado da mesma grandeza que
o dos romanos e da Grécia, que o atacaram. Contudo, por ser
um homem militar e que sabia agradar ao povo e se precaver
dos grandes, sustentou por muitos anos a guerra contra eles.[5]
E se por fim perdeu o domínio de algumas cidades, permane-
ceu-lhe o reino.

Portanto, esses nossos príncipes, que por muitos anos per- 8
maneceram em seus principados, que não deem a culpa à for-
tuna se caíram, mas sim à sua própria ignávia: pois em tempos
de paz, nunca pensaram que esses poderiam mudar — o que é
um defeito comum dos homens, não considerar a tempestade
durante a calmaria —, e quando depois chegaram os tempos de
adversidades, pensaram em fugir, e não em se defender; e ain-
da esperavam que a população, exausta da insolência dos ven-
cedores, pedisse que voltassem. Tal escolha é boa quando não 9
há outras, mas é muito ruim ter que fazê-la por ter abandonado
outros remédios: porque não se deve nunca cair por acreditar
que alguém vai te levantar. O que não acontece ou, se acontece, 10
não te traz segurança, pois tal defesa não foi honrada e não de-
pendeu de ti; apenas as defesas que dependem de ti mesmo e de
tua virtude são boas, certeiras e duráveis.

XXV

Quantum Fortuna in rebus humanis possit et quomodo illi sit occurrendum

(O quanto pode a fortuna nas questões humanas e de que modo é possível resistir a ela)

1 Não é por mim ignorado que muitos acreditaram e acreditam
no modo como as questões do mundo são governadas — pela
fortuna e por Deus[1] — e que os homens, mesmo quando pru-
dentes, não são capazes de corrigi-las, a ponto de não poder
existir qualquer prevenção. E por isso não haveria motivos
para se dedicar às coisas, mas sim para se deixar governar pela
2 sorte. Essa opinião foi muito acreditada nos nossos tempos
pelas grandes variações das coisas que todos os dias são vistas,
3 distantes de qualquer conjectura humana. Pensando nisso, eu
4 mesmo às vezes me inclinei a tal opinião.[2] Contudo, para que
o nosso arbítrio não seja completamente apagado,[3] julgo que
possa ser verdade que a fortuna é árbitra da metade das nos-
sas ações, mas que ela *etiam* (também) deixa a nós governar a
5 outra metade, ou quase. E a associo a um desses rios incon-
troláveis que, quando irados, alagam as planícies, derrubam
árvores e edifícios, levam terra de um lugar e depositam em
outro: todos fogem desse ímpeto, sem poder de modo algum
6 se opor a ele.[4] Mas ainda que sejam assim, isso não impede que
os homens, em tempos tranquilos, tomem providências com
barreiras e margens, de tal modo que, no momento da cheia,

eles sigam por um canal ou que seu ímpeto não seja danoso
nem desenfreado. O mesmo ocorre com a fortuna, que de- 7
monstra a sua potência onde não está ordenada uma virtude
que lhe faça frente; nesse caso, dirige seus ímpetos aonde sabe
que não foram feitas margens nem barreiras para detê-la.[5] E 8
se for examinada a Itália, que é palco dessas variações e lhes
deu o impulso inicial,[6] será possível ver como é um campo sem
margens e sem qualquer barreira: pois, se tivesse sido protegi-
da por uma virtude adequada — como a Alemanha, a Espanha
e a França —, essa cheia não teria provocado as grandes va-
riações que provocou, ou mesmo nem teria acontecido. E que 9
baste quanto foi dito sobre a possibilidade de se opor à fortuna
in universali (em sentido geral).

Mas atendo-me às particularidades, digo como hoje é pos- 10
sível ver um príncipe prosperar e amanhã se arruinar sem que
tenha sido visto mudar sua natureza ou qualquer característi-
ca. E acho que isso tem origem, em primeiro lugar, nas razões
sobre as quais se discorreu longamente antes;[7] isto é, que aque-
le príncipe que se apoia completamente na fortuna se arruína
conforme ela varia. Creio ainda que seja afortunado aquele que 11
adequa seu modo de proceder às qualidades dos tempos e, do
mesmo modo, seja desafortunado aquele cujo proceder se dis-
socia dos tempos.[8] Porque vemos os homens agirem de modo 12
variado com relação às circunstâncias que os conduzem ao fim
que têm por objetivo, isto é, a glória e a riqueza: uns com cau-
tela, outros com ímpeto; uns com violência, outros com arte;
uns com paciência, outros com o contrário dela; e cada um des-
ses modos pode ser eficiente. Ainda é possível ver que de dois 13
cautelosos agindo do mesmo modo, um chega a seu objetivo e
outro não; da mesma forma, dois que prosperam agindo de mo-
dos contrários, sendo um cauteloso e outro impetuoso; o que
não decorre senão da qualidade dos tempos, que se adequam ou

14 não aos seus modos de agir. Nisso se origina o que eu disse, que
dois, atuando de modos diferentes, provocam o mesmo efeito;
e dois atuando do mesmo modo, um chega a seu objetivo e o
15 outro não.[9] Disso ainda depende a variação do bem; porque se
alguém governa com cautela e paciência, os tempos e as coisas
avançam de modo que seu governo seja sempre bom, o que o
leva a prosperar; mas se os tempos e as coisas mudam, sem que
16 ele mude seu modo de agir, ele se arruína. Não é simples en-
contrar um homem tão prudente que saiba se adaptar a essas
mudanças; isso porque ele não consegue se desviar daquilo a
que sua natureza o inclina, isso *etiam* (também) porque se al-
guém prosperou ao seguir determinado caminho, não é simples
17 que se convença de que o melhor seja sair desse caminho. Por
isso, um homem de cautela não sabe o que fazer quando chega
a hora de agir com ímpeto, o que provoca a sua ruína; mas se
ele mudasse sua natureza com os tempos e com as coisas, não
mudaria a fortuna.

18 O papa Júlio II[10] procedeu impetuosamente em todas as suas
ações,[11] encontrando os tempos e as coisas favoráveis ao seu
19 modo de proceder e que surtiram um final positivo. Considere
a sua primeira investida, a de Bolonha,[12] quando *messer* Gio-
20 vanni Bentivogli ainda vivia. Os venezianos eram contrários;
o rei da Espanha também; com a França, ainda se negociava tal
investida. Ele, ainda assim, com sua ferocidade e ímpeto, foi
21 pessoalmente à frente da expedição. Tal movimento fez com
que a Espanha e os venezianos ficassem hesitantes e paralisa-
dos, estes por medo e aqueles pelo desejo de recuperar todo o
reino de Nápoles.[13] Por outro lado, o papa arrastou consigo o rei
da França porque, vendo que o papa agora se movia e querendo
torná-lo seu amigo para rebaixar os venezianos, o rei acreditou
que não poderia lhe negar seus exércitos sem que isso confi-
22 gurasse uma clara ofensa. Júlio, então, com o seu movimento

impetuoso, realizou o que nenhum outro pontífice, com toda a
prudência humana, poderia ter realizado. Se ele tivesse espera- 23
do para sair de Roma com todos os acordos concluídos e todas
as coisas ordenadas, como qualquer outro pontífice teria feito,
nunca teria conseguido; porque o rei da França teria mil des-
culpas e os outros teriam imposto mil temores. Quero deixar de 24
lado as suas outras ações, que foram todas semelhantes e todas
bem-sucedidas; e a brevidade da vida não lhe fez sentir os efei-
tos contrários, porque se fossem chegados os tempos em que
precisasse agir com cautela, isso teria acarretado a sua ruína.
Ele nunca teria desviado dos modos para os quais sua natureza
o inclinava.

Concluo dizendo que, com a variação da fortuna e dos tem- 25
pos, e estando os homens obstinados em seus modos, eles pros-
peram enquanto os tempos e os modos estão de acordo; mas
quando em desacordo, fracassam. Considero, portanto, que 26
seja melhor ser impetuoso que cauteloso, pois a fortuna é mu-
lher e para possuí-la é necessário bater e surrá-la.[14] Assim, vê- 27
-se que ela se deixa vencer mais por estes do que por quem age
friamente. Por isso, como mulher, é sempre amiga dos jovens,
porque esses são menos cautelosos, mais ferozes e mais auda-
zes quando a comandam.

XXVI

Exhortatio ad capessendam Italiam in libertatemque a barbaris vindicandam
(Exortação a tomar a defesa da Itália e libertá-la das mãos dos bárbaros)[1]

1 Tendo considerado todas as coisas discorridas antes e pensando comigo mesmo se atualmente na Itália estamos no momento de honrar um novo príncipe e, além disso, se há matéria que ofereça a ocasião a um prudente e virtuoso que aqui introduza formas que tragam honras[2] a si e benefícios para a sua comunidade de homens, tenho a impressão de que há tantas coisas favoráveis a um príncipe novo que não sei se houve outro mo-
2 mento mais adequado do que este. E se, como eu disse,[3] para destacar a virtude de Moisés era necessário que o povo de Israel tivesse sido escravizado no Egito; e, para reconhecer a grandeza do ânimo de Ciro, que os persas tivessem sido oprimidos pelos medos; e a excelência de Teseu, que os atenienses
3 tivessem sido dispersos, então agora, querendo reconhecer a virtude de um espírito italiano, era necessário que a Itália se reduzisse às presentes condições, mais escrava que os hebreus, mais serva que os persas e mais dispersa que os atenienses; sem comando, sem ordem, rebaixada, despojada, dilacerada, saqueada, suportando toda sorte de ruína.[4]

4 E ainda que alguns até hoje tenham sido iluminados e por isso interpretados como uma ordem de Deus para a redenção da

Itália, também se viu como depois, no ápice de suas ações, fo-
ram reprovados pela fortuna. De modo que, ficando quase sem 5
vida, ela espera por aquele que poderá tratar suas feridas e pôr
fim aos saques da Lombardia, às taxas do Reino e da Toscana, e
a cura das chagas já gangrenadas há muito tempo.[5] Vê-se como 6
roga a Deus que lhe mande alguém que a redima de tamanha
crueldade e bárbaras insolências.[6] Vê-se ainda completamente 7
pronta e preparada a seguir uma bandeira, desde que haja al-
guém para empunhá-la. Não se vê aqui hoje em quem ela possa 8
ter esperança senão na vossa ilustre Casa,[7] que com sua fortuna
e virtude — favorecidas por Deus e pela Igreja, da qual agora é
o príncipe[8] — pode encabeçar essa redenção. Isso não será mui- 9
to difícil, se trouxerdes diante de vós as ações e a vida dos que
foram acima nomeados; e ainda que tais homens tenham sido
incomuns e maravilhosos, ainda assim foram homens e tiveram
diante de si ocasiões menores que a presente.[9] Porque a inves-
tida deles não foi mais justa do que esta e nem mais fácil, nem
Deus foi mais amigo deles do que vosso. Aqui há uma grande 10
justiça: *iustum enim est bellum quibus necessarium et pia arma
ubi nulla nisi in armis spes est* (a guerra é justa para quem ela é
necessária, e as armas são piedosas quando não há esperança
senão com elas).[10] Aqui há uma enorme predisposição: e não 11
pode haver grande dificuldade onde há uma grande predispo-
sição, desde que ela[11] tome as ordenações de quem propus como
modelo. Além disso, aqui são vistos eventos excepcionais sem 12
precedentes, conduzidos por Deus: o mar se abriu; uma nuvem
mostrou o caminho; a pedra jorrou água; aqui choveu o maná.[12]
Tudo contribuiu para vossa grandeza. O resto tem de ser feito 13
por vós:[13] Deus não quer fazer tudo para não nos privar do livre-
-arbítrio[14] e de parte daquela glória que nos é devida.

E não é de surpreender que os italianos mencionados não 14
tenham podido fazer o que se espera seja feito pela vossa ilus-

tre Casa, e que mesmo em tantas reviravoltas na Itália e em
tantas manobras de guerra sempre nos pareça que a virtude
militar da Itália tenha se apagado. Isso se explica porque suas
antigas ordenações não eram boas, e não houve ninguém que
15 tenha sabido implementar novas. Nada traz tanta honra a um
homem que surja como novo quanto as novas leis e as novas
ordenações implementadas por ele; quando tais coisas são bem
fundamentadas e possuem grandeza em si o tornam admirá-
16 vel e digno de reverência. E na Itália não falta matéria sobre a
qual moldar toda forma: aqui há grande virtude nos membros,
17 ainda que tenha faltado nas cabeças.[15] Observai o quanto nos
duelos e nos combates entre poucos os italianos são superiores
com a força, com a destreza, com o engenho; mas quando pas-
18 sam para os exércitos não causam uma boa impressão. E tudo
se origina na fraqueza dos cabeças, porque aqueles que sabem
não são obedecidos e todos acreditam saber, sem que tenha ha-
vido até agora alguém capaz de se distinguir, por virtude e por
fortuna, a ponto de fazer com que os outros cedam.

19 Daqui se origina que em tanto tempo, nas tantas guerras dos
últimos vinte anos,[16] sempre houve um mau resultado quando o
exército era inteiramente italiano; disso são testemunhas pri-
meiramente Taro, depois Alessandria, Cápua, Gênova, Vailà,
Bolonha e Mestre.[17]

20 Querendo, então, a vossa Casa seguir aqueles excelentes
homens que redimiram suas províncias, é necessário antes de
todas as outras coisas, como verdadeira fundação de qualquer
investida, prover-se de armas próprias, pois não pode haver
soldados mais confiáveis, nem mais verdadeiros, nem melho-
res; e ainda que cada um deles seja bom, todos juntos se tornam
melhores quando se veem sob o comando de seu príncipe, e
21 por ele honrados e atraídos. Portanto, é necessário se preparar
para esses exércitos para poder se defender dos estrangeiros

com a virtude itálica. E ainda que as infantarias suíças e espa- 22
nholas sejam consideradas terríveis, em ambas há defeitos que
permitem que um terceiro lhes faça frente e até vença. Porque 23
os espanhóis não podem se proteger de homens a cavalo, e os
suíços costumam ter medo dos soldados quando enfrentam
obstinados no combate como eles.[18] Por isso, foi e será visto
que os espanhóis não se protegem de uma cavalaria francesa,
e os suíços se arruínam diante de uma infantaria espanhola.[19]
E mesmo que desse último não se tenha tido uma experiência 24
completa, houve uma amostra na Batalha de Ravena,[20] quando
as infantarias espanholas enfrentaram os batalhões alemães
que seguem os mesmos alinhamentos dos suíços: onde os es-
panhóis, com a agilidade do corpo e o apoio de seus broquéis,
tinham se infiltrado por baixo de seus piques, com segurança
para atacá-los sem que os alemães tivessem como remediar; e
se não fosse pelo apoio da cavalaria, teriam eliminado todos.
Estando, então, conhecidos os defeitos de uma e de outra in- 25
fantaria, que seja possível ordenar uma completamente nova
que resista aos cavalos e não tenha medo dos soldados a pé; o
que será possível pela natureza das armas e variação das orde-
nações. Essas são coisas que, ordenadas como novas, dão auto-
ridade e grandeza a um novo príncipe.

Não se deve nunca deixar passar essa ocasião, para que a 26
Itália veja aparecer seu redentor após tanto tempo. Não sou 27
capaz de mensurar o amor com que ele seria recebido em todas
as províncias que sofreram inundações externas, com tamanha
sede de vingança, com obstinada fé, com piedade, com lágri-
mas. Quais portas ficariam fechadas? Que povos lhe negariam 28
obediência? Que ambição lhe seria contraposta? Qual italiano
lhe negaria a reverência? Esse domínio bárbaro fede para to-
dos. Tome, então, a vossa ilustre Casa esse compromisso com 29
aquele mesmo ânimo[21] e com aquela mesma esperança com que

se tomam as tarefas justas, para que esta pátria seja enobrecida sob a sua insígnia e sob os seus auspícios se confirme o que disse Petrarca:

> Virtude opõe furor,
> de armas às mãos para um combate breve;
> pois o antigo valor
> nos itálicos peitos se manteve.[22]

Correspondência — Parte 2

22

Nicolau Maquiavel a Francesco Vettori
Florença, 19 de dezembro de 1513

Magnifico oratori Francisco Victori Reipublice Florentine 1
apud Summum Pontificem

(Ao magnífico embaixador Francesco Vettori da República florentina perante o Sumo Pontífice)

Magnífico embaixador, eu lhe escrevi há uns oito ou dez dias 2
em resposta à sua carta do último dia 23 e lhe falei sobre a mi-
nha ida até aí, sobre o que me mantinha suspenso; espero a
sua opinião e depois seguirei o que você me aconselhar. Esta, 3
escrevo em benefício do nosso amigo Donato del Corno. Você 4
sabe como andam as suas questões, e a carta que no princípio
conseguiu obter da Magnificência de Giuliano ao magnífico
Lorenzo; depois morreu o *messer* Francesco Pepi,[1] que havia
assumido para si essa causa, de modo que Donato ficou quase
sem esperanças. Mesmo assim, para não dar a coisa por ven- 5
cida, Donato e eu fomos encontrar Iácopo Gianfigliazzi,[2] que
nos prometeu vigorosamente não se omitir em nada; e com a
carta que você lhe escreveu sobre isso há dois dias, voltamos
a ele, que nos prometeu ainda com mais ênfase e nos afirmou
que daqui até meados de janeiro não se falaria no assunto, pois
havia primeiro outros embolsamentos para concluir. E ao per- 6
guntarmos a ele se achava necessário obter nova carta de Giu-
liano, ele disse que isso faria apenas o bem, mas que se deveria
deixar para o último momento para que fosse recente ao fato,
porque tendo-a em mãos agora estaria velha no instante opor-

7 tuno, sendo necessário começar de novo. Por isso, será neces-
sário arranjar essa carta no momento certo; e pode deixar para
lá aquela que você mandou recentemente quando escreveu a
8 Donato.[3] Quando for o momento de obtê-la, será necessário
pensar a respeito do fato que a justifica.

9 Parece-nos, fundamentados na sabedoria da que obtivemos
antes, que uma carta sem a menção sobre quem está sendo lem-
10 brado é um favor morto. Por isso, julgamos necessário que aí
se buscasse, quando possível, que o *ser* Niccolò Michelozzi[4] re-
cebesse de Giuliano o encargo de lembrá-lo a Lorenzo, ou por
carta que Giuliano lhe escrevesse ou por carta que lhe escre-
vesse Piero Ardinghelli em nome de Giuliano, porque qualquer
desculpa que o *ser* Niccolò tivesse faria que ele se lembrasse
11 dessa matéria nos tempos devidos. E como nós entendemos
que a Piero Ardinghelli seria fácil conduzir tal coisa, pedimos
que você se esforce ainda mais com a promessa de vantagens
12 que julgar necessário lhe oferecer;[5] Donato irá honrá-la. E não
faltará oportunidade para isso, pois ele sabe como a Magnifi-
cência de Giuliano se esforçou para favorecer o mestre Manen-
te,[6] e há mais gente além de Giuliano que quer que isso acon-
teça; assim, é necessário que os favores de Donato venham, e
13 se Pietro quiser, creio que seja possível ter tudo. Por isso, nos
parece necessário usar esse remédio de Piero, e que todos os
favores que possam surgir, que surjam entre 8 e 15 de janeiro,
pois Lorenzo estará ocupado com isso pelos motivos mencio-
14 nados. Para que você saiba de tudo, e veja se Donato merece ser
incluído entre os fiéis servos da ilustríssima Casa dos Médici,
saiba que: um dia após eles terem voltado a Florença,[7] Donato
levou à Magnificência de Giuliano quinhentos ducados como
empréstimo, sem que lhe fossem solicitados e dos quais ainda é
15 credor. Não menciono isso para que você diga a ninguém, mas
para que, ao sabê-lo, você tome essa iniciativa com mais ânimo.

Donato e eu não fazemos cerimônia em lhe pedir esse tra- 16
balho e insistir, pois, sabendo como você é um amigo solícito,
acreditamos lhe dar alegria ao pedi-lo. Pois isso, ele ao mes-
mo tempo que lhe manda lembranças pede desculpas, quando
necessário, e tudo o que escrevo aqui é opinião de nós dois; e
sempre serão aprovados todos os modos que você adotar como
mais prudentes.

Aqueles quatro versos que você escreveu sobre o Cacheado[8] 17
no início da carta de Donato, nós os recitamos de memória a
Giovanni Machiavelli, e em troca do Machiavello[9] e do Pera,[10]
inserimos Giovanni Machiavelli. Ele encheu nossos ouvidos de 18
tanto reclamar, dizendo que não sabe de onde você tirou que
ele é entendido, e que deve escrever a você sem falta; por um
bom tempo, Filippo e eu nos divertimos muito com isso.

E nessa nossa cidade, ímã dos charlatões do mundo, encon- 19
tra-se um frade de São Francisco que é meio eremita,[11] o qual,
por ter muito acreditado em profecias, professa as suas, e on-
tem de manhã na Santa Cruz, onde prega, disse *multa magna
et mirabilia* (muitas coisas grandiosas e surpreendentes): que
daqui a não muito tempo — de modo que mesmo quem tem no-
venta anos poderá ver — haverá um papa injusto, eleito contra
um papa justo, que terá consigo falsos profetas, fará cardeais
e dividirá a Igreja. *Item* (Além disso), que o rei da França seria 20
aniquilado, e alguém da casa de Aragão predominaria sobre a
Itália. Nossa cidade seria queimada e saqueada, as igrejas se-
riam abandonadas e feitas em ruínas, os padres seriam disper-
sos e por três anos não haveria mais rituais sagrados; haveria
fome e altíssima mortalidade; não ficariam mais do que dez ho-
mens na cidade, e nem mais do que dois nas áreas rurais. Que 21
um diabo havia dominado um corpo humano por dezoito anos,
celebrando missas.[12] Que dois milhões de diabos estavam livres 22
para auxiliar tudo, os quais entravam em corpos que morriam

sem os deixar apodrecer, de modo que as pessoas acreditassem
que falsos profetas e religiosos podiam ressuscitar os mortos.
23 Tais coisas me atordoaram tanto que hoje de manhã eu iria me
encontrar com a Cacheada[13] e não fui. Mas não tenho certeza
se eu teria deixado de ir se o meu compromisso fosse com o Ca-
24 cheado. Eu não ouvi essa pregação, pois não tenho o hábito de
tais práticas,[14] mas a ouvi assim repetida por toda a Florença.

25 Mando a você minhas lembranças, e peço que mande minhas saudações ao Casa, dizendo-lhe que se ele não tiver modos diferentes por aí perderá o crédito com os rapazes, como perdeu com os daqui.

26 *Valete*. No dia 19 de dezembro de 1513.

Nicolau Maquiavel, em Florença

23

Francesco Vettori a Nicolau Maquiavel
Roma, 24 de dezembro de 1513

Spectabili viro Nicolau do *messer* Bernardo Machiavelli. 1
Em Florença
† Em 24 de dezembro de 1513

Meu querido compadre, se eu não lhe respondi de imediato à 2
sua carta do dia 10 e talvez agora ainda não responda do modo
devido, a causa disso são o Casavecchia e o Brancaccio, que to-
dos os dias me perturbam a mente ao me lembrar a dignidade
desta cidade e o que é necessário ao meu ofício. Você sabe que 3
eu me deleito um pouco com as mulheres, mais para ficar de
papo com elas do que para outro efeito, pois já estou tão para
lá que posso fazer pouco mais do que falar. Você sabe também 4
o quanto Filippo tem seu espírito afastado delas. E, sendo a
minha morada um pouco fora de mão, antes que ele viesse era
comum alguma cortesã vir me visitar para ver a igreja e a horta
contíguas à casa onde moro. Não me dei conta, quando Filippo 5
chegou, de que lhes deveria ter avisado para que não fossem
tão intrépidas e que não viessem. Assim, dois dias após a che-
gada dele, justamente na hora do almoço, uma delas apareceu
no quarto, tendo os serviçais, segundo o hábito, deixado que
ela entrasse livremente e, uma vez dentro, se sentasse como se
fosse em sua própria casa, de modo que eu não tivesse como
mandá-la embora nem a esconder de Filippo, que lhe lançou
um olhar surpreso e desdenhoso. Fomos à mesa, ela sentada em 6

seu lugar; comemos, falamos e, depois da refeição, ela, segun-
7 do o costume, saiu para passear na horta. Ficamos eu e Filippo,
que fez questão de fazer todo um discurso e começou a falar
deste modo: "Você não vai me levar a mal, magnífico embaixa-
dor, pois sendo eu desde a minha infância..."; mas eu, sabendo
que o discurso haveria de ser longo e percebendo o que ele que-
ria dizer, o interrompi dizendo que havia compreendido a sua
intenção com aquelas poucas palavras, e que não queria me jus-
tificar e nem ouvir a sua correção, pois eu havia vivido até aqui
com liberdade e sem resguardo algum, e assim gostaria de fazer
8 pelo resto de tempo que tenho para viver. Assim, ele consentiu
a contragosto que as mulheres venham à vontade.

9 Agora quero lhe contar o incômodo que o Brancaccio me
10 deu.[1] Acredito que você saiba o quanto Iácopo Gianfigliazzi
é meu amigo, e tenho muitos motivos não apenas para amá-
11 -lo como para admirá-lo. Quando ele foi embaixador aqui, me
confiou algumas questões que agora não vêm ao caso. E talvez
estimando que eu tivesse mais coisas a fazer do que realmen-
te tenho, encarregou o *ser* Sano[2] de me lembrar delas; este, por
isso, quase toda semana vinha me falar desses assuntos e às ve-
12 zes comia comigo. Giuliano, depois de vê-lo por aqui uma, duas,
três vezes, começou a me dizer que o *ser* Sano é um homem infa-
me e que um mercador de boa fama lhe perguntou nos Bancos[3]
que tipo de negócios eu tenho com ele, e que eu deveria evitar
esse tipo de prática. Assim, para me justificar, fui forçado a lhe
contar em detalhes toda a trama entre Iácopo Gianfigliazzi e
13 ele. Por isso, meu compadre, veja onde me encontro e de que
forma preciso explicar o que digo e cada um que vem falar co-
migo. Quero que me diga a sua opinião, quem lhe parece que me
repreende com mais razão, Filippo ou Giuliano, aos quais con-
tinuo, não por isso, a estimar. E mesmo como todas as suas ad-
vertências e repreensões, não deixarei de fazer o que eu quiser.

Você me escreveu, e Filippo também me falou, que você 14
compôs uma certa obra sobre Estados. Se você me mandar, a 15
receberei com atenção; e ainda que não seja muito ajuizada
a necessidade de que eu julgue suas coisas, pois faltariam a
competência e o juízo, o amor e a fidelidade se manifestariam:
quando eu a tiver visto, darei minha opinião sobre apresentá-la
ou não ao magnífico Giuliano, conforme me parecer.[4]

O temor que você tem de vir até aqui me parece fácil de resol- 16
ver, porque se você for encontrar uma vez o cardeal dos Soderini,
ninguém vai prestar atenção. Piero está em paz consigo mesmo, 17
e não acho que se importe com visitas, nem com a sua; e se você
não o visitar, não acredito que isso será visto como ingratidão.
Porque eu andei refletindo e não acho que ele ou os seus tenham
feito a você tantos benefícios a ponto de sua obrigação precisar
ser além do normal. Você não recebeu deles o trabalho, pois come- 18
çou a atuar três anos antes que ele se tornasse gonfaloneiro.[5] E ele
se serviu de você e você trabalhou com fidelidade, e nem por isso
você recebeu outro prêmio além do normal. Por isso, quando tiver 19
que vir, não quero que preocupações do tipo o freiem, pois você
não será advertido por uma simples visita; e mesmo que dela você
se abstenha, não será considerado ingrato por ninguém.

Pela sua carta e pelo que Filippo conta, entendo que você, 20
sendo habituado ao trabalho e à retribuição, anda com difi-
culdades por estar consumindo as poucas entradas, pois ainda
tem certos desejos, como eu. Fomos examinando, mas aqui em 21
Roma não encontramos algo para seus propósitos. Falou-se so- 22
bre o cardeal dos Médici ir com uma delegação à França, e eu
pensei, caso isso ocorra, em falar em seu nome por você já ter
estado lá e ter alguns conhecidos naquela corte e conhecimen-
tos sobre seus hábitos.[6] Se acontecer, em nome de Deus; se não 23
acontecer, não teremos perdido nada. Tão logo você me mande 24
aquele tratado, direi se me parece o caso de vir apresentá-lo.

25 Ora passemos a Donato, para quem desejo muito sucesso, e
não acredito que seja difícil para você e para ele acreditarem
26 nisso. Como lhe escrevi, por ele pedi cartas a Giuliano além do
uso comum[7] e prometi amplamente minha disponibilidade. E
como Piero[8] não é muito ágil na escrita, devido às muitas preo-
cupações que tem, mantive uma pessoa ali até que ele escreves-
se; como ele mandaria um portador, fiz que preparassem um
envelope a Donato em meu nome e ordenei que o deixassem
27 a Piero, que enviaria. Me admira que não tenha chegado. Fa-
larei de novo com Giuliano e adotarei com Piero a estratégia
que você me aconselha; mas não gostaria que, por Donato, nós
somássemos dano sobre dano, ou seja, que ele fizesse doações
e não conseguisse seu intento, pois não sei de que modo seria
possível saber se o nome dele foi embolsado.

28 Mande-me notícias sobre como foi a questão com o mestre
Manente, de modo que eu possa pedir a Giuliano e a Piero da
mesma forma; e saiba que eu não deixarei de fazer nada em seu
29 benefício. Lembranças a Filippo[9] e a Giovanni Machiavelli, e
peça-lhe desculpas porque, às vezes, para acertar um verso, nos
afastamos um pouco da verdade; que ele não creia voltar a ou-
vir isso, e lhe peço perdão se o tiver ofendido.[10]

30 O Casa está se sentindo em casa,[11] e creio que será bom para
o seu bolso e mais ainda para o seu corpo, pois com três troca-
dos ele arranja coisas boas.[12] Ele e o Brancaccio estão sempre
discutindo, tendo eu que me meter no meio para recompô-los.

31 Sobre o eremita, não tenho o que responder. Como você diz,
Florença é regida por um astro que faz com que tais homens
corram para ela e sejam ouvidos de bom grado.

32 Não tenho mais o que dizer nesta carta, apenas minhas sau-
dações a você. Cristo o proteja.

Franciscus Victorius orator
(Francesco Vettori, embaixador)

24

Nicolau Maquiavel a Francesco Vettori
Florença, 5 de janeiro de 1514

Magnifico oratori florentino apud Summum Pontificem Fran- 1
cisco Victorio benefactori suo osservandissimo

(Ao magnífico embaixador florentino perante o Sumo Pontífice Francesco Vettori, meu benfeitor, com muito respeito)

Magnífico embaixador, é certamente uma coisa relevante con- 2
siderar o quanto os homens são cegos para as coisas em que pecam e o quanto são aguerridos perseguidores dos vícios que
não têm.[1] Eu poderia trazer exemplos entre gregos, latinos, he- 3
braicos, caldeus e ir até os países do Sofí e do padre Ianni,[2] e faria isso se os exemplos domésticos não fossem suficientes.[3]
Eu acredito que o *ser* Sano poderia ir à sua casa de um jubileu 4
a outro[4] sem que Filippo pensasse que isso traria qualquer desonra; pelo contrário, lhe pareceria que você faz coisas graciosas ao tê-lo por perto, e que isso seria uma prática adequada a um embaixador que, sendo obrigado a infinitos decoros, precisa ter suas distrações e seus divertimentos. E o *ser* Sano lhe pareceria perfeito, de modo que ele louvaria sua prudência a
todos, aprovando tal escolha até o céu. Por outro lado, acredito 5
que se todo o bordel de Valência[5] corresse para sua casa, não seria possível que o Brancaccio o repreendesse; pelo contrário, aprovaria isso mais do que se ouvisse você discursando diante do papa melhor que Demóstenes.

E se você quisesse ver a prova desse argumento, poderia, 6
sem que um soubesse da advertência do outro, dizer ter aceita-

7 do seus pontos de vista e que iria adotar seus conselhos. Tendo
fechado a porta às putas e expulsado o *ser* Sano, retirando-se
a uma vida edificante e fechando-se em um comportamento
meditativo, não se passariam nem quatro dias e Filippo come-
çaria a dizer: "O que houve com o *ser* Sano? Quer dizer que ele
não aparece mais? Que pena que não vem mais, ele me parece
um homem de bem. Eu não sei o que esse povo anda tagarelan-
do, mas me parece que ele entende muito bem os hábitos desta
corte[6] e que é uma companhia útil. Você deveria, embaixador,
8 mandar chamá-lo". Já o Brancaccio, eu não sei se sentiria ou
se se surpreenderia com a ausência das damas, principalmente
se você não lhe tivesse dito enquanto ele estava com a bunda
na frente de todos,[7] como teria feito Filippo, deixando para lhe
9 falar de modo privado. Para melhor esclarecer, seria necessá-
rio que nessa sua austera situação eu chegasse aí, pois sou en-
tendido e gosto de mulheres.[8] Tão logo me inteirasse de tudo,
eu diria: "Embaixador, você vai ficar doente; não vejo você se
divertindo com nada: onde estão os rapazes, onde estão as mu-
lheres, que porra de casa é essa?".

10 Magnífico embaixador, estão todos loucos. São poucos os
que conhecem este mundo; e que saibam que nunca fazem nada
os que querem fazer da maneira dos outros, porque não exis-
11 tem dois homens que tenham a mesma opinião.[9] Esses tais não
sabem que quem é tido como sábio de dia nunca será tido como
louco à noite, e àquele que é estimado como alguém de bem e
de valor, aquilo que faz para alargar o espírito e viver com ale-
gria lhe traz apenas honra, e não infâmia; assim, em vez de ser
chamado de bicha ou putanheiro, deveria ser chamado de so-
12 ciável, disponível e bom companheiro. Pois não sabem que dão
de si e não pegam de outros, que fazem como o mosto enquanto
fermenta, que dá seu sabor aos vasos que sabem a mofo, e não
pegam o mofo dos vasos.

Por isso, senhor embaixador, não tenha medo do mofo do 13
ser Sano nem da podridão da dona Smeria,[10] e siga seus propó-
sitos. Deixe que o Brancaccio fale, pois ele não percebe fazer
como uma corruíra, que é a primeira a se esganiçar e a gritar,
mas quando chega a coruja é a primeira a ser levada.[11] E nos- 14
so amigo Filippo é como um abutre, que quando não encontra
carne em sua terra voa cem milhas para encontrar alguma; mas
quando está de boca cheia, fica do alto de um pinheiro rindo
das águias, açores, falcões e similares, que por se nutrirem de
alimentos mais delicados, passam fome durante metade do ano.
Assim, magnífico embaixador, deixe que um se esganice e que 15
o outro encha a boca enquanto você faz suas coisas do seu jeito.

Florença, em 5 de janeiro de 1513.[12] 16

Nicolau Maquiavel

25

Francesco Vettori a Nicolau Maquiavel
Roma, 18 de janeiro de 1514

1 *Spectabili viro* Maquiavel.
Em Florença

2 Compadre querido, sempre louvei sua inteligência e aprovei
seu juízo nas pequenas e nas grandes coisas; e o que você me
diz na última carta sobre Filippo e Brancaccio em poucos dias
me foi confirmado pelos fatos, pois, como você me conhece, eu
acredito mais nos outros do que em mim mesmo, e quero sem-
3 pre contentar mais a todos os outros do que a mim. Por isso,
movido pelos convencimentos que me impunham, como escre-
vi na outra carta, me dispus a acreditar neles e deixei respeito-
samente claro ao *ser* Sano que, quando Iácopo Gianfigliazzi me
escrevesse algo a mais, mandaria chamá-lo, e que não se desse
ao trabalho de vir me encontrar; desse modo ele, que é muito
astuto para essas coisas, entendeu bem o que eu queria dizer.
4 Assim, pedi para duas mulheres que vinham com frequência
que não viessem se eu não as mandasse chamar, pois havia che-
gado um parente meu a quem tinha muito respeito e que não
queria que as visse.

5 Fiquei, desse modo, cinco dias sem que aqui viesse alguém senão a serviços, como Donato Bossi,[1] que trabalha como gramático, com seu rosto severo e estranho, e que não fala de outra coisa a não ser da origem dos vocábulos e dos nomes, e se um

verbo deve ser inserido no início ou no fim da cláusula, ou de coisas assim que rapidamente chateiam muito quem escuta; e eu não fazia outra coisa a não ser perguntar sobre essas besteiras, de modo que ele ficasse mais à vontade para falar. E mesmo 6
que tal vida me aborrecesse, eu suportava o melhor que conseguia, para que Filippo e Giuliano se dessem conta de seus erros. E isso aconteceu logo, pois num fim de dia, perto da lareira, Giuliano começou a dizer que eu deveria convidar para o jantar uma tal vizinha que tenho aqui, e que não a chamar para jantar um dia demonstrava falta de modos, o que não é visto com bons olhos, e que os homens que não demonstram generosidade são considerados estranhos e extravagantes.

Mas é necessário que eu conte a situação dessa mulher, para 7
que você possa perceber com que finalidade tanto um como outro me incentivavam a convidá-la. Como eu escrevi da outra 8
vez, minha residência, mesmo que muito próxima do Palácio, é um pouco fora de mão, numa rua não muito frequentada e com vizinhos de baixa condição. Contudo, ao lado dela, em uma casa muito apropriada, mora uma mulher viúva, romana e de boa família, que foi e é uma boa acompanhante. E ainda que 9
já tenha um pouco de idade — tem uma filha de uns vinte anos que é de extraordinária beleza —, fez e faz algumas coisinhas; ela tem também um filho de catorze anos de idade, gracioso e gentil, mas de boa educação e honrado, como convém a tal idade. Como as casas são próximas e as hortas se encontram, foi 10
inevitável que houvesse alguma interação com essa dama, mesmo que à distância. Com frequência, ela vinha me procurar por favores com o papa e com o governador, e eu a ajudei no que pude, pois devemos fazê-lo com as viúvas e com os órfãos. Essa 11
era a viúva que Giuliano me convencia a convidar para jantar. E Filippo insistia comigo em relação ao rapazote, citando o exemplo de Alessandro Nasi — a quem visitava com frequên-

cia na outra vez que esteve em Roma e a quem encontrava sem-
pre acompanhado de algum vizinho —, além de outros motivos,
12 conforme ele costuma fazer, como você sabe. Tanto souberam
me convencer ele e Giuliano que eu consenti que fizessem o que
quisessem.

13 Eram umas duas horas da noite,[2] e por isso não achei que
chamariam tais vizinhos naquele momento. Por isso, quando
eles me deixaram, me pus a escrever uma carta aos Dez Senho-
res e estava imaginando como fazer para organizá-la de modo
a não lhes revelar completamente todos os projetos do Nosso
Senhor, pois não sabia se era de seu agrado, mas também não
queria que fosse enxuta demais a ponto de que eles julgassem
que eu aqui sou pouco atento ou de pouca inteligência, ou mes-
mo que não lhes reporto aquilo que se deve, principalmente
por eles serem para todos os efeitos os homens mais impor-
14 tantes de nossa cidade. Enquanto eu me ocupava com esses
devaneios, aparece a vizinha com sua filha e seu filho, além de
15 um irmão dela que vinha como guardião do grupo. Tão logo a
vi, a recebi com os modos mais agradáveis que a natureza me
permite, porque você sabe que os gestos afáveis e as palavras
aduladoras não me caem bem. Mesmo assim, me esforcei e ter-
minei a carta com uma breve conclusão, dizendo o necessário,
analisando e esperando a resolução sobre os suíços na assem-
bleia da Epifania.[3]

16 Assim, Giuliano começou a bater papo com a filha moça e
Filippo com o rapaz, e para lhes dar mais espaço chamei a viúva
e o irmão de lado e comecei a perguntar a respeito da questão,[4]
de modo que, ocupados nessa conversa, déssemos tempo aos
17 outros dois, mesmo que já fosse a hora do jantar. Mas eu não
podia deixar de às vezes esticar o ouvido ao que Giuliano dizia
a Constanzia, esse é seu nome, e eram as palavras mais suaves
que eu já ouvi, louvando sua nobreza, sua beleza, sua fala, de

todos os modos que se pode louvar uma mulher. Filippo ain- 18
da não tinha suas mãos nas do rapaz, mas lhe jogava uma con-
versa mole, perguntando se estudava, se tinha um professor e,
indo mais aos detalhes, indagando se dormia com ele, de modo
que o rapazote envergonhado abaixava o rosto sem responder.
Chegou a hora do jantar, que foi muito alegre; depois, fomos 19
para perto do fogo, onde passamos o tempo a contar histórias,
nossos projetos, a jogar com as palavras e a assuntos de pouca
importância. Você iria rir, pois pouco depois do jantar — para 20
interromper não a nossa, mas a tranquilidade deles — chegou
Piero del Bene,[5] quem eu gostaria que não tivesse entrado na
sala. Eu não sei desagradar e nem simular, de modo que ele
entrou, mas dando-se conta de ser mal recebido por Filippo e
Giuliano, demorou pouco para ir embora. Passamos docemen- 21
te a noite, e por volta da meia-noite as vizinhas se foram, e nós
concluímos a conversa e fomos dormir.

Mas, meu amigo Nicolau, não posso deixar de contar algo 22
que lhe fará sofrer comigo: para contentar os amigos, me tor-
nei prisioneiro dessa Constanzia. Antes, quando vinha uma 23
mulher ou outra, eu não lhes dedicava minha afeição; contudo,
com elas satisfazia minha vontade. Veio essa, que arriscaria di- 24
zer que você nunca viu mais bonita no olhar e nem mais esbel-
ta, a qual eu já havia visto antes, mas de longe; mas agora que
chegou perto, me agradou tanto que não posso pensar em outra
coisa senão nela. E como algumas vezes eu vi você apaixona- 25
do e entendi quanto sofrimento passou, faço toda a resistência
que posso nesse início; e se eu não conseguir ser tão forte, duvi-
do que não, vou lhe escrever sobre o que se seguiu.

Vi os capítulos de sua obra,[6] e me agradam demais; mas 26
como não tenho tudo, não quero fazer um juízo definitivo. Es- 27
crevi a Donato na semana passada, quando era necessário ao
seu caso; e não faltarei no que for necessário. É verdade que o 28

caso do mestre Manente é mais fácil, pois ele superou o escrutí-
29 nio,[7] o que o torna certeiro. Filippo não está de acordo que você
diga que ele avança sobre a carniça, pois diz sempre preferir
as coisas perfeitas, e que você é quem come de tudo sem dis-
30 tinção. Eu havia pensado em fazer uma carta mais longa, mas
pela pressa acabei rabiscando esta; pois leio com tanto prazer
as suas cartas que, depois de lhe ter respondido, me parecem
passar mil dias até que a sua chegue de novo. A você minhas
saudações.

31 Cristo o proteja.

Francesco Vettori, embaixador em Roma,
no dia 18 de janeiro de 1513[8]

26

Nicolau Maquiavel a Francesco Vettori
Florença, 4 de fevereiro de 1514

Magnifico oratori florentino Francisco Victorio apud Sum- 1
mum Pontificem, benefactori suo

(Ao magnífico embaixador florentino perante o Sumo Pontífice Francesco Vettori, meu benfeitor)

Magnífico embaixador, eu voltei ontem da casa de campo, e seu 2
irmão Pagolo me entregou uma carta sua do dia 18 passado que
respondia a uma minha de não sei quando. Tive um grande prazer
com ela ao ver que a Fortuna foi tão amorosa com você e por ter
sabido fazê-lo muito bem, pois Filippo e o Brancaccio se transfor-
maram com você em uma alma em dois corpos, ou melhor, duas
almas em um corpo,[1] para ser exato. E quando eu penso nessa his- 3
tória, deles e sua, do início ao fim (e que, na verdade, se eu não
tivesse perdido minhas tagarelices[2] eu a inseriria entre as memó-
rias das coisas recentes), me parecem dignas de serem recitadas a
um príncipe entre as coisas que ouvi neste ano. Sou capaz de ver o 4
Brancaccio recolhido em uma cadeira baixa para melhor contem-
plar o rosto de Gostanza, com palavras e sinais, com atos e risadas,
com movimentos de boca, de olhos e de pigarros,[3] se gastando
todo, se consumindo todo pelas palavras, pela respiração, pelo
olhar e pelo suave modo e amparo feminino de Gostanza.

Virei-me pra direita e vi o Casa 5
já em cima do rapaz, quase no alvo,
fingindo compostura e olhos em brasa.[4]

6 Eu o vejo gesticular, indo ora de um lado ora de outro; o
vejo às vezes balançar a cabeça diante das respostas truncadas
e envergonhadas do jovem; o vejo falando com ele, fazendo ora
o papel do pai, ora o do preceptor, ora o do apaixonado; e o
pobre jovenzinho incerto sobre o fim a que ele o quer conduzir,
ora duvidando de sua honra, ora confiando na seriedade do ho-
7 mem, ora reverenciando sua presença elegante e madura. Vejo
você, senhor embaixador, entretido com a viúva e seu irmão,
mas mantendo um olho (o bom!) no rapaz e outro na moça, com
um ouvido nas palavras da viúva e outro nas do Casa e do Bran-
caccio; vejo você lhes respondendo genericamente apoiado em
suas últimas palavras, como Eco, e por fim cortar o assunto e
correr para o fogo com alguns gravetinhos secos e curtos, um
8 pouco de lado, apoiado sobre os rins. Vejo levantando junto a
você Filippo, o Brancaccio, o rapaz, a moça, com você dizen-
do: "Sentem-se, fiquem tranquilos, não levantem, continuem
com seus assuntos"; e depois de muitas cerimônias, um pouco
íntimas e cordiais, cada um se sentando de novo e voltando a
9 conversas agradáveis. Mas, principalmente, sou capaz de ver
Filippo quando Piero del Bene chegou; se eu soubesse pintar,
mandaria pintado, porque alguns de seus hábitos costumeiros,
de seus olhares atravessados e de suas posturas desdenhosas
10 não podem ser descritos. Vejo vocês à mesa, pegando o pão, os
copos, a tábua e os apoiadores, com cada um trazendo, ou me-
lhor, gastando felicidade e, por fim, todos transbordando num
11 dilúvio de alegria. Vejo, por fim, "um Jove acorrentado frente
ao carro":[5] vejo você apaixonado. E tal como o fogo tem de ser
de maior intensidade na lenha verde,[6] a chama em você é maior,
12 pois encontrou mais resistência. Aqui me seria lícito exclamar,
como em Terêncio: "*O celum, o terram, o maria Neptunni!*" (Ó céu,
13 ó terra, ó mares de Netuno).[7] Vejo você lutando consigo mesmo,
et quia (e como)

non bene conveniunt, nec in una sede morantur
maiestas et amor
(não coabitam em harmonia em única sede
o amor e o poder)[8]

você gostaria de se transformar ora num cisne e fecundar
um ovo em seu ventre, ora em ouro para que ela o transporte
consigo no bolso,[9] ora num animal, ora noutro, desde que não
se separe dela.

E como você fica desconcertado por causa do meu exemplo, 14
lembrando daquilo que as flechas do Amor já me fizeram, sou
forçado a dizer como lidei com isso. De fato, deixei que ele to- 15
masse conta, seguindo-o por vales, bosques, encostas e cam-
pos,[10] e concluo que isso me fez mais bem do que se eu o tivesse
rechaçado. Tire então os arreios, solte os freios, feche os olhos 16
e diga: "Toma, ó Amor, guia-me tu, conduz-me tu; se eu me
der bem, os louvores serão teus, se mal, a ti a censura; sou teu
servo: não podes ganhar mais nada se me dilacerares, e perdes
ao dilacerar as tuas coisas".[11] E com tais ou similares palavras, 17
capazes de atravessar uma parede, você pode torná-lo piedo-
so. Por isso, meu protetor, viva feliz: não fique desconcertado, 18
mostre o rosto à fortuna e siga as coisas que os movimentos dos
céus,[12] as determinações dos tempos e dos homens lhe trazem,
e não duvide de que será capaz de romper todas as amarras e
superar todas as dificuldades. E se você quiser lhe fazer uma 19
serenata, eu me ofereço para ir até aí com uma bela poesia para
fazê-la se apaixonar.

Isso é o necessário em resposta à sua carta. Daqui, não há 20 21
o que lhe dizer senão profecias e anúncios de desgraças:[13] se
dizem mentiras, que Deus os faça anular; se dizem verdades,
que as converta em bem. Eu quando estou em Florença fico en- 22
tre a mercearia de Donato del Corno e a Cacheada, e acho que

os dois já se cansaram de mim, pois um me chama de atrasa-
23 -mercearia e a outra de atrasa-casa. Mesmo assim, com ambos
desfruto de minha reputação de conselheiro e até aqui ela vem
me favorecendo, pois Donato deixou que eu me esquentasse na
sua estufa e a outra às vezes se deixa beijar, escondidinho tam-
24 bém.[14] Mas acho que essa reputação vai me durar pouco, por-
que dei a ambos alguns conselhos e não acertei, de modo que
hoje mesmo a Cacheada me disse, fingindo falar com a sua mo-
cinha: "Esses sábios, esses sábios, não sei o que têm na cabeça;
tenho a impressão de que nenhum deles entende nada".

25 Magnífico embaixador, veja onde diabos me encontro; eu queria manter esses dois como amigos, mas para mim não há solução. Se a você, Filippo ou Brancaccio vier algo em mente, gostaria que me escrevessem.

26 Adeus, em 4 de fevereiro de 1513.[15]

27 Nicolau Maquiavel, em Florença

27

Francesco Vettori a Nicolau Maquiavel
Roma, 9 de fevereiro de 1514

Spectabili viro Nicolau Maquiavel etc. 1
† Em 9 de fevereiro de 1513[1]

Meu querido compadre, neste início não responderei à última 2
carta que recebi de você, mas continuarei de onde parei, o que
acredito ser em relação a quanto consigo rejeitar o amor. Não
acredite que eu pensava que *non bene conveniant maiestas et amor*
(não coabitam em harmonia o amor e o poder),[2] porque penso
ter mais poder quando sou Francesco em Florença do que agora
aqui como embaixador. Mas eu considerava o fato de ter quaren- 3
ta anos, ter mulher, ter filhas casadas e por casar,[3] e que por isso
não tenho o que desperdiçar, e que seria racional que tudo o que
eu posso economizar eu reservasse para as minhas filhas; e que se
deixar vencer pela volúpia é uma coisa vil, e que ela é minha vizi-
nha e com ela eu teria gastos,[4] e que eu teria mil perturbações to-
dos os dias; além disso, por ser bonita, jovem e elegante, eu pen-
saria que, assim como agrada a mim, agradaria também a outros
de valor superior ao meu, de modo que eu iria aproveitar pouco e
permaneceria num ciúme contínuo. Com esses pensamentos va- 4
gando pela minha cabeça, decidi tirá-la completamente de meu
ânimo e fiquei nessa ilusão por dois dias, convencido de que não
mudaria mais de opinião. Acontece que, no terceiro dia, sua mãe 5
veio falar comigo no fim da tarde e trouxe junto a filha:

... e eu que até jurava
de homens me defender cobertos de armas,
fui atado por gesto e por palavra.[5]

6 Sua mãe falou de questões que lhe interessavam e depois
saiu do cômodo, deixando-a sozinha na lareira; eu não podia
deixar de falar com ela e de tocar em suas mãos e em seu pesco-
ço. Ela me pareceu tão bonita e agradável que todas as minhas
resoluções anteriores me saíram da cabeça; e eu cogitei me en-
tregar a ela, para que me comandasse e guiasse como quises-
7 se. Não quero lhe dizer o que aconteceu depois, apenas que fui
vítima dos maiores incômodos e ciúmes que eu jamais poderia
8 imaginar. O bom é que os gastos até aqui foram poucos, mas es-
tou sempre angustiado; e quanto mais falo com ela, mais quero
9 falar, quanto mais a vejo, mais quero vê-la. Aconteceu então
de meu sobrinho Piero[6] vir, e ela, que antes vinha à minha casa
para jantar quando queria, não veio mais; e o fogo então pode-
ria se apagar, mas não acho possível, pois pegou de modo tão
10 forte que água nenhuma o conseguirá extingui-lo. Meu querido
Nicolau, você nunca viu com seus olhos uma coisa tão bonita:
alta, bem proporcionada, mais gordinha do que magra, branca,
de uma cor viva, um rosto não sei se fino ou redondo, só sei
que gosto; elegante, agradável, bem-humorada, ri sempre, pou-
11 co vaidosa, sem pinturas ou cosméticos. Mas não quero dizer
nada das outras coisas porque não as provei como gostaria.[7]

12 Ainda assim, não ache que não tive de Filippo e de Giuliano
algumas repreensões — ou, por assim dizer, advertências amo-
rosas — a esse respeito; mas eu lhes respondi o que me parece
verdade, ou seja, que ninguém deve ser repreendido quando você
acha que ele está errado, porque isso não é senão adicionar pai-
13 xão, e nem por isso o erro é evitado ou afastado. E de fato acon-
teceu de Filippo ter incorrido no que repreendia em mim, e o seu

alvo é o ajudante de um ourives, que em sua opinião nunca foi
visto igual: mas esse licor está reservado ao dono do bar, neste
caso o ourives. Mesmo assim, Filippo ficou rodeando a toca e
tentou o bote. E eu, que sei como são os romanos, me esforcei 14
para segurá-lo antes que isso saísse do controle, mas não conse-
gui, até que o dono o ameaçou. E o teria machucado se ele, com
medo, não apenas deixasse de ir ver o rapaz, mas agora quase
não passa mais pelos Bancos,[8] onde fica a loja. Deverá atacar um 15
forte mais frágil e que tenha menos guardas, e por isso está sem-
pre de conversa com *ser* Sano, de modo que Giuliano, que não
gosta dessas coisas, agora evita andar com ele por Roma. Tão
logo chegam em casa, sempre têm o que conversar, e elegem
como juiz um secretário meu[9] que é alto como Piero Ardinghelli,
mas que não é tão familiar a tais práticas porque sempre prefere
exercitar mais a mão que outra coisa, o que é a primeira coisa
que se busca num escrivão.

Quem vive está sujeito a diversas coisas, e por isso eu não 16
me surpreendo que a Cacheada sob um ataque de ira tenha cri-
ticado o conselho dos sábios; mas não acredito que por isso não
tenha amor por você e não lhe abra a porta quando você quiser;
do contrário, eu a consideraria ingrata quando até hoje a jul-
guei humana e gentil. Tenho certeza de que Anton Francesco[10] 17
não a assoberbou,[11] pois ele me mandou aqui um companheiro
para um favor que me disse que ele não dorme mais em casa,
mas num jardim próximo a Bernardo Rucellai que se chama
"A Cacheada", e o faz para ter mais tranquilidade para estudar.
Mas caso a Cacheada mantenha a porta fechada, você vai se 18
contentar com o Cacheado do Donato, o qual não se deixa mu-
dar pela fortuna, tem muita fibra e postura, e vai mais atrás dos
amigos baixos do que dos altos.[12]

Falando do Cacheado, não quero esquecer do Donato. Eu 19 20
sempre fui mais econômico com o dinheiro alheio do que com o

21 meu, e por isso não fui adiante com a sua encomenda.[13] Eu gos-
taria que Donato se certificasse com Iácopo Gianfigliazzi se ele
acredita que Lorenzo[14] fará com que seja embolsado, como me
prometeu: se acredita, não vamos precisar gastar mais do que
aquilo que foi gasto até agora; se não, usaremos esse remédio
22 que ele me escreve. Tão logo embolsado, faremos com que seja
sorteado; e creio que conseguirá, mas me diga se você está de
acordo com essa forma, pois farei o que quiser.

23 Não tenho mais a dizer por aqui. Cristo o proteja.

24 Francesco Vettori, embaixador em Roma

28

Nicolau Maquiavel a Francesco Vettori
Florença, 25 de fevereiro de 1514

Magnifico oratori florentino Francisco Victorio apud Sum- 1
mum Pontificem suo observandissimo. Rome

(Ao magnífico Francesco Vettori, embaixador florentino perante o Sumo Pontífice, com muito respeito. Roma)

Magnífico embaixador, recebi uma carta sua na outra semana e 2
atrasei até agora a lhe responder porque eu desejava aprimorar
melhor o argumento de uma novela que eu lhe escreverei aqui
na sequência; em seguida, responderei às partes de sua carta
como convém. Aconteceu uma coisa engraçada, ou melhor, se 3
quisermos chamá-la pelo seu nome, uma metamorfose ridícula
e digna de ser anotada nos antigos livros. Mas como não quero
que ninguém fique chateado comigo, eu a narrarei sob parábo-
las ocultas.[1]

Giuliano Brancacci, falando com todo o respeito, estava de- 4
sejoso por um anel de couro numa dessas noites passadas. Tão
logo chegou em casa, viu que eram aqueles dias, com o tempo
avermelhado e com muita umidade, sinais de que era hora de
ir atrás de passarinho. Após entoada a ave-maria noturna, cal-
çou nos pés um par de sapatos pesados, pendurou um bornal
no pescoço, o piscante, uma sineta debaixo do braço e uma boa
vara. Passou a ponte da Carraia e, pela rua Conte de' Mozzi,[2] 5
chegou a Santa Trinita e, entrando no Borgo Santo Appostolo,
foi um pouco se metendo pelas ruelas que fazem você cair den-
tro. Sem encontrar passarinhos que esperassem por ele, foi na

direção daquele laminador dc ouro que trabalha pra vocês.[3] Já na Parte Guelfa, atravessou o Mercado, passando pela Calimala Francesca até baixar sob o Tetto de' Pisani,[4] onde, depois de olhar minuciosamente em todas aquelas reentrâncias, encontrou um sabiazinho que parou com a vareta, com a luz e com a campainha para, em seguida, conduzi-lo com técnica para o fundo do bornal, debaixo daquela espelunca onde o Panzano[5] trabalhava. Com ele ali brincando, encontrou sua veia já mais larga, que muitas vezes beijou; lhe enxertou duas penas em seu rabo e, por fim, de acordo com o que dizem, enfiou-o em si mesmo entre as carnes lá de trás.

6 Mas como a situação me obriga a vir às claras — as palavras
não bastam e a metáfora não me serve mais —, o Brancaccio
quis saber quem ele era; este então respondeu, com todo o res-
7 peito, ser Michele, sobrinho de Consiglio Costi.[6] O Brancac-
cio disse, então: "Que venha um bom ano![7] Tu és filho de um
homem de bem, e se fores inteligente, encontraste tua sorte:
saibas que sou Filippo da Casavecchia e tenho loja em tal lu-
gar; e como eu não tenho dinheiro comigo, amanhã tu vais ou
8 manda alguém na loja de manhã que te deixarei contente". De
manhã, Michele, que era mais esperto do que bobo, mandou
um entregador até Filippo com um bilhete, pedindo pelo devi-
do e lembrando-lhe o combinado. Ao ler, Filippo fez uma cara
triste, dizendo: "Quem é esse? E o que ele quer? Eu não tenho
9 negócios com ele, diga-lhe que venha falar comigo". Assim, o
entregador retornou e contou tudo a Michele, mas o rapaz não
se deixou abalar e foi animosamente encontrar Filippo, a quem
jogou na cara todos os benefícios recebidos, concluindo que, se
não tinha receio em enganá-lo, ele não teria receio em injuriá-
-lo. Desse modo, tão logo percebeu estar em apuros, Filippo
puxou o rapaz para dentro da loja e disse: "Michele, tu foste
enganado. Eu sou um homem de bons costumes e não pratico

essas sujeiras. Por isso, vamos pensar em como revelar esse
engano, para que quem recebeu de ti esses prazeres possa te
recompensar, sem que tu escolhas o caminho de me injuriar e
não ganhar nada em troca. Por isso, tu farás do meu modo: irás 10
para casa e voltarás amanhã, e eu te direi o que decidi". O rapaz 11
foi embora bastante confuso, mas teve paciência; mesmo tendo
que voltar. Filippo ficou sozinho, angustiado pela estranheza 12
da situação e, vendo poucas saídas, ficou agitado como o mar
de Pisa quando o vento sudoeste lambe na foz. Por isso, dizia:
"Se fico quieto e satisfaço Michele com um florim, fico nas mãos
dele, me torno seu devedor, confesso o pecado e de inocente
viro réu. E se eu nego sem descobrir a verdade, ponho minha
palavra contra a de um rapazote e terei que me justificar com
ele, que me justificar com os outros, e todo o engano ficará do
meu lado. Mas se eu busco encontrar a verdade, terei de dar a
culpa a alguém e posso não acertar, de modo que farei um ini-
migo e, no fim, não terei resolvido nada".

Nessa ansiedade, como opção menos pior escolheu a última;[8] 13
e a fortuna[9] lhe foi favorável. Porque no primeiro que mirou já
acertou na mosca, pois pensou que teria sido o Brancaccio a lhe
fazer tal afronta, pensando nele como pederasta e como aque-
le que em outras vezes já o havia sacaneado, tal como quando
o pôs nos Servi.[10] Com essa suposição, foi encontrar Alberto 14
Lotti,[11] com todo o respeito, e lhe narrou o caso, dizendo sua
opinião e lhe pedindo que conversasse com Michele, que era
seu parente, e visse se podia esclarecer tal coisa. Alberto, como 15
experiente e inteligente, compreendeu que Filippo poderia es-
tar certo e lhe prometeu ajudar de bom grado. Mandou chamar
Michele e, depois de maltratá-lo um pouco, chegou à conclusão:
"Tu serias capaz, ouvindo falar aquele que te disse ser Filippo,
de reconhecer a sua voz?". Tendo o rapaz respondido que sim, 16
o levou consigo a Santo Ilario, onde ele sabia que o Brancaccio

estava. Vendo que o Brancaccio se sentava entre alguns grupos
a contar histórias, Alberto, escondendo o rapaz, fez com que
ele se aproximasse até ouvi-lo falar; quando deram a volta no
Brancaccio, todos o viram se alterar completamente e fugir, de
modo que a coisa ficou clara para todo mundo, com Filippo que
17 foi desculpado e o Brancaccio desonrado. Em Florença, nesse
carnaval, todos diziam: "És o Brancaccio ou o Casa?". "*Et fuit
in toto notissima fabula celo*" (Por muito/ tempo no céu essa foi
18 a história mais comentada).[12] Eu acredito que você já tenha ob-
tido essa informação de outra fonte; mesmo assim, eu quis lhe
dizer minha versão porque creio ser essa minha obrigação.
19 Não sei o que dizer sobre a sua carta, senão que você siga o
amor *totis habenis* (sem freio); e aquele prazer que você conse-
guirá hoje, não terá como consegui-lo amanhã.[13] E se as coisas
estão como você me descreve, tenho mais inveja de você do que
20 do rei da Inglaterra.[14] Peço que você siga a sua estrela,[15] e não
deixe nada passar, por coisa nenhuma deste mundo, porque eu
acredito, acreditei e acreditarei[16] sempre que é verdade o que
diz Boccaccio, que é melhor fazer e se arrepender do que não
fazer e se arrepender.[17]

21 Em 25 de fevereiro.

22 Nicolau Maquiavel, em Florença

29

Nicolau Maquiavel a Francesco Vettori
Florença, 16 de abril de 1514

Nicolau Maquiavel a Francesco Vettori 1

Depois de mil anos, seria repreensível se eu lhe escrevesse algo 2
que não fábulas? Acredito que não. Por isso, deixando de lado 3
qualquer receio irracional, acho que posso lhe pedir que me de-
sembole um novelo que tenho na cabeça. Eu vejo atualmente o 4
rei da Espanha — que, após ter entrado na Itália, sempre foi o
primeiro motor[1] de todas as confusões cristãs — inserido no
meio de muitas dificuldades. Em primeiro lugar, me parece que 5
não é bom para ele que a Itália esteja dessa maneira, e que não
caiba nela tanto poder com o da Igreja e dos suíços, pois pare-
ce que eles têm mais medo do Estado de Nápoles agora do que
quando os franceses estavam lá;[2] porque entre Milão e Nápoles
havia então o papa, o qual não podia deixar que os franceses
tomassem o Reino para não ficar no meio. Mas agora, entre o
papa, os suíços e ele, não há ninguém. Me parece ainda que ha- 6
ver guerra do outro lado do monte não é bom para ele, pois nem
sempre pode acabar em afogamento, como no ano passado, e
seria muito mais necessário que o rei da França vencesse ou
perdesse. Em nenhum dos casos a Espanha está segura. E se 7
uma terceira opção não se apresentar para cansá-los, todos po-
deriam se voltar contra a causa de seu mal,[3] porque é de se crer

que as suas tramoias sejam conhecidas e que tenham começado
a gerar incômodo e ódio nos ânimos dos aliados e dos inimigos.
8 Então eu concluo que, se as coisas como estão atualmente
não são boas para ele, é oportuno alterá-las. E querendo alte-
rar as da Itália para sua maior segurança, é oportuno tirar os
9 suíços de Milão, sem que a França entre. Nisso ele tem duas
dificuldades: a primeira é como fazer para tirar os suíços sem
10 a França; a outra, quem ele poria no lugar. Pois, pensando no
primeiro caso, não acredito que a França concorde em ir com
todas as suas forças para a Lombardia sem que seja para to-
mar posse dela; e se os pactos forem mesmo para que ele venha,[4]
seja para que o segundo filho do rei Filipe[5] seja dado a ele como
genro[6] ou por outro motivo, não sei como poderia cumpri-lo,
encontrando-se com as forças mais potentes (desde que não
seja um bobalhão), nem como a Espanha poderia confiar nessa
11 promessa. Sobre se os suíços podem ser removidos de lá sem a
França, acredito que todos diriam que não; pois, considerando
quem eles são, quantos são e o espírito do qual foram tomados,
seria de se julgar que sem as forças de seu rei seja impossível
12 tirá-los de lá. A segunda dificuldade é a respeito de quem entre-
gar a Lombardia: à Igreja, não creio que o faça; aos venezianos,
13 menos ainda; para si mesmo, não pode pegar. Poderia dá-la ao
neto,[7] que é mais racional, *tamen* (embora) não haja nenhuma
segurança nisso, pois significa por ora dá-la ao imperador;[8] e
tão logo o imperador se veja como governante de Milão, terá
imediatamente vontade de ser imperador da Itália, começando
por Nápoles, onde os tudescos possuem direitos mais antigos
que os espanhóis.

14 Vejo em seguida dificuldades para mantê-lo no caso de to-
má-lo para o arquiduque contra a vontade dos suíços, princi-
palmente sem as armas da França. Pois os suíços não irão su-
portar e, quando a cheia[9] vier, a deixarão passar; e assim que

essa tiver passado, entrarão lá de novo porque sabem que se um
duque não mantém constantemente ao menos 20 mil soldados e
6 mil cavaleiros, nunca estará em segurança com relação a eles.
Para mantê-los, Espanha e imperador não bastam. Disso se ori- 15
gina que os suíços, apesar das práticas que consideram manter
para que seja possível conceder tal ducado ao arquiduque, es-
tão firmes contra a França e não demonstram se importar com
essas práticas, pois estimam que ninguém além da França pos-
sa manter esse ducado contra a vontade deles; mas se opõem à
França, e zombam dos outros. Por isso, eu gostaria, senhor em- 16
baixador, que você em primeiro lugar me respondesse se esses
meus pressupostos lhe parecem verdadeiros, e uma vez que o
sejam, que você os resolva; e se você quiser compreender como
eu os resolvo, eu lhe escreverei a respeito com muito gosto.

São oficiais do Monte[10] o magnífico Lorenzo, Lorenzo Stroz- 17
zi, Lorenzo Pitti, Ruberto de' Ricci e Mattio Cini.[11] Não elegeram 18
oficiais de venda; a composição se limita a esses, e eu preciso ir
até lá para pagar nove florins de décima e quatro e meio de arbí-
trio.[12] Em um ano eles me tiram quarenta florins enquanto tenho
noventa de entrada, ou menos. Eu me arranjo aqui como posso, 19
mas se você quiser escrever uma carta a algum desses oficiais e
dar fé da minha impossibilidade,[13] confio em você. Ao Magnífico 20
não precisa escrever porque ele não vai às reuniões, basta a um
ou dois daqueles outros.

Em 16 de abril de 1514. 21

Nicolau Maquiavel, em Florença 22

APÊNDICE: PRIMEIRA REDAÇÃO DA PARTE FINAL DA CARTA

14 Por isso, considerando tudo, tenho a impressão de que a Espa-
nha não consegue suportar que a Itália esteja assim, mas que
15 também não pode mudá-la com sua segurança. Com relação às
coisas para lá das montanhas, é oportuno que os faça mudar
16 de cara, que adiem a guerra... Para isso, é necessário que re-
cebam essa advertência, que a guerra seja afastada da França,
mas não a suspeita da guerra, porque se aquele rei estiver para
lá das montanhas sem guerra e sem a sua suspeita, ele ficará
tão destemido que não será possível controlá-lo ou moderá-lo.
17 Eu não sei como seria possível fazer isso e ainda vejo infinitas
dificuldades, pois seria necessário amarrar numa linha a Fran-
ça, o imperador e os suíços, de modo que todos afrouxassem
quando ele dissesse "Afrouxa!" e puxassem quando ele dissesse
18 "Puxa!". Ora, se alguém me perguntasse "Como achas que ele[14]
irá se movimentar?", eu responderia que não sei; e que se eu
imaginasse algo, não iria responder.

30

Francesco Vettori a Nicolau Maquiavel
Roma, 16 de maio de 1514

Francesco Vettori a Nicolau Maquiavel, em 16 de maio de 1514 1

Dos pressupostos que você sugere, aprovo alguns por completo, 2
enquanto outros eu modifico um pouco com a minha imagina-
ção. Aprovo o primeiro: que o rei da Espanha, após ter entrado 3
na Itália, é a causa de ela estar sempre em guerra; e que fez isso
porque, achando não ter o reino de Nápoles de forma estável
em suas mãos, como já perceberam alguns mais fortes do que
ele, teve medo de que tal Estado lhe fosse tirado e apresentou a
suspeita a outros, de forma a ter parceiros para derrotar aquele
que enxergou como grande. Não acredito que ele ainda tenha 4
uma suspeita igual ou maior sobre o papa do que tinha sobre os
franceses, porque estes estavam destemidos e com armas em
punho, sempre; e tinham participação no Reino. Ele o usurpou
deles com fraude e tramoias e poderia pensar que eles continua-
mente pensam em reavê-lo, mesmo com o papa no meio, para
o qual não era conveniente que o reino de Nápoles e o ducado
de Milão estivessem na mão da mesma pessoa. Seria possível 5
supor que o papa desejava conquistar império para a Igreja, e
houve sinais disso, de modo que facilmente poderia se dar um
acordo entre os franceses e o papa, que o ajudariam a tomar
o Reino. E o ódio que os franceses tinham dos espanhóis era

6 tamanho que estariam dispostos a prestar atenção. Ora, o papa
não pode expulsar os espanhóis do Reino sozinho, mas preci-
saria dos suíços, que querem muito dinheiro e seria necessário
trazê-los do norte ao sul da Itália, e essa preparação seria ne-
cessariamente percebida; e ele não tem participação no Reino,
é um homem que deseja a tranquilidade, não tem as armas na
7 mão por si só e precisa confiar nos outros. E ainda que ele conte
com o magnífico Giuliano,[1] este até agora não tem experiência,
não tem soldados próprios e precisaria usar soldados pagos.
Se estes forem dos Colonna, não irão conquistar nunca aque-
le Estado para ele porque não querem; se forem dos Orsini, os
colonenses (que irão combater para a facção)[2] farão tamanha
8 resistência que será impossível progredir. Por isso, concluo que
a Espanha tinha mais medo da França quando esta controlava
Milão do que agora do papa com os suíços.

9 Estou com você quando diz que para o rei da Espanha não
é bom uma guerra do lado de lá das montanhas entre França
e Inglaterra, e que ele deseja abaixar as armas pelas razões
10 mencionadas, que muito me agradam. Acredito ainda que ele
gostaria que as coisas mudassem na Itália, principalmente em
Milão, e que gostaria de tirar o duque do Estado, o que signi-
fica tirar os suíços, e não pôr os franceses. E acredito que ele
não gostaria de romper com os suíços e nem se apoderar com
a ajuda da França, porque duvidaria daquilo que você diz: que
a França, vindo intrépida tomar tal Estado, não o mantivesse
11 depois para si. E não é de se acreditar que ela queira que este
Estado vá para as mãos da Igreja, nem para as mãos dos vene-
zianos, nem que creia poder tomá-lo e mantê-lo para si mesma;
não que ela não quisesse, mas sabe que contrários a si teria os
12 suíços, o imperador e todos os povos. Mas ela faz um cálcu-
lo: que o rei dê sua segundogênita a seu neto Fernando, tendo
como dote os direitos sobre Milão,[3] e que ele se comprometa

com muitas pessoas a ajudar a expulsar o atual duque; ele acha
que isso vai de acordo com o que quer o imperador, e acredito
que esteja certo. Depois, ele projeta que tão logo o trato seja 13
revelado, o duque ficará com medo e seus governadores (todos
imperiais)[4] o convencerão a fazer um acordo; assim, sem espe-
rar por guerra e sem que as pessoas tenham que vir da França,
o duque terá que entregar as fortalezas para o mencionado
Fernando, tendo os povos que aceitar suas gentes e, sem guer-
ra, ele se tornará senhor daquele Estado. E o será ainda mais
quando o tomar o neto, que tem dez anos e foi por ele cria-
do e habituado entre homens espanhóis, pois acredita poder
comandá-lo até que ele tenha pelo menos vinte. Acredito que 14
assim como o atual duque contenta os suíços com dinheiro, ele
também fará o mesmo; e que esse jovem teria a seu lado a parte
guelfa e os direitos da França por ter como esposa a filha do
rei, e a parte gibelina por ser neto do imperador. E ainda que 15
ele conheça os ânimos do imperador como instáveis e inclina-
dos à guerra[5] e saiba que se governasse Milão teria vontade de
tomar Nápoles, não acredita que isso seja possível, pois acha
que será ele a governar o menino. Como foi criado perto dele, é
oportuno que tenha ministros espanhóis, os quais, mesmo que
não saiba governar por si só, o manterão nessa linha de pensa-
mento; e não terá medo dos suíços, os quais manterá sob con-
trole com dinheiro. Além disso, terá a França como favorável a 16
esse Estado por estar perto, além daquela parte da Alemanha[6]
que o imperador controla. Agora, meu compadre, se você me 17
perguntasse se essas coisas que a Espanha cogita são racio-
nais, eu diria que não; contudo, como você me escreveu no ano
passado,[7] que ainda me lembro, este Católico, com todos os
progressos que fez, eu o considero mais afortunado do que sá-
bio. E para que seja possível vê-lo melhor, examinaremos as
suas ações públicas e deixaremos as que fez na Espanha contra

os mouros, porque dessas não tenho notícias confiáveis: falaremos daquilo que você e eu lembramos.
18 Em 1494, para retomar Perpignan, ele entrou em acordo
com o rei Carlos sem se preocupar com os parentescos,[8] sem
se preocupar com a honra da Casa de Aragão, que perderia um
reino, e não se preocupou que fortalecendo o rei da França com
um Estado tão grande como o reino de Nápoles seria fácil que
ele ficasse tão destemido a ponto de lhe poder tirar Perpignan,
19 além de algumas outras coisas. Dando-se conta depois do que
fez, mas sem se preocupar com a palavra empenhada, após a
França ter tomado Nápoles, entrou em acordo com o imperador
e com o papa, com Milão e com os venezianos, sem pensar
ao que viria de fato a acontecer: que os outros fariam uma
aliança e a guerra viria para cima dele, como se deu.[9] Mas a
20 fortuna o ajudou, porque o rei Carlos morreu.[10] Seguiu-se a ele
o atual rei,[11] que quis conquistar Milão como forma de conquistar
uma porta do Reino; ele não o impediu e nem o proibiu nem
21 mesmo com palavras. Tomada Milão,[12] ele poderia facilmente
ter tomado a Itália,[13] mas ele não se interessou por nada, nem
quando o papa era um tirano em Roma nem quando o Valentino
22 destruía e saqueava a Itália. O rei da França quis então tomar
Nápoles, e eles fizeram um acordo para que fosse a metade,[14]
pensando que se os franceses estivessem assim tão fortes na
Itália poderiam expulsá-los de outros lugares que lhes diziam
23 respeito. O mau governo dos franceses e a prudência de Consalvo[15]
fez com que se desse o contrário. Com astúcia, engano
e promessas, fez ao rei da França o que não soube fazer a ele.[16]
24 Deixou que em seguida retomasse Gênova[17] no momento em
que, se quisesse ter continuado, tomava o Reino e todo o resto
25 da Itália. Foi feito o acordo de Cambrai;[18] a Espanha concordou
e poderia facilmente compreender que se a França vencesse
poderia fazer o que quisesse; se os venezianos vencessem, a

mesma coisa; e tanto um como o outro deveriam ser atacados.
Mas tão logo a França venceu, ele sentiu estar em perigo; e, sem 26
razão, pois havia visto sinais de que ele não queria aceitar seus
termos;[19] mesmo assim, seguiu nesse pensamento e jogou a
pressão sobre o papa, oferecendo ajuda inicialmente com ape-
nas trezentas lanças. Não contentava o papa e contrariava o
rei. O papa perdeu, e se *messer* Gianiácopo insistisse na guerra, 27
o reino de Nápoles estaria perdido.[20] Fez acordo de novo com 28
o papa e em seguida veio a derrota de Ravenna,[21] de modo que
o Reino então não tinha remédio; lhe foram favoráveis a for-
tuna e as discórdias existentes entre Sanseverino e Trivulzio.[22]
Contudo, não contente com isso, com um comandante mais 29
afeito às salas do que aos campos de batalha,[23] estando ele a
mil milhas de distância, reposicionou o vice-rei. Este arriscou
duas vezes tal exército no tabuleiro,[24] de modo que, se perdes-
se, perdia também seus Estados: como quando veio a Florença,
para onde trouxe perigo, e não era bom para o rei reintegrar
um cardeal, que depende do papa, em casa;[25] depois, neste ano
em Vicenza, quando se meteu numa situação que nada além da
pouca paciência de Bartolomeo d'Alviano poderia tê-lo ajuda-
do.[26] Mas no ano passado, quando estabeleceu a trégua,[27] ele 30
não deu de novo a Itália nas mãos do rei da França? Não soube
ser amigo nem inimigo. De modo que quem avaliar bem as suas 31
ações vai considerá-lo afortunado, e que tudo lhe correu bem;
mas que tenha começado tudo com alguém prudente, isso nin-
guém bom da cabeça poderá considerar.

Meu compadre, eu sei que esse rei e esses príncipes são ho- 32
mens como você e eu,[28] e sei que nós fazemos muitas coisas por
acaso, mesmo aquelas com que nos importamos muito; assim,
é de se pensar que eles também. Esse rei da Espanha ama mui- 33
to seu neto Fernando e gostaria de lhe dar um Estado na Itá-
lia, e essa vontade o carrega a ponto de ver todos os perigos

nos quais se mete. Além disso, quem está acostumado a vencer
34 nunca acha que pode perder.[29] Me lembrei de outro erro dele.
35 Ele fez de tudo para que o papa Leão fosse eleito, dando ordens
nesse sentido para seus agentes quando entendeu que Júlio es-
tava doente; mas não se deu conta de que elegia como papa um
dos mais nobres que havia na corte, de maior posição e melhor
reputação, e de que o reino de Nápoles havia sempre sido mo-
lestado pelos papas. Por isso, tinha que se esforçar para que
36 fosse eleito um papa de sua facção, mas fraco. E por tê-lo aju-
dado a se eleger, promoveu a trégua com a França, sem que ele
pudesse compreender nada, o que significou começar a perder
37 o benefício que havia promovido ao papa. Além disso, quem for
atrás encontrará outros erros, os quais não me vêm à mente.

38 Se eu for lhe dizer como vejo isso, não me parece bom para
39 a Espanha estabelecer tal parentesco.[30] Em primeiro lugar, a
Espanha não tem o Estado nas mãos, mas o atual duque, sim.
É necessário, portanto, que entre num acordo com a França de
que ela o ajudará a retomá-lo, porque por si mesma não está
apta, tendo sido vista a prova de que os suíços o defenderam de
um exército maior do que o seu. Nem pode esperar tal ajuda do
imperador, que poderia crer entrar em posse do Estado, por-
que ele não tem tanta gente nem tanto dinheiro para impedir
os venezianos, vencidos e arruinados,[31] nem para ajudar outros.
40 Se a França a ajudar, terá participação no Estado e irá se asse-
nhorar. E, como você diz, se o rei não for um bobalhão, o terá
para si, e não irá se incomodar com o que muitos dizem: que
por segurança a Espanha vai querer a filha em suas mãos, pois
saberá bem que a uma filha de cinco anos não será feito nada
além de honras e carinhos; assim, a França irá se vingar da
Espanha com os mesmos artifícios que esta usou tantas vezes
41 para ofendê-lo. Ainda não é bom para a Espanha difundir essa
ideia de estabelecer o parentesco, com a qual amedronta toda

a Itália. E mesmo que aqui tenha desaparecido a virtude, não está assim tão fraca de homens, de armas e de dinheiro que não possa pagar 6 mil soldados suíços, que seriam rápidos, para destruir esse exército espanhol que de fato não possui mais de 3 mil homens a pé e seiscentas lanças. E se o exército caísse, seria fácil expulsá-lo do Reino, e ele não poderia consertar isso tão rapidamente, e a França, que tem os exércitos em ordem,
ficaria rindo a observar o jogo. É ainda possível ver que o rei da 42
Espanha sempre amou muito esse seu vice-rei, e independente do erro que tenha cometido, nunca o castigou; pelo contrário, sempre o engrandeceu. Pode-se pensar, como muitos dizem, que seja seu filho e que tenha como ideia deixá-lo como rei de
Nápoles. Se ele puser esse seu neto em Milão, esse seu outro 43
projeto se perde, porque ele ficará tão forte que, além de Nápoles, onde terá muitos direitos, lhe será fácil tomar todo o res-
to da Itália. Não quero dizer se para a França esse parentesco 44
é bom ou não, porque ele me parece levado pela força, pois já teve por tantos anos tamanhas despesas e má sorte que acredito não veja a hora de estar fora de guerras.

31

Nicolau Maquiavel a Francesco Vettori
Florença, 10 de junho de 1514

1 *Magnifico oratori florentino Francisco Victorio apud Summum Pontificem.*
Rome

(Ao magnífico embaixador florentino Francesco Vettori, perante o Sumo Pontífice.
Roma)

2 Magnífico embaixador, eu recebi na casa de campo, onde me
encontro com o meu pessoal, duas cartas suas[1] que Donato ha-
3 via me mandado a pedido do Brancaccio. Escrevi a elas a res-
posta que me pareceu conveniente sobre os meus casos particu-
lares, sobre o seu amor.[2] Mas estando há dois dias em Florença,
as esqueci, de modo que, achando cansativo reescrevê-las, as
mandarei a você numa outra vez[3] e por ora escreverei esta, para
que saiba que as suas chegaram a salvo. Direi brevemente ape-
nas que não fui para aí porque desencorajado pelas razões que
4 você me apresentou, as quais já entendia por mim mesmo.[4] Por-
tanto, vou ficar aqui nessa piolhagem, sem encontrar ninguém
que se lembre de minha dedicação ou que acredite que posso
5 ser inútil. Mas é impossível que eu continue muito tempo assim,
porque estou extenuado. Pois, como Deus não se mostra mais
favorável a mim, vejo que serei forçado um dia a sair de casa e
me sujeitar a ser preceptor ou secretário de um comandante, já
que não posso fazer outra coisa, ou me enfiar em alguma terra
isolada para ensinar crianças a ler e deixar aqui o meu pessoal
imaginando que morri. Estes estarão muito melhor sem mim
porque eu só dou despesas, e mesmo que eu seja avesso aos gas-

tos não posso fazer nada sem gastar. Eu não lhe escrevo isso 6
porque quero que você enfrente incômodos ou desavenças, mas
apenas por desabafo; e chega de escrever sobre isso, que é uma
coisa por demais odiosa.

De amore vestro (sobre o seu amor), lembro a você que são di- 7
lacerados pelo Amor aqueles que, quando ele voa em seu peito,
querem amarrá-lo ou cortar suas asas; como é uma criança ins-
tável, ele arranca os olhos, o fígado, o coração. Mas aqueles que, 8
quando ele vem, se regozijam e o enchem de carícias, e, quando
ele vai, o deixam ir, e, quando volta, aceitam de bom grado, eis
que são sempre por ele honrados e acariciados, e triunfam sob
o seu império. Por isso, meu compadre, não queira controlar 9
quem voa, nem cortar as asas de quem repõe uma pena com mil;
e assim você se regozijará.

Em 10 de junho de 1514. 10

Nicolau Maquiavel, em Florença 11

32

Francesco Vettori a Nicolau Maquiavel
Roma, 27 de julho de 1514

1 *Spectabili viro* Nicolau Maquiavel etc.
† Em 27 de julho de 1514

2 Meu compadre, não se espante por eu não ter respondido à sua
de 10 de junho, pois esperava receber a que você diz ter deixado
3 na casa de campo para lhe responder em seguida. Além disso,
naquela você me parecia mais aflito do que o normal e eu não
poderia tê-lo consolado como desejava e desejo, pois não há
4 empenho, esforço ou incômodo que eu não assuma por você. E
ainda que na minha carta eu lhe tenha dito sobre a cautela que
tive para não chamá-lo para vir aqui,[1] nesta lhe digo que, quan-
do você achar que é o momento, não se preocupe com aquilo
5 e venha livremente como se viesse para sua casa. Pois, ainda
que eu tenha mais incertezas na mente do que qualquer outro
homem, evito ofender a quem quer que seja; aconteça o que
acontecer.

6 A respeito daquela carta do dia 22 deste mês,[2] entendo o que
você me escreveu sobre Donato. Porém, gostaria de reforçar
tudo o que fiz nesse caso e por que eu pedia a letra de câmbio
7 de cem ducados. Um ano atrás, Donato me escreveu dizendo
que gostaria de ser embolsado[3] e, assim, a seu pedido, procurei
o magnífico Giuliano. Ele escreveu a Lorenzo, mas eu não sei
que efeito essa carta teve porque Donato continuou a me pe-

dir a mesma coisa; de modo que eu, considerando que a carta
de Giuliano não tivesse dado frutos, pedi outra ao cardeal De'
Médici. Ele prometeu fazê-lo, mas nesse meio-tempo Lorenzo 8
veio até aqui, em dezembro passado, e então eu soube que o
cardeal falou disso com ele, eu também em seguida, e ele pro-
meteu claramente fazê-lo embolsar. Acontece que você e Dona- 9
to pensaram que era melhor mostrar,[4] dizendo que neste caso
seria necessário gastar cem ducados.[5] Eu, que não confiava 10
numa simples carta do cardeal, confirmei com aquele amigo[6]
que você conhece, dizendo: "Quando acontecer, teremos cem
ducados". Ele disse: "Faça com que o cardeal peça isso a mim 11
e depois deixe comigo", de modo que fiz com que pedisse não
uma, mas duas vezes; em seguida, perguntei a você por carta
quando seria o momento da menor ao nosso gonfaloneiro.[7] A 12
espera foi longa, como você sabe, de modo que não foi, então,
possível fazer nada.

Depois eu comecei a lembrar os Senhores e encontrei o ami- 13
go não mais tão disposto como antes. Desconfiei de que ele 14
não acreditava nos cem ducados pensando que, por ter de re-
cebê-los de mim, eu não daria importância; por isso, escrevi a
Donato para que ele mandasse o dinheiro. Não fiz isso porque, 15
mesmo pobre, eu não tenha condições de gastar cem ducados
por um amigo, mas apenas para poder lhe dizer: "Eis aqui a car-
ta de crédito de tal banco, que me pagará assim que eu solici-
tar". Aconteceu, de fato, que num dia em que o amigo almoçava 16
comigo chegou uma carta de Donato incluindo uma letra de
câmbio a Piero del Bene e companhia.[8] Ele me perguntou que 17
letra era e eu lhe respondi; imediatamente depois, mandei que
levassem a carta aos Beni, perguntando se me pagariam quan-
do eu quisesse. Eles responderam que pagariam sempre, todas 18
as vezes, mas que não queriam um empenho de dois meses, que
preferiam um empenho de seis dias. Essa resposta não o[9] dei- 19

xou satisfeito; e mesmo eu lhe dizendo: "Farei com que ele me
dê o dinheiro, e você receberá quando a coisa estiver concluída",
20 ele não gostou, pois não queria ter que recebê-lo de mim. De
fato, eu não tinha intenção de tocar no dinheiro até que tudo
estivesse feito, pois não quero que haja quem pense que de tal
21 modo eu queira tirar algum proveito ou enganar alguém. A
mim bastava apenas que os Beni dissessem que iriam me pa-
gar os cem ducados a qualquer momento, até em seis meses,[10]
quando eu quisesse, assim eu poderia mostrar ao meu amigo e
22 talvez ele ficasse satisfeito. Mas eles queriam me dar tudo em
23 espécie, o que não era oportuno. Contudo, a situação é essa.
24 Voltarei mais adiante sobre esse ponto; se ele quiser escrever
em nome do cardeal, ótimo. Se não, terei de todo modo uma
carta do cardeal a Lorenzo e escreverei uma também, vejamos
25 que efeito terá. Não acharia ruim se Donato fizesse algo aí com
26 o magnífico Giuliano, pois acredito que venha ao caso. E pode
ter certeza de que não faltarei com o que puder fazer. Estou à
disposição de vocês.

27 Cristo o proteja.

Franciscus Victorius orator. Rome
(Francesco Vettori, embaixador. Roma)

33

Nicolau Maquiavel a Francesco Vettori
Florença, 3 de agosto de 1514

A Francesco Vettori, em Roma 1

Você, compadre, de Roma, me manteve alegre ao manifestar 2
seu amor e me tirou infinitas moléstias da alma; li e pensei nos
seus prazeres e nas suas irritações, porque um não existe sem
o outro. Na verdade, a Fortuna me trouxe a um lugar de onde 3
eu poderia retribuir a você tudo à altura. Pois, estando na casa
de campo, me deparei com uma criatura tão gentil, tão delica-
da, tão nobre, por natureza e por acidente,[1] que eu não poderia
nem tanto louvá-la nem tanto amá-la que ela não merecesse
mais. Eu teria, como você a mim,[2] de contar o início desse amor, 4
com que redes me prendeu,[3] onde as teceu, de que tipo foram,
e você veria que foram redes de ouro, estendidas entre flores,[4]
tecidas por Vênus, tão suaves e gentis que, ainda que um vilão
as pudesse ter rompido, eu não desejei, e por um pouco me re-
gozijei, a ponto de os fios macios terem se tornado duros e em-
bolados, com nós indissolúveis. E não creia que, para me pegar, 5
o Amor tenha usado meios ordinários;[5] pois, conhecendo-o,
não teriam bastado; ele usou caminhos extraordinários,[6] dos
quais eu não soube e nem quis me proteger; basta apenas que,
já próximo dos cinquenta anos, esses já não me ofendem, os ca-
minhos ásperos não me esgotam e as escuridões das noites não

6 me perturbam.[7] Tudo me parece fácil e me acomodo a todos os
desejos, mesmo os diferentes e contrários aos que deveriam ser
7 os meus. E ainda que me pareça ter entrado num grande so-
frimento, sinto dentro também tanta doçura,[8] seja por aquilo
que o raro e suave semblante me traz, seja por ter colocado de
lado a lembrança de todos os meus afãs; e por isso, se qualquer
8 coisa do mundo pudesse me liberar, eu não gostaria. Abando-
nei, portanto, o pensamento das coisas grandes e graves; não
me deleita mais ler as coisas antigas, nem discorrer sobre as
modernas;[9] todas se transformaram em argumentações doces,
9 pelas quais agradeço Vênus e toda Chipre.[10] Por isso, se quiser
escrever algo sobre a dama, escreva; sobre as outras coisas,
discorra com aqueles que as estimam mais e que as compreen-
dem melhor, porque eu não encontrei nisso senão dano; e nesta,
sempre o bem e o prazer.

10 *Valete. Ex Florentia, die III Augusti 1514*
(Adeus. De Florença, no dia 3 de agosto de 1514).

Do seu Nicolau Maquiavel

34

Francesco Vettori a Nicolau Maquiavel
Roma, 3 de dezembro de 1514

Spectabili viro Nicolau do *messer* Bernardo Machiavelli. 1
Em Florença
† No dia 3 de dezembro de 1514

Meu querido compadre, não se espante se *spectatus satis, et donatus iam rude, queram iterum te antiquo includere ludo* (te peço para que voltes ao jogo como antes, ainda que tenhas dado demasiadas mostras de ti e já tenhas recebido a vareta da despedida),[1] pois eu o faço apenas para tentar lhe agradar. Você pode 3 dizer ter recebido de mim de uns tempos para cá muitas palavras, cujos efeitos não foram correspondidos. A isso eu tenho a fácil desculpa de que, não podendo beneficiar a mim mesmo, você não poderia se espantar que eu não possa beneficiar você, e acredito estar claro que não faltou boa vontade. 2

Eu gostaria que agora você me respondesse ao que vou perguntar; mas, primeiro, parto de uma premissa: o papa deseja manter a Igreja dentro daquela dignidade espiritual e temporal em que a encontrou, e na mesma jurisdição, para logo mais aumentá-la. Em seguida, faço mais uma: o rei da França deseja de 5 todo modo se esforçar para reaver o Estado de Milão, e que os venezianos lhe sejam aliados como foram no passado. Suponho 6 que o imperador, o Católico e os suíços estejam unidos para defendê-lo:[2] peço que você me diga, de acordo com a sua opinião, o que o papa deve fazer. Se ele se unir com a França, o que pode 7 4

esperar dela se vencer e o que deve temer se perder? O que deve
temer dos adversários caso se una a ela? Mas e se ele se unir a
estes, o que deve temer se a França vencer? E o que pode esperar
ou temer dos adversários se esses vencerem? Se ficar neutro, o
que deve temer se a França vencer, ou com relação a esses outros,
8 se eles vencerem? Além disso, se você acha que se ele ficar do
lado do imperador e do Católico, é do interesse deles enganá-lo
e fechar um acordo com a França. E se você julga, por fim, que,
caso os venezianos deixassem a França e se aliassem com esses
outros, seria do interesse do papa unir-se a eles para evitar que a
França viesse para a Itália.

9 Tenho consciência de que a minha pergunta é difícil e de
que eu a expus de modo tão mais confuso do que o contrário.
Você, com sua prudência, engenho e experiência, saberá enten-
der melhor o que eu quis dizer do que eu fui capaz de escrever.
10 E gostaria que você discorresse sobre tal matéria levando em
conta que o seu texto será depois visto pelo papa; mas sem pen-
sar que eu queira ter vantagem com isso, porque prometo mos-
trá-lo como tendo sido escrito por você,[3] quando for o caso; eu
nunca me deleitei em tirar as honras e os méritos de ninguém,
11 principalmente de você, que amo como a mim mesmo. Você
deve entender, sobre o que eu digo antes, que a trégua entre
França e Espanha acaba no início de abril,[4] e que ainda que a
Inglaterra tenha parentescos e tratados de paz com a França,[5]
pode-se ainda pensar, embora não haja certeza, que a sua for-
12 ça na Itália não será de seu agrado. Examine tudo: conheço o
seu engenho e sei que, mesmo tendo se passado dois anos desde
que você saiu do ateliê, você não esqueceu a técnica.[6]

13 A Donato, mande lembranças minhas dizendo-lhe que o ca-
valeiro dos Vespucci[7] me lembra com frequência de suas ques-
tões, e que eu penso em tentar de novo; mas se eu não conseguir,
que ele me desculpe.

Cristo o proteja. Responda: quanto antes, melhor. 14

Franciscus Victorius orator Rome 15
(Francesco Vettori, embaixador em Roma)

35

Nicolau Maquiavel a Francesco Vettori
S. Andrea in Percussina, 4 de dezembro de 1514[1]

1 *Francisco Vittorio oratori florentino apud Summum Pontificem*

(Francesco Vettori, embaixador florentino perante o Sumo Pontífice)

2 Magnífico embaixador, o portador da presente carta será o
3 meu amigo Niccolò Tafani.[2] A causa da viagem é sua irmã,[3] que no passado ele concedeu em matrimônio a um certo Giovanni; o qual, ainda que ligado pelo vínculo do anel, desprezando o juramento e as leis conjugais, se mudou para aí, onde há tempos
4 morou e mora, esquecendo do casamento e da esposa. Esse meu amigo pede, portanto, uma de duas coisas: ou que Giovanni volte para junto da mulher, ou que a rejeite legalmente, após ter restituído a parte do dote que recebeu. Ele considera que toda a questão possa ser mais rapidamente tratada aí, onde reside o
5 vigário de Cristo. Para esse propósito, suplico, portanto, teu[4] socorro e tua ajuda, pedindo-te para levar a juízo esse marido traidor e, com toda a autoridade que podes pôr em campo, para forçá-lo até que dê satisfação aos dois Nicolaus que solicitam
6 isso com a máxima insistência. Movem-me, com efeito, tanto a justiça, que está do lado de nossa causa, quanto a diligência do homem que tens diante de ti e de toda a sua família, a mais amável de nossas áreas rurais.

7 8 Mas chega de Tafani. No que diz respeito a mim, se queres saber o que faço, entenderás pelo próprio Tafani o tipo de vida

que levo: não sem indignação — se me amas como costumavas fazer — virás a saber o que essa é vil e obscura. O que mais me 9
aflige e me angustia é ver como, entre tantas e tais fortunas da magnífica Casa[5] e da cidade, Pérgamo permanece de pé apenas para mim.[6]

De Sant'Andrea in Percussina, 4 de dezembro de 1514. 10

Nicolau Maquiavel

36

Nicolau Maquiavel a Francesco Vettori
Florença, 9 de dezembro de 1514

1 A Francesco Vettori, embaixador em Roma, no dia 10 de
dezembro de 1514, *more florentino* (uso florentino)[1]

2 Você me pergunta qual partido poderia tomar a Santidade do
Nosso Senhor ao querer manter a Igreja na posição que encon-
trou caso a França, com a aliança da Inglaterra e dos venezia-
nos, quisesse recuperar o Estado de Milão a todo custo; mas se,
do outro lado, os suíços, a Espanha e o imperador estivessem
3 unidos para defendê-lo. De fato, essa é a sua pergunta mais im-
portante, pois todas as outras dependem dela; e para esclarecer
4 aquelas é necessário esclarecer essa muito bem. Eu acredito
que não tenha sido há vinte anos[2] o momento mais delicado,
mas também não sei o que entre as coisas passadas seja tão di-
fícil de se entender, tão dúbio de se julgar e tão perigoso para
resolver e dar continuidade. Mesmo assim, sendo estimulado
por você, entrarei nessa matéria, discutindo ao menos com es-
crúpulos caso eu não tenha uma capacidade adequada.

5 Quando um príncipe quer conhecer a fortuna de dois comba-
tentes, é necessário que em primeiro lugar mensure as forças e a
6 virtude de um e de outro.[3] As forças do lado da França e da In-
glaterra são as preparações que dizem o que tais reis fazem para
a conquista, como o ataque aos suíços na Borgonha com 20 mil
pessoas, o ataque a Milão com maior número e, com número

ainda maior, o ataque a Navarra para tumultuar e subverter os
Estados da Espanha e, por fim, o ajuntamento de uma grande
armada no mar para atacar Gênova e o Reino, ou onde quer que
seja bom para eles. Essas preparações que eu menciono são pos- 7
síveis a esses dois reis e necessárias à vitória; por isso, eu as
pressuponho como verdadeiras. E ainda que esteja no último 8
ponto da sua pergunta, se fosse possível pensar que a Inglaterra
se separaria da França por se incomodar com a sua força na Itá-
lia, quero discutir essa parte agora, porque, caso a Inglaterra se
separasse dela, toda a questão estaria terminada. Acredito que 9
a razão pela qual a Inglaterra tenha se reconciliado[4] com a Fran-
ça tenha sido para se vingar da Espanha pelas injúrias recebidas
na guerra da França;[5] tal ofensa foi racional, e eu não vejo por
que se possa tão cedo eliminar isso e apagar o laço de parentes-
co[6] contraído entre os dois reis; e também não significa muito
para mim a antiga inimizade dos ingleses e franceses, o que sig-
nifica para muitos, porque a população quer o que quer o rei, e
não o rei o que quer a população. Quanto a ele se incomodar 10
pelo poder da França na Itália, é provável que isso se dê por in-
veja ou por temor: a inveja poderia ser porque a Inglaterra não
teria por que ser honrada e ficaria de lado. Mas podendo ele
também se fazer glorioso na Espanha, a razão da inveja acaba-
ria. Quanto ao temor, você deve entender que muitas vezes se 11
adquire um Estado, mas não forças.[7] E se você observar bem,
verá como para o rei da França, ao adquirir territórios na Itália
(pelo ponto de vista da Inglaterra), isso é uma aquisição de ter-
ritórios, e não de forças, pois com os mesmos exércitos ele po-
derá atacar aquela ilha com ou sem os Estados na Itália. E quan-
to às operações secundárias para conquistar Milão, a França
tem mais a temer, pois teria posse de um Estado inseguro, e os
suíços, se pagos por alguém, poderiam querer fazer guerra con-
tra ela; esses, sentindo-se ofendidos por ela, se postariam como

12 inimigos reais, e não como da outra vez.[8] E também poderia ser
que, com a França conquistando Milão, a Inglaterra mudasse a
condição de Castela,[9] de modo que a Inglaterra com a sua aqui-
sição ofendesse mais a França do que a mesma França àquela
13 com a aquisição de Milão pelos motivos mencionados. Por isso,
eu não vejo por que a Inglaterra nesse primeiro ímpeto da guer-
ra tenha motivos para se separar da França, e por isso confirmo
as uniões e preparações de forças descritas acima como neces-
14 sárias e possíveis. Nos restam os venezianos, que para esses reis
são tão pouco importantes quanto o são as forças de Milão aos
seus adversários, as quais julgo como poucas e fracas, a serem
consideradas como metade das pessoas que se encontram na
15 Lombardia. Observando agora os defensores de Milão, vejo os
suíços dispostos a pôr dois exércitos ao mesmo tempo para
combater os franceses, os que iriam à Borgonha e os que viriam
à Itália, porque se nesse caso todos os suíços se unissem, soma-
dos aos cantões do Grisões e do Valais,[10] poderiam reunir mais
16 de 20 mil homens de cada lado. Quanto ao imperador, por eu
não saber nunca do que ele é capaz,[11] não quero discorrer sobre
17 o que ele agora poderia fazer. Mas unidos Espanha, imperador,
Milão e Gênova, não creio que poderiam passar de 15 mil solda-
dos, pois a Espanha não pode pôr à disposição novas forças por
18 ter que esperar a definição da guerra em seu quintal.[12] Quanto
ao mar, se não lhes faltar dinheiro, creio que entre genoveses e
Espanha poderiam reunir uma armada para fazer frente à ad-
19 versária em qualquer lugar. Creio, portanto, que essas são as
forças de um e de outro.

20 Buscando, então, ver de onde seria possível obter a vitó-
ria, digo que aqueles reis, por serem ricos, podem manter seus
exércitos unidos por um longo tempo; os outros, por serem
pobres, não o podem. Desse modo, considerando as armas, as
ordenações e o dinheiro de um e de outro, creio que seja pos-

sível dizer que, se a batalha começar imediatamente, a vitória
estará do lado da Itália;[13] se a guerra for adiada, ficará com o
outro lado.[14] Fala-se, e parece racional, que os suíços sabem 21
dessa dificuldade e, para ir logo à batalha, querem lutar com
os exércitos franceses nas montanhas de Savoia para que os
adversários, se quiserem passar, sejam forçados a combater;
ou, sem combater, a recuar devido à limitação do lugar e à
penúria dos recursos. Para julgar se isso dará certo para eles, 22
seria necessário ser perito no país e na guerra; contudo, direi
isto: nunca li nos escritos antigos que conter os passos tenha
dado certo para alguém,[15] mas vi muitas vezes terem deixado
os passos e esperado seus inimigos em lugares amplos, julgan-
do poderem se defender melhor e experimentar a fortuna da
guerra com menos desordem. E ainda que houvesse motivos 23
para demonstrar como isso acontece, os deixarei de lado por
não ser a este propósito necessário discorrer sobre eles. Con- 24
siderando tudo, portanto, vejo para este lado de cá apenas
uma esperança: ir logo à batalha, a qual ele poderia até per-
der. Para o lado da França, vejo que pode vencer a batalha e, 25
se conduzir a guerra por muito tempo, não poderá perdê-la;
e, no comando da guerra, vejo para o lado de cá dois perigos
manifestos, entre outros: um, que os franceses com sua ar-
mada, pela força ou por acordos, entrariam no território de
Gênova ou da Toscana, onde, tão logo entrassem, toda a Lom-
bardia estaria dominada; e muitos, que vivem como medrosos
ou descontentes, correriam para se pôr sob sua proteção, de
forma que os franceses, considerando-se bem recebidos, po-
deriam distrair e cansar os suíços como quisessem. O outro 26
perigo é se aqueles cantões que estão na fronteira com a Bor-
gonha, aos quais caberá todo o ônus da guerra feita daquele
lado, forçarem os outros a um acordo com a França caso a ve-
jam durar demais. O que me leva a suspeitar disso é o exemplo 27

do duque Carlos,[16] que havia guerreado e percorrido aqueles
lados até se exaurir, a ponto de lhe mandarem a folha branca
de rendição, mas que os teria despachado completamente se
não houvesse de repente decidido aceitar a batalha em cam-
28 po aberto. Alguns esperam ou temem que os suíços por pouca
lealdade mudem de lado, fazendo um acordo com o rei e dei-
xando a ele os Estados italianos, mas disso eu não suspeito,
pois eles combatem agora por sua própria ambição; e se não
é agora uma das necessidades mencionadas o que lhes obriga,
creio que serão leais na guerra.

29 Portanto, se a Santidade do papa for forçada a tomar par-
tido e escolher o lado de cá,[17] eu vejo a vitória dúbia pelas ra-
zões mencionadas e porque a sua adesão não os assegura por
completo. Porque, enquanto tolhe comodidade e reputação dos
franceses, não dá aos outros a força necessária para poder con-
ter os franceses; e porque, como o rei tem uma grande armada
no mar e os venezianos também podem organizar algo, o papa
teria tanto para vigiar por todos os lados em seus litorais que
as suas gentes com as nossas daqui[18] talvez não bastem nem
30 com muito esforço. Pode ser que a Sua Santidade evite um pe-
rigo imediato,[19] quando eles quiserem se estabelecer, e encon-
tre ainda uma imediata utilidade, podendo honrar os seus de
31 imediato.[20] Se Sua Santidade toma o partido da França, desde
que ele possa fazer isso com cautela e ser esperado sem peri-
go,[21] eu julgo certa a vitória; pois, podendo colocar no caminho
da armada na Toscana uma grande quantidade de gente junto
à sua, faria de uma vez só muito tumulto na Lombardia junto
àqueles que os venezianos tiverem lá; em seguida, os suíços e os
espanhóis não poderiam sustentar dois exércitos em diferen-
tes lados nem se defender da rebelião das populações, que seria
imediata, de modo que eu não vejo quem poderia, assim, tirar
a vitória do rei.

Você quer, além disso, entender qual amizade seria menos 32
perigosa ao papa, se a da França ou a dos suíços, quando um
ou outro vencer com seu apoio. Respondo que eu acredito que, 33
se forem vencedores os suíços, seus coligados e amigos, a
lealdade prometida no momento será observada e os Estados
serão entregues; mas, por outro lado, ele terá que suportar os
incômodos do vencedor. E como eu não vejo ali vencedores se-
não os suíços, ele terá que suportar as injúrias deles, as quais
serão de imediato de dois tipos: uma é tirar-lhe dinheiro; a ou-
tra, amigos. Porque o dinheiro que os suíços dizem agora não
querer no momento da guerra, pode acreditar que vão querer
de todo modo tão logo essa esteja terminada; e começarão
com uma taxa, que será pesada, mas como parecerá justa e
haverá medo de irritá-los no frescor de sua vitória, não lhes
será negada. Creio, ou melhor, tenho certeza de que o duque 34
de Ferrara, os luqueses e muitos outros correrão para pedir
sua proteção. Tão logo isso aconteça, *actum erit de libertate
Italie* (será o fim da liberdade da Itália), porque todos os dias,
sob mil pretextos, vão impor taxas, depredarão e trarão a sub-
versão aos Estados, e o que considerarem não poder fazer no
momento, esperarão a hora certa. Que ninguém acredite que 35
eles não pensam nisso, pois é necessário que pensem, porque
se não pensassem, a ordem das coisas nos obrigaria a pensar,
o que faz com que uma conquista, uma vitória, traga a sede
de outra. E que ninguém se espante se eles não tomarem ofi- 36
cialmente Milão e nem avançarem para além do que poderiam,
porque o seu modo de governo, por ser diferente aos olhos dos
outros internamente, é também diferente fora, mas tem cor-
respondência em todas as histórias antigas;[22] porque se até
aqui eles se fizeram aliados pelo devir, agora terão protegidos
e tributados, sem se preocupar em comandá-los ou manejá-
-los particularmente; basta apenas que estejam disponíveis

nas guerras e que paguem suas pensões anuais. Essas coisas
serão mantidas com a reputação das armas internas e com o
37 castigo sobre quem não respeitar. Rapidamente, por esse ca-
minho, se resistirem a esse ataque, eles ditarão as regras a vo-
cês,[23] ao papa e a qualquer outro príncipe italiano. E quando
você os vir assumindo uma proteção, *sciatis qui prope est estas*
38 (saiba que o verão está próximo).[24] E se você dissesse: "Haverá
remédio para isso, porque todos nos reuniremos contra eles",
eu lhe respondo que isso seria um segundo erro, um segundo
engano, porque é difícil estabelecer a união de tantos cabeças
contra um e, depois de estabelecida, é difícil mantê-la.

39 Trago como exemplo a França, contra quem todos haviam
conjurado,[25] *tamen* (embora) a Espanha tenha feito uma trégua
com ela logo depois, os venezianos tenham se tornado seus
amigos, os suíços a tenham atacado moderadamente, o impe-
rador não tenha mais aparecido e, por fim, a Inglaterra tenha
se unido a ela. Porque se aquele contra quem é feita a conjura-
ção for de tanta virtude a ponto de fazer com que tudo se dissi-
pe como fumaça, como fizeram os venezianos, para muitas opi-
niões haverá solução, como houve para a França e como teria
havido para os venezianos caso tivessem conseguido resistir a
40 dois meses daquela guerra.[26] Mas a fraqueza deles não pôde es-
perar a desunião dos coligados, o que não aconteceria aos suí-
ços, que sempre encontrarão, com a França, com o imperador,
com a Espanha ou com os potentes da Itália, um modo de não
41 deixar que todos se unam; ou, caso se unam, de desuni-los. Eu
sei que muitos acharão graça dessa opinião, mas creio tanto
nela como temo que seja verdade, e se os suíços conseguirem
resistir a essa cheia e nós ficarmos aqui mais seis anos, espero
lembrar você disso.

42 Querendo você, então, saber de mim o que o papa deve te-
mer com relação à vitória dos suíços ao estar do lado deles,

digo que ele pode considerar os impostos imediatos[27] e, em breve tempo, sua servidão e a servidão de toda a Itália, *sine spe redemptioni* (sem esperança de redenção), sendo eles uma república, armada[28] e sem comparação com qualquer outro príncipe
ou potentado. Mas se a Sua Santidade fosse amiga da França e 43
vencesse, creio do mesmo modo que ela respeitaria as convenções quando lhes fossem convenientes, e não do modo que o excesso de vontade fizesse ao papa pedir demais e ao rei conceder demais. Creio que ela não taxaria a Igreja, mas vocês: e esta deveria se preocupar com a França em relação à sua aliança com a Inglaterra; com os suíços, que não sairiam todos mortos; e com a Espanha, que, quando completamente expulsa de Nápoles, se
o rei estiver vivo deverá ser levado em consideração. Por isso, 44
pareceria razoável que ela quisesse a Igreja de seu lado com
reputação e amizade, bem como os venezianos. Em suma, em 45
todos os eventos dessas vitórias, vejo a Igreja tendo que ficar na dependência de outros, e por isso julgo que seja melhor ficar na dependência dos mais racionais e dos conhecidos de outros tempos,[29] e não daqueles que por não serem bem conhecidos eu ainda não sei o que querem.

Se o lado ao qual a Santidade do Nosso Senhor aderir perder, 46
eu temeria ser conduzido a uma necessidade extrema de fuga, de concílio[30] ou de qualquer coisa que possa amedrontar um papa. Por isso, quem é forçado a escolher entre dois lados deve, entre outras coisas, considerar onde a má fortuna de ambos pode levar e, quando as outras coisas estiverem no mesmo nível, deve sempre escolher o lado que tiver seu fim, se ruim, me-
nos pior.[31] Sem dúvida, menos pior seria perder amigos à Fran- 47
ça do que aos outros, porque se Sua Santidade estiver aliada à França e perder, a ela permanece o Estado da França, que pode manter um pontífice com honra; permanece com uma fortuna que, pelo poder daquele reino, pode ressurgir de mil maneiras;

permanece em sua casa, onde muitos papas tiveram sua sede.[32]
48 Se ele estiver com os outros e perder, será necessário ir para
a Suíça para morrer de fome; ou ir para a Alemanha para ser
esculhambado; ou ir para a Espanha para ser espoliado. Dessa
forma, não há comparação entre o mal oriundo da má fortuna
de um ou de outro.

49 Não creio que já tenha sido útil a alguém permanecer neutro
nessas condições:[33] sendo menos potente que qualquer um da-
queles em combate, ou que tenha os Estados misturados[34] aos
de quem combate. Você irá entender, em primeiro lugar, que
não há nada mais necessário a um príncipe do que se governar
com os súditos, com os amigos e com os vizinhos de modo a
não se tornar odioso ou desprezível;[35] e se ele deve escolher se
preservar de um desses dois, que não seja do ódio, mas do des-
50 prezo. O papa Júlio nunca se importou em ser odiado, desde
que fosse temido e reverenciado; e com esse temor em relação
a si, deixou o mundo de cabeça para baixo e conduziu a Igreja
51 à posição em que está.[36] E eu avalio que quem permanece neu-
tro será odiado por quem perder e desprezado por quem vencer,
não sendo mais levado em conta e passando a ser considerado
um aliado inútil e um perigoso inimigo, de modo que pode te-
mer todo tipo de injúria e todo tipo de ruína projetada sobre si.
Pois não faltam nunca aos vencedores as justificativas, porque
tendo seus Estados misturados, quem permanece neutro é for-
çado a receber em seus portos, em sua casa, ora este, ora aquele,
devendo providenciar alojamentos, provisões; mesmo assim
todos pensarão estar sendo enganados, e irão se dar infinitas
questões que provocarão infinitas querelas. E mesmo quando
conduzirem uma guerra será impossível não provocarem ou-
tra; o que se dará após a vitória, porque os menos poderosos
e que têm medo de ti correm imediatamente para o vencedor,
52 dando a ele a ocasião de te ofender. E a quem disser: "É ver-

dade: poderíamos perder isso e manter aquilo", respondo que é melhor perder tudo virtuosamente que apenas uma parte vergonhosamente, pois não é possível perder uma parte sem que
o todo trema. Quem considerar, portanto, todos os Estados 53
da Santidade do Nosso Senhor — onde estão, quais são, quais os menos potentes que se encontram misturados, quais os que combatem — julgará que Sua Santidade é um daqueles que de nenhum modo poderá manter a neutralidade; e que, tomando tal partido, será inimigo de quem vence e de quem perde, de modo que todos irão querer lhe fazer mal, um por vingança, outro por interesse.

Você me pergunta ainda se, caso o papa fizesse um acordo 54
com os suíços, o imperador e a Espanha, seria conveniente à Espanha e ao imperador enganá-lo e aderir à França. Eu acredito 55
que o acordo entre Espanha e França seja impossível, e que não poderia ser feito sem o consentimento da Inglaterra; e que a Inglaterra não poderia fazê-lo senão contra a França e, por isso, a França não pode nem pensar no assunto. Pois, sendo aquele rei jovem e com mania de guerras,[37] não tem para onde voltar suas armas senão contra a França ou contra a Espanha. Mas a paz com a França leva à guerra contra a Espanha, do mesmo modo que a paz com a Espanha leva à guerra contra a França. Por isso, o rei da França, para não perder a Inglaterra, para 56
não jogar tal guerra sobre si mesmo e por ter mil motivos para odiar a Espanha, não está interessado em dar ouvidos à paz; pois, se a França quisesse ou pudesse fazê-la, faria, uma vez que devem ter sido muitas as opções em malefício alheio que o rei da Espanha pôs à sua frente. Assim, no que depender da Espanha, acredito que o papa poderia suspeitar razoavelmente de qualquer coisa; mas no que depender da França, pode estar seguro. Quanto ao imperador, por ser inconstante e instável, 57
é possível temer qualquer mudança, conveniente ou não a ele,

pois ele sempre viveu e se alimentou nesse tipo de inconstân-
58 cia. Se os venezianos aderirem à parte de cá,[38] será uma grande
coisa; não tanto pela adesão de suas forças, mas por este lado
ficar mais abertamente contra a França, à qual aderindo ain-
da o papa, os franceses encontrarão infinitas dificuldades ao
59 entrarem e se propagarem pela Itália. Mas eu não creio que os
venezianos façam tal escolha, pois creio que tenham tido pac-
tos melhores com a França do que teriam conseguido com os
outros. E tendo estado ao lado da fortuna da França quando
ela estava quase morta,[39] não parece razoável que a abandonem
agora que está para ressurgir; mas temo que estejam mentindo,
como de costume, em vantagem própria.

60 Concluo, então, para chegar ao fim deste ponto, que haven-
do mais indícios da vitória do lado francês do que dos outros;
que podendo o papa, com sua entrada, contribuir para uma
vitória mais certeira da França do que dos outros; que sendo
menos dura uma perda como amigo da França do que dos ou-
tros; e que não podendo estar neutro e, ao mesmo tempo, em
segurança, a Santidade do Nosso Senhor deve aderir à França
ou aderir aos outros caso os venezianos também o façam, e não
de outra forma.[40]

37

Francesco Vettori a Nicolau Maquiavel
Roma, 15 de dezembro de 1514

Spectabili viro Nicolau Maquiavel. 1
Em Florença
† Em 15 de dezembro de 1514

Querido compadre, após um longo silêncio, nos últimos dois 2
dias recebi três cartas suas: uma em que você me pedia estambre azul para um par de meias, o que lhe mandarei amanhã sem indagar para quem o pede, pois me satisfaço em contentá-lo; outra, em latim, que deveria ter sido entregue por um amigo seu chamado Tafano, mas que por algum motivo não se apresentou diante de mim e pediu para que um comerciante me entregasse, o qual deu em mãos a um de meus serviçais.[1] Sinto por não 3
tê-lo encontrado para poder ajudá-lo em amizade a você e para entender o seu modo de vida, que me haveria de ser dito por ele. Vou mandar que procurem por ele e, se o encontrar, mesmo sendo de pouca autoridade, lhe mostrarei o que você lhe pede em sua carta. A última, em que você responde às questões que lhe 4
pus, eu a recebi ontem. Eu ainda não a mostrei ao monsenhor 5
De' Médici, que havia me pedido para que eu lhe perguntasse. Creio que ficará satisfeito, e satisfaz ainda mais a mim; quando a tiver mostrado, lhe responderei com o que ele me disser.

Falei muitas vezes de ti[2] com meu irmão Paolo, que muito 6
te ama; como espero, ele voltará até o fim deste mês,[3] e assim poderás saber dele o quanto eu te estimo e quanto penso em ti.

7 8 Mas, acredite, somos conduzidos pelo destino.[4] Nos dias pas-
sados, li o há pouco impresso *De fortuna* de Pontano, dedicado
ao grande Consalvo,[5] no qual ele mostra claramente que o en-
genho, a prudência, a fortaleza e as outras virtudes não servem
9 de nada sem a fortuna.[6] Vemos isso todos os dias em Roma: de
fato, conheço homens obscuros, sem cultura e sem engenho,
10 que ocupam cargos de enorme autoridade.[7] No entanto, deve-
mos nos acalmar, tu em particular, que não és ignorante das
adversidades e já suportaste das mais graves; a essas Deus tam-
11 bém porá fim.[8] Eu aqui estou vivo e me sinto bem, ainda que
não por completo: o inchaço que, como sabes, tenho no pesco-
ço,[9] aumenta dia após dia, e não tenho certeza se devo cortá-lo
12 ou não. Acredito estar suficientemente nas graças do pontífice
Máximo e dos nossos outros Médici;[10] mesmo assim, não lhes
13 peço nada. Gasto todo o salário que recebo conforme a lei e no
14 fim do mês não me resta nada.[11] Emancipei-me da escravidão
do amor e me reconciliei com os livros e com o baralho.[12]

15 Perguntei ao magnífico Lorenzo sobre a questão do Donato,
da qual não pensem você e ele que me esqueci, e ele me pro-
meteu que no retorno[13] fará com que seja reembolsado; e que
até agora ninguém o foi, sendo postos ou sorteados apenas os
16 que superaram o escrutínio.[14] Mas você e Donato me fizeram
entrar e prometer vantagens àquele amigo,[15] que está atento
a como isso poderá acontecer, ainda que ele não tenha feito
tantos esforços porque as cartas ele até escreveu, mas fui eu
que as solicitei, e com o magnífico Lorenzo fui eu que falei e
17 de modo tão insistente quanto pude. Ainda assim, ele sabe que
eu tenho aquela letra de câmbio de cem padrecos de Piero del
Bene, pois eu a mostrei a ele para incentivá-lo, e sabe que ela
não dura mais do que seis meses,[16] que estou preso a esse térmi-
no. E não gostaria que ele, pensando não poder ter nada de me-
lhor, se empenhasse em mandar tudo pelos ares, pois você sabe

como é simples. Por isso, quando Donato quiser tentar de novo, 18
estou à disposição, fazendo-lhe sempre entender que nem um
centavo será tocado até que tudo esteja resolvido e que depois
tentaremos economizar se for possível. Mas para que não dê 19
errado, é necessário que eu possa lhe mostrar a letra de câmbio,
pois não faz nem dois dias que ele me lembrou dela. Uma pena 20
que não deu para resolver tudo quando era o momento;[17] algo
era possível, mas vocês deixaram os sabiás escaparem. Não te- 21
nho mais a dizer senão mandar lembranças minhas a você e aos
outros Machiavelli.

Cristo o proteja. 22

Franciscus Victorius orator Rome
(Francesco Vettori, embaixador em Roma)

38

Nicolau Maquiavel a Francesco Vettori
Florença, 20 de dezembro de 1514

1 *Magnifico oratori florentino Francisco Victorio apud Sum-*
mum Pontificem.
Rome

(Ao magnífico embaixador florentino Francesco Vettori, perante o
Sumo Pontífice.
Roma)

2 Magnífico embaixador, como foi você que me deixou nesta ân-
sia, se eu o cansar com meus escritos você pode dizer: "Agora
3 aguente, fui eu que pedi". Eu duvido que você não tenha acha-
do que eu não passei rápido demais sobre aquela parte da neu-
tralidade na minha resposta às suas questões, assim como so-
bre aquela onde eu tinha que discutir o que deveria ser temido
com relação ao vencedor e sobre a parte a respeito da perda
de seu escolhido; porque muitas coisas deveriam ser conside-
4 radas em ambas. Por isso, volto a escrever sobre tal matéria.
5 Quanto à neutralidade, que me parece uma escolha aprovada
por muitos, não pode me agradar porque eu não me lembro en-
tre as coisas que vi e nem entre as que li já ter sido boa; pelo
contrário, foi sempre muito perniciosa porque certamente se
perde. E ainda que você compreenda as razões melhor do que
eu, gostaria de lembrá-las.

6 Você sabe que o principal dever de todo príncipe é resguar-
dar-se de ser odiado ou desprezado, evitar efetivamente *con-*
temptum et odium (o desprezo e o ódio):[1] todas as vezes em que
7 se observa essa regra, tudo acaba por terminar bem. E isso pre-
cisa ser considerado tanto nos amigos quanto nos súditos. E to-

das as vezes que um príncipe *non fugit saltem contemptum* (não
evita ao menos o desprezo) ele é eliminado. Me parece que ficar 8
neutro entre dois que combatem não é senão buscar ser odia-
do e desprezado, porque sempre a um deles será evidente que
você deve, por benefícios recebidos ou por uma amizade antiga,
seguir a mesma fortuna que ele; e se você não adere, ele nutre
ódio por você.[2] O outro despreza você, vendo-o como inseguro 9
e pouco determinado, a quem começará de imediato a chamar
de amigo inútil e um perigoso inimigo, de modo que quem quer
que ofenda passa a atacá-lo sem respeito. Tito Lívio, com pou- 10
cas palavras postas na boca de Tito Flamminio, dá esse vere-
dito aos aqueus, que haviam sido convencidos por Antíoco a
permanecerem neutros: "*nihil magis alienum rebus vestris est:
sine gratia, sine dignitate praemium victoris eritis*" ("nada é mais
remoto do vosso interesse: sem dignidade e sem respeito, se-
reis o prêmio do vencedor").[3] Ocorrerá ainda que, no decorrer 11
da guerra entre esses dois, haverá infinitas razões para que te-
nham ódio contra você, porque na maioria das vezes o terceiro
se encontra numa posição que pode de muitos modos favorecer
ou desfavorecer um dos lados. Além disso, pouco tempo após 12
iniciada a guerra, você será conduzido a termos em que é obri-
gado a fazer secretamente e sem obter vantagens a tomada de
posição que não quis fazer abertamente e com vantagens; e
caso não a faça, os dois lados acreditarão que você a fez.

Caso a fortuna seja tão próspera em favor do neutro a pon- 13
to de, no decorrer da guerra, não haver nenhuma justa razão
para o ódio de algum deles, isso ocorrerá ao fim da guerra, pois
todos os ofendidos por esse terceiro que permaneceu neutro e
todos os por ele amedrontados irão recorrer ao vencedor, dan-
do-lhe razão para o ódio e discórdia. Se alguém replicasse que o 14
papa, pela reverência de sua pessoa[4] e pela autoridade da Igreja,
se encontra num outro patamar e terá sempre refúgio para se

proteger, eu responderia que tal réplica merece algumas con-
siderações, e que podemos estabelecer alguns fundamentos.
Contudo, não devemos confiar nisso; ou, observando melhor
para bem aconselhar, não devemos pensar nisso para que uma
esperança desse tipo não leve a tal decisão equivocada; porque
todas as coisas que aconteceram podem acontecer de novo,[5] e
eu sei que pontífices, tal como senhores temporais, já foram
vistos em fuga, exílio, perseguidos e em *extrema pati* (sofrimen-
tos extremos), isso em tempos em que a Igreja contava no cam-
15 po espiritual com mais reverência do que conta hoje. Se, por-
tanto, a Santidade do Nosso Senhor refletir a respeito de que
posição seus Estados se encontram[6] e de quais são aqueles que
podem fugir para a proteção do vencedor, eu acredito que Sua
Santidade não poderá de fato relaxar na posição neutra e que
deverá pensar que para ele a adesão deverá acontecer de qual-
quer jeito. Assim, expondo a neutralidade de modo mais amplo
16 do que da outra vez, não tenho mais a dizer. E sobre o temor
com relação a quem vencer e superar o lado ao qual ele aderiu,
não direi mais nada porque já disse tudo acima.

17 Eu creio que parecerá, pela carta que eu escrevi, que eu
pendia para o lado da França, e quem a lesse poderia descon-
fiar que era o afeto que me conduzia àquele lado. Mas isso me
desagrada, porque eu me empenhei em manter sempre o juízo
equilibrado, principalmente nesses assuntos, sem que pudesse
18 ser corrompido por um sectarismo, como fazem muitos. E se
eu pendi um pouco para a França, e não creio ter me equivoca-
do, quero de novo discorrer com poucas palavras sobre o que a
isso me move, o que será como um epílogo daquilo que escre-
19 vi a você. Quando dois potentes estão em disputa para avaliar
quem deve vencer, é necessário — além de avaliar as forças de
ambos[7] — observar de quantos modos a vitória pode ir para um
20 e de quantos pode ir para outro. Não me parece que para o lado

de cá haja outra escolha senão ir logo à batalha, enquanto para
o lado da França há tantas outras estratégias militares como
já escrevi amplamente. Essa é a primeira razão que me faz crer 21
mais na França do que nos outros. E se eu devo me declarar
amigo de um dos dois e vejo que aliando-me a um eu lhe dou a
vitória certa, mas aliando-me a outro isso será duvidoso, acre-
dito que se deva sempre escolher a certeira, deixando de lado
qualquer obrigação, qualquer interesse, qualquer medo e qual-
quer outra coisa que me desagradasse. E eu acredito que se o 22
papa se aliar à França não haverá discussão; mas se ele se aliar
aos outros, haverá demais pelos motivos que então escrevi.[8]
Além disso, todos os homens sábios, quando podem, procuram 23
facilmente não arriscar tudo o que têm e, pensando no pior que
pode acontecer, consideram como mal o que ainda não é um
mal por completo; e como as coisas da fortuna são todas dúbias,
eles se aliam facilmente ao destino que, mesmo que tenda para
o ruim, tenha um fim menos pior. A Santidade do Nosso Senhor 24
possui duas casas,[9] uma na Itália e outra na França: se ele se
junta com a França, arrisca uma; se com esses outros, arrisca
as duas. Se fica contra a França e ela vence, é obrigado a seguir 25
a fortuna desses outros, indo para a Suíça ou para a Alemanha
para viver em desalento, ou para a Espanha para ser espoliado
e chantageado; caso se alie à França e ela perca, lhe restará a
França, ficar em sua casa e com um reino que é um papado à sua
devoção, além de um príncipe que, por acordo ou por guerra,
pode ressurgir de mil maneiras.

Valete, e mil vezes mando a você minhas saudações. *Die XX* 26 27
Decembris MDXIIII (No dia 20 de dezembro de 1514).

Nicolau Maquiavel, em Florença 28

39

Nicolau Maquiavel a Francesco Vettori
Florença, 20 de dezembro de 1514

1 *Magnifico oratori florentino Francisco Victorio apud Sum-*
mum Pontificem, patrono suo. Romae

(Ao magnífico embaixador florentino perante o Sumo Pontífice Francesco Vettori, meu protetor.
Roma)

2 Magnífico embaixador, após eu ter escrito a carta anexa,[1] rece-
bi a sua do dia 15,[2] da qual responderei apenas à parte relativa
a Donato, a quem li o trecho; ele se encheu imediatamente de
3 tanta esperança que não cabe em si. E como ele está decidido
que para obter essa graça não se deve economizar nada, pediu
para que a letra de câmbio aos Beni fosse reescrita,[3] pela qual
em seis meses serão pagos cem ducados à sua solicitação. E ele
me disse que, além desses, caso precise de mais, nada deve ser
4 economizado, que não haja preocupação com os custos. A letra
será incluída nesta, use-a quando oportuno e de acordo com
5 a praxe de tais letras. Sobre economizar ou não, Donato não
queria que eu lhe dissesse nada: mesmo assim, eu, de minha ini-
ciativa, o lembro a você, pois não acho que pode prejudicar se
não ajuda; principalmente porque me parece que a atuação do
amigo[4] não é mais necessária em parte alguma, pois não será
6 mais preciso que se escreva a respeito. Donato não quer que
se pense nisso, nem se preocupe com nada, desde que ele saia
finalmente da plebe.

7 Eu lhe agradeço de novo por todas as ações e por todas as
preocupações que você teve em minha consideração; não pro-

meto recompensa, pois não acredito poder nunca mais fazer
o bem a mim ou aos outros. E se a fortuna[5] tivesse desejado 8
que os Médici, com relação às coisas de Florença ou de fora, ou
mesmo em suas coisas particulares ou públicas, houvesse me
pedido tarefas, eu teria ficado contente; mesmo assim, não per-
di completamente as esperanças. E caso isso aconteça e eu não
saiba me manter, ficarei chateado comigo mesmo. Mas seja o 9
que tiver que ser. Todos os dias, sei que é verdade o que você diz 10
que Pontano escreve; e quando a fortuna nos joga para um lado,
nos põe diante uma utilidade presente ou um temor presente,
ou ambos juntos; e acredito que as duas coisas são as maiores
inimigas daquela opinião que defendi nas minhas cartas.

Valete. Die XX Decembris 1514. (Adeus. No dia 20 de dezem- 11
bro de 1514.)

Nicolau Maquiavel, em Florença 12

40

Francesco Vettori a Nicolau Maquiavel
Roma, 30 de dezembro de 1514

1 *Spectabili viro* Nicolau Maquiavel, em Florença
† No dia 30 de dezembro de 1514

2 *Ecce iterum mihi bella movet violenta cupido,*
compater, ecce iterum torqueor igne novo.[1]
(Eis, compadre, que de novo me ataca uma furiosa
[paixão,
eis que de novo sou atormentado por uma chama
[singular)

3 É verdade que Ovídio disse bem que o amor provém do ócio![2]
4 Eu, que não tenho afazeres, gostaria de fazer como Mino da Siena;[3] e estou tão ocupado com isso que não lhe reescrevi,
5 como seria o meu dever. As duas cartas[4] sobre as questões que lhe pus[5] foram vistas pelo papa, pelo cardeal Bibbiena e pelo Médici, e todos ficaram maravilhados pelo engenho e louvaram o seu discernimento; e ainda que não seja possível tirar disso mais do que palavras — por azar, pois eu não sou alguém capaz de ajudar os amigos —, ser visto com bons olhos pelos
6 homens poderosos, mais cedo ou mais tarde, pode ajudar. Eu gostaria de contrapor alguns de seus argumentos apenas para passar o tempo e para lhe dar mais motivos para escrever, mas estando ocupado como disse antes, deixei de lado o texto que

tinha começado; talvez eu o termine num outro momento e
lhe mande.
Não sei se você recebeu o tecido para as meias que eu mandei 7
pelo portador, a quem ordenei que o deixasse na casa do men-
sageiro Simon, e que depois Filippo del Benino[6] avisasse a você.
Não tive resposta dele, de modo que suspeito que você não tenha
recebido. Assim, vá atrás disso, pois não gostaria de forma algu-
ma que você ficasse sem a única coisa que me pediu em cem anos.
Recebi a sua a respeito do caso de Donato, e a sua aos Beni, 8
com a ordem a Piero.[7] Diga-lhes que Lorenzo me prometeu, as- 9
sim que voltar, fazer com que ele seja embolsado e depois sortea-
do;[8] se vai cumprir, o tempo dirá. A mim, prometeu dessa forma 10
e, antes que se vá, o lembrarei. E como você me conhece, pode ter
certeza de que foi assim, porque se ele não tivesse me prometido
eu não falaria, pois não tenho o hábito de encher os amigos de es-
peranças vãs. Sobre o dinheiro, faremos o melhor que pudermos 11
com o amigo, mesmo que não seja necessário nos servirmos dele,
porque ele poderia atrapalhar caso não tenha esperança de tirar
algo; por isso, vou mantê-lo com alguma desculpa e acredito que
esteja aí para isso. Não tenho mais a dizer com esta. 12
Cristo o proteja. 13

Franciscus Victorius orator Rome
(Francesco Vettori, embaixador em Roma)

41

Francesco Vettori a Nicolau Maquiavel
Roma, 16 de janeiro de 1515

1 *Spectabili viro* Nicolau Maquiavel, em Florença
† No dia 16 de janeiro de 1514[1]

2 Querido compadre, não há cartas de mais ninguém que eu leia
com tanto prazer como as suas, e gostaria de poder escrever
muitas coisas que sei que não devem ser confiadas às cartas.
3 Há vários meses entendi muito bem a sua forma de amar[2] e
quase lhe disse: "*Ah, Coridon, Coridon, que te dementia cepit!*"
4 ("Córidon, Córidon, ah que demência te tomou?").[3] Depois,
pensando comigo mesmo que este mundo não é senão amor,
ou, para ser mais claro, tesão, me segurei; e continuei pensan-
do em como nesse assunto os homens se afastam do coração
5 com aquilo que dizem pela boca. Um pai diz ao filho querer
educá-lo de forma honrada, contudo, começa por lhe confiar
a um pedagogo que passa o dia com ele e tem espaço para fa-
zer do seu modo, permitindo-lhe ler coisas que despertariam
6 o desejo em um morto. A mãe o limpa, o veste bem, de forma
a ficar mais agradável; quando começa a crescer, lhe dá um
quarto nos fundos[4] com lareira e tantas outras comodidades
para que possa bagunçar à vontade, para entrar e sair com
7 quem quiser. Todos fazemos assim, e nisso erram mais aque-
les a quem isso parece sensato. Por isso, não é de se espantar
que os nossos jovens sejam tão lascivos como são, porque isso

deriva da péssima educação. Você e eu, ainda que sejamos ve-
lhos,[5] mantemos de alguma forma os hábitos adquiridos na
juventude, e não há como remediar.

Sinto por não estar aí para que possamos juntos falar des- 8
sas e de muitas outras coisas. Mas você me disse uma coisa que 9
me fez ficar admirado: o fato de ter encontrado tanta confian-
ça e tanta compaixão na Cacheada;[6] posso lhe jurar que, por
amizade a você, eu antes tinha simpatia por ela, mas agora eu
tenho admiração, porque na maioria das vezes as mulheres cos-
tumam amar a fortuna, e não os homens, e quando esta muda
elas mudam ainda mais.[7] Donato não me surpreende, porque é 10
um homem leal na amizade e, além disso, sofre continuamente
o mesmo que você.

Eu havia escrito que o ócio me deixava apaixonado, e assim 11
repito, pois não tenho quase nada para fazer. Não consigo ler 12
muito por causa da minha visão, que se prejudica com a idade;
não posso sair por aí senão em companhia, o que não é sempre
possível, pois não tenho tanta autoridade nem tantas rique-
zas que as pessoas queiram a minha companhia; se me ocupo
em pensamentos, a maioria me traz melancolia, da qual fujo
intensamente, por isso é necessário que eu me limite a pensar
em coisas agradáveis, e não sei o que agrada mais o pensar e o
fazer do que foder. Que filosofem o quanto quiserem, mas essa 13
é a mais pura verdade, e muitos veem dessa forma, mas poucos
dizem. Estou pensando em ir até você na primavera[8] se me for 14
permitido, quando falaremos disso e de muitas outras coisas
juntos. Lembranças minhas a Filippo, a Giovanni e Lorenzo Ma- 15
chiavelli[9] e a Donato.

Cristo o proteja. 16

Francesco Vettori, embaixador em Roma

42

Nicolau Maquiavel a Francesco Vettori
Florença, 31 de janeiro de 1515

1 *Francisco Victorio oratori.*
Rome

(Ao embaixador Francesco Vettori.
Roma)

2 Tinha tentado o jovenzinho arqueiro
já muitas vezes vulnerar-me o peito
com suas setas, pois são o despeito
e o dano a dar-lhe gozo por inteiro;
e mesmo sendo agudas e brutais
que não suportaria um diamante,
tiveram um bloqueio a si diante
que as fez não parecer nada de mais.
Na sanha ele ficou, bastante irado,
pra demonstrar sua mais alta excelência
mudando a sua aljava, o arco e o dardo;
mandou-me um de tanta violência
que ainda sofro pelo machucado,
confesso e reconheço sua potência.[1]

3 Eu não saberia responder à sua última carta sobre o tesão[2] com
palavras que me parecessem mais apropriadas do que com esse
soneto, pelo qual você vai ver a engenhosidade usada por aque-
4 le ladrãozinho do Amor para me acorrentar. E as correntes em
que me prendeu são tão fortes que eu fico completamente deses-

perado por liberdade, sem conseguir pensar em como hei de me libertar; e mesmo quando a sorte ou outra astúcia humana me abrirem alguma saída, eis que eu não vou querer tomá-la, tanto me parecem ora doces, ora amargas, ora leves, ora pesadas tais correntes, fazendo uma confusão tão grande que eu não acredito mais poder viver feliz sem essa qualidade de vida. E como sei 5
o quanto esse tipo de pensamento lhe traz alegria por mostrar tais ordens da vida, sinto por você não estar aqui presente para rir ora dos meus choros, ora de minhas risadas. Todo o prazer que você poderia ter com isso acaba ficando para o nosso amigo Donato, que, junto com a amiga de quem lhe falei outras vezes,[3] são os únicos portos e refúgios[4] ao meu barco, que permanece na contínua tempestade sem timão e sem velas.[5] E há nem dois dias, 6
aconteceu de eu poder dizer, como Febo a Dafne:

Ninfa, precor, petreia, mane! Non insequor hostis;
nimpha, mane! Sic agna lupum, sic cerva leonem,
sic aquilam fugiunt penna trepidante columbe,
hostes queque suos.
(Ninfa, imploro, pedrosa, espera! Hostil não persigo;
ninfa, espera! A anha ao lobo, ao leão a gazela,
pombas assim com penas trementes fogem à águia,
a cada uma um inimigo.)[6]

Et quemadmodum Phebo hec carmina parum profuere, sic mi- 7
chi eadem verba apud fugientem nichil momenti, nulliusque valoris fuerunt. (E como estes versos pouco serviram a Febo, tais palavras não me tiveram nenhuma utilidade e nenhuma eficácia perante quem fugia.)

Quem visse nossas cartas, prezado compadre, e visse a di- 8
versidade de seus assuntos, muito se espantaria, pois em um momento teria a impressão de que somos homens sisudos,

completamente voltados a coisas grandes, e que em nosso pei-
to não poderia caber qualquer pensamento que não contivesse
em si decoro e grandeza; mas depois, virando a folha, teria a
impressão de que somos superficiais, inconstantes, lascivos e
9 voltados a coisas vãs. Esse modo de se comportar, se alguém
acha ofensivo, eu acho louvável, porque nós imitamos a natu-
reza, que é diversa; e quem a imita não pode ser repreendido.
10 E ainda que tenhamos por hábito trazer essa diversidade em
cartas diferentes, eu desta vez a quero trazer em uma só, como
você vai ver lendo a próxima página. Limpe a garganta.

11 Seu irmão Pagolo esteve aqui com o Magnífico[7] e, entre algu-
mas das coisas sobre as quais conversamos, ele contou de suas
esperanças, de como Sua Senhoria lhe prometeu fazer dele go-
12 vernador daquelas terras das quais agora se assenhora.[8] E tendo
eu compreendido — não de Pagolo, mas do que se diz — que ele
irá se assenhorar de Parma, Piacenza, Modena e Reggio,[9] me
parece que esse senhorio seria forte e vistoso, podendo ser man-
tido em qualquer situação desde que fosse bem conduzido no
começo; e para governá-lo bem, é necessário compreender bem
13 as suas peculiaridades.[10] Esses Estados novos, ocupados por um
novo Senhor, possuem infinitas dificuldades quando se deseja
mantê-los. E se existem dificuldades para se manter os que estão
acostumados a ser uma coisa só, como, por exemplo, seria o du-
cado de Ferrara, muito mais dificuldades existem para se manter
os que são compostos a partir do nada com diferentes membros,
como seria esse do senhor Giuliano, pois uma parte dele é mem-
bro de Milão e outra de Ferrara.[11]

14 Portanto, quem se torna seu príncipe deve pensar em fazer
dele um só corpo e acostumar-se a reconhecer nele apenas um
senhor tão logo possível. E isso pode ser feito de dois modos:
ou permanecendo lá pessoalmente ou pondo um general seu
que comande a todos, de modo que esses súditos, mesmo que

de terras diferentes e discordantes no modo de pensar, come-
cem a obedecer a um só, reconhecendo-o como príncipe. E 15
caso Sua Senhoria, querendo permanecer ainda em Roma, pu-
sesse ali alguém que conhece bem a natureza das coisas e as
condições dos lugares, faria uma boa fundação[12] a esse novo
Estado. Mas se, não estando em nenhuma terra, Sua Senhoria
pôr um comando diferente em cada um, esse Estado continua-
rá desunido, sem uma reputação e sem poder prestar reverên-
cia ou temor ao príncipe.

Sabendo dessa necessidade, o duque Valentino, a quem eu 16
imitaria sendo um príncipe novo,[13] pôs Rimirro[14] como presi-
dente da Romanha, cujas deliberações tornaram os povos uni-
dos, temerários de sua autoridade, admiradores e confiantes
em sua potência;[15] e todo o amor que lhe dedicavam, que era
grande considerando a novidade, tem origem nessas delibera-
ções. Eu acredito que seja fácil se convencer disso, pois é ver- 17
dade, e quando for a vez de seu irmão Pagolo, essa seria uma
posição a lhe ser reconhecida não apenas pelo senhor Magní-
fico, mas por toda a Itália. Com benefício e honra para Sua Se-
nhoria, isso poderia trazer reputação também a ele, a você e
à sua família.[16] Eu falei sobre isso com ele, o que lhe agradou; 18
agora ele pensa em como se valer da ideia. Quis escrever a você 19
para que soubesse de nossa conversa e pudesse, onde for neces-
sário, ladrilhar o terreno para isso.

> Caindo o arrogante zé-mané
> não se esqueceu, porém, de Maomé.[17]

Nosso amigo Donato lhe manda lembranças. No dia 31 de 20 21
janeiro de 1514.[18]

Nicolau Maquiavel, em Florença 22

Correspondência — Parte 3

43

Francesco Guicciardini a Nicolau Maquiavel
Modena, 17 de maio de 1521

Messer Francesco Guicciardini em Modena a Nicolau Maquia- 1
vel em Carpi, no dia 17 de maio de 1521

Querido Maquiavel, boa e correta avaliação fizeram nossos pre- 2
zados cônsules da Arte da Lã[1] ao terem atribuído a você a tarefa
de escolher um pregador,[2] do mesmo modo que se ao Comilão,
enquanto vivo, ou ao *ser* Sano,[3] fosse dada a tarefa de encontrar
uma bela e galante esposa a um amigo. Creio que você lhes ser- 3
virá de acordo com a expectativa que têm de você e de acordo
com o que a sua honra busca, a qual se mancharia se nessa idade
você se preocupasse com a alma. Pois tendo sempre professado
o contrário,[4] isso seria visto mais como sinal de que você ficou
gagá do que bom. Eu lhe recomendo que você seja o mais breve 4
possível, porque ficando muito tempo aí você corre dois perigos:
um é que os santos frades acabem por lhe transmitir a hipocrisia;
o outro é que o ar de Carpi acabe por torná-lo mentiroso,[5] por-
que esse é o seu influxo não apenas atualmente, mas há muitos
séculos. E se por alguma desgraça você se hospedou na casa de 5
algum carpense, será um caso perdido. E se você tiver visitado o 6
bispo governador,[6] deve ter visto que belo exemplar de homem,
com quem aprender as mais belas ações.

A você, minhas saudações. De Modena, em 17 de maio de 1521. 7 8

Do seu Francesco Guicciardini

44

Nicolau Maquiavel a Francesco Guicciardini
Carpi, 17 de maio de 1521

1 *Magnifico domino Francisco de Guicciardinis, iuris utriusque doctori, Mutine Regiique gubernatori dignissimo suo plurimum honorando*

(Ao magnífico senhor Francesco Guicciardini, doutor num e noutro direito, digníssimo governador de Modena e Reggio, muito honrado)

2 *Magnifice vir, maior osservandissime* (Magnífico, com todo o respeito), eu estava no banheiro quando chegou seu mensageiro, pensando justamente nas extravagâncias deste mundo e completamente dedicado a imaginar um pregador do meu jeito para Florença, que fosse de meu gosto, porque nisso devo ser teimoso
3 como nas minhas outras opiniões. E como eu nunca faltei à República nas questões em que pude ajudá-la[1] — quando fiz se não com obras, com palavras; e se não com palavras, com gestos —,
4 não vou faltar também aqui. É verdade que sou contrário, como em muitas outras coisas, à opinião daqueles cidadãos: eles gostariam de um pregador que lhes ensinasse o caminho ao paraíso, mas eu gostaria de um que lhes ensinasse o caminho para a casa do capeta; gostariam de um que fosse um homem prudente, íntegro, leal, mas eu gostaria de encontrar um que fosse mais louco que o Ponzo,[2] mais astuto que o frei Girólamo,[3] mais hipócrita que o frei Alberto.[4] Porque isso me parece uma coisa boa e digna da bondade destes tempos, para que tudo o que nós vivenciamos com muitos frades fosse possível vivenciar com apenas um. Pois eu acredito que esse seja o verdadeiro modo de se ir ao paraí-

so, aprendendo o caminho do Inferno para evitá-lo. Além disso, 5
observando quanta estima pode ter um perverso que se esconde
sob o manto da religião, pode-se facilmente conjecturar o quan-
to teria um bom que caminhasse, de verdade, e não fingindo, so-
bre as pegadas enlameadas de São Francisco. Achando esse um 6
bom pensamento, pensei em escolher o Rovaio[5] e penso que, se
ele se assemelha aos irmãos e irmãs, seja mesmo esse o caso. Vou 7
esperar que, se me escrever de novo, você me diga sua opinião.

Eu estou aqui ocioso, pois não posso cumprir minha tarefa até 8
que sejam escolhidos o Geral da ordem e seus assistentes, por isso
fico ruminando de que forma eu poderia disseminar entre eles
escândalo suficiente a ponto de, aqui ou em outro lugar, se pega-
rem às tamancadas. E se eu não perco a cabeça, talvez consiga; e
acredito que o seu conselho e auxílio me ajudariam muito. Por isso, 9
não seria mau se você viesse até aqui com o pretexto de fazer um
passeio, ou pelo menos me ensinasse por escrito algum golpe de
mestre. E se você me mandar todo dia um mensageiro justamente
para isso, como fez hoje, faria muito bem: primeiro, porque me in-
formaria sobre algo relevante; segundo, porque você me tornaria
mais estimado pelos donos da casa, que veriam seus avisos com
mais frequência. Na vinda desse enviado com a última carta e com 10
uma saudação inclinada até o chão, que tinha sido mandado como
mensageiro urgente, todo mundo se aprumou com tanta reverên-
cia e chiados que tudo pareceu sair do lugar, com muitos me per-
guntando a respeito das novidades. E eu, para aumentar minha
reputação, disse que o imperador era esperado em Trento, que os
suíços haviam convocado novas assembleias e que o rei da França
queria ir conversar com tal rei,[6] mas seus conselheiros o desacon-
selharam. Assim, todos estavam de boca aberta e com o chapéu na
mão. E enquanto eu escrevo, há um círculo de pessoas em volta de
mim que ao me ver escrever longamente ficam espantadas, olhan-

do para mim como se eu tivesse sido tomado por um espírito; e
eu, para espantá-las ainda mais, fico às vezes parado com a pena
e inflo o peito, e eles então ficam de boca aberta como bocejando.
Se soubessem o que lhe escrevo, ficariam ainda mais espantados.
11 Você sabe que esses frades dizem que, quando alguém é confirma-
do na graça, o diabo não tem mais o poder de tentá-lo; assim, eu
não tenho mais medo de que esses frades me passem hipocrisia,
porque acredito ser muito bem confirmado.

12 Quanto às mentiras dos carpenses, aceitarei o desafio com
todos eles, porque há muito eu domino a matéria, de modo que
eu não aceitaria Francesco Martelli nem como garçom. Pois, de
uns tempos para cá, não digo nunca o que creio, nem creio nunca
naquilo que digo, e se mesmo assim às vezes me dizem a verdade,
eu a escondo entre tantas mentiras que é difícil encontrá-la.[7]

13 Eu não falei com aquele governador porque, tendo encon-
trado hospedagem, me pareceu supérfluo falar com ele. Mas é
verdade que hoje de manhã na igreja eu o observei um bocado
14 enquanto ele estava a olhar para algumas pinturas. Me pare-
ceu de fato um belo exemplar, e é de se acreditar que o todo
corresponda a essa parte, sendo aquilo que parece ser; e que
não houve delírio, de modo que se eu tivesse comigo sua carta
15 eu poderia ter faturado às braçadas.[8] Mesmo assim, nada está
perdido; e espero de você amanhã algum conselho sobre esses
meus casos, e que você mande um desses mensageiros, mas que
corra e chegue aqui todo suado, de modo que o pessoal fique
em polvorosa. Fazendo assim, ficarei feliz; e os mensageiros
fazem um pouco de exercício, pois é muito saudável para os ca-
16 valos nesta meia estação. Eu escreveria ainda um pouco mais
se quisesse explorar a imaginação, mas quero preservá-la para
17 amanhã o mais fresca que puder. Mando minhas saudações, e
que semper ut vult valeat (que esteja sempre bem como desejar).

Em Carpi, em 17 de maio de 1521. 18

Vester observantissimus (Seu muito respeitoso) 19
Nicolau Maquiavel
embaixador junto aos frades menores

45

Francesco Guicciardini a Nicolau Maquiavel
Modena, 18 de maio de 1521

1 Ao magnífico *messer* Nicolau Maquiavel enviado florentino
etc.
Em Carpi

2 Mesmo não tendo, querido Maquiavel, tempo ou cabeça para
aconselhá-lo, nem tendo o costume de fazer tal trabalho sem
receber por ele, não quero negar minha ajuda, de modo que
você possa conduzir suas árduas tarefas ao menos com repu-
3 tação. Por isso eu lhe mando com urgência o presente mensa-
geiro, a quem ordenei que volte com toda a rapidez devido à
importância da coisa, de forma que ele chegue com a camisa es-
voaçante. Não duvido que, entre a correria e aquilo que ele dirá
aos presentes, todos por isso acreditem que você é um grande
personagem, indo as suas ocupações para muito além de frades.
E para que o volume do malote impressione seu hospedeiro,
pus dentro algumas comunicações chegadas de Zurique, das
quais você poderá se valer mostrando ou segurando na mão, de
acordo com o que julgar mais conveniente.

4 Ontem escrevi ao senhor Gismondo[1] dizendo que você é
uma pessoa rara; ele me respondeu pedindo que eu lhe conte em
que consiste essa sua raridade. Achei melhor não lhe responder,
para que ele fique intrigado e tenha a oportunidade de observar
5 você melhor. Você deve se valer, enquanto há tempo, dessa sua
reputação: "*non eni, semper pauperes habebitis vibiscum*" ("pois

os pobres tendes sempre convosco").[2] Avise quando estiver li- 6
vre desses frades, entre os quais se você disseminar a discórdia ou ao menos deixar sua semente para que germine mais cedo ou mais tarde, será a coisa mais admirável que você poderá fazer. Mas não imagino que seja tão difícil, considerando a ambição e
a malvadez deles. Avise, ou melhor, venha se puder. 7

Modena, 18 de maio de 1521. 8

Vester Franciscus de Guicciardinis Gubernator 9
(Seu amigo, governador Francesco Guicciardini)

46

Nicolau Maquiavel a Francesco Guicciardini
Carpi, 18 de maio de 1521

1 Posso lhe dizer que a fumaça subiu aos céus,[1] porque entre a che-
gada do portador e o grande volume de cartas, não há ninguém
nesta casa ou na vizinhança que não tenha se admirado. E para
não parecer ingrato ao *messer* Gismondo, lhe mostrei as cláu-
2 sulas do acordo dos suíços com o rei.[2] A ele pareceu uma coisa
importante: lhe falei da doença do imperador e dos Estados que
ele queria comprar da França,[3] de modo que ficou de boca aber-
3 ta. Mas eu acredito, mesmo com tudo isso, que ele suspeite estar
sendo feito de bobo, porque não me dá confiança, sem entender
bem por que eu tenho que escrever longas bíblias neste deserto
das Arábias onde só há frades. Também não acho que ele acredite
ser eu o homem raro que você diz, porque eu só fico em casa, onde
durmo, leio ou fico quieto, de modo que acredito que ele esteja
4 percebendo que você está de brincadeira comigo e com ele. Por
isso, ele fica tateando, e eu lhe respondo com poucas e mal com-
postas palavras, apegando-me ao dilúvio que virá,[4] ou ao Turco
que passará, ou se seria uma coisa boa fazer uma cruzada nestes
tempos[5] e mais outras conversas fiadas, a ponto de lhe parecer
urgente falar logo com você para entender melhor ou para colo-
cá-lo contra a parede por lhe ter jogado essa maravilha no colo,

pois fico dando trabalho e atravancando a casa dele. Mesmo as-
sim acredito que ele confie na brevidade dessa duração e por isso
continue a fazer cara de paisagem e boa comida, e olha que eu
como por seis cachorros e três lobos, pensando, no almoço: "Ago-
ra, economizo dois júlios";[6] e no jantar: "Agora, economizo qua-
tro". Contudo, sou grato a vocês dois, e se ele for a Florença eu irei 5
retribuir; enquanto isso, você o controla com palavras.

Esse mau-caráter do Rovaio quer que imploremos por ele e 6
fica achando pretextos, dizendo que não sabe se poderá ir, pois
não sabe de que modo poderia pregar, e teme acabar na mas-
morra como o papa Angélico,[7] que aquilo que diz não é levado
em consideração em Florença, que quando pregou lá da outra
vez fez uma lei em que as prostitutas deveriam circular pela
cidade com um véu amarelo, mas que recebeu cartas da irmã
dizendo que elas saem como querem e que rebolam mais do que
nunca, o que lhe traz muita amargura. Mas eu tentei consolá- 7
-lo dizendo que não se espantasse, pois era comum nas cidades
grandes não se ater muito aos propósitos, fazendo uma coisa
hoje e outra amanhã, tal como Roma e Atenas;[8] ele se consolou
e praticamente me prometeu; lhe direi o que vier a acontecer.

Hoje de manhã os frades elegeram seu ministro geral, e foi 8
o Soncino,[9] que antes era o número dois, um frade humano e de
bem. Esta noite devo ir diante da Paternidade deles e acredito 9
estar livre amanhã; e não vejo a hora, pois passarei um dia com
você, *quae vivet in regnet in secula seculorum* (que viverá e reina-
rá nos séculos dos séculos).

Em 18 de maio de 1521. 10

Nicolaus Maclavellus 11
orator pro Republica Florentina ad Frates Minores
(Nicolau Maquiavel
embaixador da República Florentina perante os Frades
Menores)

47

Francesco Guicciardini a Nicolau Maquiavel
Modena, 18 de maio de 1521

1 Ao magnífico *messer* Nicolau Maquiavel, enviado florentino. Em Carpi

2 Querido Maquiavel, quando leio seu título de "embaixador da
República Florentina perante os Frades Menores" penso nos
tantos reis, duques e príncipes diante dos quais você outras
vezes já esteve e me lembro de Lisandro,[1] a quem depois de
tantas vitórias e troféus foi dada a tarefa de servir carne aos
mesmos soldados a quem havia tão gloriosamente comanda-
do. E digo: veja que, mudando apenas o rosto dos homens e
as cores externas, as coisas em si sempre voltam; não vemos
nada que por acaso já não tenha sido visto em outros tempos.
3 Mas a mudança de nome e de aparência das coisas faz com que
apenas os prudentes as reconheçam. Assim, a história é boa e
útil, pois nos põe diante de coisas e nos faz reconhecer e rever
4 aquilo que nunca havíamos conhecido ou visto.[2] De modo que,
em silogismo monacal, deve-se muito louvar quem atribuiu a
você a tarefa de escrever os anais[3] e estimular que você realize
a encomenda com diligência. Por isso acredito que não lhe será
completamente inútil a presente missão, porque nesse ócio de
três dias você deve ter captado todas as nuances da república
dos tamancos, aproveitando esses exemplos para algum propó-
sito, como compará-los ou nivelá-los a algumas de suas formas.

Não me parece que você terá algum benefício perdendo 5
tempo ou abandonando a fortuna enquanto ela se mostrar fa-
vorável, por isso adotei o modo de lhe mandar um mensageiro.
E se isso não servir para nada, pode ao menos lhe fazer ganhar
uma sobremesa no fim do dia. Lembro a você, no entanto, que 6
o *messer* Gismondo é esperto e afeito a conversas, ou, em lom-
bardo, a *berte*;[4] por isso, precisamos prestar atenção para que
nós não passemos de comediantes a piada. Escrevi a ele sem 7
dizer no que consiste em você a tal raridade, pois confio que
você tem perspicácia e inteligência para decifrá-lo; mas ele fi-
cará desconfiado, e se você o mantiver no mistério sem lhe dar
mais detalhes sobre orientações superiores, ele irá concluir que
você é um bobalhão. Mas tudo pode ser tolerado desde que as
refeições continuem em ordem.

Não me surpreendo a respeito do Rovaio, pois acredito — ou 8
melhor, entendi — que ele não gosta do vinho que você lhe serve.
E não aprovo a sua escolha, pois não me parece em conformida-
de com o julgamento que você e os outros fizeram, ainda mais
porque, sendo você *ut plurimum* (em mais alto grau) divergente
da opinião comum e inventor de coisas novas e insólitas, acredi-
to que aqueles cônsules e todos os outros que receberão a notícia
de sua tarefa esperem que você conduza algum daqueles frades,
como disse o outro,[5] difíceis de encontrar. De tal modo, é melhor 9
resolver isso e a divisãozinha[6] do que atrasar mais a sua volta
para cá, onde você é muito aguardado.

A você, minhas saudações. *Mutine* (Modena), 18 de maio de 10 11
1521.

Vester Franciscus de Guicciardinis Gubernator 12
(Seu amigo, governador Francesco Guicciardini)

48

Nicolau Maquiavel a Francesco Guicciardini
Carpi, 19 de maio de 1521

1 *Caralhus!* Precisa ser ligeiro com esse sujeito, porque ele é astu-
2 to como o Trinta Mil Diabos. Tenho a impressão de que ele se
deu conta de que você estava de brincadeira, porque quando o
mensageiro chegou, ele disse: "Nossa, deve haver algo de gran-
dioso, os mensageiros não param de vir". Em seguida, após ler
sua carta, disse: "Acredito que o governador faça graça comi-
3 go e com o senhor". Mas eu fingi não entender: "Sou albanês,
messere",[1] e lhe relatei como havia deixado algumas coisas em
Florença que diziam respeito a você e a mim, e por isso lhe ha-
via pedido que me mantivesse informado sobre suas decisões,
sendo esse o principal motivo das cartas. Então, estou com o
cu na mão[2] que ele pegue uma vassoura e me mande de volta
para a hospedaria, por isso lhe peço que suspenda o envio do
mensageiro para amanhã para que essa brincadeira não acabe
4 mal. No entanto, o bem que recebi não me será tirado do corpo:
refeições robustas, camas soberbas e coisas do tipo, das quais
me empanturrei nos últimos três dias.

5 De manhã, iniciei a questão da divisão; hoje devo encami-
6 nhá-la e acredito que amanhã devo concluí-la. Quanto ao pre-
7 gador, eu não acredito que terei a honra, porque ele oscila. O

padre-ministro diz que ele foi prometido a outros, de modo
que eu voltarei envergonhado; e sinto muito, pois não sei como
me apresentarei diante de Francesco Vettori e Filippo Strozzi,[3]
que me escreveram privadamente para pedir que eu fizesse de
tudo para que nesta quaresma eles pudessem se alimentar de
alguma comida espiritual que lhes fosse benéfica. Eles dirão 8
bem se disserem que eu lhes sirvo mal, daquele jeito; porque
no inverno passado, estando eu um sábado à tarde com eles na
casa de Giovan Francesco Ridolfi,[4] eles me deram a tarefa de
encontrar o padre para a missa da manhã seguinte. Você sabe 9
bem que a coisa se deu de um modo que o bendito padre chegou
depois que eles já tinham almoçado, tal que fizeram um escân-
dalo e ficaram irados comigo. Assim, se eu agora nessa outra 10
tarefa misturo de novo a borra ao vinho, imagine você a cara
demoníaca que me farão. Por isso, conto que você escreva duas
linhas a eles para me desculpar desse caso o melhor que puder.

Sobre as histórias[5] e a república dos tamancos, eu não acre- 11
dito ter perdido nada com esta vinda, pois compreendi o que
há de bom em muitas de suas constituições e ordenamentos; de
modo que acredito valer para algum propósito, principalmente
às comparações, porque onde quer que eu tenha que discorrer
sobre o silêncio, poderei dizer: "Estavam mais quietos do que
frades quando comem", e assim de minha parte será possível
deduzir nas entrelinhas muitas outras coisas que essa pequena
experiência me ensinou.

Em 19 de maio de 1521. 12

Seu amigo, Nicolau Maquiavel

49

Nicolau Maquiavel a Francesco Vettori
Sant'Andrea in Percussina, 26 de dezembro de 1521

1 *Magnifico viro domino Francisco Victorio gonfaloniere di giustizia dignissimo*

(Ao magnífico Francesco Vettori, digníssimo gonfaloneiro de justiça)

2 Senhor gonfaloneiro,[1] Parigino,[2] o presente portador, é um
grande amigo meu e me avisou sobre o fato de, quando você es-
tava em casa,[3] terem sido feitas pressões por uma conciliação e
3 que você renunciasse a uma questão legal. Ele gostaria, se fosse
possível, de ficar livre disso e recorreu a mim para que eu o re-
4 comende, o que faço de todo o coração. Ele deve lhe explicar os
méritos da questão e, se lhe parecer razoável, peço que o ajude.
Mando minhas saudações a você, a quem devo tanto, para que
Deus permita que eu possa um dia lhe pagar, tendo você saúde
e benefícios.

5 Adeus. Em 26 de dezembro de 1521.

6 Muito agradecido, Nicolau Maquiavel, na casa de campo

50

Francesco Vettori a Nicolau Maquiavel
Florença, 16 de abril de 1523

Ao meu querido [...] em Santo Andrea. 1

De tua[1] carta,[2] meu querido Nicolau, compreendi que temes so- 2
bretudo que os novos oficiais do Monte,[3] que devem ser nomea-
dos em poucos dias, sejam mais severos do que de costume na
cobrança dos impostos, principalmente por conta da urgente
necessidade de dinheiro, e por isso me pedes para intervir em
teu favor junto a eles para que não sejas obrigado a desembol-
sar mais do que doze florins de ouro, soma que no ano passado
foste forçado a pagar com grande dificuldade. Para te dizer a 3
verdade, eu não sei se esses novos cobradores serão nomeados
em breve. Efetivamente, o cardeal[4] partirá amanhã daqui para
Roma, fazendo com que talvez essa nomeação seja adiada até
a sua volta, que será em um mês. Podes, no entanto, ficar tran- 4
quilo, pois não deixarei de te ajudar seja qual for o momento da
nomeação. Ouvi dizer que Lorenzo Acciaiuoli, irmão do nosso 5
amigo Roberto, estará entre eles; sobre os outros, não sei dizer
nada. Mas chega disso. 6

Temes que nessa questão te possam ser nocivas as sacana- 7
gens de Francesco del Nero,[5] o que temes com razão. Por que,
de fato, não te seriam nocivas, já que nos últimos dias têm sido
até a ele mesmo? Na rua San Gallo, nos arredores da porta, há 8

um convento de irmãs chamado de São Clemente.[6] Francesco,
como homem religioso que é, havia estabelecido uma relação
muitíssimo próxima com elas, e como a peste havia invadido
quase toda a vizinhança, havia dito com frequência às freiras
ter uma casa de campo (chamada não sei se Paterno ou Villa-
magna), para a qual as mais jovens poderiam se mudar à vonta-
9 de para fugir do contágio. A peste se difundiu a tal ponto que
quinze freiras, lembrando da promessa, foram para a casa de
campo do Del Nero, pegaram a chave da casa com o caseiro,
mandaram moer o trigo, beberam do vinho[7] e se serviram da
10 casa, dos utensílios e de todo o resto como se fosse delas. O ca-
seiro, deixando a chave com elas, veio a Florença, procurou por
11 Francesco e lhe informou sobre o que as freiras fizeram. Ele,
por coincidência, estava caminhando comigo pela praça dos
Senhores. Depois de ouvir o caseiro, você precisava ver como
gritava e corria pela praça com o manto nas costas, chaman-
do sem cerimônia aos berros pelo frade Agostino,[8] a quem, tão
logo encontrou, mandou que atrelasse seis cavalos a uma car-
roça e que fosse até sua casa de campo para tirar de lá as frei-
ras, mesmo contra a vontade delas, colocando-as nos cavalos e
12 levando-as de volta para o convento. O frade obedeceu, ainda
que elas tenham tentado se opor à expulsão da casa; "por muito
tempo no céu essa foi a história mais comentada".[9]

13 Já que Francesco manteve as freiras na sua casa de campo,
o que pode haver de estranho se Ludovico, filho de sua irmã,[10]
quiser manter consigo também no campo o seu próprio confes-
sor,[11] já que a isso o leva não diria seu pai Enéas, mas seu tio
14 Heitor?[12] Mas nós, envelhecendo, nos tornamos muito recla-
mões e, por assim dizer, pedantes, sem nos lembrar das coisas
15 que aprontamos quando jovens. Ludovico mantém consigo um
rapazinho, joga, brinca e passeia com ele, murmura em seu ou-
16 vido, dormem juntos. E daí? Talvez mesmo debaixo disso tudo

não haja nada de mau, e ele o tenha levado junto apenas para que escapasse do contágio. Meu querido Nicolau, você se aflige 17
pelo hábito dos filhos, e chama de benditos os solteiros e afortunados os casados que não tiveram filhos homens. Mas preci- 18
samos nos lembrar das alegrias e dos benefícios que os filhos nos trazem, sem reclamar continuamente se fazem alguma besteira ou algo fora da regra. Se te comportas assim, viverás com incômodo e preocupações.

Tu estás no campo, eu fico entocado em casa; fiquei até com 19
uma ligeira febre, difícil de curar sobretudo nestes tempos, quando quase todos os médicos estão fora da cidade. Mas me 20
incomoda, no entanto, porque alguns dizem que estou fingindo estar doente por causa da peste, e essa história foi referida ao cardeal e talvez até escrevam isso para ele. E mesmo que eu tenha me comportado de modo que isso não seja digno de ser levado em conta, as coisas ouvidas com frequência permanecem no ouvido; por isso,

> "um ingênuo gosta da intimidade com um amigo poderoso,
> mas quem é experiente a teme".[13]

Eu gostaria então, como me pedes, de escrever algumas no- 21
vidades. Chegou da França o secretário do conde Alberto di 22
Carpi,[14] que não concorda com as posições francesas; ele conta que o rei disse ao conde que decidiu mandar de todo modo o seu exército para a Itália dentro de dois meses, e que por isso deu aos suíços 100 mil ducados.[15] Os nossos comerciantes também 23
escreveram algo a esse respeito, e o próprio rei notificou por carta ao pontífice[16] não querer mais estabelecer paz ou trégua com o imperador e com o rei da Inglaterra, a menos que não lhe seja restituído o ducado de Milão.[17] No entanto, não dá para acreditar neles porque o imperador reuniu um exército fortíssi-

mo na Espanha e o soberano inglês prepara um exército e uma
24 frota imponentes para atacar os franceses. O imperador enviou
da Espanha dinheiro para Prospero Colonna[18] para que possa
25 pagar os soldados espanhóis. Do sultão turco, após a tomada
26 de Rodes, não há notícias seguras. Há poucos dias, foi captu-
rado perto de Roma, sob ordem do pontífice, um siciliano[19] que
estava se dirigindo à França para solicitar que o rei invadisse a
Sicília, dizendo que muitos nobres da ilha estavam juntos em
um complô para entregá-la a ele. Ele tinha consigo uma car-
ta do cardeal Soderini sobre esse assunto e muitos outros com
27 vantagens para os franceses. Os embaixadores do imperador
em Roma protestavam junto ao pontífice:[20] acusam o cardeal
28 de ser inimigo da Igreja, do papa e da paz. O pontífice ainda
não tomou nenhuma decisão, mas o Soderini está muitíssimo
29 assustado.[21] Não tenho mais o que escrever a você.

30 Adeus. Florença, 17 de abril de 1523.

Franciscus Victorius

51

Nicolau Maquiavel a Francesco Guicciardini
S. Andrea in Percussina, 30 de agosto de 1524

De Nicolau Maquiavel ao *messer* Francesco Guicciardini, 1
comissário na Romanha

Aguardei e aguardo na casa de campo para escrever a história, 2
e pagaria dez soldos, não posso dizer mais, para que você estivesse por aqui e eu pudesse lhe mostrar em que ponto estou. Porque, tendo chegado em certos particulares, preciso entender de você se faço mal ao exaltar ou diminuir demais as coisas. Eu também continuarei a refletir e me esforçar para que, mesmo dizendo a verdade, ninguém fique ofendido.

Em 30 de agosto de 1524. 3

52

Francesco Vettori a Nicolau Maquiavel
Roma, 8 de março de 1525

1 Ao meu querido compadre Nicolau de *messer* Bernardo Ma-
chiavelli.
Em Florença

2 Meu querido compadre, eu não saberia aconselhá-lo sobre vir
ou não com o livro,[1] porque os tempos são contrários[2] à leitura
3 e à doação. Por outro lado, o papa, já na primeira noite em que
estive com ele,[3] após lhe ter relatado algumas questões de que
precisava falar, me perguntou sobre você por iniciativa própria,
indagando se você tinha terminado a *História* e se eu a havia
visto. Tendo eu dito que havia visto uma parte e que você ti-
nha escrito até a morte de Lorenzo,[4] o que é muito satisfatório,
e que você queria vir para mostrá-la a ele — mas que eu, em
respeito ao momento, havia dissuadido você —, ele me disse:
"Ele deveria vir. Tenho certeza de que seus livros motivam uma
4 leitura prazerosa".[5] Essas foram exatamente as palavras que ele
me disse, mas sobre as quais não gostaria que você tivesse tan-
ta confiança a ponto de vir e depois ficasse de mãos abanando:
o que poderia acontecer, dado o estado de ânimo em que o papa
5 se encontra. Mesmo assim, não quis deixar de escrever o que
ele me disse.
6 Lembranças minhas a Francesco del Nero; e diga a ele que
eu gostaria que ele escrevesse ao seu amigo Berlinghelli[6] aqui
para que não apenas me pagasse por sua encomenda, mas que

também me atendesse em relação ao que eventualmente posso lhe pedir. Lembranças minhas também a Donato del Corno.

Deus o proteja. Roma, 8 de março de 1524.[7] 7

Francesco Victori

53

Francesco Guicciardini a Nicolau Maquiavel
Faença, 29 de julho de 1525

1 *Spectabili viro Nicolao de Machiavellis, patrono suo onorando.*
Florentiae

(Ao notável Nicolau Maquiavel, com honras ao meu protetor.
Florença)

2 Notável homem etc., ter que lhe mandar a carta anexa,[1] vinda
dentro de um malote a mim endereçado, oferece a ocasião de
lhe escrever, pois de outro modo eu não o teria feito por não ter
3 o que contar. Espero pelas suas com ânsia, e novamente digo
4 que não tenho nada que mereça ser contado. Mas também não
quero calar sobre o fato de eu saber que, depois de sua partida,
a Mariscotta[2] falou de você de um modo muito honrado, elo-
giando as suas maneiras e lisonjas. Isso me alegra o coração,
pois desejo que você receba tudo de melhor, e lhe asseguro que
5 se você voltar aqui será bem visto e talvez mais adulado. Es-
crevi a Roma de acordo com o necessário,[3] mas depois não tive
6 mais notícias. Quando eu puder compreender mais coisas, irei
avisá-lo. A você, minhas saudações.
7 *Faventie, XXIX Iulii 1525.*
(Faença, 29 de julho de 1525.)

8 *Uti frater Franciscus de Guicciardinis*
(Como um irmão, Francesco Guicciardini)

54

Nicolau Maquiavel a Francesco Guicciardini
Florença, 3 de agosto de 1525

Illustri domino Francisco de Guicciardinis Romandiole Pre- 1
sidenti, patrono et benefactori suo

(Ao ilustre senhor Francesco Guicciardini, Presidente da Romanha, meu protetor e benfeitor)

Senhor presidente, deixei para escrever apenas hoje porque não 2
pude ir antes ver a propriedade de Colombaia,[1] e você haverá de
me perdoar por esse atraso. *Rem omnem a Finochieto*[2] *ordiar* (Tra- 3
tarei de toda a questão começando por Finocchieto). Em primei- 4
ro lugar, preciso lhe dizer que no raio de três milhas não há nada
de agradável: Petra nas Arábias[3] não é muito diferente. A resi- 5
dência não pode ser chamada de ruim, mas eu também nunca a
chamaria de boa, pois lhe falta graça: os cômodos são pequenos,
as janelas são altas e uma torre ao fundo não destoa. Na frente, 6
há um gramado descabelado; todas as portas acabam num pátio
de fundos que deve ter uns cem braços[4] de superfície; com isso,
é de tal modo enterrada entre os morros que a vista mais longa
não passa de meia milha. Você sabe bem o pouco que os sítios 7
rendem, e há ainda o risco de a cada ano renderem ainda menos,
porque ali há muitos terrenos tão lixiviados pela água que sem
um trabalho enorme para restaurá-los ficarão, em pouco tempo,
apenas no osso. Esse trabalho exige a presença do dono, e você
está muito afastado. Eu ouvi dizer que os Bartolini estão com- 8
prando muitas propriedades naquela área, mas que lhes falta
uma casa sede. Eu ficaria feliz por você se conseguisse empurrar

9 essa para eles, pois "eles merecem" e evitaria seu prejuízo. Caso
eles não caiam na sua, eu lhe aconselharia, seja para manter ou
para vender, a gastar com ela cem ducados, com os quais ajeita-
ria o gramado, circundaria de videiras quase todo o morro onde
está a casa e faria oito ou dez buracos nos terrenos que estão en-
tre a sua casa e a do seu primeiro sítio, cujos campos se chamam
Chiusa, nos quais poria árvores de frutos invernais e figueiras.
Faria uma fonte em uma bela nascente que está no meio desses
campos, na base de uma linha de plantas, que é o que há de boni-
10 to ali. Essas melhorias servirão para ao menos uma destas duas
coisas: em primeiro lugar, se você quiser vender, quem vier ver
verá algo agradável e talvez sinta vontade de discutir o negócio.
Pois mantendo tudo como está e se os Bartolini não comprarem,
eu não creio que conseguirá vender senão a quem não for ver,
11 assim como você fez. Ou, caso você queira mantê-lo, as melho-
rias mencionadas servirão para produzir mais vinho, dos bons, e
12 para não morrer de dor quando for lá visitá-lo. *Et de Finochieto
satis* (É o suficiente sobre Finocchieto).

13 Sobre Colombaia, eu lhe confirmo, pelo que se pode atestar
com os olhos, tudo o que Iácopo escreveu e o que Girólamo fa-
14 lou.[5] O sítio está em uma boa posição, tem estradas e valas ao
redor do vale e está orientado para a posição entre o meio-dia e
o sol nascente; a terra parece boa, pois todos os troncos, velhos
ou novos, têm bastante vigor e vida; têm todas as comodidades
— como igreja, açougue, estradas, correio — que uma vila próxi-
ma a Florença pode ter; tem uma abundante produção de frutas
15 e ainda há espaço para duplicá-la. A casa está organizada desse
16 modo: você entra em um pátio interno que conta com lados de
vinte braços; na sua fachada, em frente à entrada, há uma arcada
com um palco superior tão profundo como o espaço do pátio e
17 com uns catorze braços de largura. Essa arcada tem, ao lado di-
reito de quem a olha de frente, uma câmara e uma antecâmara; e,

ao lado esquerdo, uma sala com câmara e antecâmara: todos es-
ses cômodos junto com a arcada são habitáveis e decorosos. Nes- 18
se pátio, há cozinha, estábulo e vinícola, além de um outro pátio
para as aves e para limpar a casa. Na parte de baixo, tem dois 19
bons depósitos cheios de vinho; em cima, muitos quartos, dos
quais três que com dez ducados poderiam ser ajeitados para hos-
pedar pessoas importantes; os telhados não são nem ruins e
nem bons. Em suma, eu concluo que: gastando 150 ducados, você 20
moraria confortavelmente, alegremente e decorosamente. Esses 21
150 ducados seriam necessários para refazer portas, pavimentar
pátios, refazer muretas, repor uma trave, recuperar uma escada,
refazer uma margem do telhado, abrir e melhorar uma cozinha e
outras coisinhas do tipo que deixariam a casa mais vistosa e ale-
gre. Assim, com esse investimento você poderia morar o quanto
quisesse antes de entrar num vasto mar de gastos. Quanto às en- 22
tradas financeiras, eu ainda não as avaliei pessoalmente, pois
aquele com quem eu gostaria de ter falado não estava lá. Sobre as 23
outras coisas, lhe darei notícias individualmente.

Hoje de manhã eu recebi sua carta na qual me contava do 24
afeto de Maliscotta por mim. Eu me orgulho disso mais do que
de qualquer outra coisa que eu tenha conquistado neste mun-
do.[6] Ficarei feliz se você mandar a ela minhas lembranças. 25

Sobre assuntos de reis, imperadores e papas, não tenho o 26
que escrever. Se vier a ter para uma próxima, assim o farei.

Peço que você diga a sua mulher como faço questão de que 27
mande as minhas saudações a todos os seus e suas, em parti-
cular a Averardo e Piero, os quais se confiam completamente a
você e a ela. Eu a saúdo infinitas vezes e me coloco à disposição. 28

Em 3 de agosto de 1525. 29

Seu amigo, Nicolau Maquiavel, em Florença 30

55

Francesco Guicciardini a Nicolau Maquiavel
Faença, 7 de agosto de 1525

1 *Spectabili viro Nicolao de Machiavellis. Florentie*
(Ao notável Nicolau Maquiavel. Florença)

2 Maquiavel querido, eu recebi a sua carta do dia 3 e o que te-
nho principalmente a dizer é que se você honrar os meus ca-
beçalhos com "ilustre", eu honrarei os seus com "magnífico",
de modo que com esses títulos recíprocos ficaremos quites em
agradar um ao outro, mas sabendo que tudo vai se converter
em luto quando no fim todos — eu digo todos — nos encontrar-
3 mos com a boca cheia de formigas. Por isso, decida-se quanto
aos títulos adequando os meus àqueles pelos quais você gosta-
ria de ser chamado.
4 Tenho [...] sobre o que você escreveu [...], e realmente tenho a
lhe dizer que ao falar bem ninguém nunca ajudou tanto um ami-
go quanto você me ajudou e ajudará a ele,[1] pois o livre dizer [...] e
com um projeto maior do que o descrito por você, se for possível,
5 torná-lo bom, uma vez que não é possível torná-lo belo. E basta
dele, pois sendo ruim, não merece que se fale tanto.
6 Gostei que tenha visto o Colombaia e o juízo que fez dele,
tanto com relação ao terreno como à casa, que me deixava in-
7 certo. Por isso, escrevo a Girólamo aumentando o preço que
posso pagar, no caso, porém, de as entradas se confirmarem;
8 sobre isso, espero que não seja tão trabalhoso para você.[2] Suas

lembranças serão mandadas tão logo haja oportunidade. Te- 9
nho certeza de que quando houver oportunidade e for propício — pois de outro modo não seria bom — você vai se lembrar de sondar a respeito daquele outro assunto.[3]

Repito que não trago nada que tenha importância, e acre- 10
dito que todos perambulamos *in tenebris* (no escuro),[4] mas com as mãos amarradas para trás de modo a não conseguir evitar as pancadas.

Faventie, 7ma *Augusti 1525* (Faença, 7 de agosto de 1525). 11

Uti frater Franciscus de Guicciardinis 12
(Como um irmão, Francesco Guicciardini)

56

Nicolau Maquiavel a Francesco Guicciardini
Florença, 17 de agosto de 1525

1 De Nicolau Maquiavel ao *messer* Francesco Guicciardini,
presidente da Romanha a mando do pontífice

2 Senhor presidente, ontem recebi a sua carta do dia 12[1] e como
resposta lhe direi como Capponi[2] voltou e sobre todo o cuidado
que seu irmão Iácopo teve ao fazer-lhe propostas.[3] Mas como
você contou, eu acredito que tenha havido bastante compreen-
3 são. De todo modo, espero que se possa fazer a eles uma oferta
para que vejam que você está interessado, desde que não saiam
do razoável. Girólamo e eu achamos que não se deve oferecer
menos de 3 mil ducados; no entanto, você paga o que achar que
deve.

4 Gostei que você tenha gostado de *Messer Nicia*,[4] e se você
fizer com que seja encenada neste carnaval, iremos para ajudar.
5 Agradeço pelas lembranças enviadas e peço que o faça de novo.

6 Os provedores das coisas do Oriente planejam me mandar a
Veneza para recuperar um dinheiro confiscado;[5] se eu for, par-
tirei em quatro dias e, quando voltar, passarei por aí para estar
um dia com você e rever os amigos.

7 Estou lhe mandando 25 pílulas feitas há quatro dias em seu
8 nome, e a receita será descrita ao fim desta. Eu lhe digo que elas
9 me ressuscitaram. Comece tomando uma depois do jantar: se
mexer no intestino, não tome mais; se não, duas ou três, no má-

ximo cinco. Mas eu nunca tomei mais do que duas, uma vez na
semana, apenas quando sinto o estômago ou a cabeça pesada.
Há dois dias, falei a respeito daquele assunto com o amigo[6] e 10
lhe disse que, se eu estivesse me intrometendo demais nas coi-
sas de seu interesse, que ele me desculpasse, uma vez que era ele
quem havia me animado; e rapidamente lhe perguntei o quanto
se entusiasmava em arrumar uma mulher para o filho.[7] Ele me 11
respondeu, depois de alguma cerimônia, que tinha a impres-
são de que a coisa havia tomado tal direção que esses jovens
tinham vergonha de não receber um dote extraordinário, e não
acreditava ter o poder de dissuadir o filho de volta para o or-
dinário. Em seguida, estando um pouco em seus pensamentos, 12
ele disse: "Eu acredito adivinhar a mando de quem você fala,
pois sei onde esteve e essa conversa foi por outro caminho". Eu 13
lhe respondi, então, que não sabia se ele adivinhava bem ou não,
mas que a verdade era que entre você e eu nunca havia existido
essa conversa. E o demonstrei a ele com palavras eficazes; pois,
se eu tomava a iniciativa, o fazia por conta própria, pelo bem
que desejava a ele e a mim; e aqui dei a estocada final sobre ele e
você, das suas condições, de como estão os tempos presentes e
futuros, dizendo tantas coisas que o fiz ficar pensativo. No fim, 14
ele concluiu que, se o Magnífico viesse a escolher uma esposa
florentina, ele seria mal aconselhado se não o fizesse na casa
dos Guicciardini. E que eu não via como um par seu que tenha
cérebro haveria de trocar você por outro cidadão qualquer por
causa de dois ou três mil ducados a mais, considerando que a
sorte pode fazer — por você não ter filhos homens e a sua mu-
lher ter parado de tê-los — o dote se tornar mais gordo do que
o recebido de quem não pode dar mais do que o próprio dote
em si.[8] E como nós fomos caminhando com essa conversa até 15
os Servi,[9] eu parei na porta e lhe disse: "Quero lhe dizer essas
últimas palavras num lugar memorável para que você se lembre

bem: Deus queira que você não tenha do que se arrepender, e
16 que seu filho não tenha que ser pouco agradecido a você". Tanto
que ele respondeu: "Em nome de Deus, essa é a primeira vez
17 que nós falamos a respeito. Temos que falar mais vezes". Eu lhe
disse então que não teria mais nada a dizer para ele, pois me
18 bastava ter feito o que devia. Quebrei minha lança desse modo,
sem que eu pudesse esconder aquilo que eu tinha certeza de que
19 seria descoberto. Eu agora espero propostas de sua parte, sem
que em todas as ocasiões, com argumentos gerais ou específi-
cos, possa atingir o mesmo alvo.

20 21 Mas voltemos à receita das pílulas. Arranje:

Aloé hepático[10]	*Dram.*[11]	1 ½
Camédrios	"	1 —
Açafrão	"	— ½
Mirra em grãos	"	— ½
Betônica	"	— ½
Anis	"	— ½
Bolo armênio[12]	"	— ½

22 Nicolau Maquiavel, em Florença.
No dia 17 de agosto de 1525

57

Nicolau Maquiavel a Francesco Guicciardini
Florença, 16-20 de outubro de 1525

De Nicolau Maquiavel ao *messer* Francesco Guicciardini 1

Senhor presidente, tão logo cheguei, fui à casa de campo e en- 2
contrei meu filho Bernardo doente após dois ataques de febre
terçã; por isso eu não lhe escrevi. Mas voltando de lá para falar
com o médico, encontrei uma carta sua do dia 13 na qual eu vejo
como a burrice do *messer* Nicia o deixou com a alma angustia-
da,[1] assim como a ignorância deles.[2] E ainda que eu acredite 3
que as dúvidas sejam muitas, e que você não queira a explica-
ção senão de duas delas, vou me aplicar para contentá-lo.

"Assar pedras no forno"[3] não quer dizer senão fazer coisas 4
como loucos; e por isso aquele meu personagem disse que, se
todos fôssemos como o *messer* Nicia, nós "assaríamos pedras no
forno", ou seja, faríamos as coisas como loucos. Que isso baste 5
à primeira dúvida. Quanto ao "sapo" e à "grade",[4] serão necessá- 6
rias maiores considerações. Na verdade, como o frei Timóteo,[5] 7
eu percorri muitos livros para encontrar o fundamento dessa
"grade" para enfim achar no Burchiello[6] um texto muito pertinen-
te, pois ele diz em um soneto:

> Temendo que o imperador entrasse,
> mandou de embaixador só fios singelos;

perdemos nisso mais quatro novelos:
das pinças e das pás[7] não viu-se a face,
mas grades de Fiesole no enlace.

8 Esse soneto me parece muito misterioso, mas acredito que,
9 considerando bem, dê uma cutucada nos nossos tempos. Só
tem uma diferença: se então foi mandado um tacho de barban-
te, esse barbante agora virou macarrão, pois os tempos voltam
10 e nós somos sempre os mesmos.[8] A grade é um instrumento
quadrado de madeira que tem dentes, usada pelos nossos agri-
cultores quando preparam a terra para as sementes, aplanando.
11 O Burchiello menciona a grade de Fiesole como a mais antiga
da Toscana, pois os fiesolanos, segundo o que diz Tito Lívio
na segunda década,[9] foram os primeiros a inventar esse ins-
12 trumento. Um dia, um agricultor aplanava a terra quando um
sapo, que não costumava ver trabalho assim tão grande, ficou
maravilhado e saltitante para ver o que era. Foi quando a grade
o acertou e lhe arranhou as costas. Ele pôs as patas para se pro-
teger, mas a grade veio para cima de novo; ele, sentindo-a ralar
13 profundamente, disse: "Até nunca mais". Essa lenda deu lugar
ao provérbio que se usa quando se quer que alguém não volte:
14 "Que nem falou o sapo para o arado". Isso é o que achei de bom,
mas se você tiver outras dúvidas, avise.

15 Enquanto você solicita daí, nós não dormimos aqui. Pois
Lodovico Alamanni[10] e eu jantamos outro dia com Bárbera[11] e
falamos da comédia, de modo que ela se ofereceu para ir com
todos os seus cantores fazer o coro entre os atos. Eu me ofereci
para fazer as cançõezinhas sobre os atos e Lodovico se ofere-
ceu para dar-lhes alojamento aí na casa dos Buosi,[12] a ela e seus
16 cantores. Assim, veja se não estamos nos esforçando para que
essa festa tenha todas as suas amarrações. Saudações etc.

58

Nicolau Maquiavel a Francesco Guicciardini
Florença, *post* 21 de outubro de 1525

Nicolau Maquiavel ao *messer* Francesco Guicciardini 1

Senhor presidente, eu não lembro nunca de você (de quem me 2
lembro a toda hora) sem que pense no possível para que você pos-
sa alcançar o seu desejo sobre aquilo que mais o angustia neste
momento.[1] E entre os muitos devaneios que me vieram à mente,
há um sobre o qual resolvi lhe escrever; não para o aconselhar,
mas para lhe abrir uma porta que você saberá atravessar melhor
do que qualquer um. Filippo Strozzi se encontra cheio de filhos 3
e filhas.[2] E como busca honrar os filhos e entende ser necessário
honrar também as filhas, ele pensou — como todos os sábios pen-
sam — que o caminho da primeira iria trilhar o das outras.[3] Ele 4
tentou, entre outros jovens, dá-la como esposa a um dos filhos de
Giuliano Capponi[4] com 4 mil florins de dote, mas não foi corres-
pondido porque Giuliano não quis. Assim, Filippo, desesperado
por poder fazer algo por si mesmo, já que mesmo esse dote estava
no limite do que poderia garantir, recorreu ao papa por favores
e ajudas. Por indicação deste, começou a conversa com Lorenzo
Ridolfi e chegaram ao valor de 8 mil florins de dote, dos quais o
papa pagou 4 mil e ele os outros 4 mil.[5] Pagolo Vettori, querendo 5
estabelecer um parentesco de honra, mas não tendo coragem o
suficiente para dar um dote à altura, também recorreu ao papa;

e este, para contentar Pagolo, pôs com sua autoridade 2 mil du-
6 cados dos seus. Meu amigo presidente, se você fosse o primeiro a
ter que quebrar essas geleiras para poder caminhar nessa direção,
eu seria um daqueles que talvez ficasse atrás aconselhando que
você fosse em frente. Mas tendo o caminho sido trilhado por dois
homens que por qualidades, por méritos e por quaisquer outras
condições humanas não são superiores a você, eu sempre acon-
selharei que você com muito vigor e sem qualquer hesitação faça
7 o que eles fizeram. Filippo ganhou com os papas 150 mil duca-
dos,[6] e por isso não teve dúvidas em pedir ao papa que lhe desse
suporte nessa necessidade. Você, que não ganhou nem 20 mil,[7]
8 não tem o que temer. Pagolo recebeu esse suporte infinitas vezes
e por infinitos caminhos, não tendo recebido como pagamento
de ofícios, mas com dinheiro vivo, e depois, sem hesitar, pediu
ao papa que o ajudasse em tal necessidade. Você pode ter menos
cautela ainda, pois foi ajudado não com ônus, mas com honra e
9 benefício do papa. Eu não quero lembrar-lhe de Palla Rucellai,[8]
de Bartolomeo Valori[9] ou de muitíssimos outros que foram aju-
dados em suas necessidades pelo bolso do papa, mas cujos exem-
plos eu gostaria que fizessem você tomar coragem para pedir e
10 confiança para receber os pedidos. Por isso, se eu estivesse na sua
situação, escreveria uma carta ao seu agente[10] em Roma para que
ele a lesse ao papa; ou escreveria ao papa e faria com que o agen-
te a apresentasse a ele, enviando-lhe secretamente uma cópia e
11 mandando que ele se encarregasse de obter uma resposta. Gosta-
ria que a carta mencionasse como você se esforçou por dez anos[11]
para conquistar honra e utilidade, mesmo com incômodos e
grandes perigos para você,[12] e que por ambas as coisas você acha
por merecer ter seu desejo satisfeito, e que por isso você agradece
a Deus em primeiro lugar e depois à feliz memória do papa Leão
12 e da Sua Santidade, de quem você reconhece ter recebido tudo. É
verdade que você sabe muito bem que se os homens fazem dez

coisas honradas e depois falham em uma, principalmente quan-
do essa uma é de alguma importância, essa possui a força para
anular todas as outras; por isso, sabendo ter sempre conduzido
as coisas para o lado certo, você gostaria de não falhar em nenhu-
ma. Tendo feito um preâmbulo do gênero, eu lhe mostraria qual
é o seu estado e como você se encontra sem filhos homens, mas
com quatro mulheres,[13] e como acredita ter chegado o momento
de casar uma delas; e que, caso você não a case de modo que essa
escolha reflita a coerência de suas outras atividades, você terá a
impressão de nunca ter agido corretamente em nada. Em segui- 13
da, você demonstra a ele que não há nada que se oponha a esse
seu desejo além dos maus hábitos e usos perversos dos tempos
presentes, pois a coisa foi levada a termos em que quanto mais
nobre e rico um jovem é, deixadas de lado todas as outras con-
siderações, maior dote ele quer. E quando não recebem um dote
enorme e desproporcional, o consideram vergonhoso.[14] Por isso,
você não sabe como vencer essa dificuldade, pois se você der
3 mil florins, o máximo que você poderia pagar, isso significa que
as quatro filhas juntas levariam 12 mil, o que representa todo o
bem que você conseguiu juntar com seus riscos e afãs, sem poder
ir além; mas você sabe que isso é apenas metade do dote que eles
querem. Desse modo, como única solução, você tomou coragem
de fazer aquilo que os seus maiores amigos, entre os quais você
considera estar, fizeram: ou seja, recorrer ao favor e à ajuda de
Sua Santidade, sem conseguir acreditar que o que ele fez aos ou-
tros será capaz de negar a você. E aqui eu lhe revelaria quem é o 14
jovem que você tem nos planos, e como você sabe que apenas o
dote lhe perturba, e que por isso é necessário que Sua Santidade
vença tal dificuldade. Aqui, então, será o momento de apertá-lo e
pesá-lo com as palavras mais eficazes que você souber usar para
lhe mostrar o quanto você estima que isso se realize. Acredito que,
se a questão for tratada em Roma do melhor jeito possível, será

15 um ótimo indício de conquista. Portanto, não falhe consigo mes-
mo. E se os tempos e a estação permitirem, indicaria que mandas-
se seu irmão Girólamo para essa tarefa, porque a coisa toda está
concentrada em solicitar de forma corajosa e demonstrar forte
descontentamento caso não consiga. Os príncipes se dobram fa-
cilmente para fazer novos favores àqueles a quem já os fizeram
antes, e até temem muito, ao negá-los, perder os benefícios con-
quistados no passado,[15] de modo que sempre se prontificam a fa-
zer novos quando são solicitados. Por isso, eu gostaria que você
16 pedisse isso. Você é prudente, entre outras coisas.
17 Morone foi preso[16] e o ducado de Milão está perdido.[17] E
como ele caiu na armadilha, todos os outros príncipes também
cairão, não há mais solução. *Sic datum desuper* (Assim determi-
na o destino).

> Vejo em Anagni entrar a flor-de-lis
> e em seu vigário etc.[18]

18 *Noti versus, cetera per te ipsum lege* (Conhece os versos, lê por
ti mesmo a continuação).[19]
19 Façamos logo o alegre carnaval, e reserve para a Bárbera
uma hospedagem entre aqueles frades; que, se não enlouquece-
rem, não precisa me pagar a aposta. Mande lembranças minhas
à Maliscotta; avise em que ponto está da comédia e quando tem
planos de realizá-la.[20]
20 21 Eu tive aquele aumento de cem ducados pela história.[21] Co-
meço agora a escrever de novo e me descarrego acusando os
príncipes culpados por nos fazerem chegar neste ponto.[22]
22 Adeus.

Nicolau Maquiavel
historiador, comediógrafo e tragediógrafo

59

Nicolau Maquiavel a Francesco Guicciardini
Florença, 19 de dezembro de 1525

Nicolau Maquiavel ao *messer* Francesco Guicciardini 1

Senhor presidente, demorei até hoje para responder à sua últi- 2
ma carta,[1] fosse porque não me parecia que lhe importasse tan-
to, fosse por não ter estado muito em Florença. Agora, tendo 3
visto aqui o seu mestre de correspondências e me parecendo
poder mandá-la com segurança, não quis demorar mais. Não 4
posso negar que os temores que você tem e que o deixam inse-
guro, sobre tentar aquela questão por aquele caminho ou não,
não sejam válidos e sabiamente argumentados. Mesmo assim,
eu lhe direi minha opinião: é melhor errar assim do que ser sá-
bio demais, como se fosse um inconsequente. Agir assim mui-
tas vezes é melhor. Se Filippo e Pagolo tivessem tido tal caute- 5
la,[2] não teriam feito o que queriam, e se Pagolo não tem mais
filhas que possam, com seu prestigioso casamento, favorecer
o das irmãs, Filippo as tem, e por isso ele não pensou duas ve-
zes para encaminhar a primeira do seu jeito. Mas não sei se é 6
verdade aquilo que você diz, que poria a primeira no paraíso
para pôr as outras no inferno, já que esse fato não o deixaria em
piores condições com as outras do que você já se encontra ago-
ra com todas. Pelo contrário, elas estariam em melhores con-
dições, porque os outros genros, além de terem você,[3] teriam

um cunhado honrável, e você poderia encontrar outros menos
interessados no dinheiro e mais na honra. Contudo, caso não
encontre, não faltará oportunidade de achar maridos para as
outras com tanta reputação como agora é possível para esta.
7 Enfim, eu tentaria o papa de todo modo, e se não fosse possível
abordá-lo de imediato, eu lhe falaria de modo amplo, dizendo
genericamente o meu desejo, rogaria que me ajudasse, veria
como ele receberia, iria adiante e voltaria atrás a depender de
8 como fosse a conversa. Eu lhe recordo o conselho que Romeu
deu ao duque de Provença,[4] que tinha quatro filhas mulheres,
ao orientá-lo a casar a primeira com honras, dizendo que esta
daria a norma e a regra às outras, a ponto de ele a ter casado
9 com o rei da França e ter dado meia Provença como dote. Isso
permitiu que ele casasse as outras com três outros reis e com
pequenos dotes.[5] Por isso, Dante diz:

> Quatro filhas rainhas no total,
> motivo disso tudo foi um só:
> Romeu, pessoa humilde e especial.[6]

10 Eu gostaria muito de entender as questões daqueles frades,
as quais não quero decidir aqui, mas no momento certo, e nós
11 iremos aonde tivermos uma acolhida melhor. Mas eu sei bem
lhe dizer que, com relação à sua chegada, se a notícia os atormenta, sua presença é mais sangrenta.[7]

12 Não tenho o que lhe dizer a respeito das coisas do mundo,
tendo tudo esfriado por conta da morte do duque de Pescara;[8]
pois antes de sua morte se falava de novas alianças e coisas
do tipo, mas depois de morto, parece que alguém[9] ficou mais
13 tranquilo; achando ter tempo, o dá ao inimigo. E concluo, por
fim, dizendo que dos lados de cá não se está para fazer nunca algo de honrável e valoroso que justifique uma vida ou uma

morte, tanto é o medo que vejo nestes cidadãos, tão direcionados a não fazer qualquer oposição a quem os está para engolir.[10] Mas também não vejo ninguém com uma opinião diferente, de modo que quem for se aconselhar com eles não fará nada de diferente do que se fez até aqui.

Em 19 de dezembro de 1525. 14

Nicolau Maquiavel, em Florença 15

60

Francesco Guicciardini a Nicolau Maquiavel
Faença, 26 de dezembro de 1525

1 *Spectabili viro Niccolao de Machiavellis uti fratri honorando. Florentia*

(Ao notável Nicolau Maquiavel, honrado como um irmão. Florença)

2 Honrado Nicolau, eu começarei a lhe responder pela comédia,
porque das coisas que temos nas mãos não me parece a menos
importante e ao menos é algo que está a nosso alcance, de modo
que não se joga fora o tempo pensando nela; e a diversão é mais
3 necessária do que nunca em meio a tantas turbulências.[1] Perce-
bo que quem deve interpretar já está preparado, e os verei em
4 poucos dias.[2] Mas como não estão de acordo com o argumento[3]
porque o público não entenderá, fizeram outro; que não vi, mas
verei em breve. E como temo que fique um pouco aguado, não
acho que você fará mal se preparar outro conforme a pouca in-
teligência dos ouvintes, no qual eles sejam mais rapidamente re-
5 tratados do que você. Planejo que se faça poucos dias depois do
carnaval, e a razão disso é para que a sua vinda para cá seja antes
do fim de janeiro, com disposição para ficar até a quaresma, e os
alojamentos para a companhia estarão prontos. Mas, por favor,
avise suas decisões, seriamente, porque essas não são coisas que
podem ser negligenciadas; e eu não teria entrado nessa novidade
se não pudesse pressupor como certa a sua vinda.

6 Sua malvasia teve maus momentos, e quando eu a quis lhe mandar, percebi que todas as garrafas haviam azedado e me

calei de vergonha. Mas como tive a oportunidade de ter outras 7
garrafas, lhe mandarei em três ou quatro dias sem falta, ende-
reçando à sua casa ou à mercearia do Donato. Quis lhe dizer 8
isso para que você não deixe que o passem para trás. E acredito
que a Mariscotta[4] lhe mandará com elas não sei que prato.

De rebus pubblicis (sobre as questões políticas) não sei o que lhe 9
dizer, pois perdi a bússola. E mesmo ouvindo que todos gritam
contra aquela opinião que não me agrada, mas julgo necessária,
non audeo loqui (não ouso falar). Se não me engano, todos conhe- 10
ceremos melhor os males da paz quando tiver passado a oportuni-
dade de fazer guerra.[5] Não se vê nunca alguém que, quando vê che-
gar um mau tempo, não procure de algum modo tentar se proteger,
exceto nós, que queremos esperar no meio da rua e sem proteção.
Por isso, *si quid adversi acciderit* (se ocorrer alguma desgraça), não 11
poderemos dizer que nos foi tirado o controle, mas que ele *turpiter
elapsa sit de manibus* (vergonhosamente nos escorregou das mãos).

Você me fez procurar um Dante por toda a Romanha para 12
encontrar a fábula ou mesmo novela de Romeu, e enfim o encon-
trei o texto, mas não havia glosa. Acho que é mais uma daquelas
coisas suas que você costuma tirar da manga. *Sed ad rem nostram* 13
(Mas voltemos à nossa questão):[6] os seus conselhos têm *apud me
tanti ponderis* (tanto peso para mim) que não precisam de auto-
ridade de outros. O tempo presente parece, por um mês ou dois, 14
muito contrário a que se assumam essas coisas, pois creio — ou
melhor, tenho certeza — que não suspendemos os cérebros e
nem as armas. E por isso terei a comodidade de pensar sobre
isso com calma, e você enquanto isso, caso se apresente uma boa
ocasião, sei que não irá faltar com a tarefa de verdadeiro amigo.
A você, minhas saudações, no aguardo de resposta. 15

Faventie, die 26 Decembris 1525 (Faença, 26 de dezembro de 16
1525).

Seu amigo, Francesco Guicciardini

61

Nicolau Maquiavel a Francesco Guicciardini
Florença, 3 de janeiro de 1526

1 Ao *messer* Francesco Guicciardini

2 Senhor presidente, eu imaginava poder começar esta minha
carta em resposta à última sua com alegria, mas a começo com
dor, tendo você tido um sobrinho tão desejado por todos que,
depois de tão pouco, perdeu sua mãe.[1] Um golpe realmente
3 inesperado e não merecido por ela e nem por Girólamo. No en-
tanto, tendo Deus assim desejado, é necessário que assim seja,
e não havendo remédio é preciso lembrar o menos possível.

4 Quanto à sua carta, eu começarei respondendo no mesmo
ponto em que você começa alegre vivendo em meio a tantas tur-
5 bulências. Tenho que lhe dizer que eu irei de todo modo, e nada
além de uma doença (que Deus nos livre) pode me impedir; e irei
assim que tiver passado este mês, no momento em que você me
6 escrever. Quanto à Bárbera e aos cantores, caso você não tenha
outras questões, acredito ter boas probabilidades de levá-la.
7 Digo isso porque há certos apaixonados que poderiam tentar
impedir; mesmo assim, com cautela, eles poderiam se acalmar.
8 Como prova de que eu e ela pensamos em ir, nós fizemos cinco
canções novas escritas especialmente para a comédia,[2] as quais
foram musicadas para serem cantadas entre os atos. Mando tais
textos anexados a esta carta para que você possa considerá-los;

a música, eu ou todos nós a levaremos a você. Será necessário, 9
quando ela estiver para ir, mandar para cá um rapaz dos seus
com dois ou três animais; e isso é tudo com relação à comédia.

Eu sempre fui da opinião de que, se o imperador planeja se 10
tornar *dominus rerum* (senhor de tudo), ele nunca irá libertar o
rei;[3] porque, ao tê-lo prisioneiro, ele mantém bloqueados todos
os seus adversários, que lhe dão, por esse motivo, e continua-
rão a lhe dar, todo o tempo que ele quiser para se ordenar.[4] Por- 11
que ele deixa ora a França, ora o papa, com esperança de acor-
dos, sem interromper as negociações e nem as concluir. E como
vê que os italianos estão para se aliar à França, ele[5] retoma as
conversas com ela sem ir adiante; e assim ele ganha, como se
vê que com esses estratagemas já ganhou Milão[6] e esteve para
ganhar Ferrara[7] (o que teria acontecido se ele tivesse ido para
lá;[8] e, caso tivesse acontecido, a Itália estaria completamente
perdida). E que esses nossos irmãos espanhóis me perdoem, 12
mas eles erraram nesse ponto, pois quando o duque passou pela
Lombardia a caminho de lá,[9] eles deveriam tê-lo parado e feito
com que fosse para a Espanha por mar, sem confiar que fosse
por si só, porque poderiam crer que surgiriam muitas questões,
como de fato surgiram, pelas quais ele não iria.

Há quatro dias pensava-se em acordos entre Itália e França 13
e se acreditava que, estando morto o marquês de Pescara,[10] es-
tando mal Antonio da Leva,[11] tendo voltado o duque de Ferrara,
mantidos os castelos de Milão e de Cremona, não estando en-
volvidos os venezianos, estando todos sabendo das ambições do
imperador, parecia que seria possível a todos desejar uma situa-
ção estável e que a situação fosse bastante boa. Mas em seguida 14
a isso, houve notícias de que o imperador e a França fizeram um
acordo em que a França dá a Borgonha e toma como esposa a
irmã do imperador,[12] deixando-lhe os 400 mil ducados que ela
tem de dote, dotando-lhe ele próprio com a mesma soma; e que

lhe dá como reféns ou os dois filhos menores ou o Delfim,[13] e que
lhe cede todas as regiões de Nápoles, de Milão, entre outras coi-
15 sas. Esse acordo assim feito foi levado a sério por muitos e não
levado a sério por muitos outros pelos motivos mencionados, e
por isso acredito que ele o tenha estabelecido para impedir as
negociações mencionadas, e que depois o questionará e o que-
16 brará. Vamos prestar atenção no que vai se seguir.

17 Compreendo o que você me diz sobre a sua questão,[14] e de
como você precisa de tempo para pensar, pois não estamos
num momento oportuno. Mas eu responderei com duas pala-
vras daquela franqueza que o amor e a reverência que eu lhe
18 dedico me exigem. Sempre, desde que me lembro, ou se fez a
guerra ou dela se fala. Agora, fala-se; daqui a pouco, será fei-
ta; e quando tiver acabado, será de novo assunto, a ponto de
19 nunca ser tempo de pensar em mais nada. A mim parece que
estes tempos estão mais adequados à sua questão do que os de
calmaria, porque se o papa tem planos de entrar em guerra ou
teme ser atacado, ele deve pensar em como precisa — e mui-
to — de você,[15] e como consequência deve desejar contentá-lo,
entre outras coisas.

20 Em 3 de janeiro de 1525.[16]

Nicolau Maquiavel, em Florença

[I]

Canção a ser recitada antes da comédia, cantada por ninfas e pastores juntos[17]

Porque a vida é breve
e muitas as são as penas
que a vida e a lida fazem suportar,
atrás de nossas sedes
vamos passando e consumando os anos;
pois quem vai sem prazer
para viver de angústia e desespero
não conhece os enganos
do mundo, nem os males
ou muito estranhos casos
que abatem quase todos os mortais.

Pra fugir dessa angústia,
a vida solitária preferimos;
e a festejar alegres,
jovens e ledas ninfas, nós vivemos.
Agora aqui viemos
junto à nossa harmonia
apenas para honrar
tão bela festa e doce companhia.

Aqui nos conduziu
o nome de quem ora nos governa,
no qual todos se encontram
bem acolhidos na aparência eterna.
Por tal graça suprema,
por tão feliz estado,
fiquem alegres todos,
fruindo e agradecendo a quem o trouxe.[18]

[II]

Canção após o segundo ato

Quem não atesta, Amor,
teu enorme poder, em vão espera
ter compreensão certeira
do mais alto valor a estar no céu;
nem sabe como é vida e morte a dois,
como se busca o erro e o bem nos falha,
como se ama a si mesmo
menos que outros, sempre
temor e esperança os cors destroem;
nem sabem como homens, como deuses,
temem as armas de que estás armado.

[III]

Canção terceira, após o segundo ato

Como feliz será, todos nós vemos,
quem nasce bobo e em qualquer coisa crê!
Ambição não possui
e não sente temor,
que sempre dão início
à angústia e à dor.
Este nosso doutor,
ardendo por um filho,
creria num asno em voo;
e qualquer outro bem deixou de lado,
e apenas nisso pôs o seu desejo.

[IV]

Canção quarta, após o terceiro ato

Tão suave é o engano
levado ao fim amado e desejado,
que tira o afã da gente
e torna doce tudo o que é amargo.
Oh, remédio alto e raro,
a reta via mostras aos errantes;
tu, com grande valor,
ao beatificar, faz rico o Amor
tu vences só com teus conselhos santos,
pedras, veneno, encantos.

[V]

Canção quinta, após o quarto ato

Oh doce noite, oh santas
horas noturnas, quietas,
que acompanhais desejosos amantes,
em vós se juntam tantas
alegrias, porque sois
as causas de uma alma ser beata.
Vós justos prêmios dais
às amorosas filas, ora amigas,
dos mais longos esforços;
fazeis, horas felizes,
qualquer peito gelado arder de amor.

62

Nicolau Maquiavel a Francesco Guicciardini
Florença, 15 de março de 1526

1 Ao *messer* Francesco Guicciardini

2 Magnífico e honrável *messer* Francesco, eu demorei tanto tem-
3 po para lhe escrever que você acabou por me preceder.[1] A causa
da minha demora é porque eu acreditava que a paz seria esta-
belecida,[2] e que você retornaria em breve à Romanha;[3] assim,
eu deixava para conversarmos pessoalmente, mesmo tendo a
cabeça cheia de devaneios. Parte deles eu desabafei, há uns cin-
co ou seis dias, com Filippo Strozzi,[4] pois tendo lhe escrito por
outro motivo, me veio de entrar no assunto quase sem perceber,
e discuti com ele três conclusões: uma, que, apesar do acordo, o
rei não seria libertado;[5] outra, que, se o rei fosse libertado, ele
4 respeitaria o acordo; a terceira, que ele não respeitaria. Eu ain-
da não disse qual dessas três era aquela em que eu acreditava,
mas concluí que em qualquer uma delas haveria guerra na Itália,
5 e ninguém apresentou solução sobre como enfrentá-la. Agora,
vendo pela sua carta o seu desejo, discutirei com você o que com
ele calei, e com muito mais prazer porque você me pediu.

6 Se você me perguntasse em qual das três coisas eu acredito,
não posso evitar aquela opinião fixa que sempre tive,[6] de que o
rei não será libertado, pois todo mundo sabe que se o rei tives-
se plena liberdade de ação, seriam eliminadas todas as possibi-

lidades para que o imperador alcançasse o que planejou. Não 7
vejo motivo ou razão suficientes que justifiquem deixá-lo livre,
mas, na minha opinião, foi necessariamente porque seus con-
selheiros foram corrompidos,[7] e os franceses são mestres nisso,
ou porque há certeza de que haverá um acordo entre os italia-
nos e o Reino, sem que houvesse tempo ou modo de impedir
isso sem a libertação do rei, e se acreditasse, com sua liberdade,
que ele respeitaria todas as cláusulas do acordo. O rei, neste 8
ponto, deve ter feito grandes promessas e demonstrado de to-
dos os modos as causas do ódio que ele tem dos italianos, além
das outras razões que ele podia incluir para garantir seu res-
peito. No entanto, todas as razões que poderiam ser incluídas 9
não isentam o imperador da fama de bobalhão, desde que o rei
saiba ser sábio; mas eu não creio que ele queira ser sábio. A pri- 10
meira razão é que até aqui eu vi que todas as decisões erradas
que o imperador toma não o prejudicam, e todas as boas que o
rei tomou não o ajudam. Será, como dito, uma decisão errada 11
do imperador a de libertar o rei, será boa a do rei de prometer
tudo para ser libertado; no entanto, como o rei as respeitará,[8] a
escolha do rei se tornará ruim e a do imperador boa.

As causas que o farão respeitar o acordo foram as que es- 12
crevi a Filippo, que são: a necessidade de deixar os filhos na
prisão caso não o respeite; dever submeter o reino já exausto a
mais esforços; dever submeter os barões a esforços, mandan-
do-os para a Itália; precisar voltar de imediato às batalhas, que
o assustam pelos exemplos passados. E por que ele tem de fazer 13
essas coisas para ajudar a Igreja e os venezianos, que contri-
buíram para sua ruína? Eu havia escrito, e escrevo de novo, que 14
grandes são os ressentimentos que o rei deveria ter dos espa-
nhóis, mas não seriam muito menores dos que os que pode ter
dos italianos. Sei bem que isso é possível de se dizer, e deve ser 15
verdade; pois, se por esse ódio ele permite que a Itália se arruí-

ne, depois ele poderá perder o seu reino. Mas o ponto é se ele
efetivamente entende dessa maneira.[9] Porque tão logo esteja
livre, ele estará no meio de duas dificuldades: uma, conseguir
manter a Borgonha e perder a Itália, permanecendo à mercê
do imperador; a outra, para evitar isso, se tornar um parrici-
da e infiel, nas dificuldades mencionadas, para ajudar homens
sem fé e instáveis, os quais por qualquer coisinha, tendo venci-
16 do, o fariam perder de novo.[10] Desse modo, eu permaneço com
a minha opinião de que ou o rei não será libertado, ou, se for,
ele respeitará os pactos. Porque o espantalho de perder o reino,
uma vez perdida a Itália e pensando, como você diz, de modo
tipicamente francês, não deve levá-lo a agir do modo como le-
17 varia um outro. A outra razão é que ele não acredita que esteja
completamente perdida e talvez acredite poder ajudá-la após
tê-la purificado de alguns de seus pecados, recuperado os filhos
18 e as forças. E se houvesse entre eles um pacto de divisão dos
espólios, quanto mais o rei respeitasse os acordos, mais o im-
perador seria louco para repor na Itália aquele que ele mesmo
19 já tirou de lá, de modo que depois seria expulso por ele.[11] Eu lhe
digo aquilo que acredito ser, mas já não digo que para o rei essa
seria a escolha mais sábia, pois deveria pôr de novo em perigo
a si, aos filhos e ao reino para rebaixar uma potência tão odio-
20 sa, temerosa e perigosa. E os remédios existentes me parecem
estes: ver que o rei, tão logo libertado, tenha junto a si alguém
cuja autoridade e persuasão — suas e de quem o manda[12] — lhe
façam esquecer as coisas passadas e pensar nas novas; que lhe
mostre a disputa pela Itália; que o convença de que a vitória
é segura caso o rei queira ser livre, e que deveria desejar ser.
21 Acredito que essas persuasões e pedidos poderiam ajudar, mas
também que os fatos ajudariam muito mais.

22 Eu imagino que, seja como for que as coisas caminhem, ha-
verá necessariamente a guerra, e logo, na Itália.[13] Por isso, é

necessário que os italianos vejam a França de seu lado, e caso
isso não seja possível, que pensem em como as coisas poderiam
ser governadas. A mim parece que neste caso há uma de duas 23
opções: ou se submeter à vontade de quem chega para domi-
nar, resgatando com dinheiro sua liberdade; ou se armar de
verdade, lutando com essas armas o melhor possível. Eu, por 24
mim, não acredito que o dinheiro para o resgate seja suficiente,
porque se o fosse eu diria: "Vamos parar por aqui e não pense-
mos em mais nada". Mas não será suficiente, porque ou eu sou
completamente cego ou ele[14] irá nos tirar primeiro o dinheiro e
depois a vida, de modo que será uma espécie de vingança fazer
de modo que nos encontre pobres e consumidos caso alguém[15]
não consiga se defender. Por isso, julgo que não se deve espe- 25
rar para se armar, nem que se deve esperar a decisão da França,
porque o imperador já concentrou suas cabeças nas posições
adequadas e pode iniciar a guerra quando bem desejar. A nós,
convém reunir as forças, camufladas ou à luz do sol, senão
acordaremos num dia de manhã completamente perdidos: eu
prefiro que seja de modo camuflado. E digo uma coisa que lhe 26
parecerá maluca: apresentarei um plano que lhe parecerá teme-
rário ou ridículo. Mesmo assim, estes tempos requerem delibe-
rações audazes, inusitadas e estranhas. Você sabe, assim como 27
todos que sabem discutir sobre as coisas deste mundo, como os
povos são instáveis e tolos; mesmo assim, sendo dessa maneira,
muitas vezes sugere a coisa certa a ser feita.[16] Há poucos dias, 28
dizia-se em Florença que o senhor Giovanni de' Médici[17] esta-
va reunindo uma companhia de mercenários para combater
onde fosse mais adequado. Esse boato me levou a pensar que
o povo estava dizendo aquilo que deveria ser feito. Acredito 29
que todos pensem que entre os italianos não há um cabeça a
quem os soldados sigam com prazer, nem que os espanhóis te-
mam ou com quem se preocupem. E todos consideram o senhor

Giovanni audaz, impetuoso, de grandes conceitos, alguém que
sabe fazer escolhas: portanto, incrementando secretamente o
seu exército, ele seria capaz de reunir essa companhia, juntan-
do sob seu comando tantos cavaleiros e soldados a pé quanto
30 fosse possível. Os espanhóis irão acreditar que isso foi feito
de modo inteligente, mas suspeitarão tanto do rei quanto do
papa, uma vez que Giovanni é soldado do rei. Mas, caso isso
acontecesse, faria rapidamente os espanhóis enlouquecerem e
terem que mudar de plano, pois haviam pensado talvez conse-
31 guir devastar a Toscana e a Igreja sem obstáculos. Isso poderia
fazer o rei mudar de opinião, de modo que deixasse o acordo e
iniciasse a guerra, tendo que se reunir com pessoas enérgicas, e,
32 além da argumentação, haveria os fatos. E se não há remédio e
a guerra é necessária, não sei mais o que pôr e não me vem nada
à mente. Mas tenha isto bem presente: se o rei não agir com
força, com autoridade e com medidas enérgicas, acabará por
respeitar o acordo e deixará tudo na pior. Porque, tendo vin-
do tantas vezes à Itália e aqui encontrando forças contrárias
ou posições ambíguas, não irá desejar que também desta vez
aconteça o mesmo.

33 A Bárbera está aqui. Para que você possa lembrar dela, mando saudações dela a você, pois ela me dá muito mais o que pensar do que o imperador.

34 Em 15 de março de 1525.[18]

Nicolau Maquiavel

63

Nicolau Maquiavel a Francesco Guicciardini
Florença, 4 de abril de 1526

Ao *messer* Francesco Guicciardini 1

Magnífico e honradíssimo amigo, eu recebi hoje, quase às vinte 2
e duas horas,[1] a sua carta[2] do dia primeiro deste mês; e como
Ruberto Acciaioli[3] não está aqui por ter ido a Montegufoni,[4]
fui de imediato até o cardeal[5] e lhe disse qual era a intenção
do Nosso Senhor sobre as coisas tratadas por Pietro Navarra,[6]
sobre como Sua Santidade queria que se estabelecesse com ele
um projeto vigoroso, que desse força a um povo como este,[7] a
ponto de dar esperanças para a defesa de qualquer ataque pe-
sado e furioso. Sua Senhoria reverendíssima[8] disse que veria 3
o Navarra de novo naquela noite e que lhe pediria e insistiria
com os modos mais eficazes para conseguir esse fim. Contudo, 4
conversando entre nós sobre os projetos expostos, nos parece
que, querendo manter os muros antigos, não é possível me-
lhorá-los e nem mesmo não permanecer em tais limites; pois,
para mudá-los, é necessário ampliar Florença no modo que a
Santidade do Nosso Senhor sabe, ou eliminar o bairro de San-
to Spirito e reduzir a cidade à parte plana.[9] O primeiro modo 5
torna fraca a grande guarda que seria necessária, e até mesmo
os habitantes de Cairo seriam poucos.[10] O segundo modo é em
parte fraco e em parte cruel. Fraco seria se fossem deixadas de 6

pé as casas daquele bairro, porque uma cidade seria oferecida a
um inimigo mais poderoso, que se valeria do condado mais do
que nós, a ponto de estarmos acabados antes dele. O outro jeito,
destruindo todo o bairro, todos somos capazes de ver o quanto
7 seria difícil e extremo. Por isso, é necessário fortificá-lo como
ele é, mas o modo eu não quero aqui descrever, seja porque não
está bem estabelecido, seja para não atravessar a decisão de
meus superiores.

8 Que baste isto: sobre os muros do mencionado bairro do
outro lado do Arno, parte se derruba, parte se empurra para
fora, parte se puxa para dentro. Parece, a mim e ao senhor Vi-
tello,[11] que veio para tal finalidade, que esse lugar permanecerá
fortíssimo, e mais forte do que a parte plana. Do mesmo modo
diz e afirma o conde Pietro Navarra, dizendo com juramento
que esta cidade, ajeitada dessa maneira, se tornará a terra mais
9 forte da Itália. Nós estaremos juntos amanhã de manhã para
rediscutir tudo isso, principalmente o projeto principal. Em
seguida, esses funcionários se reunirão e examinarão o que for
decidido, de modo que tudo será posto por escrito e em projeto,
sendo depois mandado para a Santidade do Nosso Senhor. E
sou da opinião de que ele ficará satisfeito, principalmente com
relação à parte em colina na qual devem ser tomadas as medi-
10 das extraordinárias. Com relação à parte plana, não partimos
do ordinário, mas como tais lugares todos sabem fortificar, im-
11 porta menos. O conde Pietro estará aqui amanhã e depois, e
nós nos esforçaremos para entender se ele tem mais coisas em
mente. Eu me limito a escutar para que não me aconteça como
ao grego com Aníbal.[12]

12 Meus agradecimentos. Em 4 de abril de 1526.

Nicolau Maquiavel

64

Nicolau Maquiavel a Francesco Guicciardini
Florença, 17 de maio de 1526

Ao *messer* Francesco Guicciardini 1

Eu não lhe escrevi mais depois de ter partido daí porque tenho 2
a cabeça tão cheia de baluartes[1] que outras coisas não puderam
entrar. A lei foi aprovada de acordo com os procedimentos or- 3
dinários, do modo e com a ordenação que o Nosso Senhor[2] de-
cidiu. Ainda se espera para publicar o nome da magistratura[3] e 4
para seguir adiante com a coisa, pois daí deve vir o substituto
de Chimenti Sciarpelloni,[4] o qual, por estar indisposto como
dizem, não pode mais esperar. Será ainda necessário substituir 5
Antonio da Filicaia,[5] que anteontem teve um ataque e está mal.
O cardeal[6] se admira por não ter tido mais resposta sobre Chi- 6
menti e começa a suspeitar de alguma hesitação. Mas não é de
se acreditar, tendo sido a coisa muito antes.

Eu compreendi os rumores da Lombardia, e de todos os la- 7
dos é sabida a facilidade que seria tirar os ribaldos de lá.[7] Que 8
esta ocasião não se perca,[8] pelo amor de Deus, e lembre que a
fortuna, os nossos erros e os piores ministros teriam levado
não o rei, mas o papa para a prisão: foram os erros dos outros
que o[9] levaram para lá, e a mesma fortuna. Cuide, pelo amor de 9
Deus, para que agora a Sua Santidade não retorne aos mesmos
perigos, dos quais nunca estaremos seguros até que os espa-

10 nhóis sejam retirados da Lombardia e não possam voltar. Con-
sigo até ver o imperador, não tendo mais o controle sobre o rei,
fazer grandes ofertas ao papa,[10] as quais deveriam encontrar
as nossas orelhas tapadas pela lembrança dos males sofridos
e das ameaças que foram feitas lá atrás. É de se lembrar que o
duque de Sessa[11] dizia por aí *quod pontifex sero Caesarem ceperat*
timere (que o papa havia começado a temer o imperador tarde
11 demais).[12] Agora Deus deixou as coisas no limite em que o papa
tem tempo de contê-las, desde que esse tempo não seja desper-
12 diçado. Você sabe quantas ocasiões foram perdidas. Que essa
não seja perdida, nem se confie na espera, deixando a cargo da
fortuna e do tempo, porque não são sempre as mesmas coisas
13 que chegam com o tempo, nem a fortuna é sempre a mesma. Eu
diria mais se estivesse falando com um homem que não enten-
14 de os segredos e não conhece o mundo. *Liberate diuturna cura*
Italiam, extirpate has immanes belluas, quae hominis, preter fa-
ciem et vocem, nichil habent (Liberai a Itália desta longa aflição,
extirpai esses animais ferozes que nada têm de humanos senão
o rosto e a voz).[13]

15 Aqui se pensou, voltando às fortificações, que eu deva assumir os cargos de provedor e de chanceler[14] tendo como ajudante um dos meus filhos,[15] e Daniello de' Ricci[16] mantenha a verba e todos os documentos.

16 Em 17 de maio de 1526.

Nicolau Maquiavel

65

Francesco Guicciardini a Nicolau Maquiavel
Roma, 22 de maio de 1526

Spectabili viro Niccolao de Machiavellis uti fratri honoran- 1
do etc.
Florentia

(Ao notável Nicolau Maquiavel, honrado como um irmão.
Florença)

Meu querido Nicolau, você deve ter visto na publicação da 2
magistratura, que a esta hora já deve ter saído,[1] que a dúvida
que você tinha aí, sobre a qual me escreveu na carta do dia 17,
era em vão, porque Nosso Senhor pensa da mesma maneira; e
não está perdendo o interesse no projeto, na minha opinião. A
troca que ele ordenou para Antonio da Filicaia[2] é uma grande
prova disso. Por isso, pode seguir com as coisas, para que final- 3
mente comecem.

De rebus universalibus (sobre a política em geral), digo o 4
mesmo que você. Sobre a sua fala, além de muito verdadeira,
sabe-se muito por aqui quais são os principais perigos, e que
as coisas em que muitos potentes devem concordar são neces-
sariamente mais lentas do que deveriam. Mesmo assim, eu es- 5
pero que todos façam suas obrigações, se não tão cedo quanto
o necessário, ao menos não tão tarde que depois não haja mais
tempo. A você, minhas saudações. 6

Romae, 22 Maii 1526 (Em Roma, 22 de maio de 1526). 7

Seu amigo Francesco Guicciardini

66

Nicolau Maquiavel a Francesco Guicciardini
Florença, 2 de junho de 1526

1 Ao *messer* Francesco Guicciardini

2 Magnífico senhor presidente, há muitos dias que eu não lhe es-
crevo sobre a muralha, mas agora eu lhe direi o que tem acon-
3 tecido. Pelo que consta por aqui, o papa voltou à ideia de en-
globar as colinas, movido pela opinião de Giuliano Leno,[1] que
no seu parecer diz que ao incorporar todos os montes haverá
4 mais segurança e menos gasto. Quanto à segurança, nenhuma
cidade muito grande é suficientemente forte, pois a grandeza
desencoraja quem a deve defender, de modo que nela se pode
originar muita desordem, o que não acontece nas cidades de
5 média dimensão. Sobre os gastos menores, isso é apenas fala-
ção, pois ele traz aqui muitos pressupostos que não são verdade.
6 Primeiro ele diz que todas aquelas colinas podem ser escava-
das desde os lados da casa do Bonciano até a do Matteo Bar-
toli[2] (que, segundo ele, são mil braços,[3] mas são 1,6 mil), onde
7 seria necessário apenas murar todas as outras. E ele diz que é
possível fazer essas escavações a uma forma de muro, fazendo
sobre elas uma proteção com quatro braços de altura e oito de
8 espessura. Isso não é verdade, pois há infinitos lugares em que,
por serem muito planos, não seria possível escavar. Além disso,
tudo o que fosse escavado não ficaria estável por si só e des-

moronaria, de modo que seria necessário dar arrimo com um
muro; e as proteções custariam muitíssimo e seriam vergonho-
sas a esta cidade, pois em poucos anos deveriam ser refeitas.
Assim, os gastos seriam enormes, contínuos e pouco honráveis.
Ele diz que a Comuna se valeria de 80 mil ducados pelos au- 9
mentos das entradas sobre as taxas de propriedade, o que é uma
piada porque ele não sabe o que diz e nem de onde poderia tirar
essas taxas, a ponto de ninguém parecer dar atenção. Mesmo 10
assim, o projeto pedido pelo papa será feito, sendo-lhe depois
enviado. Enquanto o financiamento específico a essa obra não 11
chegar, precisamos gastar o dinheiro que há, e na legislação
realizada foi instituído que o depositário dos Senhores[4] pague
com o dinheiro que se encontra em posse da Comuna para qual-
quer despesa toda a quantia destinada pelos Senhores junto aos
oficiais.[5] Contudo, Francesco del Nero[6] terá dificuldade para 12
pagar se o Nosso Senhor não determinar por escrito que seja
pago. O ofício escreveu ao embaixador: peço que você ajude 13
nisso, e que o papa escreva a eles.

Em 2 de junho de 1526. 14

Nicolau Maquiavel

67

Nicolau Maquiavel a Francesco Guicciardini
Florença, 2 de junho de 1526

1 Ao *messer* Francesco Guicciardini

2 Eu não tive a oportunidade de falar antes de sábado com L.S.,[1]
mas estando com ele para tratar de várias coisas, ele tocou no
assunto de seu filho e eu pude reclamar por ele ter levado pouco
em consideração a proposta que eu lhe havia feito.[2] E eu lhe
disse que tinha certeza de que, como já lhe havia escapado um
parentesco rico, agora ele deixaria escapar um muito honrado
e não pobre, e que eu não saberia, querendo eles uma moça flo-
3 rentina, onde encontrariam alguém à altura. Ele me confessou
francamente que sabia que eu dizia a verdade, que você lhe ha-
via feito a proposta e que ele ficava feliz com isso, que ficava
muito feliz com a ideia; e que, mesmo que isso ainda não pudes-
se ser concretizado, pelo fato de você ter quatro filhas, ele acre-
4 ditava que no tempo certo isso poderia se dar com uma delas. A
causa do adiamento era que a mulher dele estava melhor do que
de costume e que o rapaz havia se encaminhado melhor na vida,
frequentando literatos e estudando assiduamente. E ambas as
coisas, por terem faltado no passado, haviam levado o rapaz
5 a buscar uma esposa. A terceira razão era que desejava casar
antes uma de suas filhas, fato que, contudo, não lhe agradava
tanto, pois já havia falado muitas vezes de você com o rapaz e,

tendo tido a ocasião de estar dois dias na Romanha com seu ir-
mão Iácopo na volta de Oreto,[3] pôde ilustrar ao filho a grande-
za de sua posição, a dignidade com que você a havia mantido e
o seu prestígio, elevando aos céus suas qualidades. E disse que
ele havia feito isso para facilitar as coisas quando fosse o mo-
mento de tratar do assunto, porque temia que o filho estivesse
interessado apenas em conseguir um grande dote, falando tudo
isso num modo que eu não almejaria mais honrado. Não deixei 6
de lhe mostrar que tais hesitações eram vãs, pois a moça estava
numa idade em que poderia esperar por mais uns quatro ou cin-
co anos,[4] e que isso lhe ajudaria a casar a filha, pois quem quer
dotes extraordinários acaba por ter que pagá-los. Acabei por
pressioná-lo por um bom tempo, tanto que se ele não fosse um
homem inseguro eu teria grande esperança na causa.

Em 2 de junho de 1526. 7

Nicolau Maquiavel

68

Nicolau Maquiavel a Francesco Guicciardini
Florença, 2 de junho de 1526

1 Ao *messer* Francesco Guicciardini

2 Mesmo sabendo que seu irmão Luigi[1] lhe escreveu sobre a
ideia de inserir a colina de San Miniato, eu não vou deixar
3 de lhe contar uma anedota porque me parece importante. A
coisa mais nociva que uma república pode fazer é construir
uma fortaleza dentro de seus muros,[2] ou algo que subita-
4 mente possa se fortificar. Se você prestar atenção no projeto
que foi mandado para aí, verá que, se San Miniato for incor-
porado, e se for construído ali dentro o baluarte, está feita a
fortificação; porque da Porta em San Miniato à de San Nic-
colò há pouco espaço, e cem homens escavando durante um
dia podem fortificar tudo. Assim, se por alguma desordem
um homem potente vier a Florença, como o rei da França
em 1494,[3] nós nos tornaríamos servos sem remédio algum,
porque seria impossível impedir que ele entrasse caso en-
contrasse o lugar aberto. E se ele puder se fechar com faci-
5 lidade, seria impossível impedi-lo. Considere bem e, com a
destreza de sempre, você poderá refutar minha opinião; mas
aconselhe a outra escavação,[4] que é segura, e não perigosa,
porque se começarem a de San Miniato, temo que nos arre-
penderemos.

Eu lhe escrevi essas três cartas separadas[5] para que você as 6
use do modo que achar melhor.

Em 2 de junho de 1526. 7

Nicolau Maquiavel

69

Francesco Vettori a Nicolau Maquiavel
Florença, 4-5 de agosto de 1526

1 Ao meu honrado compadre Nicolau de *messer* Bernardo Machiavelli

2 Meu querido compadre, em dois dias eu recebi duas cartas suas,[1]
sendo tão longa a última do dia 31 passado que fico muito agra-
decido por você ter me escrito dessa forma tão distinta mesmo
nas condições em que se encontra.[2] E como nas mencionadas
cartas são tantas as coisas que importam, sem que seja possível
resolver ou definir tudo por aqui, eu as mandei a Roma para
Filippo de modo que ele as decifre[3] e use de acordo com sua
3 prudência; e tenho certeza de que ele assim o fará. Para saber
dos códigos,[4] tão logo recebi a sua carta pedi que Donato me
levasse à casa de Bárbera; e ainda que ela tenha me mostrado os
sinais, os anos, as preocupações e a doença me enfraqueceram
4 o corpo e as faculdades mentais e eu não os decifrei bem. Por
isso, fui forçado a usar os códigos de Francesco del Nero, mas
com mil súplicas para que ele mantivesse a discrição; e acho
que ele vai respeitar isso, porque o pobrezinho tem atualmente
5 outras preocupações que não difundir anedotas e fofocas. E eu
lhe asseguro que ele me respondeu há menos de uma hora: con-
6 tinua irascível e reclamão,[5] é difícil conversar com ele. Imagine
que em Florença são muitos os que, quando chegam notícias
ruins, são golpeados no meio do peito, mas ninguém como ele.

Não sei como é capaz de dar conta de tantas atividades como
as que tem. Em poucas palavras, espero conseguir decifrar a 7
mensagem, e não quero falar do que aconteceu ou está para
acontecer aí, apenas lhe dizer que o imperador tem muita for-
tuna. E deixando de lado as coisas dos outros anos, a fortuna
dele determinou que se demorasse tanto tempo para assumir a
investida que o povo de Milão foi abatido;[6] que vocês chegas-
sem tarde e com pouca ordem aos muros de Milão, se retirando
sem ver quem os expulsava; que vocês ficassem muitos dias a
deliberar sobre salvar o castelo e, depois da liberação, as coisas
seguissem com tanta lentidão que seria antes necessário che-
gar a acordos; que os genoveses, que deveriam ser os maiores
inimigos de César na Itália, estejam submetidos a Antoniotto
Adorno[7] e ajudem com dinheiro e com tudo o mais qualquer
investida de César; esta[8] faz com que a Inglaterra, após César
ter tomado outra mulher que não a filha de seu rei,[9] fique indi-
ferente e não considere não ser estimado pelo imperador, e o
cardeal,[10] que costuma ser o homem mais soberbo do mundo,
esteja o mais humilde.
Eu tinha escrito até aqui ontem à noite na mercearia do Do- 8
nato em um papel ruim, com uma pena de má qualidade e tinta
ainda pior. E queria terminar a carta, mas aquele porra do Do-
nato queria fechar e precisei ter paciência com ele. E para vol- 9
tar à fortuna de César, esta faz com que o Cristianíssimo[11] siga
em suas confusões e faltas de cuidado, a partir do que o papa e
os venezianos começaram a suspeitar que aquilo que provém
da natureza do rei e de sua falta de poder na verdade derive de
sua falta de vontade. A mencionada fortuna é a causa pela qual 10
todos os espanhóis se esforçam para exaltá-lo e ele, por outro
lado, governa tudo na Espanha como querem os flamengos, ti-
rando dos espanhóis o que pode para dar aos flamengos. Esse é 11
o motivo pelo qual Ferrara[12] não chega a um acordo com o papa,

fazendo com que nos últimos tempos suas gentes, não quero
dizer seu exército, do papa e florentinos, tenham sido vencidas
por quatrocentos recrutados sienenses, não mais do que isso,
mesmo tendo à disposição 5 mil soldados pagos e quase trezen-
tos cavalos de guerra, entre bons e ruins.

12 Você sabe que eu tenho dificuldade para concordar com
coisas sobrenaturais, mas desta vez a coisa me pareceu tão ex-
traordinária, para não dizer milagrosa, quanto as coisas que se
seguiram nas guerras de 1494 até aqui. E me remete a histórias
que li na Bíblia,[13] quando um medo assim acometia os homens,
13 que fugiam e não sabiam de quem. Não saíram de Siena mais
do que quatrocentos soldados,[14] um quarto do que possuímos,
entre bandidos e confinados, além de cinquenta cavalos rápidos,
mas que fizeram fugir até Castellina[15] 5 mil soldados e trezen-
tos cavalos; desses, se fossem reunidos depois da primeira fuga
mil soldados e cem cavalos, retomavam a artilharia em apenas
uma hora; e sem que fossem seguidos por mais de uma milha,
14 fugiram dez. Eu o escutei dizer tantas vezes que o temor é o
maior mestre que existe,[16] e nisso tenho a sensação de ter tido
uma experiência correta; ou então essa fortuna dura às vezes
um tempo e depois varia, sem que saibamos quando começa a
15 variar. O papa fez uso da razão na investida, e se perdermos nin-
16 guém poderá dizer que ele foi movido pela paixão. Eu não quero
17 avaliar o que virá em seguida, pois tenho muitas suspeitas. Mas
não quero lhe esconder um erro meu,[17] o de que acharia uma boa
notícia se pudéssemos confirmar que o Turco tomou a Hungria
e está se dirigindo a Viena;[18] e que os luteranos levaram a melhor
na Alemanha; e que os mouros, os quais César quer expulsar de
Aragão e de Valença, aguentaram firme, tendo sido capazes não
apenas de se defender, mas também de atacar.

18 Vieram aqui algumas pessoas de Milão e de Cremona que re-
lataram isso a respeito dos imperiais, dos espanhóis e dos ale-

mães, de modo que não há ninguém que deseje mais o diabo do
que eles. Entenda seus códigos: *se o papa e nós pudéssemos ar- 19
ranjar dinheiro por alguns meses, eu acreditaria que tal fortu-
na de César poderia mudar; mas esse fato de Siena nos pertur-
bou de tal modo que não é possível vislumbrar dinheiro, e mais
essa peste em Roma, de modo que é necessário avaliar bem*.[19]
Quanto ao dinheiro, que possa bastar; e solicite em Roma, não 20
aqui, onde há muitas dificuldades, e por isso é necessário não
parar de pedir.

Compadre, eu não estou de acordo em seguir com o exérci- 21
to para o Reino,[20] porque: tendo a Liga feito tantas investidas
para socorrer o castelo sem conseguir, mas deixando esse acor-
do acontecer debaixo dos olhos de vocês;[21] tendo o rei e o papa
uma armada no mar para conter a vinda do Bourbon, e mesmo
assim ele veio;[22] tendo parte da Liga feito uma investida contra
Siena, mandando as pessoas para vencer, mas sendo vencida;
eu não acreditaria que nessa conjuntura tão adversa e com tão
pouca reputação fosse possível conquistar nem mesmo uma
padaria. Eu aprovaria, para exortar o rei, que lhe fossem ofe- 22
recidas Milão e outras coisas: *mas a dúvida é se os venezianos
estariam de acordo*.[23]

Eu não quero espremer meu cérebro com esses devaneios 23
que me afligem, principalmente porque tenho a questão judi-
ciária de minha cunhada,[24] que, mesmo estando no nome deles,
é necessário, por ser meu irmão, que eu resolva. E por envolver
uma irmã de Matteo Strozzi, devo agir com cautela tendo ele
tantas honrarias, tantos parentes e riquezas, de modo que temo
perder não apenas bens, mas também honra. Nós aqui tivemos 24
uma péssima colheita e percebemos que em outros lugares foi
ainda pior, de modo que consideramos que o ano será terrível
com a guerra, com a peste e com a fome. Mas como recorre-
mos a Deus durante as dificuldades, entendendo ainda que os

sienenses venceram por terem feito orações e procissões, te-
mos que conseguir um jubileu do Nosso Senhor para meados
de agosto, o qual será feito sem doações e apenas com jejum,
25 confissões e orações. Não me ocorre mais nada para lhe dizer
nesta carta, senão mandar lembranças minhas ao *messer* Fran-
cesco[25] e a você próprio.

26 Em Florença, 5 de agosto de 1526.

Seu amigo, Francesco Victori

70

Francesco Vettori a Nicolau Maquiavel
Florença, 7 de agosto de 1526

Ao meu querido compadre Nicolau de *messer* Bernardo Ma- 1
chiavelli

Meu querido compadre, ontem respondi a duas cartas suas: [...] 2
a última era do dia 31 do mês passado. Depois, ontem à noi- 3
te [...] eu recebi mais uma além das duas, [...][1] de modo muito
particular você me dá notícias a respeito dos exércitos da Liga
e dos imperiais. Eu a mostrei ao cardeal e a Ippolito,[2] e este 4
último gostou muito. E, claro, se o dinheiro for suficiente, me
convenço de que essa guerra pode acabar bem. Mas nisso con- 5
siste o caso, e eu sei bem até que ponto podemos ir aqui, mas em
Roma eu já não sei o que se pode fazer. Você me diz que gosta- 6
ria de entender como aconteceu de fato a coisa toda em Siena e,
quamquam animus meminisse horrete (apesar do meu horror em
lembrar),[3] vou me esforçar para contar.

Os sienenses haviam mandado quinhentos soldados e cin- 7
quenta cavalos rápidos com a artilharia para tomar Monte Ri-
fré, a fortaleza de Giovanni Martinozzi.[4] O papa, tendo com- 8
preendido isso, entendeu que, caso essa fortaleza fosse tomada,
os libertinos[5] ficariam animados demais e depois buscariam
infestar nossas fronteiras, cuja defesa representaria gastos. E
tendo vocês ido embora de Milão, considerando que a guerra
ainda iria se estender, ele quis tentar controlar a situação em

Siena com pouco dinheiro, recolocando lá os exilados, os quais
afirmavam [...] tão logo entravam no de Siena, ainda [...] talvez
com todo o condado sendo [...] se aproximariam de Siena, que
9 ela se insurgiria [...]. Ele cogitou mandar o conde Dell'Anguilla-
ra[6] com cem soldados a cavalo, entre bons e ruins, e com oito-
centos soldados de meio salário, e o conde de Pitigliano[7] e Gen-
tile Baglioni,[8] cada um com a mesma quantidade. E ordenou
aqui que fizéssemos apenas um pouco de demonstrações sobre
como comandar soldados e retirar algumas peças de artilha-
10 ria, mandando depois um comissário a Montepulciano. Quando
essa ordem chegou aqui, não foi possível respondê-la. Mas em
uma pequena reunião que foi feita, Luigi Guicciardini,[9] como o
mais experiente e talvez o mais sábio, disse que iríamos perder,
porque já havia passado o tempo em que as guerras podiam ser
feitas com os convocados, os quais agora fariam apenas confu-
são, como roubar as provisões, sendo depois os primeiros a fu-
11 gir. A ordem foi seguida, e eles buscaram derrotar os soldados
sienenses que estavam no Monte Rifré, para onde foram os sol-
dados do *messer* Gentile com bons cabeças, seguindo o uso de
12 tais tipos de operações militares. Mas tão logo chegaram junto
aos inimigos, começaram a pedir o pagamento completo; e não
havendo quem lhes pudesse dar, [...], de modo que facilitaram
aos que estavam no Monte Rifré a retirada com a artilharia [...]
e os outros que chegavam [...] Roma começaram a roubar todo
o lugar. Assim, ficaram sem provisões e por isso decidiram ten-
tar conquistar Montalcino, chegando lá sem artilharia e sem
escadas, sendo expulsos de forma vergonhosa.

13 Após saber disso e do dissenso entre os exilados, o papa
pensou em estabelecer um acordo por intermédio do senhor
Vespasiano Colonna,[10] tendo a impressão de que assim ficaria
menos envergonhado. Mas logo que os exilados se deram conta,
começaram a protestar. E ali o papa determinou que não hou-

vesse mais avanço. Mandaram então para cá o *messer* Domeni- 14
co Placidi e Aldello[11] para Roma, querendo comunicar que não
se contentavam com tal acordo e não poderiam ter segurança
com ele; além disso, caso se continuasse a levar a batalha até
os muros, a investida estaria vencida. O papa começou a pres- 15
tar atenção neles por causa da máxima persuasão do datário,[12]
muito inclinado a reintegrar os exilados, e ordenou que a par-
tir de então fossem enviados artilharias e soldados. E como os
sienenses, tanto os exilados como os internos, temiam menos e
confiavam mais caso fosse estabelecido o acordo, Ruberto Puc-
ci[13] foi mandado para lá, de modo que a paz fosse negociada
mais rapidamente do que uma ordem de guerra, pois para essa
ordem havia um comissário de Parma, [...] o qual se acreditava
ser um homem [...]. Foram postas as artilharias e [...] 5 mil sol- 16
dados pagos, além de muitos convocados. [...] nossos oficiais 17
estava Iácopo Corso[14] e o senhor Francesco dal Monte,[15] que
também ficaram um pouco famosos na guerra. Foram postas 18
treze peças de artilharia entre grandes e pequenas nos lados de
cá, em lugares que pouco ofereciam risco aos muros de Siena.
O acampamento estava distribuído por todo o burgo,[16] muito 19
prático para os que estavam lá. E mesmo que muitos florenti-
nos fossem até lá para ver e noticiassem que o acampamento
estava em perigo, Ruberto, quando trocava correspondências
com os daqui, dizia que entendia o mesmo que esses muitos;
mas quando chamava os chefes em consulta — estando todos
de acordo, principalmente Iácopo Corso —, dizia que o acam-
pamento estava muito seguro e que não havia dúvidas quanto
a isso. Porém, chegando esse boato aqui por muitas fontes, foi 20
decidido retirar a artilharia, e para isso foi mandado Gherar-
do Bartolini.[17] Mas este não havia chegado ainda a Poggibonsi
quando já começou a cruzar com homens que fugiam e mencio-
navam a derrota, que se deu deste modo:

21 Os nossos estavam alojados, como eu disse, no burgo que
vem na direção de Florença, o qual é longo e com uma estrada
22 com vinte braços de largura.[18] Os comissários, pouco atentos,
haviam deixado o espaço livre por todas as partes do burgo
para os comerciantes que vendiam as colheitas, com cobertu-
ras, de modo que a estrada não ficava mais do que oito braços
23 livre.[19] Houve um ataque à guarda de artilharia no dia 25 às de-
zenove horas.[20] Os sienenses saíram em cerca de duzentos pela
Porta Fontebranda e outros duzentos pela passagem pequena
24 da mesma porta, onde estava o acampamento. As sentinelas,
ou melhor, os guardas, os viram sair, mas antes de travarem a
batalha, a companhia de Iácopo Corso, assim como os outros
corsos vindos com o conde Dell'Anguillara, começaram a fu-
25 gir. Tão logo iniciada a fuga, os vendedores encheram a estrada
para escapar também em mulas e asnos, com barris e cestões,
de modo que não houve ninguém que pudesse organizar uma
26 resistência. Os cavaleiros do conde de Pitigliano e Dell'Anguil-
lara, assim como os soldados, que não estavam acostumados a
ver senão búfalos, começaram a correr tão logo viram a con-
fusão. E como nenhum soldado queria parar, correndo com
27 toda a força, a confusão só aumentava. Apenas Braccio Baglio-
ni,[21] talvez com cinquenta cavalos rápidos, correu na direção
da artilharia e afugentou os sienenses que estavam lá, captu-
rando um sobrinho do senhor Giulio Colonna,[22] o qual levou
para a prisão em Castellina. Mas por não ter sido seguido por
28 ninguém, pôde contar com a fortuna. O senhor Francesco dal
Monte provocou a grande desordem, porque, tendo consigo um
filho seu bastante jovem e sem segurança já no primeiro ata-
que, o deu em custódia a dois de seus comandados para que o
pusessem a salvo. Esses começaram a fugir com ele, de onde
se deu que a maior parte da sua companhia correu, pois, vendo
fugirem os soldados do senhor Francesco, que eram tidos como

os melhores daquele acampamento, fugiram também. Em se- 29
guida, tal senhor começou a opor alguma resistência com uns
cinco ou seis dos seus, mas isso não surtiu qualquer efeito.

De fato, tais cavaleiros e soldados em fuga, mesmo não sendo 30
seguidos por nenhum dos inimigos, não pararam de correr até
que tivessem chegado a Castellina, e não se sentiram seguros até
que as portas estivessem fechadas. A artilharia foi perdida, as- 31
sim como algumas coisas que estavam junto, mas não muita coi-
sa, pois todos se esforçaram para salvar o que podiam. E como
eu já lhe disse outra vez,[23] creio que já houve ocasiões em que um
exército fugisse apenas pelo grito inimigo; mas que fugisse por
dez milhas[24] sem que ninguém o seguisse, isso eu acredito que
nunca tenha sido lido ou visto. Tal coisa se originou pela facili-
dade que os nossos soldados tinham de se salvar, pois, se tives-
sem tido que fugir para o território inimigo, nunca teriam se pos-
to em fuga. Por isso, concluo que a reflexão que você faz é muito 32
verdadeira,[25] ou seja, que os imperiais de Milão se tornaram au-
dazes por conta das vitórias passadas e da necessidade. Mesmo
assim, tenho fé, principalmente pela boa ordenação dos cabeças
que lá estão, de que as coisas vão seguir de um bom modo.

Esses franceses demoram tanto a mandar ajuda que aqui se 33
começa a duvidar fortemente da vontade do rei. E ainda que
Ruberto[26] escreva cartas de fogo, ninguém acredita nele se os
efeitos não forem vistos; mas acreditaremos em você quando
nos contar que começaram a chegar suíços ou lanças a mando
daquela majestade.

Chegaram hoje pela manhã cartas da Espanha, mas muito 34
velhas,[27] pois creio que sejam de 9 de junho. César estava em 35
Granada com pouquíssimo dinheiro e havia frieza e dúvidas
sobre todas as coisas.

Eu mandei suas outras cartas a Roma; esta[28] eu não mandei. 36
Eu bem lembrei aqui a parte cifrada, mas depois de o amigo[29] 37

ter feito tanto, como você me conta, *é necessário agradá-lo
38 de todo modo, venha*[30] o que vier. Em Siena agora não se faz
mais nada. Nossas fronteiras são vigiadas e com muitos gastos.
39 Eles publicaram de imediato resoluções para que seus súditos
40 não se arrisquem a atacar os florentinos. *Messer* Andrea Do-
ria[31] capturou deles o Porto Ercole, Talamone, as fortalezas e
41 alguns outros castelinhos naquele pedaço da Maremma. Peço
que mande lembranças minhas ao *messer* Francesco[32] e fico
completamente à sua disposição. Que Deus o proteja.
42 Em Florença, 7 de agosto de 1526.

Francesco Vettori

71

Francesco Vettori a Nicolau Maquiavel
Florença, 24 de agosto de 1526

Meu querido compadre, a última carta que eu lhe escrevi[1] deta- 1
lhou como havia se dado o caso de Siena, como você havia me
pedido. Depois, recebi outras duas cartas suas,[2] a última do dia
17, mas não as posso responder ponto a ponto porque tão logo
as recebo eu as mando a Roma para Filippo,[3] pensando que po-
dem ajudar na causa após terem sido lidas lá pelo Nosso Senhor.
E Filippo me escreve que ele não apenas as lê, mas as relê e as 2
considera.

Na sua última carta, você discorre sobre três modos de con- 3
tinuar a guerra, os quais foram discutidos, ou melhor, pondera-
dos, por aqui. Deixar Milão e ir na direção de Alessandria, com 4
isso eu não estou de acordo, porque a mesma dificuldade que
há em Milão e Cremona, e que você acredita haver em Pavia,
haverá em Alessandria; mas ainda maior, porque vocês che-
garão lá com menos reputação.[4] Eu estou de acordo que essas 5
armadas venham na direção de Gênova, como me parece ser o
projeto,[5] e que o marquês de Saluzzo[6] com suas gentes de armas
e infantarias venha por terra desta vez. Isso me levaria a pensar
que se a fortuna não ajudasse César para além do normal nessa
investida, como fez em quase todas as outras até aqui, provoca-

riam uma reviravolta,[7] e que na revolução de Gênova a vitória
6 duraria muito. A vigilância das fronteiras de Veneza e da Igre-
ja, com o resto do exército atacando o reino de Nápoles e dei-
xando as forças de César inteiras na Lombardia: não acredito
que os homens experientes nas armas aprovariam isso. Porque
vocês deixaram escapar as fortalezas de Milão debaixo de seus
olhos, o que foi a causa de a guerra ser antecipada; vocês esti-
veram nas portas de Milão, retirando-se para Marignano numa
corrida intensa; tentaram Cremona e, acontecendo a batalha,
acabaram não conseguindo; o papa tentou a investida em Siena
7 e sua gente foi derrotada. Mesmo assim vocês acham que com
tantos reveses iriam conseguir alguma coisa no Reino?

8 Reconheço que a população do Reino está muito desconten-
te, mas pior é a situação dos que estão na Lombardia e que se
9 mantêm firmes. Os territórios que vocês poderiam atacar no
Reino, os melhores, estão na planície. Elas poderiam se fortifi-
car, e não faltariam meios para que as forças imperiais pusessem
2 ou 3 mil bons soldados, de modo que vocês teriam as mesmas
10 dificuldades para ocupar as terras de lá como as daí. Assim, é
necessário decidir que o caminho para a guerra é persistir na
ocupação de Cremona.[8] Se isso acontecer, seria possível, com o
exército que está aqui, fazer frente aos lansquenetes que viessem
da Alemanha, além de atacar Gênova com essas armadas pelo
mar, e, por terra, com os soldados e as infantarias que Saluz-
zo guia; e se Gênova reagir, que as armadas girem ao redor do
Reino e o mantenham sob pressão, e Saluzzo volte em direção a
Milão com vocês mantendo dois acampamentos que a sufoquem.
11 E se for verdade que em Milão há tanta carestia de víveres que
atualmente pensam em desistir, tanto mais pensarão quando a
situação piorar. E se pela mesma dificuldade fossem para Pavia
e deixassem Milão, o exército de vocês teria muito mais dificul-
dade de sitiar Pavia do que Milão, e eles teriam a capacidade de

fugir para outro lugar. E se Gênova fosse perdida, não poderiam 12
ter dinheiro, embaixadas ou cartas. E ainda que sejam homens
audazes e valentes, não acredito que sejam feitos de outra maté-
ria que a daqueles que desejam viver, e esses pensariam o mesmo.
É verdade que esse modo de conduzir a guerra será longo e com 13
gastos insustentáveis, mas deverá conduzir à vitória. E dos ou-
tros modos não se enxerga no horizonte nada além de prejuízos e
vergonha. E se você me dissesse que é necessário pensar de onde 14
sairia o dinheiro, eu lhe diria que essa investida deveria ocorrer
por três meses; e que sem a cavalaria, com os suíços e tudo o mais
daí, o gasto deverá ser de 160 mil ducados por mês, dos quais o
rei dá quarenta, restando ao papa e aos venezianos providenciar
outros 120 por mês. Acredito que os venezianos poderiam provi- 15
denciar a parte deles, que seriam 60 mil por mês; ao papa resta-
riam os outros 60, que em três meses seriam 180 mil, o que não é
algo que não se possa providenciar, e acredito ainda saber dizer
de onde e como poderiam ser tirados. E se me fosse objetado que 16
tais investidas não teriam um bom resultado, principalmente
pelo pouco tempo disponível, eu responderia que, se até o fim de
novembro a guerra não estiver, se não completamente vencida,
ao menos em vias de conclusão, que o papa deverá se submeter
às condições que César lhe impuser, as quais podemos estimar
que serão duríssimas. Reconheço, compadre, que poderei ser 17
considerado presunçoso ao querer me manifestar sobre coisas
tão importantes, nas quais não tenho prática nem experiência.
Mesmo assim, quando escrevo a você, tenho a impressão de estar
falando comigo mesmo; e que se eu tivesse que escrever ou falar
com outra pessoa, eu o faria com mais cautela. Lembranças mi- 18
nhas ao governador[9] e a você.

Em Florença, 24 de agosto de 1526. 19

Seu amigo Francesco Vettori

72

Francesco Guicciardini a Nicolau Maquiavel
Piacenza, 30 de outubro de 1526

1 *Spectabili domino* (Ao notável) Nicolau Maquiavel como um honrado irmão.
Em Florença ou onde esteja

2 Meu caro *messer* Nicolau, recebi as suas cartas de Modena[1] com a cuidadosa narração do episódio[2] que aconteceu no mesmo dia em que você partiu daqui. Como você sabe, a minha natureza é de não decidir sozinho as coisas importantes. Por isso, convoquei o Conselho, do qual os principais presentes foram o bispo de Casale[3] e o tesoureiro,[4] além de generosamente ter participado o vice-legado,[5] que conhece o homem.[6] Estiveram presentes o embaixador do duque de Milão,[7] o comandante do marquês de Mântua[8] e tantas outras pessoas importantes que não costumam entrar em assembleia no acampamento dos ve-
3 nezianos. Li a sua carta, e tudo ali foi considerado, de modo que conversamos tão bem quanto naquele dia em que nós
4 aconselhamos não socorrer o castelo.[9] Não quero entrar em detalhes porque não estou com cabeça para fábulas, e também porque preciso fazer sala para o *messer* Filicciafo,[10] que generosamente esteve o dia inteiro hoje aqui comigo. Mas toda a discussão foi sobre dois pontos: primeiro, se a ação de Giannozzo[11] deveria ser chamada de vingança ou traição; o outro, se sendo chamada de vingança havia sido honrada ou não a alguém de seu nível.

Mas deixando para lá a falação, o amigo[12] esteve aqui on- 5
tem à noite e reclamou sensatamente que enquanto esteve lá
você nunca se dignou a chamá-lo de "comissário", mas sempre
se dirigiu a ele como "*podestà*", o que ele desaprova por enten-
der que você o fazia como chacota e para diminuir sua reputa-
ção; e, por isso, ele estava de péssimo humor. E ele nem bem 6
havia terminado suas queixas quando eu recebi uma carta do
superior dos correios, que me avisava que esse mesmo venerá-
vel homem indicava ter gastado com você cinco ducados entre
aquilo que você havia comido e o que na noite anterior havia
sido servido por sua conta,[13] pedindo que a Comunidade pague
essa despesa e alegando que não havia negócios com você, mas
que você havia se hospedado a pedido meu, que mando você
por aí a serviço de Nosso Senhor. Assim, me vendo envolvi-
do nessa novela, e porque tais mercadorias entram na minha
conta, comecei a me indignar com ele. E como ele negava pre-
sunçosamente, precisei dar-lhe uma esfregada daquelas, sem
economizar sabão, do mesmo modo que foi feito com o irmão.[14]
Veja que bela novela foi essa, você no começo deu um tom de 7
comédia e eu quase que a faço acabar em tragédia, e assim per-
di todo o prazer de rir da cara dele.

Et bene valete. Placentie, XXX Octobris 1526. 8
(Adeus. Piacenza, 30 de outubro de 1526.)

Vester (seu amigo) Franciscus de Guicciardinis 9

73

Nicolau Maquiavel a Francesco Guicciardini
Florença, 5 de novembro de 1526

1 Ao *messer* Francesco Guicciardini

2 Senhor comandante, escrevi de Modena a você uma carta[1] mais
adequada a entreter Filciaffo do que a qualquer outra coisa. Por
3 isso, escrevo o que aconteceu depois. Começando por Modena,
tão logo encontrei Filippo,[2] ele me disse: "Seria possível que
4 eu não tenha feito nunca algo de bom?". Eu lhe respondi rindo:
"Senhor governador, não se espante, pois isso não é um defeito
seu, mas deste ano. Não há quem tenha feito algo de verdadei-
5 ramente bom e nem como se deve. O imperador não poderia ter
se comportado de modo pior, pois em tanto tempo não mandou
nenhuma ajuda aos seus, o que poderia ter facilmente feito; os
espanhóis poderiam ter nos sacaneado bastante algumas vezes,
mas não souberam como; nós poderíamos ter vencido,[3] mas
não soubemos; o papa acreditou mais em um golpe de tinta[4]
do que em mil soldados que teriam sido suficientes para pro-
tegê-lo; apenas os sienenses souberam agir bem,[5] e não é de se
espantar que em tempos loucos os loucos se saiam bem.[6] Assim,
meu governador, teria sido um pior sinal se as coisas tivessem
6 ido bem do que terem ido mal". "Já que é assim", disse Filippo,
7 "eu vou me acalmar e fico muito contente." E assim terminou o
primeiro ato da comédia.

Logo em seguida veio o conde Guido,[7] dizendo ao me ver: 8
"O comandante ainda está irado?". Respondi que não, pois ele 9
não tinha mais por perto quem era o motivo de sua ira. Para
não entrar em detalhes, falamos um pouco dessa bendita rai-
va que você teve e ele disse que iria exilado para o Egito para
não ter que servir mais a um exército em que você estivesse. Eu 10
aqui falei o que era necessário, em particular sobre os males e
os bens que a sua presença havia trazido, de modo que nós dois
reconhecemos que ter você lá havia feito mais bem do que mal.
Fiquei em Modena dois dias e conversei com um profeta que 11
havia dito, com testemunhas, ter previsto a fuga do papa e a
inutilidade da investida, repetindo não terem acabado os tem-
pos ruins nos quais nós e o papa sofreremos muito. Chegamos 12
por fim em Florença, e entre as maiores críticas que ouvi sobre
você, com cartas aqui escritas ao cardeal,[8] estava ter afirma-
do a facilidade da investida e a vitória certa. A isso respondi
que não era verdade, pois acredito ter visto todas as cartas que
você escreveu, onde havia opiniões completamente contrárias
a uma vitória garantida.

Em 5 de novembro de 1526. 13

Nicolau Maquiavel

74

Francesco Guicciardini a Nicolau Maquiavel
Piacenza, 12 de novembro de 1526

1 *Spectabili viro Niccolao de Machiavellis uti fratri honorando. Florentie*

(Ao notável Nicolau Maquiavel, honrado como um irmão. Florença)

2 3 Meu caro Machiavello, recebi a sua do dia 5. A novela do Borgo
San Donnino foi uma comédia típica,[1] a de Modena teve tom de
4 tragédia e a sua de Roma, de fábula.[2] Não tenho mais nada para
lhe contar senão o que escreve o *messer* Césare[3] logo após ter
informado ao papa o que eu havia escrito sobre [...], e Sua Santidade respondeu: "Escreva para que ele venha, pois eu ficarei
5 contente". Em seguida ele me escreveu que haviam lhe pedido
que adiasse a sua ida, e o motivo seria porque, na urgência de
mandar os soldados partirem de Roma com o senhor Vitello,[4]
6 haviam precisado se preocupar com outras questões. Eu lhe
escrevi de novo, sabendo que sem uma insistência eles não mudariam de ideia. Eu desejava isso mais por interesse próprio do
que por você; pois, para dizer a verdade, acredito que você teria
poucas satisfações nas fortificações dos Colonna para as quais
7 teria que ir. Se algo mudar, eu lhe avisarei; e me esforçarei para
saber mais.

8 Peço que você me escreva, e eu farei o mesmo. E não lhe
digo nada de novo porque não há o quê no momento; *messer*
9 Filiciaffo[5] é um comensal assíduo. Revendo agora as contas dos
gastos feitos em batalha, não encontro nenhuma de que o papa

poderia reclamar de mim, exceto o dinheiro dado a Guidotto.[6]
Compreendi que, na partida dele aqui, ele reclamou com todos
os meus empregados de casa que eu lhe havia dado pouco, e
deve ter feito o mesmo com os de lá. Não me faltava mais nada, 10
isso me fez conhecer totalmente a natureza e o caráter dele.

Estou à disposição. Em Piacenza, 12 de novembro de 1526. 11

Seu amigo, Francesco Guicciardini

75

Nicolau Maquiavel a Francesco Vettori
Forlì, 5 de abril de 1527

1 Ao meu amigo muito magnífico Francesco Vettori.
Florença

2 Meu honrado Francesco, depois de a trégua ter sido feita em Roma,[1] sendo possível ver como os imperiais não queriam respeitá-la, o *messer* Francesco escreveu a Roma[2] sobre como era necessário escolher uma das três opções: voltar à guerra naqueles termos, com todo mundo entendendo que nunca mais seria possível falar de paz, para que a França, os venezianos e todos, sem receio ou cautela, pagassem sua dívida,[3] opção na qual se vê haver ainda muitas alternativas para querer principalmente ajudar o papa; ou, caso isso não agradasse, escolher a segunda, que seria completamente contrária à primeira, de se esforçar para obter a paz com toda a diligência e pôr a cabeça no colo do vice-rei,[4] deixando-se assim governar pela Fortuna; ou, na verdade, sem forças para seguir em uma das opções e sendo covarde para a outra, escolher uma terceira, a qual não vem ao caso
3 e não é necessário dizer por ora. Nesses dias, *messer* Francesco recebeu resposta de Roma sobre como o papa está direcionado a escolher a segunda opção, de se jogar no colo do vice-rei e da paz. Se isso der certo, será por ora nossa salvação; se não
4 der, nos deixará completamente abandonados. Se está para dar certo ou não, você poderá julgar como eu, mas lhe digo ape-

nas isto: *messer* Francesco deliberou em todos os eventos sobre
ajudar as questões na Romanha enquanto percebia que havia
boas probabilidades de defendê-la. Mas tão logo as veja como
indefensáveis, sendo abandonadas sem receio, apenas com as
forças italianas disponíveis e com o dinheiro que sobrar, será
capaz de vir de qualquer jeito para salvar Florença e seu Es-
tado. Fique de bom ânimo, seremos defendidos de todo modo. 5

Esse exército imperial é vigoroso e grande; contudo, se não 6
encontra na frente quem se renda, não é capaz de conquistar
uma padaria. Mas há o risco de um território ceder a ele e co-
meçar a levar consigo os outros em volta, o que faz disso uma
das coisas perigosas para a defesa dessa província. Ainda as- 7
sim, caso perca, será possível se salvar se não houver desistên-
cia; e defendendo Pisa, Pistoia, Prato e Florença, haverá com
eles um acordo que, mesmo pesado, não será completamente
mortal. E como a deliberação do papa ainda é mantida em se- 8
gredo para os outros coligados,[5] além de todos os outros moti-
vos, peço que você não divulgue esta carta.[6]

Adeus. Em 5 de abril de 1527. 9

Nicolau Maquiavel, em Forlì 10

76

Nicolau Maquiavel a Francesco Vettori
Forlì, 14 de abril de 1527

1 Ao meu muito honrado e magnífico Francesco Vettori.
Florença

2 *Magnifice vir* (Magnífico), por aqui o acordo sempre foi acon-
selhado pelos mesmos motivos pelos quais você sempre o acon-
selhou por aí. Pois, considerado o comportamento da França e
dos venezianos, considerada a pouca ordenação entre as nossas
forças, considerado como o papa havia perdido todas as espe-
ranças de poder sustentar uma guerra no Reino,[1] considerados
a potência e a obstinação dos inimigos, a guerra era vista como
3 perdida, como você mesmo julgava quando eu parti daí.[2] Isso
fez com que o acordo fosse sempre aconselhado, mas se feito
de forma clara, e não duvidosa e ambígua como esse feito em
Roma e não respeitado na Lombardia; e com pouco dinheiro,
apenas o necessário e útil para manter desarmado um acordo
completamente duvidoso; ou caso se armasse, pagasse e ficasse
4 sem ele. Assim, pensando que um acordo nítido seria saudável,
um ambíguo seria completamente nocivo e nos arruinaria.
5 Chegou daí por escrito que o acordo está quase concluído. E
como o primeiro pagamento é de 60 mil ducados, isso se funda-
6 menta na maior parte no dinheiro que está aqui. Aqui há 13 mil
ducados em espécie e 7 mil de crédito com os venezianos. Se
os inimigos chegarem antes para alcançar a Toscana, será ne-

cessário gastá-lo para manter essa gente caso se queira manter 7
essa pobre cidade. Assim, se você confia no acordo, será necessário confiar em um que freie as armas e os gastos. Senão, se 8
um acordo ambíguo for mantido, elaborado tanto para manter acordos como a guerra, nem um nem outro serão alcançados. E nós acabaremos mal e os nossos inimigos bem, esperando, ao caminhar em nossa direção, pela guerra, deixando que nós quebremos a cabeça entre a guerra e os acordos.

Fico à sua disposição. Em 14 de abril de 1527. 9

Seu amigo Nicolau Maquiavel, em Forlì 10

77

Nicolau Maquiavel a Francesco Vettori
Forlì, 15 de abril de 1527

1 Ao meu muito honrado e magnífico Francesco Vettori.
Florença

2 Magnífico, o monsenhor Della Motta[1] esteve esses dias no
acampamento das tropas imperiais com a conclusão de que o
acordo deve ser feito desta maneira: se o Bourbon[2] o quiser, ele
tem que parar os exércitos, mas se os mover, é sinal de que não
3 quer. Assim, amanhã ele será o nosso juiz. Aqui se deliberou,
portanto, que se amanhã ele o mover, pensaremos na guerra de
fato, sem nem mesmo um pelo que pense na paz; mas se não
o mover, pensaremos na paz e abandonaremos todos os pen-
4 samentos sobre a guerra. Vocês[3] vão precisar navegar também
com esse vento que sopra daqui e, decidindo-se pela guerra, pa-
rar com todas as negociações de paz, de modo que os coligados
venham adiante sem qualquer hesitação, porque aqui não se
pode mais vacilar, mas deve-se agir na loucura. Com frequên-
cia, o desespero encontra soluções que a escolha não soube en-
5 contrar.[4] Eles vêm de lá sem artilharia, em um terreno difícil,[5]
de modo que se nós reunirmos a pouca quantidade de vida que
nos resta com as forças da Liga que estão a postos, ou eles fugi-
rão dessa província com vergonha ou serão reduzidos a termos
6 razoáveis.[6] Eu amo o *messer* Francesco Guicciardini,[7] amo a
minha pátria mais do que a minha alma. E digo isso a você com

a experiência que meus sessenta anos me deram,[8] pois eu não acreditava que iria ter que enfrentar circunstâncias tão difíceis como essas, em que a paz é necessária e a guerra não pode ser abandonada, tendo na frente um príncipe[9] que a muito custo consegue prover apenas a paz ou apenas a guerra.

Minhas lembranças a você. Em 15 de abril de 1527. 7

Nicolau Maquiavel, em Forlì 8

78

Nicolau Maquiavel a Francesco Vettori
Brisighella, 18 de abril de 1527

1 Ao meu muito honrado e magnífico Francesco Vettori.
Florença

2 Honrado Francesco, essa gente francesa se conduziu quase
por milagre até aqui em Brisighella.[1] E será um milagre se o
duque de Urbino[2] vier a Pianoro[3] amanhã, como parece que o
legado de Bolonha[4] nos escreve. Aqui, acredito que iremos es-
3 perar para saber o que ele fez. E, pelo amor de Deus, como não
é possível estabelecer o acordo, que as negociações sejam en-
cerradas muito de imediato com cartas e com demonstrações,
que esses coligados nos ajudem. Porque, como estabelecido no
acordo, caso fosse respeitado, a nossa segurança estaria com-
pletamente certa; mas combinar sem cumprir será certamente
4 a nossa ruína. A necessidade do acordo irá se comprovar se ele
não for feito. E se o conde Guido[5] diz algo diferente, ele é um
5 idiota. Eu gostaria de discutir com ele apenas isto: pergunte se
teria sido possível impedir que eles fossem para a Toscana. Ele
dirá que não, se disser como sempre disse no fundo, tal como
6 o duque de Urbino. Sendo verdade que não teria sido possível
impedi-los, pergunte se e como teriam resistido sem entrar em
batalha, e como essa cidade poderia conter dois exércitos em
cima dela, considerando que o exército amigo é mais insupor-
7 tável que o inimigo. Se lhe responder isso, diga que tem razão.

Mas quem lucra na guerra, como fazem esses soldados, louco 8
seria se louvasse a paz.[6] Mas Deus fará com que tenham que 9
enfrentar mais guerras do que nós lhes desejamos.

Em 18 de abril de 1527. 10

Nicolau Maquiavel, em Brisighella 11

79

Francesco Guicciardini a Nicolau Maquiavel
Faença-Finocchieto, agosto de 1525/outono de 1527

1 Senhora Propriedade de Finocchieto deseja ao Machiavello
saúde e um juízo purificado[1]

2 Se eu soubesse que aquilo que tu[2] escreveste de mim ao meu
proprietário e senhor tu o fazias com intenções malévolas, eu
não me daria ao trabalho de expor-te pelo que tu és. Pois, ten-
do nascido e crescido nestes montes solitários, não tenho tanta
eloquência que me permita tirar-te dessa malvadeza, e também
porque considero que a melhor vingança é deixar que o maligno
insista e teime na sua malvadeza; e não, ao revelá-la, fazê-lo co-
3 rar. Mas ao me convencer de que tudo provém de um erro, o qual
se não é honrável é pelo menos perdoável, vejo que é um dever
de humanidade e cortesia — que em mim é maior do que pode-
ria fazer supor este lugar e o meu aspecto — fazer com que tu
4 te dês conta da verdade. E faço isso de muito boa vontade, pois,
por eu ser mulher e não poder odiar a origem do teu erro, que
vem de uma mulher,[3] e, tendo sido educada em hábitos decoro-
sos e me desagradando com os outros, ela ainda é uma mulher;
e sermos do mesmo sexo não permite que entre nós não exista
5 uma fagulha de benevolência. Tu estás com frequência com a
tua Bárbara, a qual, como seus pares, se esforça por agradar a
todos e busca mais parecer do que ser. Por isso, teus olhos, habi-
tuados a esse tipo de conversa de corte, não se satisfazem tanto

com o que é quanto com o que parece, e, mesmo havendo um
charme, não conseguem penetrar no real. Mas tu, que leste e 6
escreveste tantas histórias e viste tanto do mundo, devias saber
que para uma mulher que vive com todos e não ama ninguém
são necessários outros ornamentos, outra beleza, outro modo
de se comportar e de aparecer do que para aquelas que, repletas
de pensamentos castos, não têm outros interesses que não agra-
dar apenas a quem são dadas de forma honesta e legítima. E se 7
pelo longo contato com aquele tipo de mulher, pois entendo que
tu nunca tiveste outro tipo de vida, tu adquiriste hábitos tão dis-
torcidos a ponto de os comportamentos corruptos delas te pa-
recerem bons e dignos das nossas semelhantes, devias lembrar
do quão temerário é fazer um juízo apressado, e que as coisas
devem ser julgadas não pela superfície, mas por suas substân-
cias.[4] E que sob aquela rigidez e aspereza que à primeira vista
se mostravam em mim poderiam estar escondidas tantas coisas
boas, e que eu merecia ser louvada e não assim criticada tão in-
juriosamente. Disso e de outras coisas a tua Bárbara poderia ter 8
te advertido, pois, mesmo que seu nome denote tanta crueldade
e ferocidade, ela recolheu em si — considerando o que você diz
dela — tanta gentileza e tanta piedade que seria capaz de embe-
lezar toda uma cidade. Mas quero te falar das minhas qualida- 9
des no intuito de, caso te dês conta da verdade e corrijas o que
escreveste de mim, não apenas perdoar a injúria que me fizeste,
mas também me alegrar em mandar todo ano à tua Bárbara par-
te das frutas das quais todos os meus campos estão cheios. Eu
não saberia dar-te uma alegria maior do que distrair, como ela
merece, aquela que é a tua delícia e o teu amor. E para que tu 10
vejas quanto o teu juízo é falaz, te digo principalmente que uma
das minhas qualidades consiste naquilo que te fez irromper em
críticas a mim tão sem consideração, pois, tendo eu dado meu
amor apenas a um, sempre pensei que não agradaria a outros,

só a ele. Por isso, me mantive com aquela rigidez e aspereza que
tu vês, a qual, se eu tivesse desejado ser atraente aos olhos de
todos, eu saberia muito bem mitigar. Assim, não deves crer que,
ainda que eu tenha nascido nestes montes, eu desconheça as
técnicas e os modos de me limpar, os quais, caso eu não soubes-
se tão bem e nem pudesse ter aprendido com os outros, tenho
certeza de que tu, como és amante de todas as damas e como
alguém que viveu longamente entre elas, poderia ter gostado e
11 sabido me ensinar. Mas eu nunca tive o objetivo de viver senão
com um, e por isso, já que graças às outras qualidades ele teria
motivos para me amar, deixei de lado todas as vaidades e atri-
butos que poderiam fazer com que muitos gostassem de mim,
julgando ser esse um bom meio de ser amada por aquele que
12 conheceria em mim tal decoro e dignidade. Além disso, sendo
os homens naturalmente amigos da variedade, imaginei que ele
poderia gostar de encontrar perto da cidade — diferente dessas,
que costumam ser ornamentadas e enfeitadas —, quando viesse
aqui, essa rusticidade e aspereza, a que seus olhos não estavam
tão acostumados, e não as belezas e os ornamentos dos mesmos
13 tipos de lugar em que ele passava todo dia e toda hora. E nisso o
meu intento foi duplo, pois aquilo que eu acreditava mais agra-
dar a ele era justamente o que eu esperava que menos agradasse
aos outros. E era o que eu desejava muito, porque ao não querer
ter que me relacionar com novos homens e amando ternamente
aquele com quem vivo agora, além de saber que, como tu mes-
mo fizeste, são muitos os que consideram as coisas a partir da
casca, e não do miolo, compreendi que mesmo que ele queira me
transferir a outra pessoa, não encontrará com tanta facilidade
alguém que goste de mim e seja forçado a ficar comigo como por
obrigação.

14 Vê, portanto, Maquiavel, quanto louvor eu mereço, e como
eu devo ser considerada mais preciosa justamente pelo motivo

que te desagradou tanto. E aprende a nas próximas vezes não confiar tanto em ti mesmo e em tuas resoluções a ponto de não considerar com mais ponderação antes de julgar; pois há muitas justificativas que a tua prudência e a tua experiência não aceitam, mas que outras pessoas sim.

POSFÁCIO

Fortuna, *virtù* e virtude cristã em Maquiavel

Ainda hoje a reflexão de Nicolau Maquiavel sobre a ação política permanece um marco para o pensamento ocidental, sobretudo pela forma como articula três conceitos centrais: fortuna, *virtù* e virtude cristã. Embora esses termos pertençam ou perpassem tradições intelectuais distintas (clássica, medieval e renascentista), a reelaboração que recebem em sua obra redefine o campo da política, deslocando-o de um horizonte predominantemente moral e teológico para outro, marcado pela contingência, pela busca da eficácia de ações capazes de evitar a ruína e pelo debate em torno da ideia de liberdade política.

O termo "fortuna" diz respeito a uma força que transporta consigo os eventos e determinações que escapam ao controle humano. Na tradição romana, especialmente em autores como Cícero e Políbio, a fortuna podia ser associada ao acaso, sendo, em parte, assimilada ao conceito grego de *tyche*.* Maquiavel, embora herdeiro dessa tradição, rejeita uma leitura fatalista ou finalista da noção, preferindo conceber a fortuna como uma

* H. F. Pitkin, *Fortune Is a Woman: Gender & Politics in the Thought of Niccolò Machiavelli*. Chicago/Londres: University of Chicago Press, 1999, p. 138.

força variável e inconstante que atua sobre os acontecimentos, mas não os determina de forma absoluta.*

A *virtù*, por sua vez, assume no texto de Maquiavel uma concepção radicalmente distinta da virtude cristã. Enquanto na tradição cristã o termo "virtude" remetia a qualidades morais orientadas para o bem e para a conformidade com uma ordem superior, em Maquiavel o conceito é redefinido em uma chave secular. Como afirma no capítulo XV de *O príncipe*: "é necessário que um príncipe que queira se manter aprenda a poder não ser bom e a usar isso ou não de acordo com a necessidade" (p. 181). Nesse sentido, a *virtù* é a capacidade de reconhecer as circunstâncias e agir de acordo com elas, independentemente de coincidirem ou não com os parâmetros da virtude moral.

Embora ao longo de *O príncipe* Maquiavel tenha utilizado apenas o termo *virtù*, traduzido por "virtude" nesta edição, preferimos manter neste posfácio o termo original em italiano, para evitarmos qualquer tipo de confusão com as virtudes cristãs. Essas últimas, de fato, não desaparecem inteiramente na obra de Maquiavel, persistindo como referências culturais e marcadores dos costumes que os homens deveriam ter em uma construção política centrada nos seus modos ideais de ser (e não em como eles de fato são). Para Maquiavel, o governante estritamente virtuoso segundo os padrões próprios da moralidade cristã corre o risco de ser destruído pelas forças imprevisíveis da fortuna e, com isso, comprometer a segurança do governo.

Ao longo dos escritos de Maquiavel esses três conceitos, fortuna, *virtù* e virtude cristã, não formam um sistema estático, mas um campo de tensão. A fortuna impõe contingências e limi-

* Gérard Colonna d'Istria e Roland Frapet, *L'Art politique chez Machiavel*. Paris: J. Vrin, 1980, p. 181.

tações; a *virtù* se manifesta pela capacidade de agir eficazmente dentro dessas condições; e a virtude cristã, embora deslocada de sua primazia, permanece como contraponto moral e expectativa de como as coisas deveriam ser no contexto histórico da escrita maquiaveliana. Desse modo, o par conceitual maquiaveliano, *virtù* e fortuna, esbarra no contexto moral do tempo do autor, forjado em grande medida pelas virtudes cristãs. Compreender essa relação é essencial não apenas para interpretar a obra de Maquiavel, mas também para pensar a política como prática que oscila entre o engenho humano e o imponderável.

FORTUNA: CONTINGÊNCIA E INCONSTÂNCIA

O conceito de fortuna ocupa lugar estratégico na arquitetura do pensamento maquiaveliano. Ele pode ser definido como "os diferentes aspectos ou momentos da experiência fundamental em que o homem não tem controle total sobre o seu destino na terra".[*] Maquiavel parece se inspirar na forma como os antigos romanos compreendiam a fortuna. No entanto, ele se recusa a pensá-la como causa das conquistas que levaram Roma à grandeza, tal como compreende Políbio,[**] por exemplo. Desse modo, se Maquiavel assimila parte da maneira como os antigos compreendiam a fortuna, ele rejeita seu aspecto determinista e verte luz à contingência que, para ele, é inseparável da política. Ao pensar a política a partir da contingência, ele precisa lidar também com o imponderável. Essa recusa em pensar a política por vias deter-

* Thomas Flanagan, "The History of the Goddess Fortuna". In: Anthony Parel, *The Political Calculus: Essays on Machiavelli's Philosophy*. Toronto: University of Toronto Press, 1972, p. 128.

** Políbio, *Histórias* VI. Paris: Les Belles Lettres, 2003.

ministas perpassa suas obras não apenas explicitamente políticas como *O príncipe* e os *Discursos sobre a primeira década de Tito Lívio*, mas também no tratamento literário dado ao tema, como no poema "Da fortuna", no qual o autor multiplica as "rodas da fortuna", minando a imagem de um destino único e inevitável.*

No capítulo XXV de *O príncipe*, Maquiavel propõe uma das metáforas mais conhecidas para explicar a relação entre a fortuna e a ação humana:

> Associo [a fortuna] a um desses rios incontroláveis que, quando irados, alagam as planícies, derrubam árvores e edifícios, levam terra de um lugar e depositam em outro: todos fogem desse ímpeto, sem poder de modo algum se opor a ele. Mas ainda que sejam assim, isso não impede que os homens, em tempos tranquilos, tomem providências com barreiras e margens, de tal modo que, no momento da cheia, eles sigam por um canal ou que seu ímpeto não seja danoso nem desenfreado. (pp. 220-1)

Essa imagem ilustra de forma exemplar o ponto central: a fortuna pode ser indomável no momento de sua força máxima, mas é possível antecipar-se a ela e reduzir seus efeitos por meio de preparação e previsão, atributos da *virtù*.

O autor faz uma distinção importante entre uma *fortuna in universali*, que afeta corpos políticos inteiros e opera de maneira mais resistente à ação humana, e uma *fortuna in particulari*, que incide sobre pessoas e situações específicas, admitindo maior margem de intervenção. Essa distinção reforça a noção de que, embora a fortuna tenha aspectos inevitáveis, o espaço de ação do governante não é insignificante. Isso pode ser pensado a par-

* Patricia Fontoura Aranovich, "*Di Fortuna* e a Fortuna em Maquiavel". *Cadernos de Filosofia Política*, v. 18, n. 1, p. 228, 2011.

tir de um contexto mais amplo. No Renascimento, o cosmos é pensado a partir de uma astrologia que guarda aspectos distintos, em parte religioso e supersticioso, em parte crítico e científico,* o que abriu caminho para uma visão mais autônoma da política. Nesse contexto, a fortuna deixa de ser entendida como instrumento direto da providência e passa a ser tratada como contingência histórica. Isso lhe confere um estatuto prático: um elemento do cenário que o político deve reconhecer e com o qual precisa negociar. Ainda assim, não se pode desconsiderar o aspecto inovador que o termo assume em Maquiavel, sobretudo pelo abandono de uma concepção estritamente moral da política.

Apesar de indicar meios de contornar as adversidades que podem ser impostas pela fortuna, Maquiavel não nega que a fortuna tenha momentos de total imprevisibilidade. É nesse ponto que a adequação entre as ações do governante e o movimento dos tempos se torna decisiva. Em *O príncipe* (capítulo XXV), o autor adverte que governantes obstinados em um único modo de agir serão inevitavelmente derrotados quando a fortuna mudar de rumo. Ao contrário, aqueles capazes de variar suas ações conforme as circunstâncias poderão prolongar a conservação do governo e minimizar as derrotas. Essa concepção, que combina reconhecimento dos limites e afirmação das possibilidades, prepara o terreno para compreender como a *virtù* opera como força ativa diante da fortuna.

VIRTÙ: A CAPACIDADE DE AGIR DO GOVERNANTE

Se a fortuna representa a dimensão de contingência e a incerteza que molda a política, a *virtù* é, para Maquiavel, a capacidade

* Eugenio Garin, *Le Zodiaque de la vie: polemiques antiastrologiques à la Renaissance*. Trad. do italiano de Jeannie Carlier. Paris: Les Belles Lettres, 1991, p. 19.

que permite enfrentá-la. O termo, embora próximo à *virtute* em sua origem, sofre, na obra maquiaveliana, um deslocamento profundo de sentido. Na tradição antiga, especialmente em Cícero, virtude (*virtus*) significava excelência moral e cívica, associada a coragem, justiça, prudência e temperança, todas orientadas para o bem comum e para a conformidade com a lei natural.* Na filosofia cristã, essa orientação se intensifica, vinculando a virtude ao cumprimento da lei de Deus e ao ideal de perfeição moral, associada a fé, esperança e caridade. Maquiavel rompe com esse modelo. Em sua pena, *virtù* se torna sinônimo de flexibilidade e capacidade de agir conforme as exigências das circunstâncias, habilidade de reagir às alterações impostas pela fortuna, modificadoras do terreno da contingência.

Em Maquiavel, a *virtù* é uma qualidade eminentemente prática, que envolve coragem, audácia, prudência, discernimento, flexibilidade e, acima de tudo, eficácia na manutenção e no engrandecimento do governo. Essa guinada de sentido pode ser pensada de modo que a *virtù* seja menos um atributo moral do que uma disposição prática, cuja finalidade é criar e manter uma ordem política diante da instabilidade e da mudança. Isso significa que ações tidas como "viciosas" pela moral corrente podem, em determinadas situações, constituir atos de *virtù* se contribuírem para a manutenção e a segurança da república ou do principado. Essa redefinição não implica ausência de critérios, mas sim substituição do critério moral tradicional por um critério político: a *virtù* mede-se pela capacidade de adequar-se aos tempos e à ocasião (*kairos*), e não pela conformidade a um ideal de bondade. Desse modo, no que diz respeito à conservação e à segurança do Estado, a eficácia das ações de quem governa de-

* Cícero, *I doveri (De officiis)*. Trad. para o italiano de Anna Resta Barrile. Milão: BUR, 2011.

pende não só da sua qualidade intrínseca, mas da coincidência entre a disposição do governante e o curso da fortuna.

Outro aspecto decisivo da *virtù* é sua dimensão criadora. Não se trata apenas de reagir às circunstâncias, mas de tentar lidar com elas ativamente. No capítulo VI de *O príncipe*, ao tratar dos "príncipes novos", Maquiavel exalta figuras como Moisés, Ciro, Rômulo e Teseu que, sem dever nada à fortuna, senão a ocasião, foram capazes, pela própria *virtù*, de instituir novas ordens. Esses exemplos indicam que a *virtù* pode não só conter a fortuna, mas também antecipar-se a ela, transformando o acaso em oportunidade política. No entanto, a *virtù* não é uma garantia contra o fracasso político. Maquiavel reconhece que, mesmo dotado de grande *virtù*, o governante está sempre sujeito a acontecimentos que não controla (*O príncipe*, capítulo XXV). Assim, sua função é maximizar a parte "governável" da realidade, construindo "barreiras e margens" institucionais e estratégias que possam resistir à "enchente" da fortuna. Essa concepção estabelece o contraponto mais importante à fortuna: enquanto esta é força inconstante e frequentemente adversa, a *virtù* é a força humana que busca impor forma e direção à matéria instável dos acontecimentos. A tensão entre ambas é dinâmica: a fortuna cria o cenário, a *virtù* o interpreta e tenta moldá-lo, e o resultado dependerá do grau de ajuste entre o governante e as circunstâncias.

VIRTUDE CRISTÃ: OS VALORES MORAIS

Embora a *virtù* maquiaveliana represente uma ruptura com a virtude moral herdada da tradição cristã, essa última permanece na obra por meio dos costumes vinculados à moralidade vigente, a qual muitas vezes impõe limitações às ações de quem governa porque fundamenta as expectativas morais daqueles que julgam as ações do governante. Desse modo, as virtudes cristãs se interpõem entre o que precisa ser feito por quem governa e o julgamento moral a que ele será inevitavelmente exposto. Contudo, o papel dessa moralidade é secundário frente ao novo critério de atuação política. Na filosofia cristã a concepção de virtude herdada da tradição clássica é reelaborada à luz da fé, subordinando as virtudes morais à caridade e à obediência à lei divina. Nesse quadro, governar bem implicava conformar a ação às exigências morais universais, independentemente dos resultados imediatos. Maquiavel desafia essa lógica. Critica abertamente aqueles que

> imaginaram repúblicas e principados que nunca foram vistos ou conhecidos no mundo real. Pois é tão distante o modo como se vive daquele como se deveria viver que quem evita o que se faz e prefere o que se deveria fazer aprende mais rapidamente a se arruinar do que a se preservar. (p. 181)

Essa passagem sintetiza a inversão operada: o valor de uma ação política não se mede pela conformidade a um ideal moral, mas pela sua eficácia na preservação do governo.

Isso não significa, contudo, que Maquiavel rejeite toda dimensão moral. Em diversas passagens, ele reconhece que a moralidade pode coincidir com a eficácia, por exemplo, quando a moderação e a justiça fortalecem a legitimidade de um príncipe ou preservam as ordenações de uma república. O ponto crucial é que essa coincidência não é garantida e, portanto, não pode ser tomada como critério principal. A virtude cristã, nesse sentido, pode ser útil quando serve à conservação do governo, mas deve ser evitada e contornada quando o põe em risco. Essa nova forma de pensar a ação política tem consequências profundas. Ela rompe com a expectativa, enraizada tanto na filosofia medieval quanto na teologia cristã, de que o governante movido pelas virtudes cristãs seria, por isso mesmo, bem-sucedido. Em Maquiavel, um governante estritamente virtuoso segundo esses padrões corre o risco de ser destruído pela inconstância da fortuna e, nesse caso, sua virtude cristã, longe de proteger o governo, contribuiria para sua ruína.

Essa perspectiva leva à constatação de que a virtude cristã não é capaz de enfrentar sozinha os desafios da política, pois não dá conta da "verdade efetiva da coisa" (p. 181). Para isso, é necessário que o governante tenha *virtù*. Ainda assim, a permanência da virtude cristã como referência moral é mobilizada enquanto elemento que compõe o cenário político e, portanto, capaz de interferir no julgamento que os cidadãos podem fazer das ações de quem governa, afetando as circunstâncias das ações políticas. Em suma, a virtude cristã, para Maquiavel, sobrevive como eco enquanto a condução efetiva da política depende de um princípio distinto: a capacidade prática de moldar e responder às circunstâncias, isto é, a *virtù*.

INTERAÇÕES ENTRE FORTUNA, *VIRTÙ* E VIRTUDE CRISTÃ

A originalidade de Maquiavel emerge com clareza quando observamos como ele articula fortuna, *virtù* e virtude cristã na complexidade da cena política. Esses conceitos não funcionam isoladamente, mas se entrelaçam em uma tensão permanente entre contingência, capacidade de ação e orientação moral. A fortuna, como vimos, se apresenta pela contingência e se traduz pelo conjunto de forças imprevisíveis e por vezes incontroláveis que condicionam a ação política. Ela tanto pode oferecer oportunidades quanto impor obstáculos intransponíveis. A *virtù* é a resposta ativa a esse cenário: é a capacidade de reconhecer as circunstâncias e agir de acordo com elas, moldando ou desviando o curso dos acontecimentos sempre que possível. Já a virtude cristã serve como contraponto moral, ainda que perca sua centralidade como critério de julgamento.

Assim, Maquiavel, em vez de construir um sistema filosófico fechado, conduz o leitor a refletir sobre a complexidade das ações políticas marcadas pela contingência. Desse modo, seria possível pensar que a fortuna desafia, a *virtù* responde e a virtude cristã limita (ou, pelo menos, tensiona) as respostas possíveis. No capítulo XXV de *O príncipe*, Maquiavel sintetiza essa dinâmica ao afirmar que a fortuna "é árbitra da metade das nossas ações, mas que ela *etiam* (também) deixa a nós governar a outra metade, ou quase" (p. 220). Ainda que não possa dar conta de tudo, parte das coisas cabe aos homens. Desse modo, esses últimos, para Maquiavel, não estão inteiramente fadados às imposições da fortuna (ou da providência divina). São capazes de se valerem da *virtù*, seja para aproveitar as ocasiões favoráveis, seja para resistir às adversas.

Um aspecto fundamental dessa interação é o papel da adequação entre o modo de agir do governante e as condições dos tempos. Maquiavel observa que dois governantes igualmente dotados de *virtù* podem ter destinos opostos se agirem em descompasso com a fortuna ou ao serem surpreendidos por uma ocasião que exija mais *virtù* do que eles de fato têm:

> Mas atendo-me às particularidades, digo como hoje é possível ver um príncipe prosperar e amanhã se arruinar sem que tenha sido visto mudar sua natureza ou qualquer característica. E acho que isso tem origem, em primeiro lugar, nas razões sobre as quais se discorreu longamente antes; isto é, que aquele príncipe que se apoia completamente na fortuna se arruína conforme ela varia. (p. 221)

Essa observação introduz a necessidade de versatilidade e adaptação constantes, qualidades próprias da *virtù*.

A virtude cristã, para Maquiavel, está posta como valores morais aos quais se espera que o governante corresponda. Tais valores, no entanto, podem ser inadequados à ação política e será mais útil ao governante parecer tê-los já que os seguir poderá levá-lo à ruína. Por isso, Maquiavel sustenta que um príncipe não deve se vincular rigidamente a valores morais universais, mas valer-se deles conforme a necessidade. Ao descrever algumas virtudes, Maquiavel afirma que

> seria uma coisa muito louvável se um príncipe possuísse todas as qualidades elencadas, as tidas como boas. Mas como não é possível tê-las todas nem integralmente observá-las devido às condições humanas, que não o permitem, é necessário ser prudente a ponto de saber evitar a infâmia daqueles vícios que o fariam perder o Estado; e resguardar-se até daqueles que não o fariam, se possível. (p. 182)

É preciso considerar que o governante não pode ignorar a moralidade vigente, uma vez que ela configura os valores pelos quais suas ações serão julgadas. E, uma vez que as virtudes cristãs não favorecem a ação política, elas precisam ser consideradas na medida em que podem levar quem governa à ruína.

Valores cristãos não promovem necessariamente as melhores ações políticas para a conservação do Estado. Por outro lado, os valores pagãos dos antigos romanos promoviam ações políticas mais adequadas à república. A religião pagã e sua moralidade adequava-se à manutenção e, especialmente, à grandeza romana. Nos *Discursos sobre a primeira década de Tito Lívio* (tomo I, capítulos XI-XV) a articulação entre *virtù* e fortuna é visível na análise da república romana. Roma, segundo Maquiavel, soube instituir leis e costumes que funcionaram como "barreiras" contra a fortuna, ampliando a esfera da ação humana e preservando a liberdade por longos períodos. Esse exemplo mostra que, embora a fortuna imponha limites inescapáveis, a *virtù* pode ser institucionalizada, criando mecanismos coletivos que resistam às adversidades e evitem a dependência exclusiva da habilidade individual de um governante.

A interação entre fortuna e *virtù*, portanto, não é estática nem simétrica. A fortuna mantém sempre um elemento de imprevisibilidade; a *virtù* busca, com maior ou menor eficácia, lidar com circunstâncias instáveis. Tal par conceitual, ao mesmo tempo tenso e funcional, é a base da concepção maquiaveliana da liberdade e da política. Nos tempos do autor, a relação entre a *virtù* e a fortuna passava pela virtude cristã que, para ele, atuava como referência moral, ainda que sem dominar inteiramente o campo da decisão política.

IMPLICAÇÕES PARA A LIBERDADE POLÍTICA

A relação entre os três conceitos aqui trabalhados não é apenas uma questão teórica na obra de Maquiavel; ela fundamenta uma concepção prática de liberdade política que se afasta tanto do idealismo moral quanto do determinismo histórico. Para Maquiavel, a liberdade não é um estado permanente garantido por princípios universais, mas uma condição, constantemente ameaçada pelas forças da fortuna. Ela depende da capacidade de agir (particular e coletivamente) de forma eficaz diante das circunstâncias. Assim, a *virtù* torna-se definitiva a quem pretenda governar e conservar o Estado.

Nos *Discursos sobre a primeira década de Tito Lívio*, ao analisar a experiência da república romana, Maquiavel mostra como instituições bem construídas podem funcionar como "barreiras" coletivas contra a fortuna, limitando o impacto de suas mudanças bruscas. As ordenações, a saber, leis e instituições, assim como os costumes, não eliminam a incerteza, mas a tornam manejável, criando um quadro de relativa estabilidade que permite à liberdade perdurar. Essa ideia aproxima-se da metáfora do rio usada em *O príncipe* (capítulo XXV), em que a ação preventiva e as ordenações são essenciais para conter os efeitos devastadores da fortuna. Ainda que as alterações nas circunstâncias produzidas por ela possam ser definitivas e insuperáveis, a *virtù* é quem oferece as melhores possibilidades de ação a principados e governos republicanos.

No plano das decisões políticas, a liberdade exige que o governante tenha a *virtù* de ajustar suas ações às exigências dos tempos. Isso implica não apenas coragem e audácia, mas também discernimento para reconhecer quando agir com prudência ou ousadia. A falta dessa versatilidade condena mesmo governantes talentosos ao fracasso quando o curso da fortuna se altera. Nesse sentido, Maquiavel observa que

> se alguém governa com cautela e paciência, os tempos e as coisas avançam de modo que seu governo seja sempre bom, o que o leva a prosperar; mas se os tempos e as coisas mudam, sem que ele mude seu modo de agir, ele se arruína. (p. 222)

Independentemente de como se estabelece a relação entre a *virtù* e a fortuna, a liberdade maquiaveliana não rompe com a moralidade em definitivo. Podemos pensar que essa última tem, em Maquiavel, um critério decisivo que não é a pureza moral, mas a preservação das leis e instituições, assim como da autonomia frente à contingência. Isso não significa ausência de valores, mas sim uma hierarquização em que a sobrevivência e o fortalecimento do corpo político ocupam o topo. Assim, a tríade fortuna, *virtù* e virtude cristã revela que, para Maquiavel, a liberdade política depende não somente de boas leis e instituições, mas da capacidade de responder ao imprevisível, de lidar com as condições externas e de fazê-lo evitando o ódio daqueles que o julgam. Trata-se de uma concepção que vê a política como luta constante contra a dissolução, na qual o êxito político nunca é definitivo e a ruína nunca é impossível.

CONCLUSÃO

A análise da relação entre fortuna, *virtù* e virtude cristã em Maquiavel revela um núcleo conceitual que rompe com a tradição e inaugura outra abordagem da ação do governante. A fortuna, entendida como força contingente e intangível, deixa de ser explicada por esquemas providencialistas ou deterministas e passa a ocupar o papel de cenário instável com o qual o agente político deve lidar. A *virtù*, redefinida como capacidade prática de lidar e responder às circunstâncias, substitui a virtude moral como critério central de avaliação da ação política, embora ainda preserve a moralidade vigente como elemento com o qual o governante precisa lidar para não cometer vícios capazes de fazê-lo perder o governo. A relação entre esses conceitos não é harmônica, mas tensional. A fortuna desafia, a *virtù* enfrenta e a virtude cristã impõe certos limites às respostas possíveis. Não há equilíbrio possível, pois esses elementos variam conforme o contexto histórico, a habilidade particular e a qualidade das leis e instituições. Essa visão desloca a política do campo do ideal para o terreno das possibilidades, no qual a eficácia e a adaptação às circunstâncias se tornam mais relevantes que a constância moral.

Ao deslocar o foco da moralidade para a eficácia, Maquiavel inaugura um novo modo de pensar a política, fundado na responsabilidade pelo resultado e na consciência de que o bem comum, para ser mantido, exige não apenas boas intenções, mas também meios adequados e, por vezes, duros. A *virtù* é, nesse sentido, o elo ativo que pode impedir a fortuna de se tornar destino, mesmo sabendo que jamais será possível eliminá-la completamente. Isso vale tanto para príncipes quanto para repúblicas, que devem construir mecanismos institucionais capazes de resistir às variações do tempo.

Longe de ser um apelo ao cinismo ou à amoralidade, essa perspectiva é um convite a pensar a política como prática de enfrentamento constante da instabilidade. É também um alerta: nem a habilidade individual mais extraordinária, nem as instituições mais sólidas podem suprimir totalmente o papel da fortuna. Governar, portanto, consiste em manter-se sempre atento à mudança dos tempos e estar disposto a ajustar a própria ação a ela, sem perder de vista que a segurança e a liberdade são bens raros e sempre ameaçados. Essa leitura, ancorada na tensão entre contingência, capacidade e valores, mantém-se atual em um mundo político que continua sujeito a crises inesperadas, mudanças súbitas e desafios inéditos. Assim como no tempo de Maquiavel, o desafio contemporâneo permanece o mesmo: encontrar, entre as forças da fortuna e as exigências da moralidade vigente, o espaço estreito onde a *virtù* possa se manifestar como ação política.

FLÁVIA BENEVENUTO

Tem pós-doutorado em filosofia pela Universidade de São Paulo (USP), Universidade Federal de Minas Gerais (UFMG) e Università degli Studi Firenze e é professora do departamento de filosofia na Universidade Federal de Alagoas (UFAL). Também atua no programa de pós-graduação em filosofia da Universidade Federal de Sergipe (UFS). Suas pesquisas se concentram no Renascimento italiano, tendo publicado diversos dossiês e livros sobre o tema. Entre eles, Maquiavel e a figura do governante *(Prismas, 2016) e* Republicanismo: trinta anos com o Maquiavel Republicano de Newton Bignotto *(Editora UFMG, 2021).*

Notas

DEVANEIOS ESCRITOS EM PERÚGIA PARA SODERINI [PP. 29-32]

1. Minuta de uma carta — talvez nunca enviada — em resposta ao amigo Giovan Battista Soderini (1484-1528), sobrinho do gonfaloneiro Piero Soderini (1452-1522).

2. No envelope da carta enviada em 12 de setembro de 1506, o nome do destinatário veio com a caligrafia do amigo Biagio Buonaccorsi (1472-1522), fato que teria gerado tal impressão.

3. O rei da Espanha, Fernando de Aragão, o Católico (1452-1516), era esperado no porto de Piombino, onde iria encontrar o capitão espanhol Gonzalo Fernández de Córdoba y Aguilar (1453-1515).

4. Nesta e nas cartas seguintes, o tratamento entre os amigos que se correspondem (Maquiavel, Vettori e Guicciardini) se dá, em italiano, na segunda pessoa do plural, *voi*, que denota menos intimidade em relação à segunda do singular, *tu*, e se explica pelos hábitos ligeiramente mais protocolares que os atuais. Nesta tradução, buscou-se com o "você" um tom mais próximo do tratamento entre pessoas do mesmo nível social e etário, não cabendo ao português brasileiro atual o excesso de marcação de formas íntimas e regionais como "tu" ou solenes como "senhor".

5. Filippo Casavecchia (1472-c. 1521), amigo próximo de ambos e personagem muito presente na epistolografia a seguir.

6. Provável alusão à inteligência dos amigos.

7. Período que teria de esperar para voltar a Florença, ainda que seu efetivo retorno de Perúgia tenha se dado em outubro, mês seguinte à composição da minuta.

8. Em sua carta, Giovan Battista havia mencionado o fato de Filippo estar no aguardo de uma decisão contrária ao que desejava.

9. A carta de Soderini convidava o amigo a não responder: "Não tenho o que lhe dizer e nem peço que me diga nada de volta".

10. Expressão assumida como emblemática para o pensamento de Maquiavel. Cf. *O príncipe* XVIII 17; *A mandrágora* III 11 e carta 79 [§ 7].

11. Alusão à tomada de Perúgia e Bolonha no segundo semestre de 1506. Cf. *O príncipe* XXV 18.

12. Cf. cartas 18 [§ 26] e 63 [§ 11]; *O príncipe* XIV 14-5, XVII 15-22; *Discursos sobre a primeira década de Tito Lívio* III XX-XXI. E cf. Lívio, *Ab Urbe condita* XXI IV, XXVIII XII, XXIV-XXIX.

13. Em relação ao primeiro, os povos itálicos, como daunios, sanitas, bruzos e lucanos, já submetidos a Roma; ao segundo, a Espanha ocupada pelos cartagineses. Cf. *Discursos* III XXI 3-4.

14. Cf. *O príncipe* XX 24-8; *Discursos* II XXIV.

15. Cf. Suetônio, *Tito Lívio* VIII 1; *Discursos* II XXIII 8.

16. Cf. Dante, *Paraíso* XIII 70-2.

17. Cf. *O príncipe* XXV 11.

18. Cf. *Discursos* II 22-3.

19. Provérbio latino: *sapiens dominabitur astris*.

20. Cf. carta 21 [§ 32]; *O príncipe* XXV 16; *Diálogo sobre a nossa língua* 62.

21. Cf. *Discursos* I XXXVII 2, III XXI 6.

CORRESPONDÊNCIA — PARTE 1

CARTA 1 [PP. 35-7]

1. Estima-se que Vettori tenha sido padrinho de batismo de Federigo, filho de Maquiavel nascido naquele mesmo ano e morto ainda na infância.

2. Roberto Acciaiuoli (1467-1547), diplomata e político, amigo de longa data de Maquiavel. Acciaiuoli, naquele momento, estava de partida para a França, aonde chegou em meados de setembro com a tarefa de apoiar Maquiavel nos serviços diplomáticos.

3. Júlio II (Giuliano della Rovere, 1443-1513). Cf., entre outros lugares, carta 10 [§ 9 e 37]; *O príncipe* II 4, VII 40, 44-7, XI 14-6, XIII 3-4, XVI 8, XXV 18-ss.; *Discursos* III IX 15-6.

4. François Guillaume de Castelnau-Clermont-Lodève, com quem Maquiavel teve contato em Roma em 1506, durante a permanência de sua delegação junto a Júlio II e, talvez em 1516, durante uma missão confiada por Paolo Vettori. Sua prisão ocorreu em 29 de junho do mesmo ano por ordem de Júlio II.

5. Alfonso I d'Este (1476-1534).

6. Lugo, localidade situada entre Bolonha e Ravena. As tropas eram comandadas por Francesco Maria della Rovere, capitão geral da Igreja. E cf. Guicciardini, *Storia d'Italia* IX 6.

7. Jogos de baralho. No *flussi*, era necessário reunir quatro cartas do mesmo naipe e, na *primera*, quatro cartas iguais de naipes diferentes.

8. O imperador ainda era formalmente aliado da França. O acordo conhecido como Liga Santa, que o tornaria aliado da Igreja, seria estipulado apenas em outubro de 1511 entre os Estados Papais, Veneza, Ferrara, Espanha e Inglaterra.

9. Sobre a instabilidade de Maximiliano I de Habsburgo, cf. cartas 13 [§ 16], 16 [§ 18 e 21], 18 [§ 4], 30 [§ 15] e 36 [§ 16 e 57], além de *O príncipe* XXIII 8.

10. Sem complemento, vale sempre como reino de Nápoles.

11. O imperador era avô de Carlos I de Habsburgo, filho de seu filho Felipe (regente de Castela entre 1504 e 1506) e de Joana, filha de Fernando de Aragão, o Católico, e Isabel de Castela. Carlos se tornaria rei da Espanha em 1516 e depois imperador, como Carlos V, em 1519.

12. A identidade do "amigo" é incerta: talvez Antonio della Valle, antigo funcionário da chancelaria já doente e que morreria pouco mais de um ano depois, em novembro de 1511.

CARTA 2 [P. 38]

1. Paolo Vettori (1477-1526), importante político florentino. Em 1512 esteve entre os promotores do fim do governo de Piero Soderini e da sua expulsão de Florença. Com o retorno dos Médici à cidade, ocupou cargos de relevância até o fim de sua vida. Chegou a ser ordenado embaixador de Florença na França (1526), mas morreu antes de assumir o cargo.

2. Maquiavel havia sido preso em 12 de fevereiro por suspeita de cumplicidade na conjuração ordenada por Pietro Paolo Boscoli, com quem tinha relações de amizade, e Agostino di Luca Capponi, que havia listado o nome de Maquiavel entre os descontentes do regime e possíveis simpatizantes da conjuração.

Pelas cartas 2 e 4, sabemos que quem atuou pela libertação de Maquiavel foram Paolo Vettori, irmão de Francesco, e Giuliano de' Médici, a quem Maquiavel havia enviado do cárcere dois sonetos de súplica nas semanas anteriores (*Io ho, Giuliano, in gamba un paio di geti* e *In questa notte, pregando le Muse*) e a quem já havia mandado, no outono de 1512, um outro soneto (*Io vi mando, Giuliano, alquanto tordi*), pedindo que não prestasse atenção nas acusações de que era vítima. A soltura se dá com a anistia geral concedida pela Senhoria de Florença em 12 de março de 1513, um dia após a eleição de Giovanni de' Médici ao papado como Leão x.

3. O tom irônico se refere às festividades que celebravam a eleição do papa.

4. Tal alusão se deve talvez ao costume de especular publicamente sobre os Médici, bem como à sua relação próxima com conjurados e suspeitos, em particular Pietro Paolo Boscoli, Giovanni Folchi e Niccolò Valori.

5. Irmão mais jovem de Maquiavel. Em 1510 recebe as ordens menores e em 1516 se torna sacerdote. A menção em particular se refere à sua delicada situação financeira.

6. Primeira de uma série de menções à sua utilidade como homem político, capaz de beneficiar a atuação dos Médici.

7. O Ano-Novo florentino acontecia em 25 de março, dia da Anunciação no calendário litúrgico e período coincidente com o equinócio de primavera no hemisfério Norte. O calendário gregoriano foi imposto à cidade apenas em 1750, quando 1º de janeiro passou a representar a data oficial de início do novo ano solar.

CARTA 3 [PP. 39-40]

1. Cf. carta 6 [§ 3].

2. Graças à anistia concedida após a eleição de Leão x.

3. Alusão à demissão do cargo de secretário da segunda chancelaria (7 de novembro de 1512), à disposição que lhe impedia por um ano de sair do território de Florença (10 de novembro) e à disposição que lhe impedia por um ano de entrar no Palazzo della Signoria (17 de novembro), sede do governo civil da cidade, além das convocações a prestar contas sobre fundos administrativos durante o governo de Piero Soderini.

4. Da família De' Médici.

5. O provável motivo para sua viagem a Roma será mencionado por Maquiavel na carta 4. Poggibonsi era uma estação postal entre Florença e Roma.

6. Um dos camareiros do papa.

7. Cf. nota 7, carta 2.

CARTA 4 [PP. 41-2]

1. Giuliano de' Médici (1479-1516), filho de Lorenzo, o Magnífico, e irmão do futuro papa Leão x. Passou sua juventude no exílio, boa parte dela na refinada corte de Urbino (1503-1512), onde esteve em contato com escritores e artistas (é personagem literário das *Prose della volgar lingua*, de Pietro Bembo, e do *Libro del Cortegiano*, de Baldassarre Castiglione). Foi um dos responsáveis pela volta dos Médici a Florença, em 1512. De sua família, foi o mais próximo a Maquiavel, a ponto de ser o primeiro dedicatário de *O príncipe* (cf. *ad locum*).

2. Giuliano di Tommaso Brancacci, amigo íntimo de Maquiavel e Vettori. Cf. carta 28.

3. Giovanni de Ser Antonio de Ser Battista Bartolommei (ou Giovanni Bartolommei), nascido em 1464 e duas vezes *priore* (mais importante cargo administrativo civil) de Florença, entre novembro e dezembro de 1493 e entre julho e agosto de 1498; seu nome foi encontrado, assim como o de Maquiavel, na lista de Boscoli e Capponi.

4. Político e amigo de Maquiavel.

5. Donato del Corno, rico comerciante e um dos amigos mais próximos de Maquiavel. Sua ambição política ocupará parte das discussões escritas entre Maquiavel e Vettori; cf. cartas 17-ss.

6. Mulher de identidade desconhecida, talvez filha de Pero de Francesco Machiavelli.

CARTA 5 [PP. 43-5]

1. Cf. carta 2 [§ 5-6].

2. Câmara apostólica, órgão de administração econômica e patrimonial da Igreja.

3. Porque depois tais títulos não podem ser revendidos.

4. Essa menção talvez se refira à ajuda de Maquiavel para arranjar um cavalo para a viagem de Vettori, com o qual teria ocorrido algum inconveniente; cf. § 22.

5. Júlio II (Giuliano della Rovere) morreu em 21 de fevereiro de 1513. Leão X (Giovanni di Lorenzo de' Médici) foi eleito em 11 de março do mesmo ano.

6. Pela junção dos poderes de Roma e de Florença.

7. O cardeal de Siena, Francesco Tedeschini-Piccolomini, foi eleito aos 64 anos como Pio III em 22 de setembro de 1503 como um papa de transição devido à sua idade avançada. De fato, sua morte ocorreu menos de um mês depois, em 18 de outubro.

8. O poderoso cardeal Oliviero Carafa (1430-1511) nunca foi eleito, apesar de ter sido várias vezes candidato ao trono pontifício.

9. Respectivamente: Alberto Pio da Carpi, embaixador imperial em Roma, Pedro de Urrea e Francesco Foscari.

10. Duas das maiores famílias nobres de Roma, que pelo poderio militar tinham grande influência sobre a escolha dos papas.

11. Os cardeais Bernardino Lopez de Carvajal e Federico Sanseverino — chefes do concílio cismático que se reuniu em Pisa em 1511 com o apoio do rei francês Luís XII (1462-1515) —, tão logo sabem da morte de Júlio II, que os havia excomungado, se dirigem a Roma para pedir e receber o perdão do novo papa.

12. Roberto Acciaiuoli se tornou embaixador de Florença junto ao rei da França (o Cristianíssimo) a partir de 1510.

13. Giovanni di Gherardo Machiavelli (1467-1549), comerciante de tecido e duas vezes *priore* de Florença, entre setembro e outubro de 1503 e entre janeiro e fevereiro de 1528. Pertencente a outro ramo da família, esteve entre os três fiadores (junto ao seu parente Filippo di Alessandro Machiavelli e a Francesco Vettori) que se comprometeram a pagar mil florins caso Nicolau Maquiavel violasse os termos de sua liberdade condicional.

CARTA 6 [PP. 46-7]

1. Dante, *Inferno* IV 16-8. Tradução revista, organização e introdução de Emanuel França de Brito, Maurício Santana Dias e Pedro Falleiros Heise. São Paulo: Penguin-Companhia das Letras, 2024, p. 131.

2. Na prisão, Maquiavel foi submetido à tortura da corda, que consistia em amarrar os pulsos do condenado atrás das costas e elevar seu corpo por uma roldana para deixá-lo cair bruscamente, de modo a provocar luxações articulares. No soneto a Giuliano de' Médici, *Io ho Giuliano, in gamba un paio di geti*, Maquiavel afirma ter recebido seis vezes esse golpe.

3. Cf. cartas 2 [§ 6] e 5 [§ 1-2].

4. Sair da República de Florença; em alusão à sua condenação, que o obriga a permanecer dentro dos limites da cidade até novembro daquele mesmo ano.

5. Cf. carta 5 [§ 22].

6. Cósimo de' Pazzi (morto em 8 de abril de 1513), cardeal de Florença desde 5 de julho de 1508. Em seu lugar foi nomeado o primo de Leão X, Giulio de' Médici, eleito depois papa em 1523 como Clemente VII.

CARTA 7 [PP. 48-50]

1. Tommaso del Bene, amigo de ambos e também envolvido na política municipal.

2. Personagem não identificado, cujo nome é uma variante antiga de Mario. Uma libra florentina correspondia a 340 gramas e a quantidade corresponde a quase 2,5 quilos de carne.

3. Cidade na então região da Dalmácia, atual Dubrovnik.

4. Em italiano, *del corno*; referência ao sobrenome do amigo e ao símbolo de um berrante prateado sobre fundo azul contido no brasão da família.

5. O animal — símbolo do amor puro e apaixonado, mas também da deusa Vênus — é provavelmente associado a um comportamento homossexual.

6. Personagem não identificado, apontado por Maquiavel como apaixonado por Giuliano Brancacci, que se encontrava em Roma na casa de Vettori.

7. Cf. Petrarca, *RVF* CII 12-4. A citação amargurada de Maquiavel tem modificações, principalmente do v. 14 (*via da celare il mio angoscioso pianto*; "caminho pra encobrir meu aflito pranto"), refeito com base no v. 8 do mesmo soneto (*per isfogare il suo acerbo dispitto*; "para exalar o seu acre desprezo").

8. Embaixadores florentinos em Roma a partir de 3 de novembro de 1512. Strozzi volta efetivamente a Florença em 25 de abril de 1513, mas Salviati apenas em 5 de agosto daquele mesmo ano.

9. Francesco Soderini.

CARTA 8 [PP. 51-2]

1. Em 9 e 16 de abril.

2. Estabelecida por um ano em 1º de abril de 1513, tirando-os do acordo anterior conhecido como Liga Santa (de 1º de outubro de 1511), quando o papa Júlio II havia articulado as maiores potências europeias contra a França.

3. Fernando, o Católico, rei considerado o fundador da Espanha moderna. Cf. carta 10 [§ 33-7]; *O príncipe* XXI 2-8.

4. Tal como em *O príncipe*, o vocábulo deve ser lido com o significado de "soberano".

5. O gonfaloneiro Piero Soderini, irmão do cardeal Francesco Soderini, havia sido convencido a abdicar e a abandonar a cidade — sob ameaça das forças espanholas que reconduziram os Médici ao poder —, libertando os partidários

da família Médici encarcerados no Palazzo Vecchio. Maquiavel e Vettori participaram do seu plano de fuga para Siena. A hostilidade de que fala Vettori viria dos partidários dos Médici, enquanto o pouco reconhecimento viria dos aliados e parentes de Soderini.

6. Tribunal penal que, com a presença de Paolo Vettori, poderia permitir a saída de Maquiavel da cidade.

7. Filippo di Alessandro Machiavelli exercia a função de *podestà* (magistrado e centro do poder executivo) na cidade de Pistoia.

8. Apelido de Filippo Casavecchia.

CARTA 9 [PP. 53-7]

1. Tio de Francesco, Bernardo di Francesco Vettori. Irmão de Piero, o pai de Francesco e de Paolo, foi um importante político florentino.

2. Cf. carta 8 [§ 7 e nota].

3. Trégua de Orthez, ratificada por Fernando, o Católico, sem consultar os citados Henrique VIII e Maximiliano I de Habsburgo.

4. Tal caminho pode ter sido percorrido muitas vezes pelos dois amigos, pois Maquiavel morava junto à Ponte, na atual Via Guicciardini. Mas para chegar até a Igreja de São Frediano in Cestello seria necessário percorrer a rua Borgo San Jacopo, indo a Via Bardi na direção oposta. A casa dos Vettori se encontrava também nas proximidades, na atual Via di Santo Spirito.

5. Como de fato aconteceu. Depois de pequenas vitórias, o exército francês foi derrotado em Novara em 6 de junho de 1513 pelos suíços, que apoiavam o duque Massimiliano Sforza.

6. Após a aliança com Veneza em 1499, Luís XII aderiu à Liga de Cambrai, estabelecida em segredo pelas potências europeias em dezembro de 1508 contra a Sereníssima.

7. Bastiões venezianos em terra firme.

8. Referência possível a outubro de 1511, quando Veneza aderiu à Liga Santa promovida pelo papa Júlio II; ou a 1510, quando a Liga de Cambrai foi dissolvida.

9. O exército de Fernando, o Católico, tinha ocupado Navarra em meados de 1512, defendendo com dificuldades no fim do mesmo ano a capital da contraofensiva francesa.

10. Em março de 1513, o exército espanhol comandado por Ramón de Cardona ocupou Parma e Piacenza em nome do papa, tirando as duas cidades do domínio de Milão.

11. O rei da França.

12. Milão.

13. Pela posição estratégica próxima da França.

14. No *Sommario della Storia d'Italia*, Vettori o definirá como um príncipe "grande e de excelência" (In: *Scritti storici e politici*. Org. de Enrico Niccolini. Bari: Laterza, 1972, p. 170).

15. Alusão à Batalha de Ravena em 11 de abril de 1512, na qual os franceses prevaleceram sobre as tropas da Liga Santa. E cf. *O príncipe* XXVI 23.

16. Massimiliano Sforza (1493-1530) tinha apenas dezenove anos na ocasião e havia se tornado duque de Milão em dezembro de 1512. E cf. carta 11 [§ 22], quando Maquiavel o define como "postiço" por ter sido alçado à posição pelos suíços.

17. O rei da Espanha.

18. O ducado de Milão.

19. O imperador.

CARTA 10 [PP. 58-65]

1. A guerra contra a França, feita pela Liga Santa (com o apoio da Espanha), que culminou na Batalha de Ravena em 11 de abril de 1512.

2. Antes que Henrique VIII enviasse suas tropas aos países bascos, em maio de 1512, para que atacassem junto com a Espanha o sudoeste da França.

3. Cf. *Discursos* I XXIII 2.

4. Alusão à guerra promovida por Júlio II contra Ferrara, aliada da França.

5. Em missão secreta determinada pelo papa, o bispo de Ventimiglia, Alessandro Fregoso, buscou em vão organizar uma rebelião que depusesse o governo francês de Gian Giacomo Trivulzio.

6. Durante o assédio de Mirandola no inverno de 1510-11.

7. Em 23 de maio de 1511, os franceses reocuparam Bolonha e obrigaram o papa — que se encontrava em Ravena — a se dirigir a Rimini. A derrota de suas forças se deu em Casalecchio di Reno poucos dias depois.

8. Cf. carta 30 [§ 17].

9. Nápoles.

10. Que naquele momento havia promovido a Liga Santa contra a França.

11. Gonzalo Fernández de Córdoba y Aguilar (1453-1515), comandante do exército espanhol e vice-rei de Nápoles entre 1504 e 1506.

12. Cf. *O príncipe* XXI.

13. Após a Batalha de Ravena, os suíços — a serviço de Júlio II — reconquistaram em poucos meses a Lombardia, expulsando os exércitos franceses e estabelecendo Massimiliano Sforza como duque de Milão.

14. Leão X foi eleito em 11 de março de 1513, após a morte de Júlio II em 21 de fevereiro do mesmo ano.

15. Aderindo à Liga Santa.

16. Tendo se casado com Maria de Borgonha em 1477, Maximiliano I de Habsburgo havia controlado com sua consorte o ducado de Borgonha até 1482, quando o Tratado de Arras o atribuiu à França; a partir de 1493, já como imperador, buscou o apoio da Espanha e da Inglaterra para reaver o território.

17. Nascido em 28 de junho de 1491, o rei Henrique VIII tinha então apenas 21 anos.

18. Matthäus Lang von Wellenburg (1468-1540), bispo de Gurk, era o todo-poderoso secretário do imperador.

19. Operação malsucedida nos países bascos em maio de 1512, em que soldados ingleses foram destinados a apoiar as tropas espanholas, as quais nunca chegaram até lá.

20. Provável alusão a Francesco Guicciardini, embaixador de Florença na Espanha desde o início de 1512, cujos despachos aos Dieci di Balia (principal Conselho da República, centro da constituição florentina e responsável pela política exterior e pela guerra) parecem ser do conhecimento de Maquiavel.

21. Provérbio toscano em que está implícita a ideia de que uma ação pode determinar o amadurecimento de uma decisão subsequente.

22. O rei da França.

23. Cf. *O príncipe* XVIII.

24. Cf. *O príncipe* VII 48; *Discursos* III IV 6; também, pela perspectiva contrária, a carta 15 [§ 13].

25. Veneza e o Papado estavam em aberta disputa pela região, que após a queda de César Bórgia havia se rebelado.

26. Alusão à presença inglesa em Fuenterrabia.

27. Posição condenada pelo Maquiavel teórico, como nos *Discursos* I VI 36, XXVI 5, XXX 6-7-ss.

28. A formação da Espanha de Fernando, o Católico, deriva da unificação das coroas herdadas de Aragão e de Castela (via casamento) em 1469, somadas à

conquista do reino árabe de Granada em 1481-1492 e do reino de Nápoles, em 1503. E cf. *O príncipe* XXI 2-8.

29. Cf. *O príncipe* XIII 11.

30. Cf. *O príncipe* XXI 4-8.

31. Referência à guerra na África setentrional entre 1509 e 1511, com a conquista de Orano, Bugia e Trípoli, e à divisão do reino de Nápoles com a França, estabelecida pelo tratado de Granada entre Fernando e Luís XII em 11 de novembro de 1500.

32. Após tais batalhas entre 1502 e 1503, o reino de Nápoles passaria integralmente à Espanha.

33. Referência a quando Giovanni de' Médici ainda não era papa, mas de um grau inferior como cardeal.

CARTA 11 [PP. 66-9]

1. Vettori retorna de fato a Florença apenas em maio de 1515.

2. A inesperada derrota dos franceses para os suíços na Batalha de Novara, em 6 de junho de 1513, afastou o temor que a invasão dos franceses representava para a Itália. A saída dos franceses do ducado de Milão levou ao estabelecimento de Massimiliano Sforza no poder.

3. A família dos Médici.

4. Tópos já presente em Cícero (*De inventione* II 160); e cf. carta 15 [§ 22], *O príncipe* XIII 11.

5. Cf. § 19 e 24.

6. A trégua estabelecida entre França e Espanha em 1º de abril de 1513, feita sem o conhecimento das outras potências.

7. O rei da Espanha.

8. Devido à desavença pela posse de Verona e de Vicenza, que após a derrota dos venezianos em Agnadello em 14 de maio de 1509 haviam passado ao domínio do imperador.

9. Que após a derrota na Batalha de Ravena haviam retirado da França o domínio sobre o ducado de Milão.

10. Massimiliano Sforza, postiço por ter sido colocado no cargo pelos suíços, que ainda o controlariam. Cf. carta 9 [§ 18].

11. Em seu domínio lombardo.

12. Relativo aos povos germanos, mas aqui vale para suíços.

13. Luís XII estava gravemente doente havia tempos; morreu em 1º de janeiro de 1515.

14. O rei da Espanha.

CARTA 12 [PP. 70-3]

1. A respeito de sua participação na deposição e fuga de Piero Soderini, cf. carta 8 [§ 7].

2. Provável referência, por antífrase, a Piero Ardinghelli (cf. cartas 20, 21 e 32), temido secretário papal.

3. Cf. carta 7.

4. No período entre janeiro e maio de 1508.

5. Selim I, sultão otomano que reinou de 1512 até sua morte, em 1520.

6. Alusão jocosa ao advento do Anticristo, unida às previsões sobre uma possível invasão turca. Cf. carta 14 e *A mandrágora* III 3.

7. Cf. carta 10.

8. Cf. carta 11 [§ 20].

9. O acordo estipulado entre os suíços e Massimiliano Sforza em 1512 previa um depósito de 150 mil ducados em sua posse e mais 40 mil anuais por 25 anos. Cf. Guicciardini, *Storia d'Italia* XI 7.

10. Cf. *O príncipe* XIX 63.

11. O Império Otomano tinha uma forte aliança com o canado tártaro da Crimeia desde 1478, mantendo-o como seu Estado vassalo.

CARTA 13 [PP. 74-8]

1. Cf. carta 5 [§ 14].

2. Vettori nasceu em 8 de novembro de 1474.

3. Lorenzo II de' Médici, o jovem (1492-1519), a quem *O príncipe* é dedicado (cf. *ad locum*). Posto no governo de Florença em agosto de 1513 pelo tio Leão X, foi investido duque de Urbino em 1516, quando o papa destronou Francesco Maria I della Rovere em favor do sobrinho. Sua filha Catarina (1519-1589), casada com o rei Henrique II em 1533, seria a futura rainha da França.

4. Em junho de 1512, o Estado de Milão passa do controle francês ao suíço com as cidades de Parma e Piacenza. Em maio de 1513, Ramón de Cardona recupera os territórios e cede as duas cidades a Leão x, que as recebe com a intenção de juntá-las a Modena e Reggio para confiá-las, como um pequeno Estado, a seu irmão Giuliano.

5. Da França.

6. Os papas anteriores, em ordem: Calisto III (1455-1458), Pio II (1458-1464), Sisto IV (1471-1484), Inocêncio VIII (1484-1492), Alexandre VI (1492-1503) e Júlio II (1503-1513). A lista não traz Paulo II (1464-1471), talvez por esquecimento.

7. Cf. *O príncipe* IX 4 e 10-3.

8. Sobre a inconstância de Maximiliano, cf. cartas 16 [§ 18 e 21], 18 [§ 4], 30 [§ 15] e 36 [§ 16 e 57]; *O príncipe* XXIII 8.

9. O concílio cismático de cardeais (Carvajal, Briçonnet, Bórgia, Sanseverino, entre outros) reunido em Pisa, em 1511, a mando de Luís XII e contra os movimentos papais.

10. Boato comum na época; cf. carta 16 [§ 49]. Guicciardini (*Storia d'Italia* x 1) afirma que, após a Batalha de Ravena, o imperador tinha a intenção de ir a Roma pessoalmente com seus exércitos para ocupar todo o Estado da Igreja.

11. Durante a estadia de Vettori numa delegação junto à corte imperial entre 1507 e 1508, na qual Maquiavel também esteve presente nos primeiros cinco meses do último ano.

12. Pertencentes a uma geração que cresceu sob o Tratado de Lodi, estabelecido em 1454 e que manteve a paz entre as principais potências da Itália até 1494, Vettori e Maquiavel não viveriam para vê-la se restabelecer entre aquelas e as grandes potências europeias com o Tratado de Cateau-Cambrésis, de 1559.

13. Até abril de 1513, Vettori esteve ao lado dos embaixadores que o precederam, Matteo Strozzi e Iácopo Salviati VI.

14. Amigo e colaborador do artista Michelangelo Buonarroti.

CARTA 14 [PP. 79-82]

1. A carta de Maquiavel a Vettori se perdeu. Seu conteúdo, no entanto, é deduzível pelo teor desta.

2. Referência ao desembarque dos ingleses em Calais, em junho do ano anterior.

3. Cf. carta 15 [§ 28 e nota].

4. Carlota e Fernando, filhos de Frederico I de Aragão, rei de Nápoles entre 1496 e 1501.

5. À situação anterior a 1494.

6. Em outras páginas (*Sommario della storia d'Italia*, op. cit., p. 157), Vettori tece as mesmas considerações sobre Leão X, numa opinião análoga à de Guicciardini sobre o papa Júlio II (*Storia d'Italia* XI 8).

CARTA 15 [PP. 83-9]

1. De fato, em setembro daquele ano, 20 mil soldados suíços invadiram a Borgonha, obrigando o rei francês a um acordo em que renunciava ao ducado de Milão.

2. Maquiavel já havia se declarado de opinião contrária na carta 10 [§ 26] e irá se declarar depois em *O príncipe* VII 48 e nos *Discursos* III IV 6.

3. Território sobre o qual o imperador tinha direitos por ser avô de Carlos I (o futuro imperador Carlos V).

4. A metáfora — repetida por Maquiavel aqui no § 35 e em outros momentos, como nas *Decennali* I 77, em "Da fortuna" e em *O príncipe* XXV 5-8 — tem sua provável fonte em Petrarca, *RVF* CXXVIII 28-30.

5. Cf. carta 11 [§ 6], *O príncipe* XIII 11.

6. Tal como Massimiliano Sforza, controlado pelos suíços.

7. Cf. *O príncipe* XXIV 5.

8. Cf. *O príncipe* XXVI 16 e 18.

9. Os suíços.

10. Em direção à Itália.

11. Entre os estados italianos.

12. No fim do século 13, os cantões suíços de Schwyz, Uri e Unterwalden se voltaram contra o domínio dos Habsburgo e formaram a federação suíça, à qual outras cidades aderiram em seguida. Cf. *Discursos* II XIX 13 e 16.

13. Carlos de Valois (1433-1477), conhecido como "o Temerário", derrotado após tentar invadir a Suíça. Cf. *Discursos* II X 12 e III X 38; carta 36 [§ 27].

14. Guicciardini (*Storia d'Italia* XI 7) menciona o fato de que o papa e muitos outros poderosos italianos pagavam taxas anuais para serem recebidos na confederação suíça para que pudessem recrutar seus exércitos quando houvesse necessidade.

15. Importante político florentino, tendo ocupado posições de destaque na administração pública após a queda do regime teocrático de Girólamo Savonarola (1498).

16. Jean de Polignac, Senhor de Beaumont e Randan, general de Luís XII.

17. Cf. cartas 16 [§ 53-6] e 18 [§ 32]; *O príncipe* XII 13; *Discursos* II IV 23-33.

18. Massimiliano Sforza.

19. Cf. carta 30 [§ 33]; *O príncipe* XXIV 8.

20. Em relação aos suíços; e cf. *O príncipe* VII 4.

21. Isto é, com uma carta sem pé nem cabeça. O *Testamento do asno* é um *fabliau* de Rutebeuf (século 13), mas Maquiavel pode também estar aludindo a uma canção popular italiana de mesmo título.

22. Cartas de teor leve, não político.

23. Em Sant'Andrea in Percussina — região adjacente a San Casciano, nos arredores de Florença —, onde a família de Maquiavel tinha uma casa (Albergaccio), entre outras propriedades rurais. A família Vettori também possuía propriedades na região.

CARTA 16 [PP. 90-8]

1. Pequeno centro rural, onde seria possível encontrar viajantes provenientes de Siena e de Roma a quem pedir notícias.

2. Luís XII enviou o embaixador (cf. § 7) Claude de Seyssel a Roma para distensionar as relações entre os dois Estados.

3. Na verdade, essa questão também era discutida pelo referido embaixador e, em 19 de dezembro de 1513, Luís XII renunciou ao concílio de Pisa para aderir ao de Latrão (criado em 1511 para se opor ao pisano). Cf. Guicciardini, *Storia d'Italia* XIII 3.

4. Da França.

5. As tropas espanholas poderiam deixar de defender Milão contra França e Veneza e poderiam voltar a Nápoles.

6. Os soldados.

7. Em 1513, buscando reconquistar Milão.

8. Cf. Guicciardini, *Storia d'Italia* XII 1: "[Luís XII estava] determinado a não entrar em batalha com os inimigos, porque se fosse derrotado todo o reino da França ficaria em evidente perigo; contava então com o inverno".

9. Henrique VIII financiou o imperador e os suíços no ataque contra a Borgonha, estabelecido no acordo de Malines (5 de abril de 1513).

10. Guicciardini (*Storia d'Italia* XI 7) fala em 40 mil ducados, sendo possível que aqui Vettori os esteja somando aos 20 mil pagos pelo papa. Cf. carta 12 [§ 20 e nota].

11. Matthäus Lang, secretário do imperador, e o vice-rei de Nápoles, Ramón de Cardona, que depois de uma frustrada tentativa de tomar Pádua em agosto de 1513 se retiram a Vicenza e depois a Verona. Cf. Guicciardini, *Storia d'Italia* XI 14.

12. Em maio de 1513, os espanhóis tiraram Parma e Piacenza dos domínios de Milão e as restituíram ao papa; em julho de 1512, o exército pontifício havia ocupado Reggio Emilia; Pietrasanta e Mutrone haviam passado do domínio de Florença ao de Lucca em consequência da vinda do rei francês Carlos VIII (1470-1498) à Itália, em 1494.

13. A cidade de Brescia havia sofrido um saque voraz por parte das tropas de Gaston de Foix em 19 de fevereiro de 1512, após ter se rebelado com o apoio de Veneza ao domínio francês.

14. O ducado de Milão.

15. Os príncipes eleitores.

16. Cada cavalo correspondia a quatro homens em combate.

17. O rei da Espanha.

18. A derrota francesa em Novara, em 6 de junho de 1513.

19. Desde 1491, quando Henrique VII havia mandado tropas inglesas para tentar impedir, sem sucesso, que Carlos VIII dominasse o ducado da Bretanha. Cf. Guicciardini, *Storia d'Italia* XII 1.

20. Desde 1494, quando Carlos VIII havia invadido a Itália. Cf. *O príncipe* XXVI 19; *Discursos* II XXVII 30.

21. Pellegrino Lorini; cf. carta 15 [§ 30].

22. A referência a Aristóteles é infundada, pois a *Política* não aborda esse tipo de república. De fato, Maquiavel, depois em resposta (cf. carta 18 [§ 19]), atesta não conhecer a referência.

23. Cf. *Discursos* II IV 25, 28-9.

CARTA 17 [PP. 99-100]

1. Processo eleitoral em que os nomes dos candidatos indicados eram inseridos em uma bolsa para posterior sorteio e confirmação daqueles que tivessem superado um escrutínio.

2. Provável alusão a um grande empréstimo em dinheiro que Donato del Corno havia feito a Giuliano de' Médici.

3. Os sorteados eram separados entre: os vistos, que não podiam assumir por algum impedimento legal, como falta de pagamento de impostos, falta de idade mínima, entre outros; e os assentados, que assumiam o cargo.

4. Renomado jurista e professor no *Studio* (Faculdade), onde havia sido professor de Francesco Guicciardini. Pepi teve destaque na restauração dos Médici ao poder e desde 1513 constava entre os embolsadores.

CARTA 18 [PP. 101-5]

1. Cf. Esopo, *Fábula* XLII.

2. Cf. *Clizia* II 4.

3. Em italiano, *avaro*. Cf. *O príncipe* XV 8, XVI 10.

4. "Típico motivo maquiaveliano: ambição unida à vilania prepara sem falta a ruína de um povo" (Inglese). E cf. *De ambitione* 106-8, 121-3.

5. Trata-se do frei Girólamo Savonarola, que citava com frequência as palavras bíblicas de *Ez* 13,10.

6. Em italiano, *sbarbicolarlo*. A ideia de "arrancar pelas raízes" é referida como uma forma metafórica de destruir Thérouanne.

7. Maquiavel demonstra não saber ainda da vitória dos ingleses sobre os franceses em Enguinegatte, em 16 de agosto daquele ano. Cf. *O príncipe* XIII 19.

8. Sobre a pouca consideração de Maquiavel pelo poder de Veneza, cf. *O príncipe* XII 22 e *Discursos* I VI.

9. Após a derrota de Agnadello, em 14 de maio de 1509.

10. Cf. *Discursos* II IV 5-7.

11. Cf. *Discursos* II IV 2-3.

12. Os suíços.

13. Cf. *O príncipe* XII 12.

14. Em italiano, *colettizi*. Nesse mesmo sentido, Maquiavel depois os chamaria de "mistos" (cf. *O príncipe* XIII 22), o que passa a ocorrer ainda neste parágrafo.

15. General cartaginês em guerra contra os romanos entre 221 e 202 a.C.; cf. *O príncipe* XVII 16.

16. Rei de Épiro (319 a.C.-272 a.C.). Atuou contra os romanos ao lado dos gregos na Itália; cf. *O príncipe* IV 21.

17. Ou seja, de Carlos VII, rei da França de 1422 a 1461; cf. *O príncipe* XIII 18 e 23.

18. Luís XI, rei da França de 1461 a 1483.

19. Dos suíços. "Simples" enquanto formados pela população armada.

20. Na Suíça.

21. O papa Júlio II havia promovido a criação da Liga Santa contra a França, precisando depois recorrer aos suíços para combater os franceses e retirá-los de Milão. E cf. *Discursos* I XII 20, II XXII 7.

22. Alusão a Leão X.

CARTA 19 [PP. 106-7]

1. Lorenzo, o Magnífico (1449-1492).

2. Cf. *O príncipe* VII 43.

3. Em perspectiva diferente, cf. *O príncipe* XVII 9.

CARTA 20 [PP. 108-12]

1. Mercador, político e literato florentino (nascido em 1480), cuja perífrase usada por Vettori equivale a "escrever pouco".

2. Lembrado na resposta de Maquiavel (cf. carta 21) como Frosino da Panzano, amigo de ambos que geria um pequeno banco de empréstimos junto aos irmãos Matteo e Cósimo que faliu em 1520.

3. A vitória dos franceses em Enguinegatte, em 16 de agosto; o acordo franco-suíço em Dijon, em setembro; a formação de uma liga antifrancesa entre a Espanha e o imperador, em 17 de outubro; e a retirada do rei Luís XII do sínodo cismático, em 26 de outubro. Nada disso, contudo, alterou o cenário político de então.

4. Algumas ruínas naquela área eram conhecidas à época como *Palatium Neronis*.

5. Roberto Roffia, citado por Vettori como seu "chanceler" e "escrivão" também na carta 27 [§ 15].

6. Contadas a partir do pôr do sol do dia anterior, o que indica ser às nove horas da manhã naquele período do ano.

7. Giulio de' Médici, eleito depois papa em 1523 como Clemente VII.

8. Temido secretário papal.

9. Cf. carta 43 [§ 2 e nota].

10. Trata-se provavelmente de um padre florentino que Vettori havia encontrado na cidade de Trento.

11. O primeiro, poeta e literato, primo do papa Leão X; o segundo, Giovanni di Filippo Girolami, nascido entre 1469 e 1470, colaborador próximo de Pietro e Francesco Soderini.

12. Júlio II e Alexandre VI.

13. Principal Conselho da República, centro da constituição florentina, responsável pela política exterior e pela guerra.

14. Subordinado ao embaixador principal Iácopo Salviati, Vettori cumpria de má vontade sua responsabilidade de reportar novidades ao Conselho, mandando-lhes apenas informações já enviadas por Salviati. Cf. carta 13 [§ 27].

15. Provavelmente Giovan Battista di Lutozzo, protonotário apostólico e clérigo de câmara de Leão X.

16. Vettori aguardava a dispensa que havia solicitado ao papa. Cf. carta 11.

17. Bernardo Dovizi (1470-1520), originário de Bibbiena, homem poderoso e da confiança dos Médici nomeado cardeal em 23 de setembro de 1513.

18. Cf. Crinitus, *Poemata* I 22 5; Sêneca, *Epistulae morales ad Lucilium* CVII 11.

19. Filippo (1461-1547) e Giovanni Machiavelli (n. 1467), sócios no comércio de tecidos e políticos, aparentados entre si e de ramo familiar diferente do de Nicolau.

20. Trata-se provavelmente de Bartolomeo di Ridolfo Ciai (1456-1527), professor no *Studio* de Pisa.

CARTA 21 [PP. 113-7]

1. Cf. *O príncipe* VIII; *Discursos* I XXXII; *Histórias florentinas* II XXXVII.

2. Provável menção à sua prisão e posterior libertação em 12 de março de 1513.

3. Imagem presente no poema popular então bastante difundido, *Geta e Birria*, atribuído a Ghigo Brunelleschi e a Domenico da Prato.

4. No outono de 1512, Maquiavel havia enviado alguns desses pássaros a Giuliano de' Médici junto com o poema *Io vi mando, Giuliano, alquanti tordi* ["eu lhe mando, Giuliano, uns sabiás"].

5. Cf. Petrarca, *RVF* CXII 1-2.

6. Amigo, envolvido na administração e na política da República florentina.

7. Battista Guicciardini (n. 1468), amigo de ambos e que também ocupava posições políticas de destaque; Filippo Ginori, provavelmente Filippo di Leonardo Ginori (1468-1525); Tommaso del Bene, cf. carta 7 [§ 4].

8. Os maços eram vendidos pelo volume, de modo que a venda passa a não compensar a Maquiavel.

9. Referência ao abate e ao comércio bovino na principal feira municipal, aos sábados. Os Gaburri eram uma importante família que atuava no comércio de carne, cuja prosperidade econômica permitiu a entrada na vida pública.

10. O fato é ironicamente equiparado ao saque realizado pelo exército espanhol (a serviço da Liga Santa de Júlio II) sobre a cidade de Prato, em 29 de agosto de 1512, quando seu amigo Battista di Braccio Guicciardini ocupava o cargo de *podestà* e fora vítima de duros castigos, com sua casa ocupada pelo então general Ramón de Cardona.

11. Havia edições de bolso de obras de ambos os autores, como as da *Comédia* (Aldo Manuzio, 1502; reimpressão Giunti, 1506), dos *Triunfos* e do *Cancioneiro* (Aldo Manuzio, 1501; reimpressão Giunti, 1505). Contudo, por serem textos sobre "paixões amorosas", é provável que se tratasse da *Vida nova* no caso de Dante.

12. "Menores" não em relação a Dante ou Petrarca, mas a outros poetas latinos, como Virgílio, Horácio e o próprio Ovídio das *Heroides*, *Ars amatoria* ou *Remedia amoris* em relação às *Metamorfoses*.

13. Cf. Boccaccio, *Fiammetta* III 11, *Trattatello* VII (49).

14. Tendo em vista sua herança não tão diminuta, eventualmente acrescida, é de se considerar tal passagem como um tópos literário. Cf. Tibulo, *Elegias* I I 19 e 37.

15. O gamão era um jogo bastante presente também nas chancelarias à época.

16. Para uma narração análoga no ritmo, cf. *Clizia* II 4.

17. Cena modelada em *Tito Lívio* III 26. E cf. *Discursos* III XXV 8-10.

18. Para uma narração análoga na forma de acumulação para o clímax, cf. *Discursos* III XXV 14.

19. Cf. Dante, *Paraíso* V 41-2.

20. Cf. *O príncipe* VI-IX.

21. Cf. *O príncipe*, dedicatória.

22. Antiga sede do *capitano del popolo* e do *podestà*, o palácio era desde 1502 sede do "Conselho de Justiça" e das prisões, onde Maquiavel havia sido encarcerado entre fevereiro e março de 1513.

23. Personagem desconhecido. Talvez se trate de algum delator proverbial.

24. O temor de Maquiavel é de que algum espião pudesse denunciar sua ida a Roma como forma de encontrar e prestar homenagens aos irmãos Soderini.

25. Cf. Lucrécio, *De rerum natura* III 995-1002; Terêncio, *Eunuco* 1085.

26. Referência ao período de 1498 a 1512, quando Maquiavel adquiriu experiência sendo pago pelas repúblicas oligárquica e, depois, de Soderini. E cf. Platão, *Banquete* 222b; Erasmo, *Adagia* 1239.

27. Cf. *O príncipe* XX 23.

28. Lugar-comum presente, entre outros, em Plutarco (*Phocion* XXX 5) e Guicciardini (*Memorie di famiglia*).

O PRÍNCIPE

NICOLAUS MACLAVELLUS MAGNIFICO LAURENTIO MEDICI SALUTEM [PP. 121-2]

1. Lorenzo (1492-1519), filho de Piero de' Médici (1472-1503), neto de Lorenzo, o Magnífico (1449-1492), e sobrinho do papa Leão X (1475-1521). A dedicatória ignora seu título de duque de Urbino, o que indica ter sido feita antes de tal nomeação, em 8 de outubro de 1516. Cf. cartas 19, 22, 27, 42 [§ 12 e nota]. A partir da carta 21, sabe-se que naquele momento (10 de dezembro de 1513) *O príncipe* era endereçado a Giuliano de' Médici (1479-1516), que estava em ascensão política após a eleição do irmão Giovanni ao papado. Não é possível saber o porquê da mudança de destinatário, mas provavelmente se deu ainda antes de junho de 1515 e por questões de oportunidade política.

2. Cf. carta 21 [§ 31].

3. A forma latina do título é mantida em consideração à tradição manuscrita do texto, forma também pela qual Maquiavel apresenta seu opúsculo a Vettori; cf. carta 21 [§ 21]. O título mais conhecido, no entanto, é usado pelo autor já nos *Discursos* (III LXII 8) e desde a primeira edição impressa (1532).

I. QUAIS OS GÊNEROS DE PRINCIPADOS E DE QUE MODO SÃO ADQUIRIDOS [P. 125]

1. Francesco Sforza (1401-1466), duque de Milão. Cf. *O príncipe* VII 6, XII 16 e 21, XIV 3.

2. Cf. *O príncipe* III 39.

3. Na tradução, optamos por manter dois dos conceitos-chave do tratado em suas acepções etimológicas: *fortuna*, o acaso, agente capaz de influir no sucesso ou no fracasso de alguma operação; e *virtù*, *virtude*, a força corpórea, a habilidade individual de atingir determinados objetivos.

II. DOS PRINCIPADOS HEREDITÁRIOS [P. 126]

1. A referência pode ser a um trecho perdido, talvez posteriormente inserido pelo autor entre os *Discursos* I IV-VI.

2. Cf. Dante, *Paraíso* XVII 100-2. E cf. *Discursos* II XXIX 24.

3. Para outro ponto de vista, cf. *Discursos* I II 17.

4. Ferrara foi dominada pela família D'Este pela primeira vez em 1184 e depois em 1240. A ofensiva de Veneza se iniciou em 1482.

5. Cf. *Discursos* III V 19.

III. DOS PRINCIPADOS MISTOS [PP. 127-35]

1. Isto é, como "membros incorporados ao Estado hereditário do príncipe que o conquista" (cf. *O príncipe* I 3).

2. Cf. *Discursos* III XXI 6-7.

3. Como descendente de Valentina Visconti (1371-1408), o rei francês invadiu Milão em setembro de 1499. O então duque, Ludovico, o Mouro, se refugiou junto ao imperador na Alemanha, tentou recuperar seu território no ano seguinte, mas foi feito prisioneiro e levado à França, onde morreu em 1508.

4. Cf. Guicciardini, *Storia d'Italia* IV 13.

5. A Liga Santa, de 1511.

6. A Normandia foi anexada à coroa francesa em 1240, a Gasconha em 1453, a Borgonha em 1477 e a Bretanha em 1491.

7. Os turcos conquistaram o Helesponto, atual estreito de Dardanelos, em 1354. Após um século de guerra, entraram em Constantinopla em 1453 e doze anos depois o imperador Maomé II transferiu para lá a capital de seu poder. Cf. *O príncipe* IV 6, XII 6 e XIX 63.

8. Cf. *Discursos* II VI 8.

9. Cf. *Discursos* II XXIII 21, 32, III VI 99.

10. Cf. *Discursos* III VI 15.

11. Cf. Lívio, *Ab Urbe condita* XXXIX II 9.

12. Cf. *Discursos* II I 29-31.

13. Cf. Lívio, *Ab Urbe condita* XXXII XIX-XXII.

14. Cf. Lívio, *Ab Urbe condita* XXXIII.

15. Rei da Síria de 223 até sua morte, em 187 a.C. Em 192 a.C. tentou se inserir no conflito entre os romanos e os etólios, mas foi derrotado. Cf. Lívio, *Ab Urbe condita* XXXIV.

16. Filipe V da Macedônia (*c.* 237 a.C.-179 a.C.).

17. Cf. Lívio, *Ab Urbe condita* XXXI VI-VII.

18. Cf. *A mandrágora* I 1 ("De coisa nasce coisa, e o tempo é o que governa").

19. Cf. Guicciardini, *Storia d'Italia* IV 6.

20. Com sua rapidez e prepotência, Carlos VIII havia diminuído a reputação da coroa francesa.

21. Submetendo-se ao ducado de Milão, Gênova aceitou o governador francês Philippe Ravenstein.

22. Cf. Guicciardini, *Storia d'Italia* IV 11.

23. Caterina Sforza Riario, governante de Ímola e Forlí (cf. *O príncipe* XX 30-2); Astorre Manfredi, governante de Faenza; Pandolfo Malatesta, de Rimini; Giovanni Sforza, de Pesaro; Giulio Césare Varano, de Camerino; Iácopo IV d'Appiano, de Piombino.

24. Entre esses, está sendo considerado o reino de Nápoles; cf. § 39.

25. O Estado da Igreja e Veneza.

26. Rodrigo de Borja, ou Bórgia (1431-1503), cardeal a partir de 1456 e papa a partir de 11 de agosto de 1492 (Alexandre VI).

27. Cf. *Discursos* I XII.

28. Cf. Guicciardini, *Storia d'Italia* V 9.

29. Acordo secreto estabelecido em Granada em 11 de novembro de 1500 para a divisão do reino de Nápoles. Cf. carta 30 [§ 22].

30. Cf. *Discursos* I VI e XL 45.

31. Com a liga antiveneza estabelecida secretamente por Júlio II em 1508 entre França, Espanha, Igreja e Império. Cf. *O príncipe* XII 26; carta 30 [§ 25].

32. Uma guerra com o imperador. O rei francês quis impedir que o papa e a Espanha se aliassem com Maximiliano I.

33. Em troca da anulação de seu casamento com a irmã de Carlos VIII, Jeanne, para que se casasse com sua viúva, Ana da Bretanha (1477-1514).

34. O arcebispo Georges d'Amboise (1460-1510), guia político de Luís XII.

35. Cf. *O príncipe* XVIII.

36. Durante sua primeira embaixada na França, em 1500.

37. César Bórgia (1475-1507). Foi nomeado pelo pai Alexandre VI como arcebispo de Valência em 1492 e cardeal em 1493. Em 1498, recebeu do rei da França o ducado de Valentinois. Cf. *O príncipe* VII.

IV. POR QUAL RAZÃO O REINO DE DARIO, QUE FOI OCUPADO POR ALEXANDRE, NÃO SE REBELOU CONTRA SEUS SUCESSORES APÓS A MORTE DE ALEXANDRE [PP. 136-8]

1. A conquista do Oriente durou de 334 a.C. a 327 a.C. Alexandre morreu em 323 a.C., aos 33 anos, tendo depois seus generais (diádocos) dividido o império como consequência de acirradas disputas.

2. Do turco *sandjiak* (insígnia, bandeira): subdivisões administrativas das províncias no antigo Império Otomano.

3. Dario III, rei da Pérsia entre 335 a.C. e 333 a.C., tendo sido derrotado por Alexandre.

4. Como a do lusitano Viriato, derrotado e morto em 139 a.C.; a resistência dos numantinos, neutralizados em 133 a.C.; a insurreição de Sertório, um romano que chefiou os lusitanos e foi morto em 72 a.C.; a grande guerra antirromana guiada pelo gaulês Vercingetórix, vencido por César em 52 a.C.; as guerras contra as ligas etólias e aqueias até a tomada de Corinto em 146 a.C.; cf. *Discursos* II II.

5. Cf. carta 18 [§ 26].

V. DE QUE MODO SE DEVEM ADMINISTRAR AS CIDADES E PROVÍNCIAS AS QUAIS, ANTES DE SEREM OCUPADAS, VIVIAM COM SUAS PRÓPRIAS LEIS [PP. 139-40]

1. Em 404 a.C., depois do fim da Guerra do Peloponeso, Esparta impôs a Atenas o governo dos trinta tiranos, que, no entanto, não durou nem um ano.

2. Entre 382 a.C. e 379 a.C.; cf. Plutarco, *Pelopida* 5-6. E cf. *Discursos* II XXI 9.

3. Após a vitória sobre Filipe da Macedônia em Cinoscéfalos em 197 a.C., os romanos proclamaram a liberdade da Grécia e a tornaram província em 146 a.C.

4. Cf. *Discursos* II II, *Histórias florentinas* II XXXIV.

5. Sob o domínio de Florença desde 1404, a cidade aproveitou a passagem de Carlos VIII em 1494 para se rebelar; após uma longa guerra, foi retomada em 1509.

6. Cf. *Discursos* I XVI.

7. Cícero, *De officiis* II 24; *Discursos* II II 25.

VI. DOS PRINCIPADOS NOVOS QUE COM ARMAS PRÓPRIAS E VIRTUDE SÃO ADQUIRIDOS [PP. 141-4]

1. A partir da Bíblia, de Heródoto, Lívio e Plutarco.

2. Cf. *Discursos* III I 2.

3. Cf. Bíblia, Êxodo 1 e 5.

4. Cf. Lívio, *Ab Urbe condita* I IV; *Discursos* I IX.

5. Cf. Heródoto, *Histórias* I 125-30.

6. Cf. Plutarco, *Teseu* 24.

7. Cf. *Histórias florentinas* V I.

8. Cf. *Discursos* III XXXV 2.

9. Cf. *O príncipe* IX 20-22; *Discursos* I LVIII.

10. Cf. Aristóteles, *Política* I 314-35.

11. Girólamo Savonarola (1452-1498), frade dominicano que comandou um regime teocrático em Florença entre os anos de 1494 — quando a família Médici foi expulsa da cidade após a invasão francesa de Carlos VIII — e 1498, quando foi deposto, julgado e morto (em 23 de maio) por pressão do papa Alexandre VI. Entre as muitas menções a ele nos escritos de Maquiavel, cf. carta 44 [§ 4], *Discursos* I IX 24, XLV.

12. Em Florença, Savonarola foi o principal promotor de um Conselho aberto a 3,6 mil cidadãos, instituído no início de 1495.

13. Cf. Políbio, *Histórias* I 8.

VII. DOS PRINCIPADOS NOVOS QUE SE ADQUIREM COM ARMAS E FORTUNA ALHEIAS [PP. 145-52]

1. Cf. Heródoto, *Histórias* V 11 e 27.

2. Cf. carta 15 [§ 36].

3. Tendo conquistado prestígio por suas habilidades militares, Francesco Sforza se casou com Bianca Maria, filha do duque Filippo Maria Visconti. Após a morte do duque, Francesco defendeu o movimento republicano em Milão na guerra contra Veneza, mas depois se voltou contra tal movimento em 1488 e centralizou o poder.

4. Cf. *O príncipe* III 48 e nota.

5. Cf. carta 42 [§ 16].

6. Ludovico, o Mouro (1452-1508). Filho mais novo de Francesco, foi tutor de seu sobrinho Gian Galeazzo Sforza (1469-1494), tendo assumido o ducado quando esse morreu.

7. Cf. *O príncipe* XI 8.

8. Cf. *O príncipe* III 32.

9. Cf. *O príncipe* III 46.

10. Cf. Guicciardini, *Storia d'Italia* IV 12.

11. Em 1501, na Batalha de Cápua, a família Colonna foi derrotada ao lado do rei de Nápoles, para quem militava. O duque Valentino comandava o exército francês. Cf. Guicciardini, *Storia d'Italia* V 5.

12. Ramiro de Lorqua (1452-1502), comandante espanhol. Cf. carta 42 [§ 16].

13. Entre esses, Astorre Manfredi, Giulio César Varano e os três filhos deste último.

14. Entre os 38 cardeais, onze eram espanhóis como os Bórgia. Cf. Guicciardini, *Storia d'Italia* VI 5.

15. Em 18 de agosto de 1503. O papa e seu filho César Bórgia demonstravam estar doentes desde o dia 12, suscitando a suspeita de que tinham sido envenenados.

16. O exército francês.

17. Cesena e Bertinoro permaneceram fiéis ao Valentino até abril, e Forlí até agosto de 1504. Cf. Guicciardini, *Storia d'Italia* VI 4.

18. Com o apoio a Francesco Todeschini Piccolomini (Pio III), o Valentino impediu a eleição de seu inimigo Giuliano della Rovere; no entanto, com a morte de

Piccolomini menos de um mês depois, este último é eleito como Júlio II. Cf. Guicciardini, *Storia d'Italia* VI 5.

19. Maquiavel esteve em Roma para o conclave entre 26 de outubro e 18 de dezembro de 1503.

20. Rodrigo Bórgia viveu 73 anos, onze dos quais como papa.

21. Giuliano della Rovere (1443-1513, cardeal de San Pietro in Vincoli), Giovanni Colonna (1450/60-1508), Raffaello Riario (1460-1521) e Ascanio Sforza (1455-1505).

22. Georges d'Amboise; cf. *O príncipe* III 48.

23. Cf. carta 10 [§ 26]; *Discursos* III IV 6; também, pela perspectiva contrária, cf. carta 15 [§ 13].

VIII. DAQUELES QUE POR CRIMES CHEGARAM A PRINCIPADOS [PP. 153-7]

1. Cf. *Discursos* I XVIII, XL.

2. Soberano de Siracusa de 316 a.C. a 289 a.C. A principal fonte de Maquiavel neste passo é Justino, *Epítome de Pompeu Trogo*; e cf. *Discursos* II XIII 3.

3. Cf. *Discursos* III XL 5.

4. Oliverotto (1473-1502), filho de Giovanni Euffredducci e Caterina Fogliani.

5. Comandante militar de Città di Castello, esteve a serviço de Florença em 1498 na guerra para a reconquista de Pisa.

6. Fermo era conduzida como uma república.

7. Cf. *O príncipe* VII 21.

8. Sobre o conflito entre valores éticos e valores políticos, cf. *O príncipe* XV e XVIII.

9. Cf. *Discursos* I XLV 18.

10. Cf. carta 21 [§ 4]; *Discursos* I XXXII; *Histórias florentinas* II XXXVII.

IX. DO PRINCIPADO CIVIL [PP. 158-61]

1. Cf. *O príncipe* VIII 2.

2. O conceito de civilidade se opõe ao de tirania no léxico florentino da época.

3. Matérias líquidas do corpo humano que na medicina hipocrática eram associadas à disposição do ânimo, como sangue, cólera, fleuma e bile. Na política, estavam relacionadas às forças ativas, ao povo e aos poderosos.

4. Cf. *Discursos* I II, V 8, XL 27-8.

5. Cf. *Discursos* I XXXVII.

6. Cf. *Discursos* I XVI 13-4.

7. Cf. *Discursos* I LI 2.

8. Cf. *Histórias florentinas* VII VI.

9. Cf. *Discursos* I XL 37.

10. Tirano de Esparta entre 206 a.C. e 192 a.C.; cf. *Discursos* I XL 38, III VI 76-7; Lívio, *Ab Urbe condita* XXXIX XXII-XL.

11. Os tribunos da plebe, Tibério Semprônio e Caio Semprônio, promotores de uma revolução agrária para impedir a decadência da classe rural após a segunda guerra púnica (218 a.C.-201 a.C.).

12. Membro da Senhoria florentina em 1382. Cf. *Histórias florentinas* III XX.

X. DE QUE MODO DEVEM SER CONSIDERADAS AS FORÇAS DE TODOS OS PRINCIPADOS [PP. 162-4]

1. Cf. *O príncipe* VII 48.

XI. DOS PRINCIPADOS ECLESIÁSTICOS [PP. 165-7]

1. Cf. *Discursos* I XII, XXVII 7.

2. Em 1494.

3. Cf. *O príncipe* II 4.

4. Sisto IV, Francesco della Rovere (1414-1484), papa a partir de 1471. Cf. *Histórias florentinas* VII XXII.

5. Enquanto papa.

6. Sisto IV se opôs ao poder da família Colonna, enquanto Inocêncio VIII (1484-1492) lhe foi favorável.

7. Cf. *O príncipe* III 37.

8. Cf. *O príncipe* VII.

9. Júlio II. Cf. *O príncipe* VII 40 e nota, XIII 3-4, XXV 18-24; carta 36 [§ 50].

10. Com a venda de ofícios.

XII. DE QUANTOS GÊNEROS SÃO OS EXÉRCITOS E OS SOLDADOS MERCENÁRIOS [PP. 168-73]

1. Cf. *O príncipe* VII 4.

2. Cf. *Discursos* I IV 3.

3. Cf. *A arte da guerra*, prólogo.

4. Cf. *Discursos* II XX.

5. Cf. Petrarca, *RVF* CXXVIII 65-7.

6. Cf. *Discursos* I XII, II XII; *A arte da guerra* VII 219-23.

7. Cf. *Discursos* I XLIII 4-5.

8. Alusão ao hábito de marcar com giz a porta das casas que seriam ocupadas pela tropa.

9. Referência às inúmeras denúncias feitas pelo frei Savonarola em suas pregações contra os hábitos citadinos.

10. Cf. *Discursos* III XXIX.

11. Cf. *Discursos* I XXX 2.

12. Cf. carta 18 [§ 24].

13. Roma, por quatrocentos anos, dos Tarquínios aos Gracos; Esparta, por oitocentos, desde sua fundação até ser absorvida pelo Império Romano com Augusto. Cf. *Discursos* I II 5, IV 5; *A arte da guerra* I 172.

14. Cf. cartas 15 [§ 30] e 18 [§ 24-5].

15. A principal fonte de Maquiavel neste passo é Políbio, *Histórias* I 65-88. Cf. *Discursos* III XXXII; *A arte da guerra* I 55.

16. Filipe II (pai de Alexandre, o Grande) foi rei da Macedônia entre 359 a.C. e 336 a.C.

17. A batalha ocorreu em 14 de setembro de 1448; cf. *Histórias florentinas* VI XVIII.

18. Muzio Attendolo (1369-1424).

19. Cf. *A arte da guerra* I 58; *Histórias florentinas* I XXXVIII.

20. O comandante inglês John Hawkwood (c. 1320-1394), a serviço dos florentinos entre 1390 e 1392 na guerra contra Gian Galeazzo Visconti (1351-1402).

21. Andrea Fortebracci (1368-1424), conhecido como Braccio da Montone.

22. Cf. *O príncipe* VIII 13.

23. Entre os séculos 9 e 13, Veneza dominou os mares do Oriente tendo bases na Dalmácia, nos Balcãs e em ilhas gregas. Seu primeiro domínio na península italiana foi Treviso (1339), com a expansão sobre Vicenza, Padova e Verona a partir de 1404, com o fim da longa guerra contra Gênova. Cf. carta 18 [§ 17]; *Discursos* I VI.

24. Francesco Bussone (1380-1432), conhecido como Carmignola, conde de Castelnuovo Scrivia. Esteve a serviço de Filippo Maria Visconti e depois de Veneza. Cf. *Histórias florentinas* IV XV.

25. Bartolomeo Colleoni (1400-1475), derrotado na Batalha de Caravaggio.

26. Roberto da San Severino (1418-1487), comandante dos venezianos na guerra contra Ferrara; cf. *O príncipe* II 4.

27. Niccolò Orsini (1442-1510), um dos responsáveis pela derrota na Batalha de Agnadello (Vailà).

28. Considerando a recente expansão veneziana em terras firmes, as perdas aqui estão mais relacionadas à sua reputação do que aos territórios conquistados desde o fim do século 14.

29. Cf. Petrarca, *RVF* XXXV.

30. A influência política do Império Alemão esteve muito enfraquecida ao longo do século 14 na Itália. Cf. Dante, *Purgatório* VI 76-ss.

31. Cf. *Histórias florentinas* I XXXIX.

32. Conde de Cunio (m. 1409), fundou o primeiro exército mercenário italiano, que esteve a serviço de papas e reis de Nápoles. Cf. *Histórias florentinas* I XXXIV.

33. Em ordem cronológica: 1494, 1499, 1502 e 1512.

34. Cf. *Discursos* II XVIII; *Histórias florentinas* VIII XXVI.

XIII. SOBRE AS MILÍCIAS AUXILIARES, MISTAS E PRÓPRIAS [PP. 174-7]

1. Cf. *O príncipe* II 4.

2. Como membro da Liga Santa, o Católico ajudou o papa a conquistar Ferrara; cf. *O príncipe* III 6.

3. Cf. *O príncipe* VII 40 e nota, XI 14-7, XXV 18-24; carta 36 [§ 50].

4. Cf. *O príncipe* VII 44.

5. Cf. *O príncipe* III 6, XXIV 12.

6. A serviço do papa e dos venezianos, contra os franceses. Cf. Guicciardini, *Storia d'Italia* X 16.

7. Em maio de 1500, para reconquistar Pisa, os florentinos tiveram a seu serviço um exército composto por suíços e franceses sob o comando de Charles de Beaumont.

8. João VI Cantacuzeno (c. 1292-1383) foi ajudado pelos turcos na guerra contra João V Paleólogo (1332-1391). Quando Cantacuzeno abdicou e deixou o poder ao Paleólogo, os turcos tomaram para si a península de Galípoli.

9. Cf. *Discursos* II XX 7.

10. Cf. *O príncipe* VII.

11. Os Vitelli, com Vitellozzo, desde o início da investida contra a Romanha; os Orsini, com Paolo, a partir de 1500.

12. Durante o inverno de 1502-1503.

13. Cf. *O príncipe* VI 26. E cf. Políbio, *Histórias* I 9.

14. Representação alegórica em que — segundo a tradição religiosa — os textos bíblicos têm um significado místico para além do histórico.

15. Cf. Bíblia, 1 Samuel 17.

16. Reinou de 1422 a 1461, tendo concluído a libertação frente aos ingleses na Guerra dos Cem Anos em 1452. Foi responsável pela criação de um exército próprio em 1445, determinante para a conclusão do embate. Cf. *Retrato das coisas da França*.

17. Alusão à derrota de Novara (6 de junho de 1513) e à de Enguinegatte (16 de agosto). Cf. carta 18 [§ 9].

18. Sobre o uso do termo, cf. carta 18 [§ 26 e nota].

19. Cf. *O príncipe* III 27.

20. Alusão à incorporação de 40 mil visigodos entre as forças romanas, realizada por Teodósio em 382 d.C.

21. Cf. Tácito, *Annales* XIII 19.

22. César Bórgia, Hierão de Siracusa, Davi (como figura bíblica) e Carlos VII.

23. Cf. *O príncipe* XII 15.

XIV. O QUE CABE AO PRÍNCIPE EM RELAÇÃO À MILÍCIA [PP. 178-80]

1. É possível que Maquiavel tivesse em mente apenas Ludovico, o Mouro, considerando que os outros filhos de Francesco Sforza tiveram destinos diferentes.

2. Cf. *O príncipe* XIX.

3. Cf. *Discursos* III XXXIX 2-6.

4. Filopemen de Megalópole (252 a.C.-184 a.C.), estrategista da liga aqueia em diversas batalhas contra os espartanos. Cf. Lívio, *Ab Urbe condita* XXXV XXVIII.

5. Cf. Plutarco, *Alexandre* 8; Suetônio, *Iulius Caesar* 7; Plutarco, *Júlio César* II; Cícero, *Ad Quintum fratrem* I 23.

6. Cf. *O príncipe* XVII 19-22; *Discursos* III XX-XXI.

7. Cf. Xenofonte, *Ciropédia*.

8. Cf. *O príncipe* XXV.

XV. DAS COISAS PELAS QUAIS OS HOMENS E ESPECIALMENTE OS PRÍNCIPES SÃO LOUVADOS OU VITUPERADOS [PP. 181-2]

1. Cf. *O príncipe* XVIII 14.

2. Distinção entre a língua regional toscana e uma língua literária de uso comum, “italiana”; cf. Dante, *De vulgari eloquentia* I XVI, II I.

XVI. DA LIBERALIDADE E DA PARCIMÔNIA [PP. 183-5]

1. Cf. carta 36 [§ 49].

2. Cf. Guicciardini, *Storia d’Italia* VI 5, VII 2.

3. Luís XII.

4. Fernando, o Católico. Cf. carta 18 [§ 4].

5. Cf. *O príncipe* XXI 2-8.

6. Cf. Suetônio, *Iulius Caesar* 10-1.

7. Cf. *O príncipe* XIX.

XVII. DA CRUELDADE E PIEDADE; E SE É MELHOR SER MAIS AMADO DO QUE TEMIDO OU MAIS TEMIDO DO QUE AMADO [PP. 186-9]

1. Cf. O *príncipe* VII 24-8.

2. A dominação de Florença sobre a vizinha Pistoia entre 1328 e 1331 foi consequência do enfraquecimento desta cidade pelas lutas entre suas facções, toleradas pelos florentinos para melhor conquistá-la.

3. Cf. Virgílio, *Eneida* I 563-4 (Trad. de Pedro F. Heise. São Paulo: Penguin-Companhia das Letras, no prelo).

4. Cf. *Discursos* III XIX.

5. Em perspectiva diferente, cf. carta 19 [§ 2].

6. Cf. *Discursos* I III 2, IX 8.

7. Cf. O *príncipe* IX 26.

8. Provável alusão a Piero Soderini, um "príncipe civil" por ter sido alçado ao cargo de gonfaloneiro vitalício. Cf. carta 8 [§ 7]; *Discursos* III IX, XXX.

9. Cf. *Discursos* II XXX.

10. Cf. *Discursos* III VI 17, XIX 11-2.

11. Cf. "Devaneios" 12, cartas 18 [§ 26] e 63 [§11]. E cf. Lívio, *Ab Urbe condita* XXI IV, IX, XXVIII 12.

12. Cf. O *príncipe* XIV 14-5.

13. Cf. *Discursos* III XXI 15; Lívio, *Ab Urbe condita* XXVIII XXIV-XXIX.

14. Quinto Fábio Máximo (275 a.C.-203 a.C.), general romano famoso por sua tática extenuante contra Aníbal.

15. Cf. Lívio, *Ab Urbe condita* XXIX.

XVIII. DE QUE MODO OS PRÍNCIPES PRECISAM MANTER A PALAVRA [PP. 190-2]

1. Cf. Cícero, *De officiis* I 34.

2. Segundo a mitologia, a disciplina do centauro Quíron é a medicina, que não raro é associada à política (cf. O *príncipe* III 26, IX 2). Além do mito, uma fonte possível para Maquiavel pode ter sido a *Comédia* de Dante (cf. *Inferno* XII

46-ss.), e seus antigos comentários, como o de Boccaccio (1373-75) e o de Landino (1481).

3. Cf. Cícero, *De officiis* I 41; Dante, *Inferno* XXVII 74-5.

4. Cf. *Discursos* II XIII.

5. Cf. *Discursos* III XLII.

6. Cf. *O príncipe* XVII 10.

7. Cf. *Discursos* II XIII 4; Xenofonte, *Ciropédia* II 4.

8. Cf. Guicciardini, *Storia d'Italia* VI 11.

9. Cf. "Devaneios" 10; carta 79 [§ 7]; *A mandrágora* III 11. Forma proverbial já presente em Ovídio (*Heroides* II 85): *Exitus acta probat* [O resultado valida as ações].

10. Cf. *Discursos* I XXV 2.

11. Talvez o então rei da Espanha, Fernando, o Católico. Cf. *O príncipe* XXI 2-8.

XIX. DE COMO EVITAR O DESPREZO E O ÓDIO [PP. 193-203]

1. Cf. *O príncipe* XV.

2. Cf. *O príncipe* XVI 3, 18, XVII 12; carta 36 [§ 49]. E cf. Aristóteles, *Política* I 1312b.

3. Cf. *O príncipe* XV 11-2.

4. Cf. *Discursos* III XXIII 9-10.

5. Cf. *Discursos* II XXIX 25.

6. Cf. *O príncipe* IX 19.

7. Cf. *Discursos* III VI. O tema é amargamente presente para o autor. Cf. carta 2 [§ 2 e nota].

8. Cf. principalmente *O príncipe* IX.

9. Annibale I (1413-1445), governante de Bolonha a partir de 1443.

10. Annibale II (1469-1540), líder mercenário.

11. Giovanni II (1443-1508), chefe da cidade expulso por Júlio II em 1506.

12. Sante (1424-1463), governante de Bolonha a partir de 1446. Foi até então considerado filho de Agnolo da Cascese em Florença, mas depois tido como filho natural de Ercole Bentivoglio, tio de Annibale I.

13. Cf. *Histórias florentinas* VI IX-X.

14. Naquele momento, atuavam na França quatro parlamentos provinciais (Rouen, Toulouse, Bordeaux, Dauphiné), todos subordinados ao de Paris. E cf. *Discursos* III I 37.

15. Cf. Aristóteles, *Política* I 1315a; Xenofonte, *Hieron* IX 3.

16. Marco Aurélio Antonino (161-180), Aurélio Cômodo Antonino (180-192), Públio Élvio Pertinax (jan.-mar. 193), Marco Didio Juliano (mar.-jun. 193), Sétimo Severo (193-211), Antonino Caracala (211-217), Opílio Macrino (217-218), Heliogábalo (218-222), Severo Alexandre (222-235) e Maximino Trácio (235-238). A fonte bibliográfica de Maquiavel durante todo o capítulo é o historiador Herodiano, traduzido ao latim por Poliziano e publicado pela primeira vez em 1493.

17. Cf. *O príncipe* IX 2 e nota.

18. Cf. *Discursos* I X 20.

19. Cf. *O príncipe* XVIII 7.

20. Território eslavo ao leste do mar Adriático, na atual Croácia.

21. Cf. *Discursos* III VI 96-7.

22. Cf. Aristóteles, *Política* I 1315a.

23. Cf. *Discursos* III VI 94-5.

24. Cf. *A arte da guerra* I 257.

25. Cf. *A arte da guerra* I 87.

26. Cf. carta 12 [§ 9].

27. Tratava-se dos janízaros, elite de seu exército. E cf. carta 12 [§ 22].

28. Tuman Bey, sultão do Egito. O domínio da casta militar mameluca naquele país, que durava desde 1252, terá fim com a derrota imposta pelos turcos em 1517, quando o Egito é anexado ao Império Otomano. Cf. *Discursos* I I 18.

XX. SE AS FORTALEZAS E MUITAS OUTRAS COISAS QUE COTIDIANAMENTE SÃO FEITAS PELOS PRÍNCIPES SÃO ÚTEIS OU INÚTEIS [PP. 204-8]

1. Síntese do que será tratado no capítulo.

2. Cf. *O príncipe* XII 5-6.

3. Cf. *O príncipe* XVII 3; *Discursos* II XXIV 37.

4. Cf. *Discursos* III XXVII 23.

5. Grupos que, respectivamente, defendiam um alinhamento ideológico com o poder temporal do papa e, do outro lado, do imperador.

6. Cf. *O príncipe* XII 26.

7. Pandolfo Petrucci (1450-1512), governante de Siena de 1487 até sua morte. Cf. *O príncipe* XXII 3-4.

8. Tal como o próprio autor; cf. carta 21 [§ 32].

9. Niccolò Vitelli (1414-1486), líder mercenário como seus filhos já citados Paolo e Vitellozzo. A destruição das fortalezas se deu em 1482. Cf. *Discursos* II XXIV 6.

10. Guidobaldo da Montefeltro, duque de Urbino entre 1482 e 1508. Foi retirado do posto por César Bórgia entre 1502 e 1503, quando destruiu as fortalezas de Gubbio e de Pergola para concentrar a defesa em San Leo e Urbino. Cf. *Discursos* II XXIV 22-3.

11. De volta a Bolonha em maio de 1511 (cf. *O príncipe* XIX 16), destruíram a fortaleza da porta Galliera. Cf. *Discursos* II XXIV 24-5.

12. Cf. *Discursos* II XXIV.

13. Cf. carta 68 [§ 3].

14. Edificado entre 1450 e 1472, o ainda de pé Castelo Sforzesco, segundo Maquiavel, deu a seus governantes a falsa impressão de segurança que lhes permitiu ofender seus súditos e cidadãos; cf. "Devaneios" 13 e *Discursos* II XXIV 18.

15. Cf. Sêneca, *De clementia* I 19, 6.

16. Caterina Sforza (1463-1509), casada com Girólamo Riario, conde de Ímola e Forlí, até sua morte em 1488. Cf. *O príncipe* XIII 11; *Discursos* III VI 158; *Histórias florentinas* VII XX-XXIV. Casou-se em segundas núpcias com Pier Francesco de' Médici, com quem teve Giovanni "das Bandas Negras" de' Médici (cf. carta 62 [§ 28]).

XXI. O QUE UM PRÍNCIPE DEVE FAZER PARA SER NOTÁVEL [PP. 209-12]

1. Cf. *Discursos* II XXIV.

2. Cf. cartas 8 [§ 3] e 10 [§ 33-7].

3. A conquista do reino árabe de Granada se deu entre 1481 e 1492.

4. Nenhuma potência europeia tentou impedir o avanço contra um Estado árabe.

5. Em 1492, poucos meses antes da tomada de Granada, milhares de judeus foram expulsos da Espanha e tiveram seus bens confiscados, medida que

ajudou a financiar a expedição de Cristóvão Colombo à América e as guerras na Itália e no norte da África. O mesmo foi feito depois, em 1502, contra os muçulmanos de Granada.

6. A conquista das cidades de Orão, Bugia e Trípoli se deu entre 1509 e 1511.

7. Após a entrada em 1494 de Carlos VIII na Itália, o Católico promoveu movimentos antifranceses entre os demais líderes europeus. Em 1500, aliou-se ao sucessor francês Luís XII e o traiu em seguida, declarando-se rei de Nápoles em 1504; no governo, deixou o vice-rei Gonzalo de Córdoba. Cf. *O príncipe* III 39-ss., XIII 1-4, XXVI 24; cartas 10 [§ 10] e 30 [§ 19].

8. A conquista de Navarra se deu em 1512. Cf. carta 9 [§ 13-ss.].

9. Bernabò Visconti (1323-1385), governante dos domínios de Milão e que tentou ampliá-los para as regiões da Emilia, do Vêneto e da Ligúria.

10. Cf. cartas 36 [§ 49-53] e 38.

11. Cf. *O príncipe* III 25; Lívio, *Ab Urbe condita* XXXV XLVIII-XLIX.

12. Tito Quinzio Flaminino (229 a.C.-174 a.C.).

13. Cf. *O príncipe* III 32.

14. Em 1511, Florença não aderiu à Liga Santa promovida por Júlio II e também não tomou partido a favor da França, sua antiga aliada. As consequências dessa política ambígua levaram ao declínio da república comandada por Piero Soderini. Cf. carta 8 [§ 7]; *Discursos* II XXVII 13.

15. Cf. Cícero, *De officiis* III 1; *Discursos* I VI 20-2, XXXVIII 5; *A mandrágora* III 1.

16. Em sentido genérico de capacidade, habilidade.

XXII. SOBRE OS QUE OS PRÍNCIPES TÊM CONSIGO PARA ASSUNTOS RESERVADOS [PP. 213-4]

1. Antonio Giordani (1459-1530), professor na Faculdade de Siena, juiz e, depois, braço direito de Petrucci.

2. Cf. Landino, *Comentário ao "Inferno"* II 34-6.

XXIII. DE QUE MODO OS ADULADORES DEVEM SER EVITADOS [PP. 215-7]

1. Luca Rinaldi, bispo de Trieste, esteve como embaixador a serviço do imperador em diversas ocasiões.

2. Maximiliano I de Habsburgo (1459-1519) foi eleito rei dos romanos em 1486 e subiu ao trono imperial em 1508.

XXIV. POR QUAL MOTIVO OS PRÍNCIPES DA ITÁLIA PERDERAM SEUS ESTADOS [PP. 218-9]

1. Cf. *Discursos* III v 12.

2. Cf. *O príncipe* III 39.

3. Cf. *O príncipe* III 4.

4. Cf. *O príncipe* III 25; *Discursos* III x 21-4.

5. Cf. *Discursos* III XXVII 14.

XXV. O QUANTO PODE A FORTUNA NAS QUESTÕES HUMANAS E DE QUE MODO É POSSÍVEL RESISTIR A ELA [PP. 220-3]

1. Cf. Dante, *Inferno* VII 67-96.

2. Cf. "Devaneios" 21-3 e capítulo "Da fortuna", ambos textos de 1506.

3. Cf. *Discursos* II XXIX.

4. Cf. carta 15 [§ 21 e nota].

5. Cf. *Discursos* II XXX 32.

6. Cf. *O príncipe* III.

7. Cf. sobretudo *O príncipe* VII.

8. Cf. "Devaneios" 19.

9. Cf. ibid. 12-ss. e *Discursos* III IX.

10. Cf. carta 1 [§ 6 e nota].

11. Cf. *O príncipe* VII 40 e nota, XI 14-7, XIII 3-4; carta 36 [§ 50].

12. Em 1506, os exércitos do papa se voltaram contra Perúgia e depois contra Bolonha. Maquiavel esteve em missão diplomática na corte papal de 27 de agosto a 28 de outubro.

13. O rei Católico tinha a intenção de manter o papa aliado para que este o ajudasse a recuperar os portos do sul da Itália que Veneza havia ocupado em

1495, como Brindisi, Otranto, Trani e outros. A Sereníssima os havia tomado como forma de pagamento pelo apoio na resistência de Nápoles contra Carlos VIII.

14. Lugar-comum no tempo do autor e pelos séculos; inaceitável, contudo, no momento histórico em que este texto volta a ser por nós traduzido e publicado, quando a violência contra a mulher é ainda uma doença social de vasto alcance.

XXVI. EXORTAÇÃO A TOMAR A DEFESA DA ITÁLIA E LIBERTÁ-LA DAS MÃOS DOS BÁRBAROS [PP. 224-8]

1. Cf. Virgílio, *Eneida* IV 345-7.

2. Cf. Petrarca, *RVF* LIII 26-8.

3. Cf. *O príncipe* VI.

4. Cf. Petrarca, *RVF* LIII 35-6.

5. Cf. Petrarca, *RVF* LIII 63-5, CXXVIII 1-4.

6. Cf. Dante, *Purgatório* VI 118-ss.

7. Os Médici. Cf. *O príncipe*, dedicatória.

8. Cf. Petrarca, *RVF* LIII 82-4.

9. Cf. Petrarca, *RVF* LIII 91-3.

10. Provável citação de memória de Lívio, *Ab Urbe condita* IX I. E cf. *Discursos* III XII 17; *Histórias florentinas* V VIII.

11. A Casa dos Médici.

12. Cf. Bíblia, Êxodo 13,21; 14,21; 17,6; 16,15.

13. Cf. *A mandrágora* IV 2.

14. Cf. *O príncipe* XXV 4.

15. Cf. carta 15 [§ 26].

16. Cf. cartas 16 [§ 50] e 36 [§ 4].

17. Respectivamente: 1495, 1449, 1501, 1507, 1509 (cf. *O príncipe* XII 26), 1511 e 1513.

18. Cf. *A arte da guerra* II 49.

19. Cf. Guicciardini, *Storia d'Italia* X 13.

20. Cf. *Discursos* II XVI 26, XVII 22; *A arte da guerra* II 62-6.

21. Cf. *O príncipe*, dedicatória 6.

22. Cf. Petrarca, *RVF* CXXVIII 93-6.

CORRESPONDÊNCIA — PARTE 2

CARTA 22 [PP. 231-4]

1. Em 16 de novembro de 1513.

2. Um dos principais homens do regime dos Médici, Gianfigliazzi (1470-1549) era amigo próximo de Vettori (cf. carta 23 [§ 9]) e um dos embolsadores nomeados para o período em questão.

3. Não se sabe o autor, pois não é possível saber a quem Vettori a havia pedido.

4. Um dos mais fiéis colaboradores do regime dos Médici, Michelozzi (1447--1526) já havia sido secretário de Lorenzo, o Magnífico, e foi quem substituiu Maquiavel na chefia da Segunda Chancelaria em 1512.

5. Cf. carta 32 [§ 9], em que a quantia será definida em cem ducados.

6. Manente di Ugolino Leontini, médico pessoal de Lorenzo, o jovem. Como pensador humanista, foi tradutor do grego para o latim dos dez livros *Das epidemias* de Hipócrates, que dedicou a Leão X.

7. Em 10 de setembro de 1512.

8. Talvez se trate de um epigrama com quatro versos, metro canônico à época. Nada se sabe sobre a identidade do rapaz, cujo apelido (assim como o da Cacheada, § 23) deriva de seus cabelos; pelas cartas 7 [§ 12] e 27 [§ 18], é possível deduzir que se trata de um amigo íntimo e amante de Donato del Corno.

9. O próprio Nicolau Maquiavel, visto sua relação com o rapaz (cf. § 23).

10. Personagem não identificado, talvez das famílias Peri ou Peruzzi.

11. Trata-se do frei Francesco da Montepulciano, morto poucos dias depois de tal pregação e sem esclarecer os fatos professados como havia prometido.

12. Cf. a fábula de *Belfagor* e o canto *De' diavoli iscacciati da cielo*.

13. A cortesã Lucrezia, amiga íntima de Maquiavel (cf. cartas 26, 27, 41 e 42).

14. Entre fevereiro e março de 1498, no entanto, Maquiavel frequentava como observador político as pregações do frei Girólamo Savonarola.

CARTA 23 [PP. 235-8]

1. Cf. cartas 24 [§ 8] e 28.

2. Cf. carta 20 [§ 18 e nota].

3. Área de Roma correspondente às atuais ruas Banchi Nuovi e Banchi Vecchi.

4. Vettori nunca emitiria tal parecer, diferentemente do que faria em relação às *Histórias florentinas* em 8 de março de 1525, desaconselhando de forma ambígua e irresoluta que Maquiavel fosse a Roma para apresentá-las ao papa Clemente VII. Cf. carta 52.

5. Maquiavel entra na chancelaria em 1498 por estar em contato com antissavonarolianos como Ricciardo Bechi. Piero Soderini é nomeado gonfaloneiro da justiça em 1501 e gonfaloneiro vitalício em 1502.

6. Maquiavel havia participado de quatro delegações à França: de julho de 1500 a janeiro de 1501; de janeiro a março de 1504; de junho a outubro de 1510; e de setembro a outubro de 1511. Entre os resultados dessas viagens estão suas anotações psicológicas e políticas do *De natura Gallorum* (1503) e os ricos relatos do poder do rei sobre os barões franceses do *Retrato das coisas da França* (1512).

7. Não uma recomendação genérica, mas uma explícita pelo seu embolsamento.

8. Ardinghelli, então secretário de Giuliano de' Médici.

9. Neste caso, Filippo Machiavelli, uma vez que o Casavecchia estava em Roma.

10. O embaixador demonstra não lembrar bem do poema de sua autoria ou mesmo não ter compreendido a brincadeira de Maquiavel, que na carta 22 conta ter alterado os versos de Vettori e inserido o nome de Giovanni no papel de homossexual.

11. Tal ideia está presente, mas não o trocadilho. Para efeito de tradução, recupero aqui o jogo linguístico de Vettori que perdemos com o nome de seu amigo Donato ("doado") e o ato de doar (cf. § 27).

12. A insinuação de Vettori se refere aos muitos garotos de programa que Roma poderia oferecer a baixo preço.

CARTA 24 [PP. 239-41]

1. Tópos bíblico (Lucas 6,41-2).

2. Pérsia e Etiópia.

3. Cf. O *príncipe* XIII 3.

4. Desde o pontificado de Paulo II (1464-1471), o intervalo entre os jubileus era de 25 anos.

5. Na cidade espanhola havia um famoso bairro dedicado à prostituição.

6. Alusão irônica à homossexualidade presente no clero, em particular no de Roma.

7. Provavelmente com o sentido de "na sala de jantar, diante de todos", mas com sugestão ao comportamento sexual de Filippo Casavecchia.

8. Sobre a bissexualidade de Maquiavel, cf. cartas 22 [§ 23] e 41 [§ 2-8].

9. Cf. Terêncio, *Phormio* II 4.

10. Figura proverbial de dama de fáceis costumes.

11. Como na fábula atribuída a Esopo. Sobre a confirmação de tal previsão: a respeito de Casavecchia, cf. carta 27 [§ 13]; a respeito de Brancacci, cf. carta 28.

12. Cf. nota 7, carta 2.

CARTA 25 [PP. 242-6]

1. Personagem desconhecido, talvez parente do historiador homônimo (1436-c. 1502). Existe também uma *Institutiones grammaticae* publicada com frequência no século 16 de autoria de Gian Alberto di Donato Bossi, de quem não existem notícias posteriores a 1512.

2. Contadas a partir do pôr do sol, o que indica ser por volta de sete horas da noite naquele período do ano.

3. No início de 1514, várias assembleias foram convocadas pelos suíços para confirmar ou não o acordo estipulado com o rei da França em Dijon em setembro de 1513.

4. Com o governador; cf. § 10.

5. Amigo de Vettori, chefe da sucursal romana do banco de sua família.

6. Não está claro se Maquiavel havia enviado alguns capítulos de *O príncipe* ou apenas os seus títulos num sumário da obra. Contudo, essas são as últimas palavras de Vettori sobre a obra do amigo em toda a correspondência entre eles.

7. Parte do processo eleitoral florentino, a qual Donato del Corno não havia superado.

8. Cf. nota 7, carta 2.

CARTA 26 [PP. 247-50]

1. Ovídio, *Tristia* IV 4 72.

2. Talvez se refira aos escritos em verso e em prosa que Maquiavel reunia como preparação às suas obras historiográficas. A perda de tal material pode ter relação com a sua proibição de acesso às salas de trabalho no Palazzo dei Signori.

3. Para limpar a voz.

4. Os decassílabos de Maquiavel parodiam os de Petrarca nos *Triunfos* (*Fama* III 4 6).

5. Cf. Petrarca, *Triunfos* (*Amor* I 160).

6. Cf. Dante, *Rimas* VII 32-3; Petrarca, *RVF* CCLXXI 10-1.

7. Cf. Terêncio, *Adelphoe* V 790. Mas o texto latino dita *o terra*.

8. Cf. Ovídio, *Metamorfoses* II 846-7 (Trad. de Rodrigo T. Gonçalves. São Paulo: Penguin-Companhia das Letras, 2023, p. 94).

9. Cf. Poliziano, *Stanze* I 107 1. As metamorfoses evocadas aqui serão também tema de uma novela incluída na carta 28.

10. Cenário de paixões amorosas de Ovídio (*Ars amatoria* I 311) a Petrarca (*RVF* LXXI 37-8; *Triunfos: Amor* III 112-4).

11. Cf. Petrarca, *RVF* XXIII 100.

12. Cf. *Discursos* II XXIX 24.

13. Mesmo após a morte de Francesco da Montepulciano (cf. carta 22 [§ 19]), ocorrida no fim de dezembro de 1513, vários foram os religiosos ou mesmo laicos que se deram a profecias.

14. As duas situações sugerem sodomia: no caso de Donato, pelo trocadilho apoiado no inverno de então; no caso de Lucrezia, pelo paralelismo de situações veladas (em 27 de maio de 1510, Maquiavel havia sido denunciado anonimamente por tal prática à magistratura dos Otto di Guardia e Balìa, num episódio que envolve a mesma Lucrezia no ato então moralmente proibido devido à sua violência contra a natureza. A absolvição se deu em 10 de junho do mesmo ano, após depoimento de Lucrezia).

15. Cf. nota 7, carta 2.

CARTA 27 [PP. 251-4]

1. Cf. nota 7, carta 2.

2. Cf. carta 26 [§ 13].

3. Sua mulher se chamava Maddalena di Piero Capponi. Sobre as filhas e seus contratos de casamento, cf. carta 9 [§ 2].

4. Por se tratar de uma dama da corte.

5. Cf. Petrarca, *Triunfos* (*Amor* III 91-3).

6. Pietro Vettori (1500-1517), filho de seu irmão Paolo.

7. Cf. *A mandrágora* V 2.

8. Cf. carta 23 [§ 12].

9. Roberto Roffia; cf. carta 20 [§ 13].

10. Antonfrancesco degli Albizzi (1486-1537), oligarca e amigo próximo de Paolo e Francesco Vettori.

11. Expressão (*non l'ha fatta superba*) que poderia caracterizar atividades sodomitas. Nesse sentido, Vettori indica que Albizzi não mantém tais relações com a Cacheada, pois a única que frequenta é o jardim de mesmo nome, onde procurava estudar por ser uma área fora do centro.

12. Com relação aos que estão em pior situação do que em melhor. A oposição baixo/alto poderia significar também, em gíria, atrás/frente, sugerindo respectivamente relações homo e heterossexuais.

13. Cf. cartas 22 [§ 10-1] e 32 [§ 9].

14. Lorenzo de' Médici, o jovem, um dos responsáveis pelo embolsamento, assim como Gianfigliazzi; cf. carta 22.

CARTA 28 [PP. 255-8]

1. A ironia começa antes da narração, porque, apesar de anunciar uma chave alegórica para a leitura da novela, Maquiavel começa por dar o nome verdadeiro de seu protagonista e por anunciar um decoro que não se confirma pelas várias expressões de duplo sentido que nela serão empregadas.

2. Via del Parione, aqui referida com o nome do amigo comum Rubaconte de' Mozzi (n. 1472), onde este tinha uma casa ou trabalhava.

3. Os Vettori faziam comércio de seda e veludo, tecidos nos quais eram comuns adereços em folhas de ouro.

4. Região da atual Piazza della Signoria.

5. Provavelmente, Frosino da Panzano (cf. cartas 20 [§ 4] e 21 [§ 10-1]), que mantinha uma banca para o câmbio de moedas no canto da Via Vaccherecchia.

6. Personagens não identificados, talvez fictícios.

7. Modo de saudar, em consonância com a virada do ano que iria ocorrer em breve, em 25 de março.

8. Cf. *O príncipe* XXI 24; *Discursos* I VI 20-2; *A mandrágora* III 1.

9. Cf. Boccaccio, *Ninfale fiesolano* 206 1-2.

10. Talvez uma alusão ao costume de oferecer estátuas de cera (*ex voto*), que aqui teria sido posta na Igreja dos Servi di Maria, ou Santissima Annunziata de Florença.

11. Há registros de um Alberto Lotti (m. 1520), de família influente na política e ligada aos Médici.

12. Cf. Ovídio, *Metamorfoses* IV 189 (op. cit., p. 127).

13. Cf. Horácio, *Odes* I XI; Boccaccio, *Filocolo* IV 64.

14. A quem Vettori havia definido como "jovem, corajoso e rico"; cf. carta 14 [§ 5].

15. Talvez um eco de Dante (cf. *Inferno* XV 55-6).

16. Mais um possível eco de Dante (cf. *Inferno* XIII 25).

17. Cf. Boccaccio, *Decameron* III 5 30.

CARTA 29 [PP. 259-62]

1. Na minuta da carta, *primo mobile* ("primeiro móvel"); mas talvez tenha parecido pouco adequada ao contexto o conceito aristotélico, teológico e dantesco que caracteriza a mais remota das esferas celestes concêntricas à Terra, da qual têm origem os movimentos de todos os astros.

2. Ou seja, quando os franceses estavam na Itália, no ducado de Milão, antes da Batalha de Novara (6 de junho de 1513).

3. Isto é, o rei da Espanha.

4. O rei da França.

5. Fernando I de Habsburgo (1503-1564), filho de Filipe I de Castela.

6. Casando Fernando I com a segunda filha de Luís XII, Renata de Orléans (1510-1575).

7. Fernando I era neto do rei espanhol Fernando, o Católico, por ser filho de sua filha Joana de Aragão e de Castela.

8. Ainda menor de idade, Fernando I era também neto do imperador Maximiliano I de Habsburgo por ser filho de seu filho Felipe I, com quem Joana de Aragão se casou.

9. Os exércitos espanhóis e imperiais. Cf. carta 15 [§ 35]; *O príncipe* XXV 5-8.

10. Principal órgão econômico da República Florentina.

11. Representantes das famílias mais abastadas e importantes da cidade, uma vez que o cargo de dois anos ao qual foram eleitos previa que emprestassem uma grande soma de dinheiro aos cofres públicos.

12. A décima era o imposto sobre os bens imóveis, enquanto o arbítrio recaía sobre os móveis e a renda.

13. Dois dias depois, Vettori envia uma carta a Lorenzo Strozzi em que apresenta a difícil situação econômica do amigo e pede que lhe sejam revistos os impostos (e cf. também a carta 50 [§ 2-4]). Não há notícias sobre o efeito imediato do pedido, mas Strozzi se tornaria um dos principais protetores de Maquiavel nos anos seguintes, atuando com sucesso para restabelecer suas relações com a família Médici.

14. O rei da Espanha.

CARTA 30 [PP. 263-9]

1. Giuliano de' Médici foi oficialmente nomeado pelo papa Leão X como gonfaloneiro da Igreja (general dos exércitos pontifícios) em 1515, mas já na segunda metade de 1513 ocupava cargos inferiores, como Capitão da Igreja.

2. Duas das principais famílias de Roma, com interesses feudais próprios e em constante conflito entre si: os Colonna, amigos do rei de Nápoles e inimigos de Leão X; os Orsini, incapazes de assumir sozinhos tal investida.

3. Renata de Orléans a Fernando de Habsburgo. Os direitos de sucessão sobre Milão viriam pelo ramo de Valentina Visconti, avó de Luís XII.

4. O principal ministro de Massimiliano Sforza foi Andrea Borgo (1467-1533).

5. Cf. cartas 16 [§ 18] e 18 [§ 4].

6. O domínio hereditário dos Habsburgo é a Áustria.

7. Cf. carta 10 [§ 5-7].

8. Fernando, o Católico, havia feito em 1494 um acordo com o rei francês Carlos VIII para recuperar Perpignan, a pequena capital do Condado de Rosselló, renunciando, para isso, às suas pretensões sobre o reino de Nápoles. Dessa forma, o rei da Espanha abdicava de um importante domínio histórico de seu país e de seu direito por parentesco com Afonso II de Aragão, rei de Nápoles.

9. Após Carlos VIII ter conquistado Nápoles em 1495, foi estabelecida uma liga antifrancesa entre papa, imperador, Inglaterra, Veneza e Espanha.

10. Em 7 de abril de 1498.

11. Luís XII, coroado em 27 de maio de 1498.

12. Em 6 de outubro de 1499, tendo a França controlado aquele Estado até 1512.

13. Cf. O *príncipe* III 31-50.

14. Acordo secreto estabelecido em Granada em 11 de novembro de 1500 para a divisão do reino de Nápoles. Cf. O *príncipe* III 39.

15. Cf. carta 10 [§ 10].

16. O rei da Espanha.

17. Em 1507.

18. Cf. O *príncipe* III 43, XII 26.

19. Provável alusão ao acordo estabelecido com o papa em 1509; cf. Guicciardini, *Storia d'Italia* VIII 9 e IX 15.

20. Cf. carta 10 [§ 7-8].

21. Em 11 de abril de 1512.

22. A morte do general Gaston de Foix deu origem a uma série de desavenças entre os principais líderes do exército francês, como o cardeal Federico Sanseverino e o capitão Gian Giacomo Trivulzio.

23. Referência ao vice-rei de Nápoles Ramón de Cardona (1467-1522).

24. Em agosto de 1512 (quando, em dificuldades pela escassez de soldados e provisões, o vice-rei propôs um acordo com os florentinos, cuja hesitação provocou o saque de Prato e a queda do regime de Piero Soderini; cf. *Discursos* II XXVII 13, 16-8) e em 1514 em Vicenza (quando arriscou uma derrota para Veneza).

25. Naquele momento, respectivamente, Giovanni de' Médici e Júlio II.

26. Cf. carta 16 [§ 19]; Guicciardini, *Storia d'Italia* VI 14 e XI 15.

27. Cf. carta 8 [§ 3].

28. Cf. carta 16 [§ 3].

29. Cf. carta 15 [§ 33]; O *príncipe* XXIV 8.

30. Cf. Guicciardini, *Storia d'Italia* XII 4.

31. Cf. carta 18 [§ 17].

CARTA 31 [PP. 270-1]

1. Cartas perdidas.

2. Cf. carta 6 [§ 2].

3. Não há notícias de que tal carta tenha sido enviada ou recebida.

4. É provável que em uma das cartas perdidas Vettori tenha desestimulado Maquiavel de ir até Roma entregar o texto de *O príncipe* a Giuliano de' Médici em mãos.

CARTA 32 [PP. 272-4]

1. Cf. carta 31 [§ 3].

2. Carta perdida.

3. Cf. carta 17.

4. É provável que o complemento verbal aqui seja "o dinheiro".

5. Cf. carta 22 [§ 11].

6. Piero Ardinghelli.

7. Informação que talvez constasse na carta perdida de 16 de maio. As eleições previam a indicação de representantes das guildas florentinas, dezesseis das "maiores" e quatro das "menores", entre as quais a dos comerciantes como Donato.

8. O amigo e sua família de banqueiros; cf. carta 25 [§ 20].

9. A Piero Ardinghelli.

10. De fato, esse será o prazo conseguido por Vettori; cf. carta 37 [§ 17].

CARTA 33 [PP. 275-6]

1. Terminologia aristotélica e escolástica, em que a essência é contraposta aos fatores externos. A construção como um todo, no entanto, ecoa composições dantescas como o soneto *Tanto gentile e tanto onesta pare* (Dante, *Vida nova* XXVI).

2. Cf. carta 27 [§ 5-11].

3. Cf. Poliziano, *Stanze* I 3 8.

4. Cf. Petrarca, *RVF* CLXXXI 1-2; Poliziano, *Stanze* I 76 4.

5. Cf. o soneto da carta 42.

6. A antítese "modos ordinários"/"caminhos extraordinários" voltará nos *Discursos* (cf. I XVI 13, XVIII 26).

7. Cf. Ovídio, *Arte de amar* II 231-6.

8. Cf. Petrarca, *RVF* LXXI 77-8.

9. Cf. *O príncipe*, dedicatória 2, VIII 3, XX 23.

10. Ilha vinculada ao nascimento e ao culto da deusa.

CARTA 34 [PP. 277-9]

1. Cf. Horácio, *Epístola* I 1-2.

2. O Estado de Milão.

3. Vettori o fará; cf. carta 40 [§ 5]. Sobre o temor de Maquiavel em perder o crédito da autoria dos escritos em relação a *O príncipe*, cf. carta 21 [§ 29].

4. Cf. carta 29 [§ 10]. A trégua havia sido estabelecida em 13 de março de 1514.

5. A paz entre as duas potências se deu em 7 de agosto de 1514, confirmada em 9 de outubro com o casamento de Maria Tudor, irmã de Henrique VIII, e Luís XII, viúvo desde 9 de janeiro com a morte de sua primeira esposa, Ana de Bretanha.

6. Cf. carta 6 [§ 7]. Os Médici haviam privado Maquiavel de sua profissão em 7 de novembro de 1512.

7. Niccolò di Simone Vespucci (1474-c. 1535).

CARTA 35 [PP. 280-1]

1. A carta é enviada antes de Maquiavel ter recebido a anterior de Vettori. Toda a carta está em latim, provavelmente para servir de documento na questão judicial que aborda.

2. Vizinho de Maquiavel, provavelmente pertencente à família dos Tafani di Barberino Valdelsa.

3. Cf. Ovídio, *Metamorfoses* X 23.

4. Sendo a carta inteiramente composta em latim, o tratamento se dá na segunda pessoa do singular. Sobre a escolha dos pronomes de tratamento para esta tradução, cf. "Devaneios" 2 e nota.

5. Cf. *O príncipe* XXVI 8, 14, 20, 29.

6. Cf. Ovídio, *Metamorfoses* XIII 505-7.

CARTA 36 [PP. 282-92]

1. Em Florença, as horas do dia eram contadas a partir da Ave Maria, meia hora depois do pôr do sol. Isso significa que Maquiavel estaria escrevendo tarde da noite do dia 9.

2. Em 1494, quando o rei francês Carlos VIII deu início às guerras na Itália.

3. Cf. *O príncipe*, título do capítulo X.

4. Após a guerra entre os dois Estados que culminou na Batalha de Enguinegatte, em 16 de agosto de 1513. O tratado de paz foi assinado em 7 de agosto de 1514.

5. Em 1º de abril de 1513, enquanto Henrique VIII se preparava para atacar a França, o seu sogro e rei da Espanha estabelece uma trégua inesperada com Luís XII. Cf. Guicciardini, *Storia d'Italia* XII 1.

6. O casamento de Luís XII com Maria Tudor, irmã de Henrique VIII. Cf. carta 34 [§ 11].

7. Cf. *Discursos* II XIX 22-3.

8. Quando, em 1512, os suíços haviam tirado o ducado de Milão dos franceses.

9. Henrique VIII havia se casado em 1509 com Catarina de Aragão, nascida em 1485 do casamento de Isabel de Castela e Fernando, o Católico.

10. Os dois territórios independentes só passaram a compor a Confederação Helvética, respectivamente, em 1803 e 1815.

11. Cf. carta 13 [§ 16].

12. Por parte dos franceses e dos ingleses.

13. Isto é, dos defensores de Milão: Espanha, Suíça, Império e Gênova.

14. Por óbvio, França e Inglaterra.

15. Cf. carta 60 [§10]; *O príncipe* III 29; *Discursos* I XXIII.

16. Carlos, o Temerário, duque da Borgonha, que tentou invadir a Suíça, mas foi derrotado primeiro em Grandson e depois em Morat (março a junho de 1476). Cf. carta 15 [§ 27-9].

17. A aliança com os espanhóis e os suíços.

18. As de Florença.

19. Cf. *O príncipe* XIII 23, XXI 17, XXIV 5; *Discursos* II XX 16; carta 39 [§ 10].

20. Obter vantagens para sua família, de modo a conceder a Giuliano e a Lorenzo de' Médici os almejados Estados na Itália com o apoio da Espanha. Cf. carta 42 [§ 11-2].

21. Até a publicação deste acordo.

22. Cf. carta 18 [§ 19-20]; *Discursos* II IV.

23. Florentinos.

24. Cf. Bíblia, Mateus 24,32.

25. Em outubro de 1511, com o estabelecimento da Liga Santa entre o papa Júlio II, Espanha, Veneza e Ferrara, aos quais se juntaram depois a Inglaterra e o imperador.

26. A guerra durou um mês, entre abril e maio de 1509; cf. Guicciardini, *Storia d'Italia* VIII 3-4.

27. Cf. *O príncipe* XXVI 5.

28. Cf. *O príncipe* XII 13.

29. Cf. *O príncipe* XXI 18.

30. Tal como o concílio cismático promovido pelo rei Luís XII em 1511.

31. Cf. *O príncipe* XXI 19, 24; *Discursos* I VI 20-2, XXXVIII 5; *A mandrágora* III 1; carta 28 [§ 13].

32. Entre 1309 e 1377, Avinhão fora sede da Igreja, sendo ainda parte do Estado da Igreja e governada por um representante pontifício.

33. Cf. *O príncipe* XXI 11-7; carta 38.

34. Como no caso do Estado da Igreja, misturado na Itália com o ducado de Milão (controlado pelos suíços), com a República de Veneza e com o reino de Nápoles (controlado pelos espanhóis).

35. Cf. *O príncipe* XIX 1; e cf. XVI 3, 18, XVII 12.

36. Cf. *O príncipe* VII 40, XI 14-7, XIII 3-4, XXV 18-24.

37. Cf. cartas 14 [§ 5] e 18 [§ 4].

38. Com Espanha, Suíça, imperador e Gênova enquanto defensores de Milão contra a França.

39. Após a derrota em Navarra, em 6 de junho de 1513.

40. Na carta 34, Vettori dizia querer mostrar ao papa a resposta às questões lá apresentadas e aqui respondidas, motivo talvez para o esmero e detalhe na análise de Maquiavel, que buscava ser reabilitado junto aos Médici. Mesmo assim, o pontífice não se convence, seja porque desde setembro já havia feito uma aliança secreta com a Espanha, seja porque a desconfiança com relação a Maquiavel ainda é grande.

CARTA 37 [PP. 293-5]

1. Naquele período, Vettori possuía nove empregados. Cf. carta 20 [§ 13].

2. A mudança pronominal aqui se deve à língua de composição da carta: § 1-5, em italiano; 6-14, em latim; 15-22, em italiano. Sobre a escolha dos pronomes de tratamento para esta tradução, cf. "Devaneios" 2 e nota.

3. Paolo Vettori voltaria a Florença em janeiro seguinte com Giuliano de' Médici, onde encontraria Maquiavel.

4. Cf. carta 20 [§ 30].

5. Publicado em 1512 pela tipografia napolitana de Sigismondo Mayr, o tratado é a última obra do humanista Giovanni Pontano (1429-1503), que a dedica a Gonzalo de Córdoba; cf. carta 10 [§ 10].

6. A citação não é literal e simplifica as afirmações de Pontano (I 1, II 6, II 14).

7. Cf. carta 20 [§ 30].

8. Cf. Virgílio, *Eneida* I 198-9.

9. Ainda que Vettori indique sofrer desse mal há tempos, não há notícias anteriores que tenham chegado até nós.

10. O que não era verdade no início de seu período em Roma; cf. carta 9 [§ 6].

11. Cf. carta 20 [§ 13-4].

12. Sobre o amor, cf. cartas 25 e 27; sobre o jogo, 20 [§ 19].

13. Seu retorno se deu em 15 de maio de 1515.

14. Cf. carta 17.

15. Pietro Ardinghelli; cf. cartas 22, 27 e 32.

16. Cf. carta 32.

17. Ou seja, quando Donato havia sido habilitado ao escrutínio; cf. carta 17.

CARTA 38 [PP. 296-9]

1. Cf. *O príncipe* XIX. A preferência ao latim pode ser, neste passo, uma menção a seu tratado.

2. Cf. *O príncipe* XXI 11-7; carta 36.

3. Cf. Lívio, *Ab Urbe condita* XXXV XLIX 13; *O príncipe* XXI 15.

4. Cf. Dante, *Inferno* XIX 101.

5. Cf. *Discursos* I prol. 8, XI 26, XXXIX 2, II prol. 12, III XLIII 2-3; *Clizia*, prol. 1.

6. Com relação aos Estados misturados, cf. carta 36 [§ 49-51].

7. Cf. carta 36 [§ 5].

8. Cf. carta 36 [§ 20-30].

9. Roma e Avinhão.

CARTA 39 [PP. 300-1]

1. A anterior; cf. carta 38.

2. Cf. carta 37.

3. Cf. cartas 32 e 37.

4. Piero Ardinghelli. Cf. carta 37.

5. Segundo Inglese: "No nome da *fortuna* há uma nova passagem temática, dos acontecimentos pessoais à questão política. Em ambos os planos, a fortuna é o 'inimigo'; inimiga da 'pessoa' de Maquiavel quando o mantém afastado dos 'afazeres'; e inimiga de sua 'opinião' quando direciona o papa, seguindo fantasmas de utilidade e temor, pelo caminho da ruína. Concluindo amargamente a exposição de seu plano, Maquiavel foi um bom profeta. Leão X, de fato, solicitado pelo rei da França a tomar uma posição, primeiro manifestou a intenção de neutralidade para depois, nos primeiros meses de 1515, declarar-se aliado dos suíços e dos espanhóis. Francisco I, o novo rei da França, passou os Alpes e venceu os suíços na sangrenta Batalha de Marignano (13-14 de setembro). Os franceses reconquistaram Milão e, entre outras coisas, não se falou mais de um principado dos Médici na região da Emília". (*Lettere a Vettori* e *Guicciardini*. Org. de Giorgio Inglese. Milão: BUR, 1989, p. 278.)

CARTA 40 [PP. 302-3]

1. O dístico é composto por Vettori a partir de várias referências; cf. Virgílio, *Eneida* IV 576-7; Ovídio, *Metamorfoses* IV 195; Pacifico Massimi, *Ad superos* 43.

2. Cf. Ovídio, *Remedia amoris* 135-8.

3. Personagem da novela LXXXIV do *Trecentonovelle*, de Franco Sacchetti. Contudo, Vettori pode tê-lo confundido com o poeta Mico da Siena, personagem da novela X 7 do *Decameron*, de Giovanni Boccaccio.

4. Cf. cartas 36 e 38.

5. Cf. carta 34.

6. Vizinho de Maquiavel na cidade.

7. Ardinghelli. Cf. cartas 32 [§ 17], 37 [§ 17] e 39 [§ 3].

8. Cf. carta 37 [§ 15].

CARTA 41 [PP. 304-5]

1. Cf. nota 7, carta 2.

2. Pelas meditações contidas a seguir, é possível supor um amor homoerótico. E cf. carta 42 [soneto].

3. Cf. Virgílio, *Bucólicas* II 69 (Trad. de Péricles Eugênio da Silva Ramos. Brasília/São Paulo: UnB/Melhoramentos, 1982, p. 51).

4. Cf. *A mandrágora* V 6.

5. Vettori tinha então pouco mais de quarenta anos, enquanto Maquiavel tinha pouco mais de 45.

6. Cf. cartas 22, 26 e 27.

7. Cf. carta 27 [§ 18]; e cf. Dante, *Inferno* II 61.

8. De fato, após o fim de sua embaixada em Roma, Vettori voltou a Florença em 15 de maio de 1515, encerrando também o período de longa correspondência com seu amigo Maquiavel.

9. Amigo como os outros, mas provável primo distante; e cf. cartas 5 e 8.

CARTA 42 [PP. 306-9]

1. O soneto é construído sobre o tópos da vingança de Amor; cf. Ovídio, *Ars amatoria* I 21-2, *Metamorfoses* I 463-73; Petrarca, *RVF* II, XXIII, *Triunfos* (*Amor*) III 175-7; Poliziano, *Stanze* I 120 3 e 8. Pela simbologia do verso 11, é possível pensar numa relação do amor homossexual (cf. carta 41 [§ 3 e nota]).

2. Cf. carta 41 [§ 4].

3. Lucrezia, a Cacheada (cf. cartas 22, 26, 27 e 41).

4. Cf. Ovídio, *Tristia* V 6 2.

5. Cf. Dante, *Convívio* I III 5; *Purgatório* VI 77; Petrarca, *RVF* CLXXVII, CCXXXV.

6. Cf. Ovídio, *Metamorfoses* I 504-7 (op. cit., p. 55), com alteração provavelmente intencional de *Penei* ("Peneida", filha de Peneu) para *petreia* ("pedrosa"), que aqui também manipulamos pela possível referência às rimas pedregosas de Dante; cf. *Rimas* C-CIII. As outras mudanças — *ninfa* e *nimpha* para *nympha*, bem como a

inversão de *penna fugiunt* — se devem ao texto consultado ou citado de memória por Maquiavel.

7. Giuliano de' Médici, cuja comitiva contava com Paolo Vettori, sai de Roma com destino à França para o casamento de Giuliano com Filiberta di Savoia. A permanência deles em Florença dura de 15 a 22 de janeiro.

8. Cf. carta 13 [§ 4].

9. Leão X tinha a intenção de criar um Estado unindo Modena, Parma, Reggio, Urbino e Ferrara e de concedê-lo ao sobrinho Lorenzo; este, no entanto, em 1516 recebeu apenas o ducado de Urbino. Em fevereiro de 1515, o papa concedeu a seu irmão Giuliano o vicariato perpétuo de Parma, Piacenza, Modena e Reggio, mas o Estado "novo" de que fala Maquiavel nunca será constituído: após a batalha de Marignano, Parma e Piacenza voltam ao controle dos franceses, assim como Modena e Reggio são restituídas ao duque de Ferrara. Giuliano morrerá pouco mais de um ano depois, em 17 de março de 1516.

10. Este trecho da carta mantém fortes analogias com os capítulos III e VII de *O príncipe*, capítulos sobre o melhor modo para consolidar e manter os principados novos que são constituídos por diferentes territórios.

11. Antes de a Igreja ter tomado o controle de tais territórios, Parma e Piacenza pertenciam ao ducado de Milão, enquanto Modena e Reggio ao de Ferrara. Cf. carta 16 [§ 23].

12. A metáfora de um Estado como algo a ser bem edificado desde as fundações está amplamente presente em *O príncipe*; cf. II 6, VI 29, VII 22, 39-40, IX 22, XXI 3 et al.

13. Cf. *O príncipe* VII 9. Pela semelhança das condições entre Giuliano de' Médici e César Bórgia — ambos parentes próximos de papas intencionados a fazer deles chefes de Estado, além do fato de o duque Valentino ter edificado seu principado a partir de pequenos Estados e cidades —, estima-se que, em paralelo a esta carta, Maquiavel tenha revisto o capítulo VII de *O príncipe*, ampliando a parte dedicada a examinar as ações e as virtudes políticas de seu modelo Bórgia.

14. Ramiro de Lorqua. Cf. *O príncipe* VII 24.

15. Cf. *O príncipe* VII 24-8. Diferentemente da carta, Maquiavel não menciona os métodos violentos de Lorqua nem sua sanguinária execução por parte de César Bórgia, talvez por saber que os métodos de Giuliano seriam bem diferentes.

16. Ainda que não esteja explícito, é de se supor que Maquiavel imaginasse um benefício também a si mesmo ao se reinserir no governo, uma vez que Giuliano de' Médici e Paolo Vettori eram seus mais confiáveis protetores (cf. cartas 2 [§ 2 e nota] e 4 [§ 3]). O veto a essa possibilidade chega, contudo, apenas duas semanas depois, em 14 de fevereiro, com a carta de Piero Ardinghelli a Giuliano, em que o secretário explicita a vontade do cardeal Giulio de' Médici de manter Maquiavel fora de questão.

17. Fusão de dois passos do *Morgante* (I XXXVII 6 e I XXXVIII 7-8), de Luigi Pulci, em que Maquiavel alude a si mesmo: fraco diante do poder dos Médici (tal como o personagem de Pulci diante do herói Orlando), mas que pede socorro a seu salvador ("Maomé") Francesco Vettori. O silêncio que irá se estabelecer na correspondência entre os dois amigos, no entanto, leva a supor que o entusiasmo com a possibilidade de entrar para o serviço de Giuliano de' Médici e Paolo Vettori se esvai completamente.

18. Cf. nota 7, carta 2.

CORRESPONDÊNCIA — PARTE 3

CARTA 43 [P. 313]

1. Uma das guildas voltadas à indústria têxtil, principal vocação comercial de Florença. Os ricos comerciantes que a compunham tinham grande atuação na administração republicana e forte poderio militar.

2. A tarefa confiada a Maquiavel tinha mais importância do que o escárnio de Guicciardini sugere. Estava em jogo a divisão da província toscana dos frades menores entre Florença e Siena, até o momento dirigida pelos sienenses e com alcance nas questões internas de Florença devido à capilaridade dos capuchinhos entre as camadas mais pobres da população.

3. Dois famosos homossexuais florentinos. Do primeiro, sabe-se que foi amigo do poeta Luigi Pulci, que para ele escreveu um epitáfio em vida ("homem alegre e grandioso", "bom companheiro") e usou seu apelido como sinônimo de sodomita em um soneto (*Sonetti extravaganti* XXXII 14). Sobre o segundo, é muitas vezes mencionado entre as cartas 20 e 27.

4. Sobre a fama de pouco religioso de Maquiavel, cf. carta 20 [§ 22].

5. Provável relação com o juízo que Guicciardini fazia do governante da cidade, Alberto Pio (cf. *Storia d'Italia* IX 5 e 13, XV 4), bem como do seu chanceler Sigismondo Santi (cf. carta 45).

6. Teodoro Pio (1477-1516), irmão de Alberto.

CARTA 44 [PP. 314-7]

1. Cf. *Diálogo sobre a nossa língua*, prólogo.

2. Domenico da Ponzo (?-1499), frade franciscano famoso pela violência apocalíptica de suas pregações, esteve ativo como pregador em Florença até 1495, quando foi expulso por se opor a Savonarola.

3. Cf. O *príncipe* VI 23 e nota.

4. Talvez Alberto da Orvieto, frade enviado por Alexandre VI a Florença; a acusação de hipocrisia pode derivar de um conselho dado ao papa para convocar Savonarola a Roma com a intenção de mantê-lo preso. Apesar das figuras históricas que aqui parecem ter mais relevo, não há como não referir o famoso personagem de Giovanni Boccaccio no *Decameron* (IV 2), frei Alberto da Ímola, mentiroso contumaz em benefício próprio.

5. Giovan Gualberto Rovai (c. 1476-1524), frei franciscano florentino.

6. O imperador.

7. Cf. Pulci, *Morgante* XVIII 139 5-6.

8. Em referência à carta 43 [§ 6].

CARTA 45 [PP. 318-9]

1. Chanceler do senhor de Carpi, Sigismondo Santi hospedava Maquiavel na cidade.

2. Guicciardini usa o texto bíblico (Mateus 26,11) com sarcasmo, significando que Maquiavel não deverá estar sempre circundado por pobres de espírito.

CARTA 46 [PP. 320-1]

1. Em sentido figurado, em referência ao espanto de Sigismondo Santi frente à encenação armada.

2. No qual os suíços se comprometiam a conceder soldados ao rei da França sob pagamento, bem como a não conceder a nenhum outro para atacá-lo. Cf. Guicciardini, *Storia d'Italia* XIV 1.

3. Provável alusão às intenções de Carlos V para o ducado de Borgonha, posteriormente cedido ao imperador por Francisco I com o Tratado de Madri, em 1526.

4. Consequência lendária de uma conjunção planetária sob a constelação de Peixes, prevista para fevereiro de 1524; cf. Maquiavel, *Canti carnascialeschi: De' romiti*.

5. Os temas das invasões otomanas ou das ofensivas contra elas eram lugares-comuns da política de então.

6. Moedas de pratas cunhadas pelo papa Júlio II.

7. O monge Teodoro di Giovanni da Scutari, seguidor de Savonarola e autoproclamado "papa angélico".

8. Cf. Dante, *Purgatório* VI 139-44.

9. Paolo da Soncino (m. 1523), até então vigário-geral da Ordem.

CARTA 47 [PP. 322-3]

1. Cf. Plutarco, *Ages* VIII 1.

2. Cf. Guicciardini, *Dialogo del reggimento di Firenze* 307-14.

3. Sob financiamento do *Studio* de Pisa, então dirigida por seu cunhado Francesco del Nero, Maquiavel havia sido contratado em 8 de novembro de 1520 para a composição das *Histórias florentinas*.

4. Conversa fiada.

5. Cf. carta 44 [§ 4].

6. A insignificante questão, para Guicciardini, sobre a divisão entre Florença e Siena da província toscana dos frades menores.

CARTA 48 [PP. 324-5]

1. Cf. Pulci, *Morgante* III 48 1.

2. Cf. Pulci, *Morgante* XXIV 125 8 ("*il culo mi fa lappe lappe*").

3. Filippo Strozzi (1489-1538), banqueiro florentino de grande influência no governo da cidade de então e um dos amigos mais próximos de Maquiavel. Naquele momento, com Francesco Vettori, era um dos cônsules da Arte da Lã; cf. carta 43 [§ 2 e nota].

4. Político e amigo de Maquiavel.

5. Cf. carta 47 [§ 4].

CARTA 49 [P. 326]

1. Passados mais de seis anos desde a última carta conhecida com Vettori, o ex-embaixador agora ocupa uma nova função em Florença.

2. Personagem desconhecido.

3. Vettori foi nomeado gonfaloneiro em 1º de novembro, quando passou a residir por obrigação no Palazzo dei Signori (atual Palazzo Vecchio). A referência à casa, portanto, é anterior a essa data.

CARTA 50 [PP. 327-30]

1. Sendo a carta inteiramente composta em latim, o tratamento se dá na segunda pessoa do singular. Sobre a escolha dos pronomes de tratamento para esta tradução, cf. "Devaneios" 2 e nota.

2. Resposta a uma carta perdida.

3. Cf. carta 29 [§ 17-20].

4. Giulio de' Médici.

5. Francesco del Nero (1487-1563) era irmão por parte de mãe da mulher de Maquiavel, Marietta Corsini, filha do primeiro casamento da mãe de ambos. Suas atividades profissionais foram intimamente ligadas às do importante banqueiro Filippo Strozzi, seu sócio.

6. Tratava-se, na verdade, de cortesãs de um famoso bordel apelidado de "o devoto".

7. O duplo sentido dos verbos "moer" e "beber" pode indicar que o bordel fora transferido para a casa de Francesco del Nero sem que ele tivesse conhecimento.

8. O responsável pelo bordel.

9. Cf. Ovídio, *Metamorfoses* IV 189 (op. cit., p. 127).

10. Segundo filho de Maquiavel com Marietta Corsini.

11. Como ficará claro no parágrafo seguinte, trata-se de um jovem namorado, não de um religioso.

12. Cf. Virgílio, *Eneida* III 343. A relação de parentesco entre os dois heróis é a mesma entre Maquiavel e F. del Nero.

13. Cf. Horácio, *Epístolas* I 18 86-7.

14. Ex-embaixador imperial em Roma que, após 1519, se aproxima dos franceses buscando uma política de equilíbrio entre Francisco I e Carlos V.

15. Após perder para os espanhóis de Carlos V, em abril de 1522, a Batalha de Bicocca, cidade próxima a Milão, Francisco I buscava reconquistar a Lombardia com um exército de mercenários suíços. Cf. Guicciardini, *Storia d'Italia* XV 3.

16. Adriano VI (Adriaan Boeyens, antes cardeal de Utrecht), eleito em janeiro de 1522 após a morte de Leão X no mês anterior.

17. Cf. Guicciardini, *Storia d'Italia* XV 1.

18. Comandante do exército imperial-pontifício.

19. Francesco Imperatore. Cf. Guicciardini, *Storia d'Italia* XV 3.

20. Em particular, Luis Fernández de Córdoba, embaixador de Carlos V junto à Santa Sé.

21. Francesco Soderini ficou de fato preso no Castel Sant'Angelo de 27 de abril a 1º de outubro daquele ano, quando se iniciou o conclave que iria eleger o cardeal Giulio de' Médici como papa Clemente VII.

CARTA 52 [PP. 332-3]

1. O recém-terminado livro das *Histórias florentinas*. Sobre o caráter indeciso de Vettori a respeito dos escritos de Maquiavel, cf. carta 23 [§ 15].

2. Em dezembro de 1524, Clemente VII havia estabelecido um acordo secreto que depois viria a público com Francisco I e Veneza, parte derrotada na Batalha de Pavia.

3. Vettori havia chegado em Roma em 6 de março.

4. Em 8 de abril de 1492.

5. Uma frase do tipo leva a crer que o papa já havia tido acesso a outros escritos de Maquiavel, como O *príncipe*.

6. Berlinghelli Orlandini, colaborador do cunhado de Maquiavel, Francesco del Nero.

7. Cf. nota 7, carta 2.

CARTA 53 [PP. 334]

1. Talvez se trate de uma carta enviada por Francesco del Nero ao cunhado, que chegou a Faença após a partida de Maquiavel, em 26 de julho.

2. Cortesã, de quem não há mais notícias além daquelas presentes nas cartas seguintes; cf. cartas 54, 58 e 60.

3. Menção aos projetos de ordenamentos a serem instituídos nos territórios da Romanha, sobre os quais o papa Clemente VII ainda se mostrava incerto.

CARTA 54 [PP. 335-7]

1. Guicciardini havia confiado a Maquiavel a tarefa de ver a propriedade que tinha interesse em comprar.

2. Guicciardini havia adquirido essa segunda propriedade por procuração, sem nunca ter estado lá. No entanto, em 1527, após o saque de Roma e a derrota da Liga Santa de Cognac, Guicciardini se transfere para o sítio com uma das filhas; cf. carta 79.

3. Alusão ao caráter inóspito e desértico da região na atual Jordânia, um dos últimos territórios conquistados pelos romanos no tempo do imperador Trajano (séculos 1-2).

4. Sessenta metros. A medida do braço florentino tinha sessenta centímetros.

5. Iácopo (1480-1552) e Girólamo (1497-1556), irmãos de Francesco Guicciardini.

6. Apesar do afeto, é de se pressupor um tom sarcástico com relação à cortesã de Faença.

CARTA 55 [PP. 338-9]

1. Trata-se, provavelmente, do sítio de Finocchieto, objeto das sinceras palavras de Maquiavel na carta 54. A resposta do sítio — em chave ficcional — aos defeitos que Maquiavel lhe havia atribuído virá na carta 79.

2. Cf. carta 54 [§ 13, 22].

3. O casamento de Simona, filha mais velha de Guicciardini. O tema será retomado nos meses seguintes, nas cartas 56, 58-61 e 67.

4. A respeito da condição política em que a península italiana se encontrava. Cf. João 8,12.

CARTA 56 [PP. 340-2]

1. Carta perdida.

2. Niccolò Capponi (1472-1529), importante político e agente militar florentino.

3. Alusão às primeiras conversas sobre o casamento de Simona Guicciardini (filha de Francesco) e Pietro Capponi (1504-1568, filho do mencionado Niccolò), realizado em 1529. Dez anos depois, em 1539, a filha mais nova de Guicciardini, Francesca, se casaria com um sobrinho de Capponi, Alessandro di Giuliano.

4. Referência ao texto de *A mandrágora* pelo nome de seu protagonista. É provável que Guicciardini tenha falado bem da peça na mencionada carta do dia 12.

5. Os cônsules da Arte da Lã (cf. cartas 43 e 48 [§ 7]) confiam a Maquiavel a missão de apresentar à República de Veneza um protesto oficial de Florença no intuito de reverter o sequestro de bens de comerciantes florentinos em viagem pelo território da Sereníssima.

6. Lorenzo di Filippo Strozzi (1482-1529), literato, amigo e patrono de Maquiavel. Pertenceu à família de poderosos banqueiros florentinos e foi frequentador do círculo de literatos dos Orti Oricellari. A ele Maquiavel dedica *A arte da guerra* (1519-20).

7. Giovan Battista e Palla, filhos de Lorenzo Strozzi, haveriam, no entanto, de se casar, respectivamente, com Marietta Altoviti em 1542 e Nannina Antinori em 1537.

8. Alusão às propriedades que as filhas de Guicciardini haveriam de herdar, aumentando o patrimônio dos maridos.

9. Basílica da Santissima Annunziata.

10. Extrato de folhas de aloé de cor arroxeada, por isso hepático.

11. *Dramma*, medida correspondente a 3,5 gramas.

12. Argila usada na farmacologia até o século 19 por suas propriedades adstringentes.

CARTA 57 [PP. 343-4]

1. Cf. *A mandrágora* IV 1.

2. Os habitantes de Faença, cidade governada por Guicciardini. Para a encenação (cf. carta 56 [§ 4]), Maquiavel pensa numa possível adaptação de partes da peça para aproximá-las à fala local.

3. Em italiano, *fare a' sassi pe' forni*; cf. *A mandrágora* II 4.

4. Em italiano, *botta* e *erpice*; cf. *A mandrágora* III 6.

5. Personagem da peça; cf. *A mandrágora* III 1.

6. Domenico di Giovanni (1404-1449), poeta florentino famoso por seus poemas cômicos.

7. Instrumentos para organizar a brasa em uma lareira, podendo aqui significar de modo amplo o cuidado com as palavras — ouvidas e proferidas — em uma missão diplomática.

8. Alusão a um retorno cíclico da história, com referência à inabilidade política do passado que se repete no presente; "barbante" e "macarrão" estariam para a postura dos representantes: moles como os "fios singelos" que caracterizam o embaixador no soneto do Burchiello.

9. Citação zombeteira, pois Maquiavel — autor dos *Discursos sobre a primeira década de Tito Lívio* — sabia muito bem que os livros XI-XX do *Ab Urbe condita* de Tito Lívio haviam se perdido.

10. Amigo literato, companheiro do círculo dos Orti Oricellari.

11. A cantora e cortesã Bárbara Salutati, amiga de Maquiavel.

12. Importante família de Faença.

CARTA 58 [PP. 345-8]

1. A questão do casamento das filhas, em especial da mais velha, Simona (nascida em 14 de abril de 1512).

2. Giovan Battista di Filippo Strozzi, conhecido como Filippo, o jovem (1489--1538), havia tido dez filhos de Clarice di Pietro de' Médici, dentre os quais três mulheres.

3. O casamento da primeira filha com um jovem de boa família poderia garantir que as outras tivessem o mesmo destino.

4. Importante homem de negócios. O filho mencionado é Luigi (1505-1584), que iria se casar com a filha de Filippo Strozzi, Luisa, em 1533.

5. Maria Strozzi e Lorenzo di Piero Ridolfi se casaram em 1524, casamento consumado em 1529. Há notícias de um manuscrito de *Clizia* (hoje no Colchester and Essex Museum) realizado para a ocasião.

6. Pela atividade de banqueiro realizada em apoio à política dos Médici.

7. Enquanto administrador dos territórios da Igreja sob os papas Leão X e Clemente VII.

8. Palla Rucellai (1473-1543) foi amigo de Maquiavel e promotor dos encontros literários nos Orti Oricellari.

9. Bartolomeo Valori (1477-1537), conhecido como Baccio, foi um político e ferrenho apoiador dos Médici.

10. Cesare Colombo, nobre de Modena e homem de confiança de Guicciardini em Roma desde 1522.

11. Desde 1516, a partir de quando Guicciardini passou a ocupar cargos de comando: primeiro, como governador de Modena, Reggio Emilia e Parma,

cidades recém-incorporadas ao Estado da Igreja; depois, a partir de 1524, como presidente da Romanha.

12. Alusão à resistência que a cidade de Parma, sob o comando militar de Guicciardini, opôs às tropas francesas em 1521.

13. Além da mais velha, Simona, havia Lucrezia (1514-1527), Laudomina (n. 1517) e Lisabetta (n. 1520).

14. Cf. Dante, *Paraíso* XV 103-5.

15. Sobre a dívida dos senhores com quem lhes deu suporte, cf. *O príncipe* IX 4, 10-1; *Discursos* I XXIX.

16. Tendo comandado uma conjuração para colocar o marquês de Pescara no comando do reino de Nápoles, Giról amo Morone (1470-1529) foi por esse denunciado e preso.

17. Pois não seria mais possível liberá-lo do domínio imperial.

18. Cf. Dante, *Purgatório* XX 86-7.

19. Os versos dantescos aludem ao episódio de 7 de setembro de 1303, quando o então papa Bonifácio VIII, que havia excomungado o rei francês Filipe IV, o Belo, foi feito prisioneiro em sua residência de Anagni pelo ministro francês Guillaume de Nogaret e pelo nobre romano Sciarra Colonna. A citação tem um sabor proverbial pelo fato de, menos de um ano depois, em setembro de 1526, os Colonna terem assediado o Vaticano e obrigado Clemente VII a se refugiar no Castel Sant'Angelo.

20. Sobre a encenação de *A mandrágora* em Faença, cf. carta 56 [§ 4].

21. Francesco del Nero havia dado notícias dessa conquista financeira na carta que mandou ao cunhado em 27 de julho.

22. A obra, no entanto, parece já ter então a forma em oito livros como é conhecida hoje, concluída após tratar de 1492 e da morte de Lorenzo, o Magnífico.

CARTA 59 [PP. 349-51]

1. Carta perdida.

2. Mencionados na carta anterior.

3. Guicciardini poderia ser considerado um dos homens mais poderosos de Florença.

4. Romée de Villeneuve, cortesão a serviço do conde (e não duque) da Provença, Raimundo Berengario IV (1198-1245).

5. A primeira filha se casou com Luís IX, rei da França; a segunda, com Henrique III, rei da Inglaterra; a terceira, com Ricardo de Cornualha, rei dos Romanos; e a quarta, com Carlos de Anjou, rei de Nápoles. Paralelo perfeito com a situação de Guicciardini, que também teve quatro filhas.

6. Cf. Dante, *Paraíso* VI 127-42.

7. Alusão à confusão mental e física que a presença da cantora Bárbara Salutati poderia causar no convento dos frades; cf. carta 58 [§ 19].

8. Considerado o maior comandante militar daquele momento, o marquês (e não duque) Ferdinando Francesco d'Avalos morreu de tuberculose em Milão em 3 de dezembro.

9. Provável alusão à conduta incerta de Clemente VII.

10. Alusão ao imperador Carlos V.

CARTA 60 [PP. 352-3]

1. Provável alusão a uma situação política incompreensível, ideia já expressa antes por Guicciardini; cf. carta 55 [§ 10].

2. Sobre a encenação de *A mandrágora* em Faença, cf. carta 56 [§ 4].

3. Referência ao prólogo de *A mandrágora*, no qual há menções à vida do autor que o público não alcançaria.

4. Cortesã frequentada por Maquiavel em Faença; cf. cartas 53 [§ 4], 54 [§ 24] e 58 [§ 19].

5. Cf. carta 36 [§ 22]; *O príncipe* III 29; *Discursos* I XXIII.

6. O empréstimo para o pagamento do dote da filha. E cf. *A mandrágora* II 2.

CARTA 61 [PP. 354-9]

1. A cunhada de Guicciardini, esposa de seu irmão Girólamo, havia morrido poucos dias após o parto de Angelo Guicciardini (1525-1581).

2. Na verdade, dois desses cinco textos (II e IV) já haviam sido compostos para a representação da *Clizia*, outra comédia original de Maquiavel, encenada em 13 de janeiro de 1525. E cf. carta 56 [§ 4].

3. Francisco I, rei da França, havia sido preso em Madri. Sua libertação ocorreria apenas depois de mais de dois meses, em 17 de março.

4. Cf. Guicciardini, *Storia d'Italia* XVI 1.

5. Carlos V.

6. O marquês de Pescara, comandante das forças imperiais, havia invadido Milão em 2 de novembro de 1525.

7. Uma aliança com o duque de Ferrara, Afonso I d'Este, havia quase se estabelecido.

8. Se Afonso I tivesse ido para a Espanha.

9. Afonso d'Este, em setembro de 1525, se dirige à corte de Carlos V em Madri para defender suas causas, mas a passagem lhe é negada em Grenoble pela rainha regente Luísa de Savoia.

10. Cf. carta 59 [§ 12 e nota].

11. Antonio de Leyva (1480-1536), ex-líder das tropas imperiais assediadas em Pavia.

12. Tratado de Madri. Neste, Eleonora de Habsburgo (1498-1558), viúva desde 1521 do rei de Portugal Manuel I, se casa com Francisco I da França.

13. Francisco (1518-1536), herdeiro do trono francês.

14. O casamento da filha de Guicciardini.

15. De fato, Guicciardini já estava em negociação com o papa para sua transferência a Roma, onde assumiria funções mais próximas do pontífice.

16. Cf. nota 7, carta 2.

17. Prólogos compostos de uma balada e quatro madrigais, a serem cantados no início e entre os atos da peça. Para efeito de tradução, optou-se por versos brancos, mas com métrica original em hexa e decassílabos. Os versos haviam sido pensados para a encenação de *A mandrágora* no carnaval de 1526 em Faença. A encenação, no entanto, não aconteceu, pois Guicciardini — patrono do espetáculo — acabou por ser transferido a Roma.

18. O papa Clemente VII, por ter designado Guicciardini como presidente da Romanha.

CARTA 62 [PP. 360-4]

1. A carta de Guicciardini em questão foi perdida.

2. Alusão ao acordo de Madri, estabelecido entre Carlos V e Francisco I em 14 de janeiro.

3. Em 6 de janeiro, Guicciardini havia sido convocado pelo papa Clemente VII a Roma para atuar como seu conselheiro particular. A presidência da Romanha ficou temporariamente a cargo de seu irmão Iácopo.

4. Carta também perdida.

5. O rei seria libertado apenas em 18 de março, posteriormente à escrita da carta. Sobre os detalhes do acordo, cf. carta 61 [§ 14]; Guicciardini, *Storia d'Italia* XVI 15.

6. Cf. carta 61 [§ 10].

7. Cf. Guicciardini, *Storia d'Italia* XVI 15.

8. A previsão não se confirma, pois Francisco I, tão logo libertado, demonstrou não querer respeitar os acordos.

9. Isto é, se Francisco I entende que deixar a Itália nas mãos de Carlos V destruiria politicamente a França a longo prazo.

10. Ou seja, os príncipes italianos, que se aliariam contra o rei da França tão logo o vissem poderoso de novo.

11. Cf. *O príncipe* III 42, 50.

12. Provável figuração de um enviado do papa que pudesse convencer Francisco I da necessidade de uma aliança anti-imperial. Guicciardini iria trabalhar nesse projeto nas semanas seguintes, enviando Paolo Vettori para a França; contudo, a morte deste por peste em fevereiro o fez ser substituído por Capino da Capo. Cf. Guicciardini, *Storia d'Italia* XVI 16.

13. De fato, as consequências da política de Clemente VII de promover a Liga (Santa) de Cognac em maio de 1526, com o apoio de França, Milão, Veneza, Gênova e Florença, iriam levar ao saque de Roma em maio de 1527, protagonizado pelas tropas espanholas de Carlos V, somadas aos lansquenetes germânicos, estes últimos em grande parte adeptos do movimento protestante.

14. O imperador.

15. Algum dos Estados italianos.

16. Cf. *Discursos* I LVIII 17, capítulo de Maquiavel depois criticado por Guicciardini nas suas *Considerações*.

17. Giovanni de' Médici (1498-1526), conhecido postumamente como Giovanni das Bandas Negras por ter liderado uma divisão especial do exército florentino que manteve o luto após sua morte, era parente próximo do papa e estava a serviço do rei da França como líder mercenário desde março de 1522.

18. Cf. nota 7, carta 2.

CARTA 63 [PP. 365-6]

1. Contadas a partir do pôr do sol do dia anterior, o que indica ser por volta de cinco horas da tarde naquele período do ano.

2. Carta perdida, mas com provável caráter oficial pelo que se depreende desta resposta.

3. Amigo de longa data de Maquiavel; cf. carta 1 [§ 2].

4. Castelo de antiga propriedade dos Acciaiuoli, localizado entre as cidades de Florença e Volterra.

5. Silvio Passerini (1469-1529), líder efetivo da política florentina enquanto tutor de Ippolito de' Médici (1511-1535), sobrinho de Leão X e filho de Giuliano de' Médici que havia sido elevado, aos treze anos, ao cargo de chefe da política na cidade.

6. Pedro Navarro (c. 1460-1528), importante engenheiro militar, naquele momento a serviço de Clemente VII.

7. Os florentinos tinham fama de pouco combativos.

8. O cardeal Passerini.

9. Diferentemente da parte central e plana do outro lado do rio Arno, o bairro de Santo Spirito ocupa uma região de colinas.

10. Cairo, no Egito, era proverbialmente uma cidade populosa; cf. Ariosto, *Orlando furioso* XV 63 1-6.

11. O comandante militar Vitello Vitelli di Città di Castello (1480-1528), então a serviço da Igreja e de Florença.

12. Cf. Cícero, *De oratore* II 75-6.

CARTA 64 [PP. 367-8]

1. Com relação às reformas de fortificação de Florença.

2. O papa.

3. Pelos problemas de saúde mencionados aqui e adiante, dois dos cinco procuradores nomeados pelo papa deveriam ser substituídos antes do fim do mandato de um ano.

4. Morto em 1528, o magistrado havia sido *priore* de Florença nas magistraturas de julho a agosto de 1483, novembro a dezembro de 1494 e março a abril de 1498, tendo depois disso ocupado os principais conselhos municipais, como os Dieci di Balìa, dos Settanta e dos Nove della Milizia.

5. Importante político (1455-1526), foi *priore* de maio a junho de 1503 e de novembro a dezembro de 1507, tendo depois ocupado cargos como gonfaloneiro de justiça de setembro a outubro de 1523. O mencionado ataque acaba por levá-lo à morte no próprio dia 17 de maio.

6. Silvio Passerini, cf. carta 63.

7. Cf. Guicciardini, *Storia d'Italia* XVII 2.

8. Cf. O *príncipe* XXVI 26.

9. O rei da França.

10. Profecia que se concretiza no mês seguinte com o envio, por parte do imperador, do embaixador Ugo de Moncada para convencer o papa a se afastar da aliança com os franceses.

11. Luis Fernández de Córdoba, embaixador de Carlos V em Roma. O duque havia apoiado a eleição de Clemente VII, mas no momento se encontrava desiludido com a política papal por sua aproximação com a França após meses de neutralidade.

12. Talvez com memória de Cícero, *Ad Atticus* VIII 8 1.

13. Cf. Lívio, *Ab Urbe condita* XXXIX II 9; Cícero, *De officiis* III 32; Petrarca, *RVF* CXXVIII 40.

14. Nomeado oficialmente nos dois dias seguintes.

15. Bernardo, o mais velho, nascido em 1503.

16. Político, *priore* de Florença de julho a agosto de 1517, aqui nas funções de tesoureiro e arquivista.

CARTA 65 [P. 369]

1. Foi publicada em 18 de maio a instrução sobre a nova magistratura. Os nomes substitutivos foram Ippolito de' Médici, Gherardo Corsini, Raffaello Girolami, Dino Miniati e Luigi Guicciardini, este último irmão de Francesco Guicciardini.

2. Cf. carta 64 [§ 5].

CARTA 66 [PP. 370-1]

1. Arquiteto e construtor romano (c. 1476-1530), já a serviço dos papas anteriores Júlio II e Leão X.

2. Talvez se trate de Luigi di Simone Bonciani, especialista em leis, e Matteo Bartoli, administrador financeiro.

3. A medida do braço florentino tinha sessenta centímetros.

4. Magistrado encarregado dos pagamentos militares, diplomáticos e de política exterior.

5. Os cinco procuradores da obra; cf. carta 65 [§ 2].

6. O cunhado de Maquiavel era vice-depositário da Senhoria, enquanto colaborador próximo e sócio de Filippo Strozzi, e todas as operações financeiras no eixo Roma-Florença passavam pelas mãos dele.

CARTA 67 [PP. 372-3]

1. Lorenzo Strozzi; cf. carta 29 [§ 17].

2. Sobre a questão do casamento da filha de Guicciardini, cf. cartas 56, 58-61.

3. Talvez referência ao santuário de Loreto.

4. A filha de Lorenzo Strozzi.

CARTA 68 [PP. 374-5]

1. Luigi Guicciardini, um dos cinco procuradores responsáveis pela obra, era favorável ao projeto de Giuliano Leno; cf. carta 66 [§ 3].

2. Cf. *O príncipe* XX 24-33; *Discursos* II XXIV. As duas fortalezas hoje na cidade de Florença são posteriores a Maquiavel: ao Norte, a de San Giovanni Battista, atual Fortezza da Basso, foi construída entre 1534 e 1537; ao Sul, a de Santa Maria in San Giorgio, atual Fortezza Belvedere, entre 1590 e 1595.

3. Durante sua investida contra Nápoles. Naquele ano, Carlos VIII se hospedou por dez dias em Florença mediante acordo prévio com a República. O clima de suspeita recíproca, porém, pairou sobre os soldados florentinos e franceses.

4. Cf. carta 66 [§ 6-8].

5. As cartas 66, 67 e 68 foram escritas no mesmo dia.

CARTA 69 [PP. 376-80]

1. Ambas perdidas.

2. Não há notícias exatas sobre a chegada de Maquiavel a Milão (talvez meados de junho), no campo de batalha da Liga Santa (de Cognac), onde as tropas imperiais assediavam o castelo para depor Francesco II Sforza.

3. Prática difusa na chancelaria e na correspondência privada de então, a forma criptografada de comunicação usada por Maquiavel era comum a vários de seus interlocutores além de Vettori, incluindo Filippo Strozzi, Francesco del Nero e Bárbara Salutati.

4. Para decodificar a linguagem cifrada que Maquiavel havia usado. Nenhuma das cartas cifradas de Maquiavel chegou aos nossos dias, de forma que não é possível conhecer com certeza sua linguagem.

5. Na qualidade de vice-depositário da Comuna de Florença a mando de seu sócio Filippo Strozzi, o cunhado de Maquiavel se encontrava no meio de inúmeras tratativas econômicas que dessem conta das despesas bélicas empreendidas pelo papa em Milão.

6. Em junho de 1526.

7. Antoniotto II Adorno (1479-1528), governante de Gênova de 1522 a 1527, havia rejeitado aderir à Liga de Cognac, expondo a cidade aos ataques franceses.

8. A fortuna.

9. Carlos V havia se casado com Isabel de Portugal (1503-1539), filha do rei Manuel I, em março de 1526. A pretendente rejeitada, filha de Henrique VIII, seria a futura rainha Maria I de Tudor (1516-1558), a Sanguinária.

10. Thomas Wolsey (*c.* 1472-1530), arcebispo de York e depois cardeal, condutor da política externa do rei inglês.

11. O rei da França.

12. O duque de Ferrara.

13. Cf., por exemplo, 1 Samuel 317,7; Judite 15,1-2.

14. Em 25 de julho, os sienenses atacaram repentinamente as tropas florentinas e papais que assediavam a cidade, fazendo-as bater em retirada.

15. Trinta quilômetros ao norte de Siena.

16. Cf. *O príncipe* XVII.

17. Cf. carta 12 [§ 9, 21-2] e 14 [§ 16].

18. Como de fato acontece em pouco tempo; cf. Guicciardini, *Storia d'Italia* XVII 9.

19. Trecho decifrado; a edição crítica de Bausi (cf. 2022, tomo III, p. 1521) é a primeira a propor a decodificação de tal passo. Diferentemente de Maquiavel, Vettori fazia uso de uma criptografia óptica, que consistia em circundar a mensagem nos lados externos com uma série de letras escolhidas casualmente para despistar o leitor, seguindo com o posicionamento de letras em sequência vertical, duas de cada vez.

20. A proposta de atacar os espanhóis no reino de Nápoles havia sido sugerida por Maquiavel na carta de 13 de julho ao amigo e escritor humanista Bartolomeo Cavalcanti. A ideia, contudo, não fora acolhida pelo papa.

21. Cf. carta 71 [§ 6].

22. O duque Charles de Bourbon (1490-1527), ex-oficial de corte e desertor francês, feito general por Carlos V e a quem o imperador entregaria o ducado de Milão. Foi líder do avanço militar imperial dos lansquenetes sobre Roma em maio de 1527, tendo morrido pouco antes do saque propriamente dito.

23. Mais um trecho decifrado pela edição de 2022.

24. Francesca di Lorenzo di Matteo Strozzi (1479-1553), viúva de Paolo Vettori (morto em março de 1526), que junto à sua família de origem reclamava o direito à herança.

25. Francesco Guicciardini, que atuava diretamente no campo de batalha como general (*luogotenente*) do papa; cf. Guicciardini, *Storia d'Italia* XVII 6.

CARTA 70 [PP. 381-6]

1. Foram perdidas tanto as três cartas de Maquiavel (data desconhecida; 31 de julho; e 2 de agosto) como a de Vettori (6 de agosto).

2. Cf. carta 63 [§ 2 e nota].

3. Cf. Virgílio, *Eneida* II 12.

4. Um dos exilados de Siena. Cf. Guicciardini, *Storia d'Italia* XVII 7. A localidade hoje se chama Montelifré.

5. Partidários de um governo popular em Siena. Cf. Guicciardini, *Storia d'Italia* XVI 4.

6. Gentile Virginio Orsini (c. 1498-1548).

7. Ludovico Orsini (?-1534).

8. Gentile Baglioni (1466-1527), governante de Perúgia e mercenário a serviço da Igreja.

9. Irmão de Francesco e amigo de Maquiavel. Será gonfaloneiro da justiça entre março e abril de 1527.

10. Vespasiano di Prospero Colonna (*c.* 1485-1528). Até poucos dias antes, havia militado ao lado das tropas imperiais. Poucas semanas depois, participou do saque ao Vaticano com seu parente Camillo Colonna (cf. § 27 e nota).

11. Domenico e Aldello Placidi: o primeiro foi embaixador de Siena perante o imperador Maximiliano I, em 1507, e considerado hostil a Florença; o segundo, diplomata sienense em Roma de 1513 a 1515.

12. O datário pontifício Giovan Matteo Giberti.

13. Roberto di Antonio di Puccio Pucci (1464-1547), irmão do cardeal Lorenzo (1458-1531) e também cardeal a partir de 1542. Havia atuado no governo de Piero Soderini, mas depois se tornou um forte apoiador dos Médici.

14. Mercenário oriundo da Córsega, cuja atuação já havia sido sob pagamento de Veneza, França e Pisa. Desde 1514 lutava por Florença, tendo servido nas Bandas Negras de Giovanni de' Médici.

15. Marquês Francesco del Monte a Santa Maria, líder militar a serviço de Florença havia mais de duas décadas, também com atuação nas Bandas Negras.

16. A descrição do lugar (§ 21) indica se tratar do atual bairro de Vico Alto, ao norte de Siena.

17. Gherardo di Bartolomeo Bartolini Salimbene (1487-1551), banqueiro ligado à administração republicana.

18. Mais ou menos onze metros.

19. Mais ou menos 4,5 metros.

20. Contadas a partir do pôr do sol do dia anterior, o que indica ser por volta de quatro horas da tarde naquele período do ano (julho).

21. Braccio III Baglioni (?-1559), da família de Perúgia, esteve a serviço de Florença e da Igreja.

22. Camillo Colonna (?-1558). Foi depois resgatado pelo tio em setembro de 1526, durante o ataque que a família Colonna impôs ao Vaticano e em que o papa Clemente VII foi obrigado a se refugiar no Castel Sant'Angelo para negociar sua libertação.

23. Cf. carta 69 [§ 12-3].

24. Por volta de dezessete quilômetros, a distância entre Vico Alto e Castellina in Chianti.

25. Em relação ao conteúdo da carta perdida de 2 de agosto.

26. Cf. carta 1 [§ 2].

27. Enviadas de Granada pelo embaixador florentino Domenico Canigiani.

28. Cf. § 3; “esta” seria a de 2 de agosto, a que Vettori está respondendo.

29. Filippo Strozzi, encarregado de transmitir as duas primeiras cartas a Vettori.

30. Mais um trecho decifrado pela edição de 2022.

31. Andrea Doria (1466-1560), renomado almirante de Gênova. Antes a serviço da França, em março de 1526 passou a comandar a frota pontifícia.

32. Guicciardini.

CARTA 71 [PP. 387-9]

1. Cf. carta 70.

2. Cartas também perdidas, como as três anteriores; cf. carta 70 [§ 2-3].

3. Filippo Strozzi, mediador entre as missivas de Maquiavel e o papa; cf. cartas 69 [§ 2] e 70 [§ 36-7].

4. Por terem se recusado a atacar Milão.

5. Esse teria sido o plano exposto por Maquiavel na carta de 17 de agosto, aprovado pelo papa.

6. Michele Antonio del Vasto (1495-1528), um dos capitães do exército da Liga papal.

7. Gênova era governada por Antoniotto Adorno, aliado do imperador Carlos V; cf. carta 69 [§ 7].

8. Assediada desde 6 de agosto, a cidade se rendeu em 23 de setembro de 1526.

9. O então comandante Francesco Guicciardini, que havia sido governador de Modena e Reggio.

CARTA 72 [PP. 390-1]

1. Onde Maquiavel se encontrava a mando de Guicciardini. As cartas foram perdidas.

2. Não há detalhes sobre o episódio, apenas que ocorreu em Borgo San Donnino, hoje Fidenza; cf. carta 74.

3. Bernardino “della Barba” Castellari (?-1546).

4. Alessandro del Caccia (1487-1557), então tesoureiro do exército pontifício.

5. Bartolomeo Farratin, bispo de Amelia e vice-legado da Gália Cispadana.

6. O protagonista do episódio de Borgo San Donnino.

7. Provavelmente Francesco Taverna, embaixador de Milão perante o papa e firmatário da adesão de Milão à Liga de Cognac.

8. Talvez Luigi Gonzaga (1494-1548), então a serviço de Veneza.

9. Alusão a uma das decisões mais importantes e infelizes da campanha militar de agosto de 1526, quando o duque de Urbino (Francesco Maria I della Rovere) decide pela retirada das forças da Liga Santa de Milão e desiste de enfrentar o assédio imperial ao castelo onde Francesco II Sforza se refugiava. A comparação ao episódio em questão, quase irrelevante, denota um tom irônico.

10. Personagem não identificado; cf. carta 73.

11. Outro personagem não identificado.

12. Talvez o mesmo "homem" do § 2.

13. Sobre o hábito de Maquiavel de comer "por seis cachorros e três lobos" quando em missões oficiais, cf. carta 46.

14. Outro personagem não identificado.

CARTA 73 [PP. 392-3]

1. Carta perdida. A resposta de Guicciardini a essa é a carta 72.

2. Filippo de' Nerli (1486-1557), amigo de Maquiavel desde os anos literários dos Orti Oricellari até o fim de sua vida, tendo sido ainda nomeado seu executor testamentário. A ele, Maquiavel dedica o *Capitolo Dell'occasione*.

3. Talvez uma alusão à desistência de ocupar Milão, o que provavelmente teria representado um destino diferente à guerra.

4. Alusão à assinatura do acordo entre Clemente VII e a família Colonna em 22 de agosto, mas que depois levou à ocupação da cidade; cf. carta 70 [§ 27]; Guicciardini, *Storia d'Italia* XVII 13.

5. Alusão à vitória de Siena em 25 de julho de 1526.

6. A loucura e a tolice dos sienenses era proverbial.

7. Guido Rangoni (1485-1539), conde de Spilamberto, capitão de tropas a serviço da Igreja desde 1514.

8. Silvio Passerini; cf. carta 63.

CARTA 74 [PP. 394-5]

1. Cf. carta 72.

2. Em relação à missão que Maquiavel havia recebido do papa para atuar como comissário pontifício junto às tropas enviadas contra as fortalezas dos Colonna (em retaliação ao assédio ao Vaticano em setembro daquele ano; cf. carta 70 [§ 13, 27 e notas]), o que acabou por não acontecer.

3. Cesare Colombo; cf. carta 58 [§ 10].

4. Cf. carta 63 [§ 8].

5. Cf. carta 72 [§ 4].

6. Personagem a ser identificado, provavelmente, com Zanobi Guidotti ou com Francesco Guidetti.

CARTA 75 [PP. 396-7]

1. Uma trégua de oito meses havia sido estabelecida entre o papa e o vice-rei de Nápoles em 16 de março de 1527. O acordo, no entanto, se mostrava frágil, sem uma convicção recíproca de que seria respeitado pelo lado oposto.

2. Provável referência à carta de Guicciardini ao datário pontifício Giovan Matteo Giberti em 29 de março de 1527. Maquiavel se encontrava em Forlì com o comandante (junto às tropas suíças e francesas, para monitorar os movimentos das tropas imperiais), de modo que ambos sabiam o que cada um estava escrevendo e a quem.

3. Ou seja, levando ajuda para Florença e Roma, cidades expostas ao ataque dos lansquenetes.

4. O vice-rei de Nápoles, Charles de Lannoy.

5. Os outros membros da Liga Santa.

6. O pedido de segredo demonstra que Maquiavel agia em paralelo e com independência da Senhoria de Florença, em especial ao Conselho dos Otto di Pratica, ao qual estava subordinado durante a missão com Guicciardini em Forlì. Além disso, discutia com Vettori fora dos canais oficiais, pois o amigo não estava vinculado a nenhum cargo na ocasião.

CARTA 76 [PP. 398-9]

1. Cf. Guicciardini, *Storia d'Italia* XVII 10 e XVIII 3.

2. Maquiavel partiu de Florença em 3 de fevereiro daquele ano.

CARTA 77 [PP. 400-1]

1. Charles de la Mothe des Noyers, nobre francês. Cf. Guicciardini, *Storia d'Italia* XVIII 6.

2. Charles de Bourbon; cf. carta 69 [§ 21].

3. Os florentinos e os partidários dos Médici.

4. Cf. Erasmo de Rotterdam, *Adagi* 3655.

5. Para atravessar da Romanha (onde as tropas imperiais se encontravam) até a Toscana (para onde iriam se dirigir em ataque), deve-se passar pela cadeia montanhosa dos Apeninos.

6. Tal otimismo muda por completo apenas três dias depois, pois na carta 78 o acordo passa a ser a única esperança.

7. Mais do que uma declaração sobre a conhecida amizade, Maquiavel parece estar depositando no amigo a esperança necessária para salvar Florença.

8. Na verdade, Maquiavel estava para completar 58 anos em poucas semanas (3 de maio).

9. Clemente VII. Única ocorrência do termo para designar o papa.

CARTA 78 [PP. 402-3]

1. As tropas de Bourbon haviam chegado no dia 7, seguindo em direção à Toscana. Naquele mesmo 18 de abril, Guicciardini conduziu tropas suíças e francesas para defender Florença; cf. Guicciardini, *Storia d'Italia* XVIII 6.

2. Francesco Maria I della Rovere.

3. Localidade ao sul de Bolonha.

4. O cardeal Innocenzo Cybo.

5. Cf. carta 73 [§ 8].

6. Frase lapidar sobre a natureza dos mercenários, tal como o próprio Guido Rangoni.

CARTA 79 [PP. 404-7]

1. Esta epístola ficcional está relacionada à carta 54, na qual Maquiavel, a pedido do amigo, havia mandado informações sobre o sítio de Finocchieto

que Guicciardini comprara por procuração, sem conhecer, em 1523. No fim de agosto de 1527, após os acontecimentos públicos que culminaram no Saque de Roma e na falência da Liga de Cognac, Guicciardini se transfere para a propriedade com uma das filhas e tem a oportunidade de rebater — em chave ficcional — os defeitos que Maquiavel lhe havia atribuído; e cf. carta 55.

2. O tratamento aqui se dá na segunda pessoa do singular. Sobre a escolha dos pronomes para esta tradução, cf. "Devaneios" 2 e nota.

3. Como ficará explícito logo adiante, o erro está relacionado aos hábitos de corte aqui representados na figura feminina da cantora Bárbara Salutati; cf. cartas 57-ss.

4. Cf. "Devaneios" 10; *O príncipe* XVIII 17; *A mandrágora* III 11.

Questo libro è stato tradotto grazie a un contributo del Ministero degli Affari Esteri e della Cooperazione Internazionale Italiano.

Obra traduzida com a contribuição do Ministério das Relações Exteriores e da Cooperação Internacional da Itália.

FSC
www.fsc.org
MISTO
Papel | Apoiando o manejo florestal responsável
FSC® C011095

A marca FSC® é a garantia de que a madeira utilizada na fabricação do papel deste livro provém de florestas gerenciadas de maneira ambientalmente correta, socialmente justa e economicamente viável e de outras fontes de origem controlada.

Título original: *Il principe / Lettere a Francesco Vettori e a Francesco Guicciardini / Ghiribizzi al Soderini*

DIRETORAS EDITORIAIS Fernanda Diamant e Rita Mattar
EDITORA Eloah Pina
ASSISTENTE EDITORIAL Millena Machado
PREPARAÇÃO Bonie Santos
REVISÃO TÉCNICA Flávia Benevenuto
REVISÃO Pedro Siqueira, Denise Camargo e Andrea Souzedo
DIRETORA DE ARTE Julia Monteiro
CAPA E PROJETO GRÁFICO Alles Blau
MAPA Marcelo Pliger
EDITORAÇÃO ELETRÔNICA Página Viva

CIP-BRASIL. CATALOGAÇÃO NA PUBLICAÇÃO
SINDICATO NACIONAL DOS EDITORES DE LIVROS, RJ

M255p

Machiavelli, Niccolò, 1469-1527
O príncipe : e correspondência completa com F. Vettori e F. Guicciardini / Nicolau Maquiavel ; apresentação, tradução e notas Emanuel França de Brito ; posfácio Flávia Benevenuto. — 1. ed. — São Paulo : Fósforo, 2025.

Tradução de: Il principe / Lettere a Francesco Vettori e a Francesco Guicciardini / Ghiribizzi al Soderini
ISBN: 978-65-6000-143-5

1. Ciência política. 2. Ética política. 3. Filosofia. I. Brito, Emanuel França de. II. Benevenuto, Flávia. III. Título.

CDD: 320
25-100075.0 CDU: 32

Carla Rosa Martins Gonçalves — Bibliotecária — CRB-7/4782

Editora Fósforo
Rua 24 de Maio, 270/276
10º andar, salas 1 e 2 — República
01041-001 — São Paulo, SP, Brasil
Tel: (11) 3224.2055
contato@fosforoeditora.com.br
www.fosforoeditora.com.br

Este livro foi composto em GT Alpina e GT Flexa e impresso pela Ipsis em papel Golden Paper 80 g/m² para a Editora Fósforo em outubro de 2025.